大卒程度

TAC公務員講座 編

公務員試験

基本 過去 問題集

判断推理

TAC
TAC PUBLISHING Group

はしがき

- 問題集を買ったのに、解けない問題ばかりで実力がついている気がしない…
- 難しい問題が多くて、途中で挫折してしまう…
- 公務員試験は科目が多いから、せめて１科目１冊の本で済ませたい…

『ゼロから合格 公務員基本過去問題集』（以下、『ゼロ過去』）は、このような読者の声に応えるために開発された公務員過去問題集です。問題集といっても、ただ過去問とその解説が並んでいるだけの本ではなく、「過去問」の前に、「その過去問に正解するために必要な知識やテクニック」が必ず載っています。この科目の学習を全くしたことない方も、本書で知識やテクニックを身につけながら、同時にそれらを使って問題を解く練習を積むことができる構成になっています。

『ゼロ過去』には、「しっかり読んでじっくり考えれば解ける問題」しか載っていません。それでいて、実際の試験で合格ラインを超えるのに十分な問題演習を積むこともできます。つまり、**「ゼロから始めて１冊で合格レベルにたどり着く」**ための問題集なのです。

せっかくやるのだから、最後までやり遂げてほしい。最後まで「つづく」ためには、問題が「解ける」という達成感もきっと必要。『ゼロ過去』は、きちんとがんばった読者にきちんと結果がついてくるように、どの問題も必ず解けるように工夫して配置しています。また、その名のとおり「知識ゼロ」の状態からいきなり取り組んでも支障がないよう、基本的な知識やテクニックのまとめが過去問より先に掲載されているので、「全く何も知らない」状態で、前から順番に取り組むだけで学習が進みます。

本書を十分に活用して、公務員試験の合格をぜひ勝ち取ってください。

TAC公務員講座

本書の利用方法

本書は、大卒程度・行政職の各種公務員試験の対策を、「知識ゼロから始められる問題集」です。何であれ、問題を解くには知識やテクニックが必要です。

- 知識・テクニックのインプット（新しい情報を入れる）
- 問題演習を通じたアウトプット（入れた情報を使って問題が解けるかどうか試してみる）

試験対策はこの反復で進めていくのが王道です。『ゼロ過去』は、この科目について全く学習したことのない方でも、知識とテクニックを身につけながら問題が解けるように作られています。

ここで説明する効果的な利用方法を参考にしながら学習を進めていきましょう。

1 まずは試験をよく知ることから！ 出題傾向を知る

●国家一般

		2011	2012	2013	2014	2015	2016	2017	2018	2019	2020
対応関係		●	●		●	●	●	●	●	●	●
数量推理		●		●		●	●		●		
順序関係						●	●	●	●	●	●
位置関係			●	●		●	●	●	●	●	●
試合	リーグ戦	●	●	●	●						
	トーナメント戦			●							●
集合					●			●		●	
命題			●				●	●	●	●	●
発言		●		●				●			
暗号											
操作手順				●	●						

巻頭には、出題分野ごと・受験先ごとに過去10年間の出題傾向がまとめられています。

多くの方は複数の試験を併願すると思われるため、網羅的に学習するのが望ましいですが、受験先ごとの出題の濃淡はあらかじめ頭に入れたうえで学習に着手するようにしましょう。

2 問題を解くのに必要なことはすべてここにある！ imput編

一般的な公務員試験の問題集では、初めて取り組んだ時点では「解けない問題」がたくさんあるはずです。最初は解けないから解説を読んでしまい、そのことで理解し、何度も何度も同じ問題を周回することによってだんだん正答率が高まっていくような仕組みになっていることが多いです。

『ゼロ過去』では、このimput編をしっかり使いこなせば、最初から全問正解することもできるはず。そのくらい大事な部分ですから、しっかり学習しましょう。

学習のポイント
その単元の位置づけや学習に当たっての
心構えです。
まずはここを確認しよう！

例題
知識やテクニックをどのように使えばいいのか、具体的な例題を通じて確認できます。

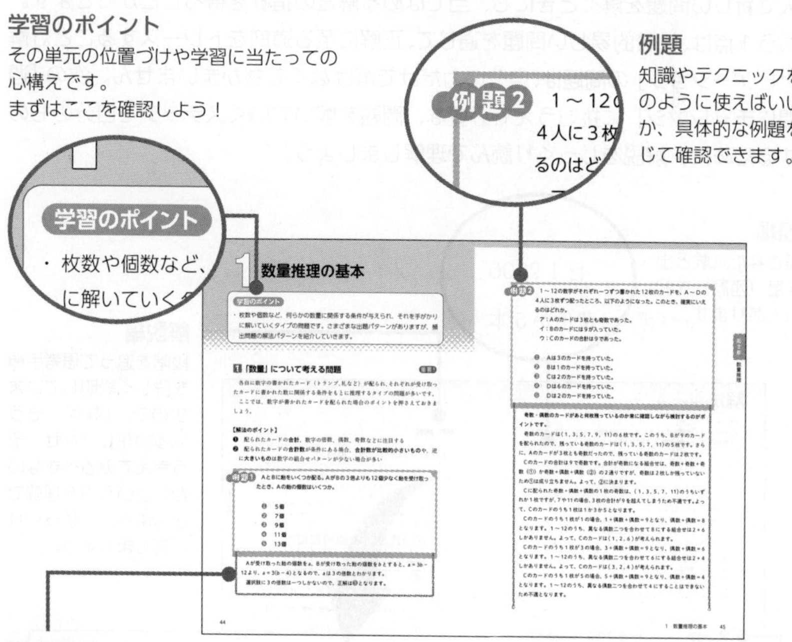

要点整理
問題を解くのに必要なことが、すべてここに詰まっています。
重要なことは強調して表現されているので、メリハリをつけて頭に
入れていきましょう。

★その他のお役立ちアイテム

補足：少し発展的な知識を解説しています。

ヒント：問題を解くための助けになる情報や、情報を覚えやすくするためのポイントをまとめています。

重要！：特に押さえておいてほしい知識・テクニックであることを示しています。

3 典型問題で実践！ 解法ナビゲーション

知識やテクニックが身についても、それを活用して問題を解くためには、「コツ」や「慣れ」が必要になります。問題の解法は一つではありませんが、どの解法がどの問題に向いているか（どの解法がその問題に最適であるか）を見極めるには、実際に解きながら着眼点を養っていくしかありません。

「解法ナビゲーション」の目的は２点あります。まず、「問題のどういう点に注目して、どのアプローチを試すべきか」がわかるようになること。これがわかると、１人で新しい問題を解くときにも、当てはめる解法の指針を得ることができます。

もう１点は、比較的易しい問題を通じて、正解に至る道筋をトレースすること。「解法ナビゲーション」の問題は、自分の力だけで解けなくてもかまいません。次の「過去問にチャレンジ」に挑むうえで必要な、問題を解いていくステップを自分のものにするために、解説をじっくり読んで理解しましょう。

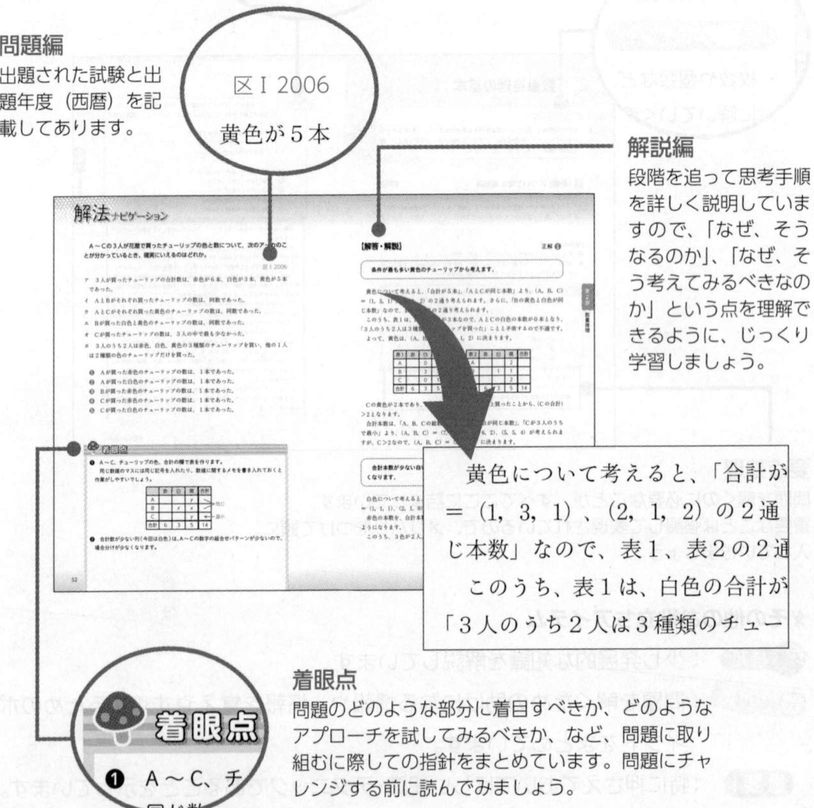

問題編
出題された試験と出題年度（西暦）を記載してあります。
区Ⅰ 2006
黄色が５本
解説編
段階を追って思考手順を詳しく説明していますので、「なぜ、そうなるのか」、「なぜ、そう考えてみるべきなのか」という点を理解できるように、じっくり学習しましょう。
解法ナビゲーション
黄色について考えると、「合計が
＝（1，3，1）、（2，1，2）の２通
じ本数」なので、表１、表２の２通
このうち、表１は、白色の合計が
「３人のうち２人は３種類のチュー
着眼点
❶ A～C、チ
着眼点
問題のどのような部分に着目すべきか、どのようなアプローチを試してみるべきか、など、問題に取り組むに際しての指針をまとめています。問題にチャレンジする前に読んでみましょう。

4 知識を活用して問題演習！　過去問にチャレンジ

「解法ナビゲーション」で学んだことを、次は別の問題で実践できるか試す段階です。「過去問にチャレンジ」の解説は別冊子にまとめていますので、問題を解いた後、それぞれ並べて答え合わせしてみてください。

『ゼロ過去』は、やさしい問題（必ず正解したい問題）から、やや歯ごたえのある問題（試験で差がつく問題）までバランスよく収録しているので、１科目１冊で試験対策が完結します。場合によっては20科目以上に及ぶ公務員試験だからこそ、必要な問題のみを厳選し、これ１冊で合格レベルに届く本を意識しました。

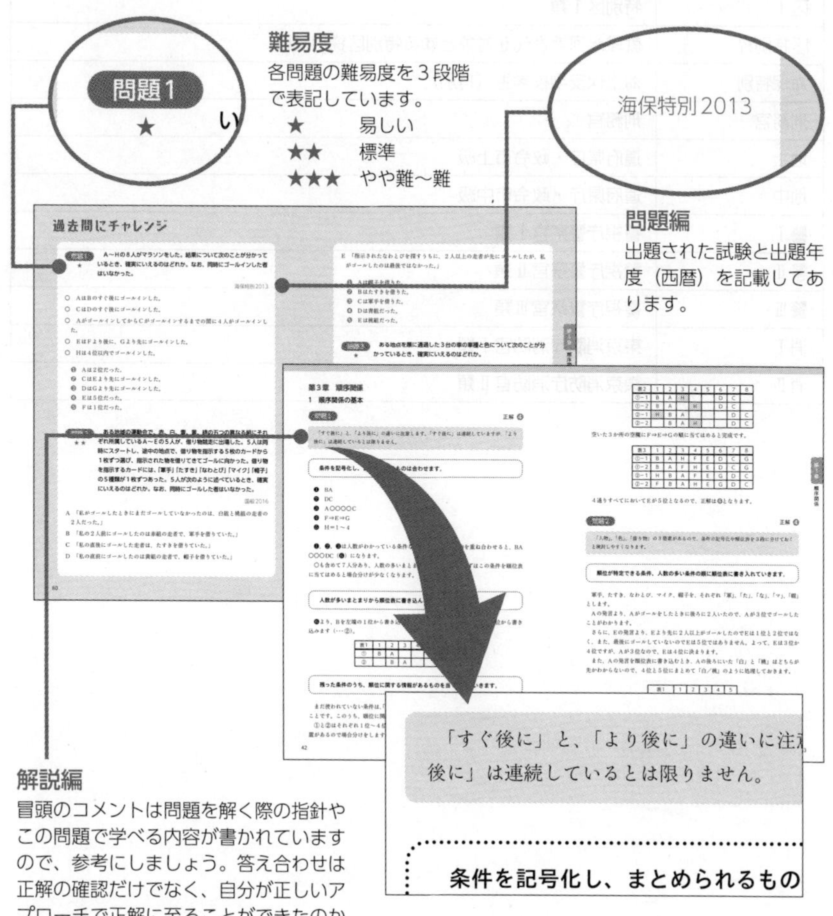

問題1
★
難易度
各問題の難易度を３段階で表記しています。
★　易しい
★★　標準
★★★　やや難～難
海保特別2013
問題編
出題された試験と出題年度（西暦）を記載してあります。
過去問にチャレンジ
「すぐ後に」と、「より後に」の違いに注
後に」は連続しているとは限りません。
条件を記号化し、まとめられるもの
解説編
冒頭のコメントは問題を解く際の指針やこの問題で学べる内容が書かれていますので、参考にしましょう。答え合わせは正解の確認だけでなく、自分が正しいアプローチで正解に至ることができたのかについて、しっかり確認してください。

●掲載した過去問題の表記について

表記	該当試験
国般	国家一般職 大卒程度 行政（旧・国家Ⅱ種を含む）
国般（高卒程度）	国家一般職 高卒程度 事務（旧・国家Ⅲ種を含む）
国専	国家専門職共通問題
国専（高卒程度）	国家専門職（高卒程度）共通問題
裁判所	裁判所職員一般職 大卒程度（旧・裁判所事務官Ⅱ種を含む）
都Ⅰ	東京都Ⅰ類
都Ⅱ	東京都Ⅱ類
区Ⅰ	特別区Ⅰ類
区特別枠	就職氷河期世代を対象とする特別区採用試験
海保特別	海上保安学校学生（特別）
刑務官	刑務官
地上	道府県庁・政令市上級
地中	道府県庁・政令市中級
警Ⅰ	警視庁警察官Ⅰ類
警Ⅱ	警視庁警察官Ⅱ類
警Ⅲ	警視庁警察官Ⅲ類
消Ⅰ	東京消防庁消防官Ⅰ類
消Ⅱ	東京消防庁消防官Ⅱ類

過去10年の出題傾向

●国家一般

		2011	2012	2013	2014	2015	2016	2017	2018	2019	2020
対応関係		●	●		●	●	●	●	●	●	●
数量推理		●		●		●	●		●		
順序関係						●	●	●	●	●	●
位置関係			●	●		●	●	●	●	●	●
試合	リーグ戦	●	●	●	●						
	トーナメント戦			●							●
集合					●			●		●	
命題			●				●	●	●	●	
発言		●		●				●			
暗号											
操作手順				●	●						

●国家専門職

		2011	2012	2013	2014	2015	2016	2017	2018	2019	2020
対応関係			●	●	●		●	●	●	●	●
数量推理		●	●			●			●	●	
順序関係				●	●	●	●	●			●
位置関係		●			●	●	●	●	●	●	●
試合	リーグ戦		●								
	トーナメント戦										
集合		●	●		●			●			
命題			●	●		●	●		●	●	●
発言				●						●	
暗号											
操作手順		●			●			●			

●裁判所

		2011	2012	2013	2014	2015	2016	2017	2018	2019	2020
対応関係					●	●	●	●		●	
数量推理		●					●		●		
順序関係		●			●		●	●	●	●	●
位置関係				●	●	●			●	●	
試合	リーグ戦				●				●		●
	トーナメント戦						●				
集合			●						●	●	●
命題								●		●	
発言			●				●	●	●		●
暗号			●	●		●					
操作手順		●		●		●			●		●

● 東京都Ⅰ類B

		2011	2012	2013	2014	2015	2016	2017	2018	2019	2020
対応関係						●				●	
数量推理					●						
順序関係			●	●				●	●		
位置関係						●					
試合	リーグ戦	●								●	●
	トーナメント戦						●				
集合		●	●	●			●	●	●		●
命題										●	
発言			●		●						
暗号											
操作手順				●							●

● 特別区Ⅰ類

		2011	2012	2013	2014	2015	2016	2017	2018	2019	2020
対応関係				●			●			●	
数量推理					●	●					●
順序関係			●								●
位置関係		●		●	●	●	●				●
試合	リーグ戦	●	●	●	●			●			
	トーナメント戦						●				●
集合			●					●	●	●	
命題											
発言		●					●	●			●
暗号			●	●	●	●	●	●		●	●
操作手順		●				●		●			

目　次

序章

判断推理とは

1 判断推理とは

学習のポイント

・数的処理の中でも特に「判断推理」という科目の特徴や、問題を解くうえでの基本的な考え方を理解しましょう。

判断推理とは、問題文が与える条件から情報を汲み取り、推理を行って正解を導く科目です。情報を整理するために、記号化して図で表したり、表などでまとめたりします。

さまざまな問題がありますが、よく出題される典型的な問題を解くポイントなどを中心に紹介していきますので、確実に押さえておきましょう。

教養試験（基礎能力試験）の中では特に配点が大きい科目で、この科目でどれぐらい得点できるかが合否を左右するといっても過言ではありません。

以下、判断推理全体において正解を求めるのに大切なことを挙げておきます。

1 条件の記号化

問題文が与える条件は「記号化」して、組み合わせられるものはまとめて図示するようにします。命題・集合の場合は「ベン図」を使うこともあります。もしくは、対応表、順位表、リーグ戦の表などの「表」を書いて整理します。

次の例題は、第４章の「位置関係」というジャンルで詳しく扱うものですが、ここでは「記号化する」とはどういうことかをつかんでみてください。

例題　下図のような３階建てのマンションに、Ａ～Ｆの６人が住んでいる。ア～ウのことがわかっているとき、Ｆのすぐ真下の部屋に住んでいるのは誰か。

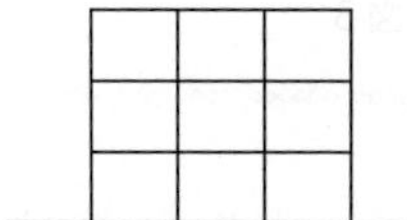

ア：Ａの一つ真上の部屋にはＢが、Ｂの左隣の部屋にはＣが住んでいる。
イ：Ｄの両隣には、ＡとＥが住んでいる。
ウ：Ｆの一つ真上の部屋は空き部屋である。

まず、条件を記号化し、合わせられるものはまとめて図示します。

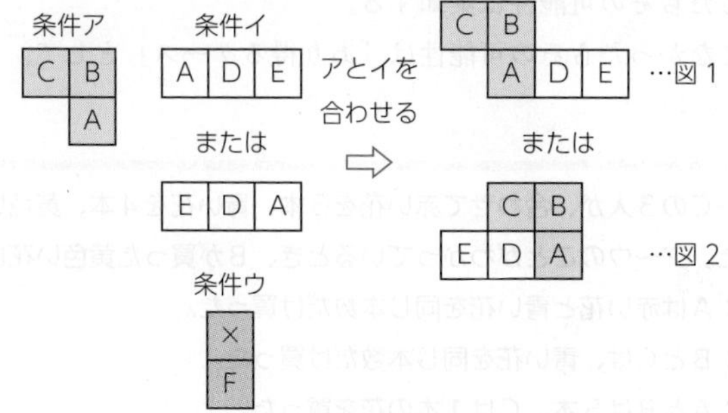

条件アが示している部屋の配置についての情報を模式的に表すと左のようになります。同様に条件イが示している部屋の配置についての情報を表すと中央のようになりますが、ＡとＥの配置は２パターン考えられるため、どちらの可能性も図で表しておきます。条件ウから得られる部屋の配置についての情報は、Ｆのすぐ上の部屋が空き部屋であることを「×」印を使って表現しています。

条件アとイから得られた図を組み合わせると、図１・図２の２パターンの可能性が得られますが、このうち図１は横幅が４部屋分になってしまい、与えられた条件と合わないので、図２のパターンが正しいことがわかります。

図２をマンションに当てはめると、図３と図４の２通りが考えられます。

ここで、条件ウを当てはめられるのは図４のパターンのみなので、マンションの配置は図４のとおりに決まります。よって、Ｆの真下の部屋に住んでいるのはＥとなります。

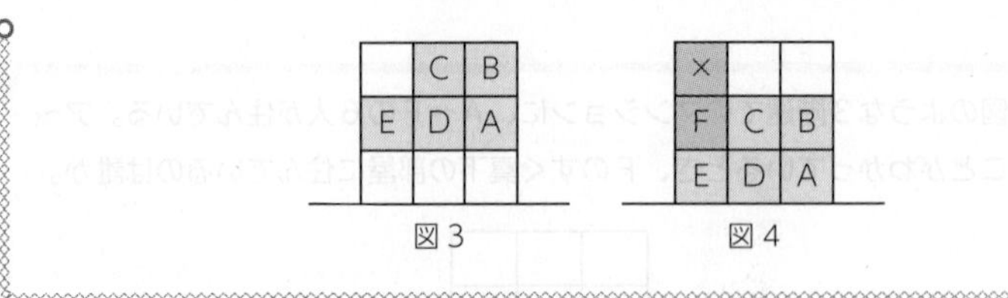

図3　　図4

2 場合分け

場合分けというのは、推理をしていく過程で複数の可能性が考えられる場面に当たったとき、その複数の可能性に分けて検討を進めていく手法です。

○可能性ごとに分けて検討を進める。
○矛盾が生じたらその可能性は棄却する。
○矛盾が生じなかったらその可能性は「あり得るケース」として、さらに検討を続ける。

例題　A～Cの３人が、合わせて赤い花を３本、青い花を４本、黄色い花を４本買った。ア～ウのことがわかっているとき、Bが買った黄色い花は何本か。

ア：Aは赤い花と青い花を同じ本数だけ買った。
イ：BとCは、青い花を同じ本数だけ買った。
ウ：AとBは５本、Cは１本の花を買った。

まず、表に数値を当てはめ、同じ本数のマスには同じ文字を書き入れます。

条件アから、Aの買った赤い花と青い花の本数は等しいので、これをx（本）とし、表に書き込みます。同様に、条件イから、BとCが買った青い花の本数は等しいので、これをy（本）とし、表に書き込みます。

	赤	青	黄	計
A	x	x		5
B		y		5
C		y		1
	3	4	4	11

ここで、xの本数によって場合分けをします。xに当たる数としてあり得るのは１か２（３以上だと赤い花と青い花だけで５本を超えてしまう）なので、この両方の可能性を検討してみます。

❶ $x = 1$のとき

	赤	青	黄	計
A	1	1		5
B		y		5
C		y		1
	3	4	4	11

青い花の本数で式を立てると、$1 + 2y = 4$より、$y = 1.5$（本）となります。花の本数が整数ではなくなるので不適となります。

⇒矛盾が生じたため棄却

❷ $x = 2$のとき

	赤	青	黄	計
A	2	2		5
B		y		5
C		y		1
	3	4	4	11

青い花の本数で式を立てると$2 + 2y = 4$となり、$y = 1$（本）に決まります。

$x = 2$、$y = 1$があり得るケースとして決まったので、さらに表を埋めていきます。

Aが買った花の合計が５本なので、Aが買った黄色い花は$5 - 2 - 2 = 1$（本）に決まります。また、Cが買った花の合計が１本なので、Cの買った赤い花と黄色い花は０本に決まります。さらに、Bが買った赤い花の本数は、赤い花の合計が３本なので、$3 - 2 - 0 = 1$（本）、Bが買った黄色い花の本数は、黄色い花の合計が４本なので、$4 - 1 - 0 = 3$（本）となります。

	赤	青	黄	計
A	2	2	1	5
B	1	1	3	5
C	0	1	0	1
	3	4	4	11

以上より、Bは黄色い花を３本買ったことになります。

3 その他の注意点

(1) 矛盾なく成立する場合が複数存在するケース

いま紹介した例題では、場合分けをして検討を進めた結果、一方の可能性は途中で矛盾が生じて棄却され、もう一方だけが正しいものだとわかるものでした。ただ、問題を解いていると、矛盾なく成立する場合が複数存在することもあります。

問題文では「確実にいえるのはどれか」と問われますので、このときは、**成立するすべての場合で当てはまるものが正解**となります。

例題1　A～Eの５人が100m走をした。ア～ウのことがわかっているとき、確実にいえるのはどれか。ただし、同順はないものとする。

ア：BはAより遅く、Cより早くゴールした。

イ：Aは１位ではなかった。

ウ：Eは２位か４位であった。

❶　Aは２位だった。
❷　Bは３位だった。
❸　Cは５位だった。
❹　Dは５位だった。
❺　Eは４位だった。

条件アより、A⇒B⇒Cの順にゴールをしていることがわかります。

Eは２位か４位なので場合分けをして順位表に当てはめると①と②の２通りが考えられます。そこにA≠１位であることを踏まえて、表１の着色部分にA⇒B⇒Cの順に順位表に当てはめ、残りの一つにDを書き入れます（表２）。

①と②は条件に矛盾なく成立することになります。

選択肢から正しい答えを選ぶときは、成立するすべてのパターンに当てはまるものを選びます。よって、❸が正解となります。

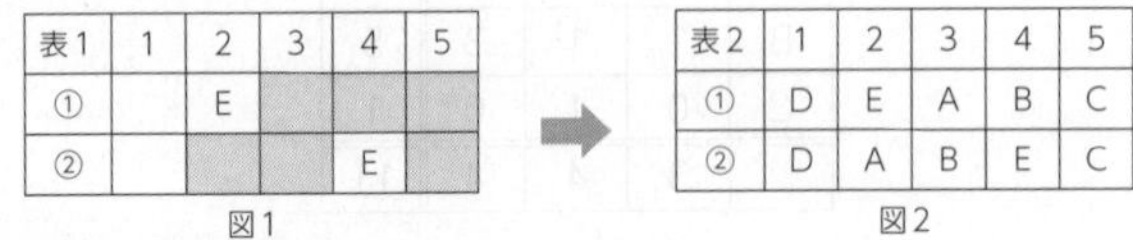

表1	1	2	3	4	5
①		E			
②				E	

図1

表2	1	2	3	4	5
①	D	E	A	B	C
②	D	A	B	E	C

図2

(2)　すべてが明らかにならずに検討を終えるケース

ここまで紹介した例題では、誰がどの部屋に住んでいるか、誰が何色の花を何本買ったか、誰が何位でゴールしたか、すべて特定することができました。ただ問題の中には、これらがすべて明らかにならないものもあります（表や図が最後まで完成しないケース）。

つまり、すべてが明らかにならなくても正解を選べるということなので、検討が先に進まなくなったらその時点で正解を特定できないかどうか確かめることが重要です。

例題2 A～Dは文学部、理学部、経済学部、法学部のそれぞれ異なる一つの学部に所属している。ア～ウのことがわかっているとき、確実にいえるのはどれか。

ア：Aは文学部である。

イ：Cは経済学部もしくは法学部である。

ウ：Bは理学部ではない。

❶ Bは経済学部である。

❷ Bは法学部である。

❸ Cは法学部である。

❹ Dは理学部である。

❺ Dは経済学部である。

条件アより、Aは文学部なので、文学部以外の学部に×印を入れます。また、それぞれ異なる一つの学部に所属しているので、A以外のB～Dは文学部ではないので×印を入れます。さらに、条件イ・ウからわかることを表に書き込むと図1のようになります。

条件イよりCは経済学部もしくは法学部であり、理学部ではないため、Cの理学部に×印を入れます。すると、理学部はD以外すべて×印となるので、理学部はDに決まります。

これ以上わかることはないので表は完成しませんが、この時点で❹が正解となります。ここで正解を選べる状況なのに表を完成しようと悩み考えるのは時間の無駄になってしまいますから、気をつけましょう。

	文	理	経	法
A	○	×	×	×
B	×	×		
C	×		どちらか	
D	×			

図1

	文	理	経	法
A	○	×	×	×
B	×	×	どちらか	
C	×	×	どちらか	
D	×	○	×	×

図2

第1章

対応関係

対応関係の基本
その他の対応関係

1 対応関係の基本

学習のポイント

・「人物」と「学部」、「人物」と「趣味」のような、複数の要素の対応関係について条件が示され、それをもとに推理を行って確実なことを導き出すタイプの問題です。

・位置関係、順序関係、数量推理、試合のリーグ戦など、他の判断推理の問題を解く際の基礎となる単元なので、しっかり押さえていきましょう。

1 2要素・1対1の対応関係 重要！

「2種類の要素が登場し、それぞれ1対1で対応している」というケースで、対応関係の問題の最も基本的な状況です。

例題 A～Dの4人は、文学部、理学部、工学部、法学部のいずれか異なる一つの学部に所属している。次のア～ウのことがわかっているとき、Bの学部は何学部か。

ア：Cの学部は理学部である。

イ：AとBの学部は工学部でない。

ウ：AかDの学部は文学部である。

この例では、「人物」と「学部」という2要素が登場し、1人の人物は必ず一つの学部に所属しています。これが、「2要素・1対1の対応関係」の状況です。

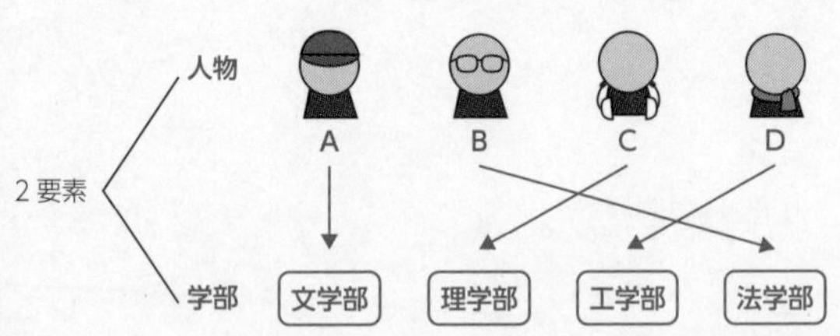

1対1対応（1人ずつそれぞれ異なる学部が対応する）

❶ 一つの○印が入れば、縦と横の列に×印が入る

このような問題では次のような対応表を作って情報を整理していきます。条件アよりCが理学部に所属しているので、該当するマスに○印を書き込むと同時に、その○印の属する縦・横のマスにはすべて×印を書き込みます。

Cが理学部以外の学部に同時に所属することはないし、条件より他の３人が理学部であることもないからです。

	文	理	工	法
A		×		
B		×		
C	×	○	×	×
D		×		

このように、対応表において○印が１か所確定すれば、その縦・横のマスすべてに×印が入ることを利用して、さらに確定できる事実を探していきます。

❷ さらに条件を使って対応関係を確定させていく

条件イより、AとBの工学部のマスに×印を入れると、工学部はD以外すべて×印になり、ここでDの学部が工学部に決まります。

	文	理	工	法
A		×	×	
B		×	×	
C	×	○	×	×
D	×	×	○	×

条件ウよりAかDの学部が文学部ですが、Dはすでに工学部に決まっているので、Aの学部が文学部、残ったBの学部が法学部に決まります。

	文	理	工	法
A	○	×	×	×
B	×	×	×	○
C	×	○	×	×
D	×	×	○	×

2 ２要素・１対複数の対応関係

「２類種の要素が登場し、それぞれ１対複数のものが対応している」というケースです。数値の取り扱いがポイントになります。

例題 A～Dの4人は、釣り、水泳、英会話、映画のうち、それぞれ二つを趣味としている。次のア～ウのことがわかっている場合、Cの趣味は何と何か。

ア：釣りと英会話は2人、水泳は3人が趣味としている。

イ：Aは水泳か英会話のいずれか一つを趣味とし、映画は趣味としていない。

ウ：Bは水泳を趣味としておらず、Dは映画を趣味としている。

この例では、「人物」と「趣味」という2要素が登場し、1人の人物につき複数の（今回は二つずつ）趣味を持っています。これが「2要素・1対複数の対応関係」の状況です。

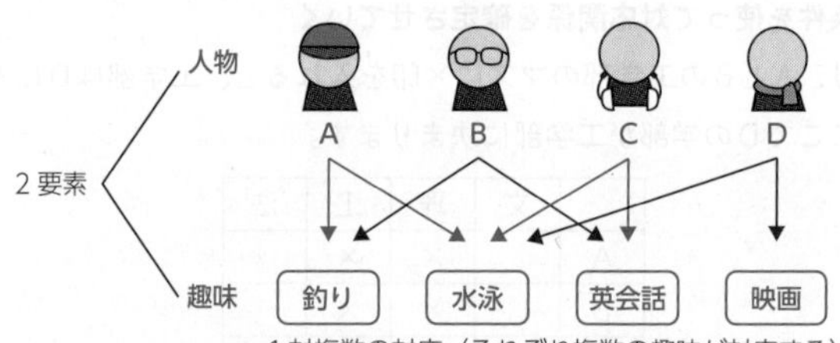

1対複数の対応（それぞれ複数の趣味が対応する）

❶ 数値に注目した表を作る

このような問題では、次のように数値の合計欄を設けた対応表を作ります。

A～Dの4人が二つずつ趣味を持っているので、趣味の合計は8になります。

次に、「釣り」と「英会話」が2人、「水泳」が3人なので、8－2－2－3＝1より、「映画」を趣味にしているのは1人になります。

	釣り	水泳	英会話	映画	数値
A					2
B					2
C					2
D					2
	2	3	2	1	8

❷ 確実に×印であるところ、○印であるところを探す

Aの二つの趣味のうち一つは「『水泳』か『英会話』のいずれか一つ」です。「映画」は趣味としていないので、もう一つの趣味は残った「釣り」に決まります。

❸ 数値の小さい列、大きい列に注目すると表が埋まりやすい

数値の合計が小さい列（「映画」の合計が1）や、逆に数値の合計が大きい列（「水

泳」の合計が３）では、○や×が埋まりやすいので、常に注目をしておきます。

	釣り	水泳	英会話	映画	数値
A	○				2
B		×			2
C					2
D				○	2
	2	3	2	1	8

	釣り	水泳	英会話	映画	数値
A	○	○		×	2
B		×		×	2
C		○		×	2
D		○		○	2
	2	3	2	1	8

❹　縦と横の列を交互にチェックする

先ほど、「水泳」と「映画」の縦の列に注目したので、次は横の列に注目するとよいでしょう。すると、A、B、Dの横の列の合計が２であることより、○印と×印を確定できます。

さらに、今度は縦の列に注目すると「釣り」と「英会話」の列がそれぞれ合計２なのですべてが決まり、Cの趣味は水泳と英会話とわかります。

	釣り	水泳	英会話	映画	数値
A	○	○	×	×	2
B	○	×	○	×	2
C		○		×	2
D	×	○	×	○	2
	2	3	2	1	8

	釣り	水泳	英会話	映画	数値
A	○	○	×	×	2
B	○	×	○	×	2
C	×	○	○	×	2
D	×	○	×	○	2
	2	3	2	1	8

3 ３以上の要素がある対応関係

「人物」、「学部」、「部活動」など、**３種類以上の要素が登場する**ケースです。横につなげた対応表を書いて整理します。

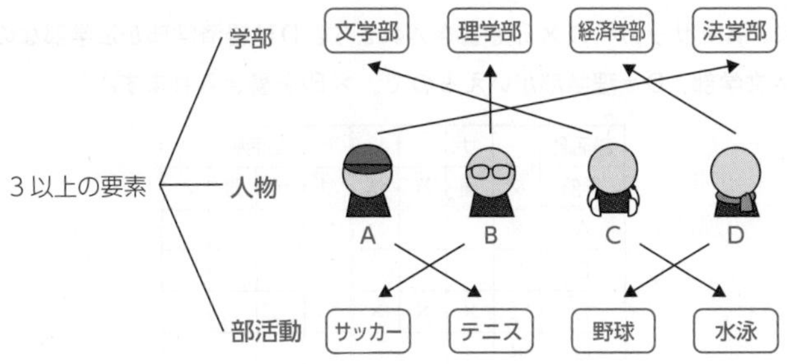

(1) 1対1対応関係で、複数の要素がある場合

例題 A～Dの4人の学生は、文学部、理学部、経済学部、法学部のいずれか異なる一つの学部に所属しており、サッカー部、テニス部、野球部、水泳部のいずれか異なる一つの部活動に所属している。次のア～ウのことがわかっている場合、サッカー部に所属しているのは誰か。

ア：理学部の学生はサッカー部に所属している。

イ：Aはサッカー部に所属していない。

ウ：Cは文学部に所属しており、Dは経済学部か法学部に所属している。

この例の場合、「人物」、「学部」、「部活動」の3要素があります。

また、「人物」1人に対して、「学部」と「部活動」のそれぞれ異なる一つずつが対応しています（「人物」と「学部」が1対1対応関係、「人物」と「部活動」も1対1対応関係）。

このような場合、「人物」、「学部」、「部活動」のいずれか一つの要素を縦に、残りの二つの要素を横につなげた対応関係の表を作るとよいでしょう。

❶ 複数の要素を横に並べた対応表を作る

「人物」、「学部」、「部活動」のうち、いずれか一つの要素を縦に、残りの二つの要素を横につなげた対応表を作ります。今回は、縦に「人物」、横に「学部」と「部活動」を並べてあります。「学部」の上に、「部活動」をメモする記入欄があると3要素の関係を見やすくなります。

人物1人につき、学部と部活動がそれぞれ1対1対応なので、C＝文学部に○印を入れると、その○を含む縦と横の列にはすべて×印を入れられます。

理学部＝サッカー部なので、「理学部」の上に「サッカー」とメモしておくとよいでしょう。

さらに、A≠サッカーの×印を書き入れます。Dは経済学部か法学部なので、確実にD≠文学部、D≠理学部がいえるので、×印を書き入れます。

部活動		サ			部活動			
学部	文	理	経	法	サ	テ	野	水
A	×				×			
B	×							
C	○	×	×	×				
D	×	×						

❷ 同一人物の縦の列の○×が同じになる

理学部とサッカー部が同一人物なので、理学部とサッカー部の列の○印と×印をすべてまとめます。理学部のCとDの×印、サッカー部のAの×印をまとめて、理学部とサッカー部の2列にあるA、C、Dに×印を入れます。残ったBが理学部でサッカー部となり、**サッカー部はBに決まります**。

部活動		サ			部活動			
学部	文	理	経	法	サ	テ	野	水
A	×				×			
B	×							
C	○	×	×	×				
D	×	×						

部活動		サ			部活動			
学部	文	理	経	法	サ	テ	野	水
A	×	×			×			
B	×	○			○			
C	○	×	×	×	×			
D	×	×			×			

❸ 違う表形式での解法

3以上の要素がある場合、次のような表形式のまとめ方でも解くことができます。

まず、人物、学部、部活動の3要素を見出しにし、人数分（4人分）の記入欄のある表を用意します。

「理学部、サッカー」、「C、文学部」、「D、経済学部／法学部」は、それぞれ学部が異なるので別の行に書き込みます。ここで、Aはサッカー部ではないので、「理学部、サッカー」の行にAではないことを書いておきます。

人物	学部	部活動
×A―	理学部	サッカー
C	文学部	
D	経／法	
	法／経	

4行のうち2行に「人物」が入ったので、残りの人物はAとBです。Aは「理学部、サッカー」の行には書けないため、Bが「理学部、サッカー」に決まり、Aは残りの1行に決まります。これ以上わかることはありません。

ここで、**サッカー部はBに決まります**。

人物	学部	部活動
B	理学部	サッカー
C	文学部	
D	経／法	
A	法／経	

(2) 1対複数の対応関係で、複数の要素がある場合

例 A～Dの４人の学生は、文学部、理学部、経済学部、法学部の**いずれか異なる一つ**の学部に所属しており、サッカー、テニス、野球、水泳の**いずれか二つずつ**経験をしたことがある。

この例の場合、「人物」、「学部」、「スポーツ」の３要素があります。

また、「人物」１人に対してそれぞれ異なる一つの「学部」が対応しており、「人物」１人に対して二つずつ(複数)の「スポーツ」が対応しています(「人物」と「学部」が１対１対応関係、「人物」と「スポーツ」は１対複数の対応関係)。

このような場合、**複数を対応させる「スポーツ」を縦に**、「人物」と「学部」を横につなげた対応関係の表を作ると、処理がスムーズに進みます。また、「人物」の上に「学部」を書き込む欄を設けておくとよいでしょう。

学部					学部			
人物	A	B	C	D	文	理	経	法
サッカー								
テニス								
野球								
水泳								
	2	2	2	2	2	2	2	2

4 条件を読み解くポイント 重要!

条件を読み解く際は、直接言及されていることのほか、言外に読み取れる事実にも注意します。

(1) 別人であることを読み取る

❶ 1対1の対応関係において、「AがXと･･･した」とき、AはXではない

❷ 「AがBには会ったが、Yには会わなかった」とき、BはYではない

例えば、「A～Dの４人が、文学部、法学部、理学部、経済学部のいずれかの学部に所属しており、１対１の対応関係になっている」ケースであれば、次のような情報も読み取ることができます。

例　Aは法学部の人と映画を観に行った

これは、Aが映画を観たことが重要なのではなく、「Aが、（Aではないもう1人の人物である）法学部の人と行動をともにした」→「Aと法学部の人は別人」→「Aは法学部ではない」という情報を含んでいることが重要です。

また、「Aは理学部の人のいとこだ」なども、「Aは理学部ではない」という情報を含んでいます。

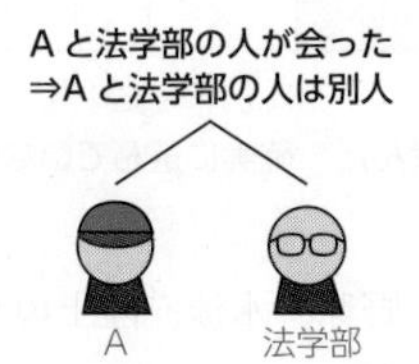
Aと法学部の人が会った
⇒Aと法学部の人は別人
A
法学部

例　Aは法学部の人には会ったが、Bには会わなかった

前の例と同様、「Aが法学部の人と会った」のは、「Aが法学部の人と行動をともにした」ことになり、「Aは法学部ではない」という情報を含んでいます。

また、Aは「法学部の人には会った」、「Bには会わなかった」ことより、「法学部の人」と「B」はAと会ったか会わなかったかが異なるので、「Bは法学部ではない」という情報も読み取れます。

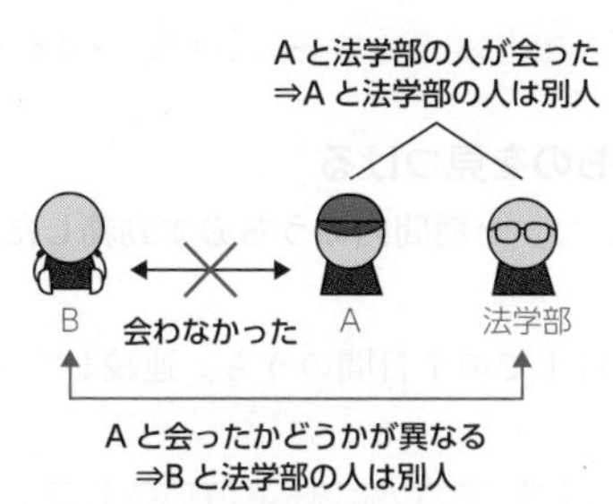
Aと法学部の人が会った
⇒Aと法学部の人は別人
B
会わなかった
A
法学部
Aと会ったかどうかが異なる
⇒Bと法学部の人は別人

(2)　確実に×印になるものを見つける

❶「AはXかYのいずれかを選んだ」→Aが選ばなかったものを考える

❷「同じ組合せにならないように×印を入れる」

例　リンゴ、桃、みかん、メロンのうち、好きな果物を一つ選ぶ場合

「Aがリンゴか桃のいずれかを選んだ」→「Aはみかんとメロンは確実に選ばなかった」

⇒「どちらか選んだ」という条件から、「確実に選ばなかった」情報を読み取る

	リンゴ	桃	みかん	メロン	数値
A			×	×	1

どちらか一つを選んだ　確実に選んでいないので×印を入れる

例　A～Dの４人が、テニス、野球、水泳、陸上のうち好きな競技を二つ選ぶ場合

ア：Aがテニスと野球を選んだ。

イ：Bがテニスを選んだ。

ウ：同じ組合せの者がいなかった。

⇒「同じ組合せはなかった」という条件から、「確実に選ばなかった」情報を読み取る

	テニス	野球	水泳	陸上	
A	○	○	×	×	2
B	○				2

Aと同じ組合せにならないよう、×印を入れる

⑶　確実に○印になるものを見つける

「連続して５日間勤務した」→**期間内のうち必ず勤務した日を考える**

例　Aが月曜日から日曜日までの７日間のうち、連続して５日間勤務した場合

	月	火	水	木	金	土	日
A							

どのような勤務のパターンにおいても、水曜日、木曜日、金曜日は必ず勤務しているので、○印を入れます（図の着色部分）。

解法ナビゲーション

A～Eの5人は、ある野球チームにおいてキャッチャー、ファースト、セカンド、サード又はショートのいずれか異なる一つのポジションの選手である。今、次のア～キのことが分かっているとき、Eのポジションはどれか。

区Ⅰ2008

ア　AとDは、いずれもキャッチャーではない。

イ　ファーストは、Bと同じ高校の出身である。

ウ　Bは、キャッチャーと同じ町に住んでいる。

エ　セカンドは、Cとよく食事をする。

オ　BとDは、サードとショートとの4人で時々ゴルフをする。

カ　キャッチャーは、昨日Eと口論になった。

キ　Aは、ショートのいとこである。

❶　キャッチャー
❷　ファースト
❸　セカンド
❹　サード
❺　ショート

着眼点

❶　今回のように、5人に1人ずつ異なる5種類のポジションが与えられているような問題は、1対1対応関係の問題となります。

例えば図のように「Bがセカンド」に○が入った場合、その○が入った縦と横の列のマスは、「Bがセカンド」以外すべてのマスに×が入ります。

	キャ	ファ	セ	サ	ショ
A			×		
B	×	×	○	×	×
C			×		
D			×		
E			×		

❷「セカンドはCとよく食事する」という条件から、「セカンドの選手がCとは別の人物である」という情報を読み取ります。

【解答・解説】

正解 ❺

「○と▲が・・・した」、「○と▲は・・・である」のような条件の場合、○と▲は別人となります。

例えば、カ「キャッチャーは、昨日Eと口論になった」という条件がありますが、キャッチャーとEが同一人物では口論ができません。よって、Eがキャッチャーでないことがわかります。

キ「Aは、ショートのいとこである」からも同様に、Aはショートではないことがわかります。

それらを踏まえると、表1のようになります。

表1	キャ	ファ	セ	サ	ショ
A	×				×
B	×	×		×	×
C			×		
D	×			×	×
E	×				

5人が、5種類のいずれか異なる一つのポジションの選手なので、対応表の一つのマスに○印が入れば、○印が入った縦と横の列の残りのマスには、すべて×印が入ります。

ここで、キャッチャーはC以外のすべてのマスに×印が入ったので、Cがキャッチャーに決まります。すると、Cはキャッチャーに決まったので、他のポジションの選手ではなくなります。よって、Cのキャッチャー以外のポジションのマスに×印を入れます。

すると、ショートはE以外のすべてのマスに×印が入ったので、Eがショートに決まります。よって、Eのショート以外のポジションに×印を入れます。

この時点で、正解は❺になります。

以下同様に最後までポジションを確定していくと、Aがサード、Bがセカンド、Dがファーストに決まります。

表2	キャ	ファ	セ	サ	ショ
A	×	×	×	○	×
B	×	×	○	×	×
C	○	×	×	×	×
D	×	○	×	×	×
E	×	×	×	×	○

このように、表が完成する途中で正解の選択肢が選べる場合があるので、問題で何を問われているのか最初に確認しておいてから対応表を埋めていくとよいでしょう。

過去問にチャレンジ

問題1
★★

A～Eの5人は、釣り、映画、登山、カードゲームの4種のうち、2種ずつを趣味としている。2種の組合せが他の者と同じである者はいない。それぞれ自分の趣味について、次のように述べているとき、確実にいえるのはどれか。

海保特別2012

A 「私は釣りが趣味である。」

B 「私は映画が趣味である。」

C 「私はカードゲームが趣味である。」

D 「私とCの趣味で、一致しているものはない。ちなみに私は釣りが趣味である。」

E 「私は登山が趣味である。この5人のなかに、登山と釣りの2種が趣味の者はいない。」

❶ Aは映画が趣味である。
❷ Bは登山が趣味である。
❸ Cは釣りが趣味である。
❹ Dは映画が趣味である。
❺ Eはカードゲームが趣味である。

問題2 ★★★ A～Eの５人は学内スポーツ大会に参加しようとしている。種目は、テニス、野球、サッカー、陸上、水泳の５種目であり、各人とも２種目に出場する。また、各種目は、A～Eのうち２人が出場するが、種目ごとに組合せは異なっている。A～Eの出場種目について、以下のことが分かっているとき、確実にいえるのはどれか。

国般2001

A　野球と陸上には出場しない。また、Eとは同じ種目に出場しない。

B　テニスか野球のいずれかに出場する。水泳には出場しない。

C　サッカーに出場する。

D　テニスに出場する。野球かサッカーのいずれかに出場する。

E　サッカーに出場しないが、陸上には出場する。

❶　Aは水泳に出場する。
❷　Bはテニスに出場する。
❸　Cは陸上に出場する。
❹　Dは、Eと同じ種目に出場する。
❺　Eは、Cと同じ種目に出場する。

問題3 ★★ A～Eの５人が、ある週の月曜日から金曜日までの５日間のみ、書店でアルバイトを行った。A～Eのアルバイトの日程について次のことが分かっているとき、確実にいえるのはどれか。

国般2019

○　各曜日とも２人ずつが勤務し、A～Eはそれぞれ２日ずつ勤務した。

○　A、B、Dは男性であり、C、Eは女性である。

○　月曜日と火曜日に勤務したのは男性のみであった。

○　Aが勤務した前日には必ずBが勤務していた。

○　Aは火曜日に勤務した。また、Cは２日連続では勤務しなかった。

❶　Aは、２日連続で勤務した。
❷　Bは、火曜日に勤務した。
❸　Cは、ある曜日にAと共に勤務した。

❹ Dは、ある曜日に女性と共に勤務した。
❺ Eは、木曜日に勤務した。

問題4
★★

アパートの管理人が、図のように月曜日から始まる4週間分のゴミ当番表を作ることになった。

この地域のゴミ収集日は、月曜日がプラスチック、火曜日と木曜日が一般ゴミ、水曜日が缶・ビン、第1金曜日と第3金曜日が紙となっている。当番はA～Fの6人が2人一組で行い、各人が6日ずつ担当する。当番表を作成するに当たり、各人は次のような要望を管理人に伝えた。これらの要望をすべて満たすように当番表を作成する場合、確実にいえるのはどれか。

国般2010

A　木曜日は全部担当したい。また、Dとは組みたくないが、それ以外の人とは少なくとも1回は組みたい。

B　第2週までに6回連続して担当したいが、Cとは組みたくない。

C　第2週と第3週の担当にしてほしい。また、木曜日は担当できない。

D　水曜日は担当できない。

E　一般ゴミの日だけ担当したいが、18日は担当できない。また、Dとは組みたくない。

F　第4週に3回担当したい。

ゴミ当番表

プラスチック	一般ゴミ	缶・ビン	一般ゴミ	紙
月	火	水	木	金
1	2	3	4	5
8	9	10	11	12
				／
15	16	17	18	19
22	23	24	25	26
				／

❶ Aは第1週に2回当番がある。
❷ Bは木曜日に2回当番がある。
❸ Dが一般ゴミの日を担当することはない。
❹ DとFが当番を組む日は2回ある。
❺ Eは4日が当番である。

問題５
★

Ａ～Ｅの５人は、それぞれ異なる１学部（文学部、法学部、経済学部、工学部、医学部）の学生であり、それぞれ異なる１サークル（サッカー、テニス、美術、合唱、将棋）に所属している。次のことが分かっているとき、確実にいえるのはどれか。

国専2008

○　医学部の学生は合唱サークルに所属している。
○　Ａはテニスサークルにも美術サークルにも所属していない。
○　Ｃは文学部の学生であり、美術サークルには所属していない。
○　サッカーサークルに所属しているのは、工学部の学生である。
○　経済学部の学生であるＢは、将棋サークルに所属している。

❶　Ａは合唱サークルに所属している。
❷　Ｄはサッカーサークルに所属している。
❸　Ｅは医学部の学生である。
❹　文学部の学生はテニスサークルに所属していない。
❺　法学部の学生は美術サークルに所属している。

問題6
★★★

A～Dの４人の大学生がいる。４人はＰ大生、Ｑ大生、Ｒ大生、Ｓ大生（順不同）である。この４人にトランプを３枚ずつ配ったところ、それぞれ３種類のスート（マーク）のカードであった。また、人によってスートのパターンは異なっていた。次のア～オのことが分かっているとき、確実に言えるものはどれか。

裁判所2004

ア　ＣはＳ大生ではなく、スペードのカードを持っている。

イ　Ｐ大生はダイヤとクラブのカードを持っている。

ウ　Ｑ大生はダイヤとクラブのカードの両方は持っていない。

エ　ＡはＰ大生でもＳ大生でもない。

オ　ＢとＳ大生の２人はスペードとダイヤのカードを持っている。

❶　ＡはＱ大生で、スペード、ハート、クラブのカードを持っている。
❷　ＢはＰ大生で、スペード、ダイヤ、クラブのカードを持っている。
❸　ＣはＲ大生で、スペード、ハート、クラブのカードを持っている。
❹　ＤはＳ大生で、ハート、ダイヤ、クラブのカードを持っている。
❺　ＡはＲ大生で、スペード、ダイヤ、クラブのカードを持っている。

2 その他の対応関係

学習のポイント

・ここでは、その他の解法テクニックや変則的な出題パターンへの対応について学習します。

1 番号置き換え問題

問題で与えられた情報の中に、要素どうしの対応関係を表す条件が少ない場合は、いったん仮に**①〜④などの番号**を振って、まず人物と番号を対応させておくと解きやすいことがあります。

例題 A～Dの4人が、英会話・水泳・体操・習字の四つのうち二つずつ習い事をしているとする。以下のア～エがわかっているとき、Bの二つの習い事は何か。

ア：AとDは二つとも異なる習い事をしている。

イ：A～Cの3人は一つだけ同じ習い事をしており、もう一つの習い事は3人とも異なる。

ウ：Cは水泳を習っており、もう一つはDと同じ習い事をしている。

エ：4人の中で英会話を習っているのは1人だけで、Bは体操を習っていない。

人物と習い事の関係がわかる条件がウの「C＝水泳」と、エの「B≠体操」しかないので、このようなときには、人物と習い事の対応表を書くよりも、まず四つの習い事を①～④の番号で表したほうが処理しやすいです。

	英	水	体	習	
A					2
B			×		2
C		○			2
D					2

条件よりすぐに書き込めるのはこの2か所だけ

まず、条件イよりA～Cが一つだけ同じ習い事をしているのでそれを①とします。

次にA～Cの二つ目の習い事が3人とも異なるので、仮にA(①, ②)、B(①, ③)、C(①, ④)とします。条件アよりAとDの習い事が二つとも異なるので、D(③, ④)に決まります。

習い事を番号に置き換えて、
まず、「人物」と「番号」の対応関係を考えるとよい

習い事					
番号	①	②	③	④	
A	○	○	×	×	2
B	○	×	○	×	2
C	○	×	×	○	2
D	×	×	○	○	2
	3	1	2	2	8

条件ウよりCはDと同じ習い事をしており（＝④）、もう一つが水泳なので、①＝水泳に決まります。条件エより英会話を習っているのは１人だけですが、１人しか習っていないのは②だけなので、②＝英会話に決まります。また、Bは体操を習っていないので③≠体操となります。よって消去法で④＝体操となり、残った③＝習字となります。

よって、Bの習い事は①＝水泳と、③＝習字に決まります。

習い事	水	英	習	体	
番号	①	②	③	④	
A	○	○	×	×	2
B	○	×	○	×	2
C	○	×	×	○	2
D	×	×	○	○	2
	3	1	2	2	8

2 組合せパターンの少ない問題

「組合せはすべて異なっていた」といった条件があり、**組合せのパターン数が少ない場合**は、**全パターンを書き出してしまう**と考えやすいことがあります。

例題 A～Fの６人が、チョコレート、バニラ、イチゴ、抹茶の４種類のアイスクリームから２種類を選んで購入した。次のア～エのことがわかっているとき、Dの購入した２種類のアイスクリームは何か。

ア：６人の購入したアイスクリームの組合せはすべて異なっていた。

イ：Bはチョコレートと抹茶、Cはチョコレートとバニラを購入した。

ウ：Eは抹茶を、Fはバニラを購入した。

エ：AとFは同じ種類のアイスクリームを購入しなかった。

4種類から2種類を選ぶパターン数は、${}_4C_2 = \dfrac{4 \times 3}{2 \times 1} = 6$（通り）となります。

このように、組合せがすべて異なっており、かつパターン数が人数と同じ（もしくはほぼ同じ）場合、全パターンを書き出してしまうと考えやすくなります。

今回の例は、６パターンのアイスクリームの組合せと、６人の人物の**１対１対応関係**として考えることもできます。

まず、条件イより、BとCのアイスクリームの組合せが決まります。条件エより、残った四つの組合せのうち、同じ種類のアイスクリームがない組合せは「チョコレート、イチゴ」と「バニラ、抹茶」のみです。よって、この２組がAとFに決まります。このうち、条件ウより、バニラを含む「バニラ、抹茶」がF、残った「チョコレート、イチゴ」がAに決まります。

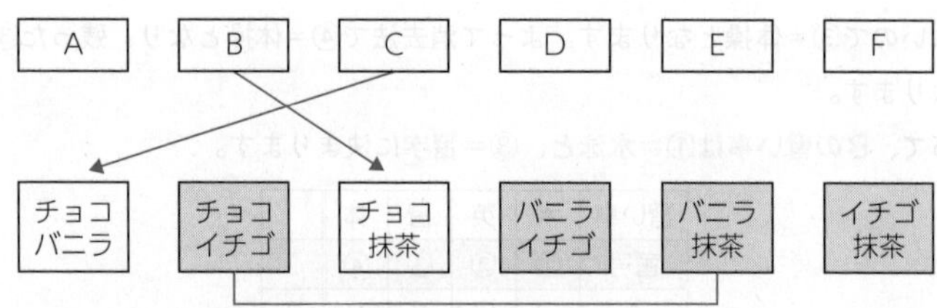

残った「バニラ、イチゴ」と「イチゴ、抹茶」は、まだアイスクリームの組合せが決まっていないDかEとなります。このうち、条件ウよりEは抹茶を購入しているので、「イチゴ、抹茶」がE、「バニラ、イチゴ」がDに決まります。

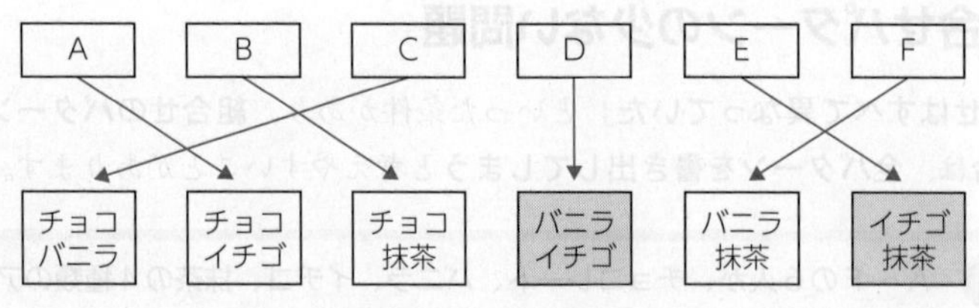

3 プレゼント交換問題

誰かにプレゼントなどを送ったり、もらったりする問題では、「**渡した相手から受け取らなかった**」という条件があるかどうかチェックしておきます。

例えば、A～Eの５人で、「プレゼントを渡した相手から受け取らなかった」、「プレゼントは１人につき１人だけに渡した」という条件があるときは図１のような循環型タイプになります。このうち、「プレゼントを渡した相手から受け取らなかった」という条件がない場合は、図２のような複数のグループに分かれるタイプの可能性も考えておきます。

循環型タイプ

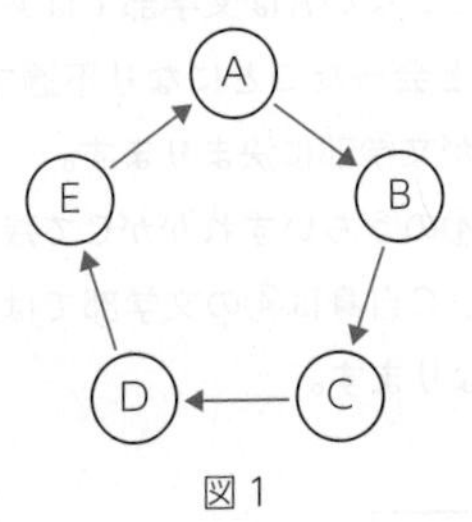

図１

複数のグループに分かれるタイプ

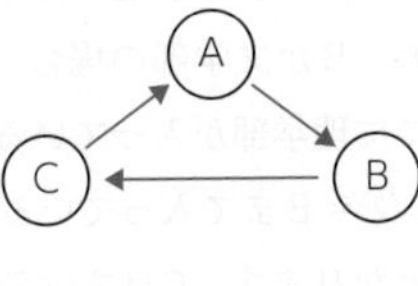

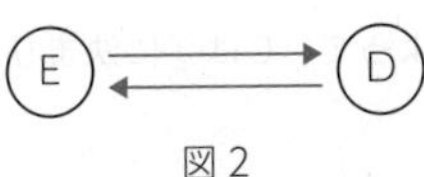

図２

交換するのが手紙やメールであったり、電話のやり取りだったりすることもあります。

4 会う－会わないの問題

誰かに会ったり、会わなかったりする条件を含む問題では、人物どうしの「会った／会わなかった」という情報を書き込んでいきます。

例題　A～Dの４人がそれぞれ文学部・理学部・経済学部・法学部のいずれか一つの異なる学部に所属している。次のア～ウのことがわかっているとき、Bは何学部か。

ア：Aは理学部の学生には会ったが、Bには会わなかった。

イ：BとCは文学部の学生に会った。

ウ：Dは経済学部の学生には会わなかった。

上記の例のように、「誰が何に対応しているのか」と、「誰が誰に会ったか／会わなかったか」の二つを同時に処理する問題です。

まず、図に示すように記入欄を作り、最も情報量の多い条件から書き込んでいきます。

Aを任意の欄（ここでは①）に書き込み、「理学部の学生に会った」ことと、「Bには会わなかった」ことを書き入れます。

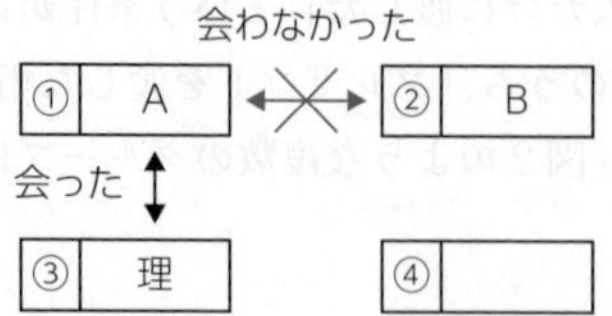

次に、Bは文学部の学生に会ったので、Bと会っていないAは文学部ではありません。また、Bが文学部の場合、Bが文学部の自分と会ったことになり不適です。③にはすでに理学部が入っているので、消去法で④が文学部に決まります。

①＝A、②＝Bまで入っているので、残った③と④のうちいずれかがCで残った一方がDとなります。Cは文学部に会っているので、C自身は④の文学部ではありません。よって、Cは③に決まり、残った④がDとなります。

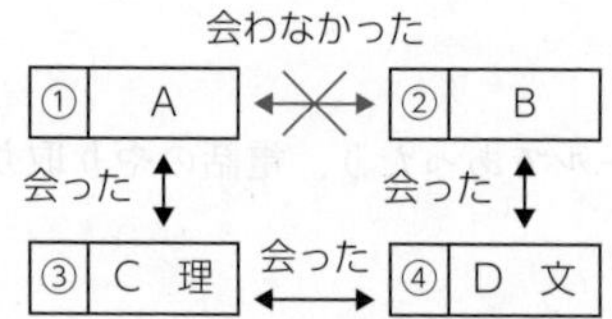

条件ウより、Dは経済学部の学生に会っていないので、Dと会っているBは経済学部ではないことになります。よって、Aが経済学部、残ったBは法学部に決まります。

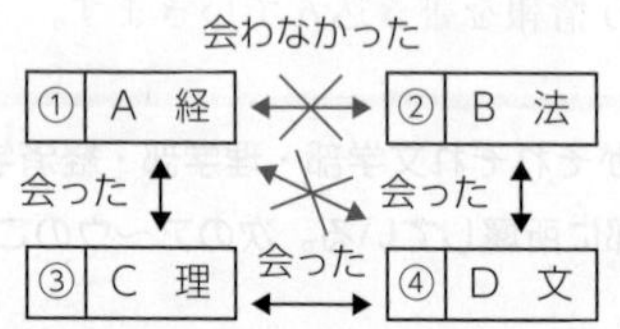

解法ナビゲーション

４人の高校生Ａ～Ｄが、地学、化学、生物、物理の４つの選択科目のうちから２科目を選択して、授業を受けている。今、次のア～オのことが分かっているとき、確実にいえるのはどれか。

区Ⅰ2016

ア　Ａ、Ｂ、Ｄは同じ科目を１つ選択しているが、もう１つの選択科目はそれぞれ異なっている。

イ　地学と物理の両方を選択している人はいない。

ウ　Ｃは地学を選択しており、ＣとＤは地学以外の同じ科目を選択している。

エ　Ａは、Ｃと同じ科目を１つ選択しているが、化学は選択していない。

オ　３人が選択した同じ科目は１つであるが、４人が選択した同じ科目はない。

❶　Ａは生物と物理、Ｃは地学と化学を選択している。
❷　Ａは地学、Ｂは化学、Ｄは生物を選択している。
❸　Ｂは物理、Ｃは生物、Ｄは化学を選択している。
❹　Ａは生物、Ｂは物理、Ｃは化学を選択している。
❺　Ｂは生物、Ｃは物理、Ｄは化学を選択している。

着眼点

「人物と科目」の関係がわかる条件が「Ａ≠化学」、「Ｃ＝地学」の二つしかないので、四つある科目の種類を①～④の番号に置き換え、「人物と番号」の関係を決定し、最後にそれぞれの番号がどの科目か特定すると早く解くことができます。

【解答・解説】

正解 ❹

「人物と科目」の対応を示す条件が少ないので、「科目」をいったん番号で表して、「人物と番号」の関係を決定していきます。

「人物」と「科目」の二つの要素の問題です。

しかし、条件で「C＝地学」と「A≠化学」の二つの関係しかわかりません。このようなときには、４種類の科目をそれぞれ①～④として、「人物－番号」の関係を先に押さえてしまい、その後でどの番号がどの科目か対応させていくと早く解けることがあります。

全員２科目ずつ選択しているので、１列に二つ○印、二つ×印が入ります。

条件アより、A、B、Dは同じ科目を一つ選択しているので、それを①とします。もう一つの科目がそれぞれ異なっているので、仮にAが②、Bが③、Dが④とします。

条件オより「４人が選択した同じ科目はない」ので、①のCには×印が入ります。

また、条件ウとエより、CはAとDと同じ科目を選択しているので、Cの②と④に○印が入ります。これで、「人物－番号」の関係がすべて決まりました。

科目					
番号	①	②	③	④	
A	○	○	×	×	2
B	○	×	○	×	2
C					2
D	○	×	×	○	2

科目					
番号	①	②	③	④	
A	○	○	×	×	2
B	○	×	○	×	2
C	×	○	×	○	2
D	○	×	×	○	2

「人物－番号」の関係が決まったので、次は「科目－番号」の関係を決めます。

Cは②と④を選んでいますが、Cが選んだ科目は条件ウより、「Dと同じ科目」と「地学」の二つです。Dと同じ科目は④なので、②が地学に決まります。

次に、条件イより地学と物理の両方を選択している人はいないので、地学（②）を選んでいるAとCに着目します。Aが「地学（②）と①」、Cが「地学（②）と④」をそれぞれ選んでいるので、①と④は物理ではありません。よって、物理は③に決まります。

	×物理			×物理	
科目		地学			
番号	①	②	③	④	
A	○	○	×	×	2
B	○	×	○	×	2
C	×	○	×	○	2
D	○	×	×	○	2

残った①と④のうち、Aは化学を選択していないので、④が化学となり、残った①が生物となります。Aが生物、Bが物理、Dが化学を選択しているので、正解は❹となります。

科目	生物	地学	物理	化学	
番号	①	②	③	④	
A	○	○	×	×	2
B	○	×	○	×	2
C	×	○	×	○	2
D	○	×	×	○	2

解法ナビゲーション

A～Eの５人の携帯電話の通話のやり取りについて、次のア～カのことが分かっているとき、確実にいえるのはどれか。

区Ⅰ2013

ア　Aは、CとDのどちらかから電話を受けた。

イ　Bは、AからもDからも電話を受けなかった。

ウ　Cは、Bから電話を受けなかった。

エ　Eは、AからもCからも電話を受けなかった。

オ　５人がかけた電話と受けた電話は、それぞれ１回ずつであった。

カ　電話をかけた相手から、電話を受けた人はいなかった。

❶　Aは、Dに電話をかけた。
❷　Bは、Eに電話をかけた。
❸　Cは、Aに電話をかけた。
❹　Dは、Cに電話をかけた。
❺　Eは、Bに電話をかけた。

着眼点

❶　誰かから誰かにプレゼント、メール、手紙、電話などを渡す（かける）問題です。
　誰に渡した（かけた）か、誰から受けたかなどがわかりやすいように、人数分の欄を作り、そこに矢印を書き込んでいくとよいです。

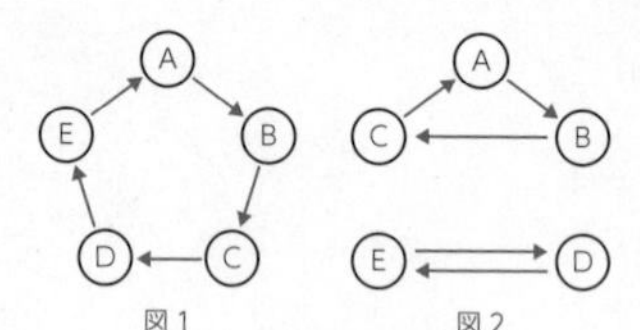

図１　図２

❷　問題によっては図２のように、複数のグループに分かれる場合もあるので注意が必要です。

❸　「人数が５人以下」、「かけた電話と受けた電話が１回ずつ」、「かけた相手から受けた人はいない」の三つの条件があれば、複数のグループに分かれることはないので、最初から循環型に矢印が書き込まれている人数分の欄を設け、そこに人物を当てはめていくと検討しやすいです。

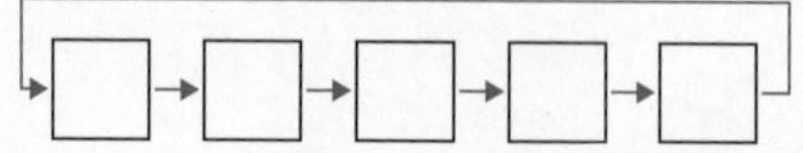

【解答・解説】

正解 ❷

プレゼント交換の問題では、「●は、△と□のどちらかから受けた」という条件があれば、受けた相手について場合分けするところから始めるとよいです。

カ「電話をかけた相手から、電話を受けた人はいなかった」、オ「5人がかけた電話と受けた電話は、それぞれ1回ずつ」、「5人以下」であることより、5人が順番に次の相手に電話をかけ、最後の人が最初の人に電話をかける循環型のタイプになります。

また、ア「Aは、CとDのどちらかから電話を受けた」ことより、図1と図2の2通りが考えられます。5人の人物はそれぞれの欄に一つずつ当てはまることになります。

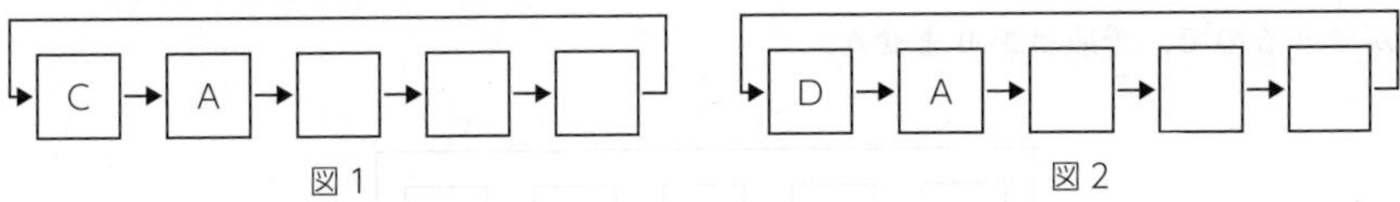

図1 図2

5人のうち、電話を受けられる人を1人ずつ埋めていき、矛盾が起こらないか確認していきます。

❶ CがAに電話をかけたとき

図1より、Aが次に電話をかけた相手について考えます。

CとA以外の残り、B、D、Eのうち、BとEはAから電話を受けなかったことより、AはDに電話をかけたことになります。

次にDが電話をかけた相手は残ったBかEですが、BはDから電話を受けなかったことより、Dが電話をかけた相手はEになります。最後にBはEから電話を受けられるので、C→A→D→E→Bまで確定します。

最後にBが最初のCに電話をかければ5人全員が電話をかけたことになりますが、CはBから電話を受けることができないため、不適となります。

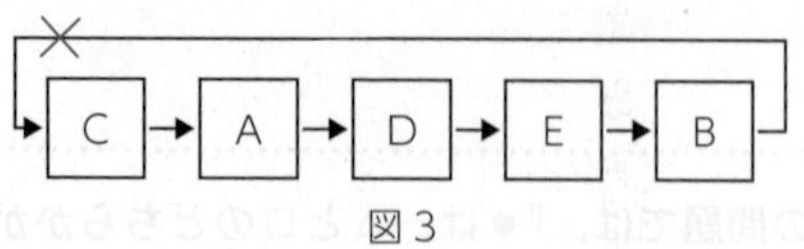

図３

❷　ＤがＡに電話をかけたとき

図２より、Ａが次に電話をかけた相手について考えます。

ＤとＡ以外の残り、Ｂ、Ｃ、Ｅのうち、ＢとＥはＡから電話を受けなかったことより、ＡはＣに電話をかけたことになります。

次にＣが電話をかけた相手は残ったＢかＥですが、ＥはＣから電話を受けなかったことより、Ｃが電話をかけた相手はＢになります。最後にＥはＢから電話を受けられるので、Ｄ→Ａ→Ｃ→Ｂ→Ｅまで確定します。

最後にＥが最初のＤに電話をかければ５人全員が電話をかけたことになります。Ｄには特に電話のやりとりに関する条件がないため、誰からでも電話を受けることができるので、矛盾はありません。

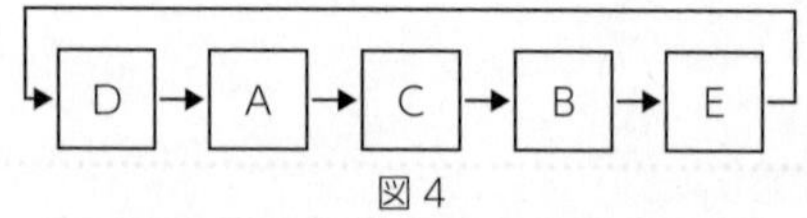

図４

よって、図４よりＢがＥに電話をかけたので、正解は❷となります。

過去問にチャレンジ

問題1 ★★ **A～Fの6人が、コンビニエンスストアで梅干し、たらこ、さけ、昆布の4種類のおにぎりのうち、種類の異なるものを2個ずつ買った。今、次のア～カのことが分かっているとき、確実にいえるのはどれか。**

区Ⅰ2004

ア　6人が買ったおにぎりの組合せは、それぞれ異なっていた。

イ　Aは、たらこを買った。

ウ　B、E、Fは、同じ種類のおにぎりを1個買った。

エ　Cは、Fが買ったおにぎりと同じ種類のものを買わなかった。

オ　Dは、梅干しとさけを買った。

カ　Eは、梅干しを買った。

❶　Aの買ったおにぎりの一つは、梅干しであった。
❷　Bは、たらこと昆布を買った。
❸　Cは、たらことさけを買った。
❹　Eの買ったおにぎりの一つは、さけであった。
❺　Fは、梅干しと昆布を買った。

問題2
★★★

白色と茶色のお土産の饅頭（まんじゅう）が6個ずつ計12個あり、白色と茶色のいずれにも、あずき入り、クリーム入り、チョコ入りの餡（あん）が2個ずつあった。A～Eの5人が2個ずつ食べて次のような発言をしているとき、残った2個の饅頭について確実にいえるのはどれか。

国般2008

A 「別々の色の饅頭を食べたところ、その一つはチョコ餡であった。」

B 「別々の色の饅頭を食べたところ、その一つはチョコ餡で、もう一つの中身はAとは違っていた。」

C 「白色の饅頭を二つ食べたところ、中身の組合せがAと一致しており、その一つはクリーム餡であった。」

D 「茶色の饅頭を二つ食べたところ、中身の組合せがBと一致していた。」

E 「別々の色の饅頭を食べたところ、中身も別々で、白色の饅頭はAが食べた茶色の饅頭と中身が一致していた。」

❶ 白色であずき餡と白色でクリーム餡
❷ 茶色でクリーム餡と茶色でチョコ餡
❸ 白色であずき餡と茶色でクリーム餡
❹ 白色でクリーム餡と茶色であずき餡
❺ 白色でチョコ餡と茶色であずき餡

問題3
★★

A～Eの5人が1人1通ずつ、お互いの間でメールのやり取りをし、5人がそれぞれ次の発言をした。このとき、次のア～オのうち、確実に言えるもののみを全て挙げているものはどれか。

裁判所2014

A 「5人とも自分が送った相手からはメールを受け取っていない。」

B 「私が受け取った相手はDかEだった。」

C 「私が受け取った相手はAかDだった。」

D 「私はCからメールを受け取っていない。」

E 「私はCからメールを受け取っていない。」

ア　Cが送った相手はBである。

イ　Cが送った相手はAである。

ウ　CはAから受け取った。

エ　CはDから受け取った。

オ　Aが送った相手はDである。

1. **ア、イ**
2. **ア、ウ**
3. **イ、ウ**
4. **イ、エ**
5. **ウ、オ**

問題4
★★★

A～Eの５人がプレゼントの交換会を行い、赤、青、黄、緑、紫の５色のそれぞれ異なる色の袋を１枚ずつ使ってその中にプレゼントを入れ、他の人に渡した。プレゼントについて、５人が次のように述べているとき、確実にいえるのはどれか。

ただし、プレゼントを二つ以上受け取った者はいなかった。

国般2015

A　「私は紫色の袋を使い、黄色の袋に入ったプレゼントを受け取った。」

B　「私は青色の袋を使うことも、受け取ることもなかった。」

C　「私のプレゼントはBに渡した。また、青色の袋に入ったプレゼントを受け取らなかった。」

D　「私が受け取ったのはBのプレゼントではなかった。」

E　「私は緑色の袋を使った。」

1. Aのプレゼントは Dが受け取った。
2. Bのプレゼントは Aが受け取った。
3. Dは青色の袋に入ったプレゼントを受け取った。
4. Eのプレゼントは Cが受け取った。
5. いずれの２人も両者の間でプレゼントを交換し合うことはなかった。

問題5 ★★ 旅行先で出会ったＡ～Ｆの６人が、互いの連絡先を交換し、旅行後に手紙のやりとりをした。次のことが分かっているとき、確実にいえるのはどれか。

国般2011

○　６人が出した手紙の総数は12通で、１人が同じ者に２通出すことはなかった。
○　Ａが手紙を出した人数ともらった人数は同じだった。
○　Ｂは１人に手紙を出し、２人から手紙をもらった。
○　Ｂが手紙を出した者は、Ｂ以外にも２人から手紙をもらった。
○　Ｄは３人に手紙を出したが、誰からも手紙をもらわなかった。
○　Ｅは手紙を出した人数、もらった人数とも４人だった。
○　Ｆは手紙を出した人数、もらった人数ともＡの半数だった。

❶　ＡはＢに手紙を出した。
❷　ＢはＤから手紙をもらった。
❸　ＣはＦから手紙をもらった。
❹　ＤはＡに手紙を出した。
❺　ＦはＤから手紙をもらった。

問題6 ★★ ある日の昼下がり、Ａ～Ｄの４人は、それぞれ赤、青、緑、白のいずれかの、色の異なる自転車に乗って同じ町内でサイクリングをし、幾度か出会った。その状況について次のことが分かっているとき、確実にいえるのはどれか。

国専2009

○　Ａは白い自転車に乗っておらず、また、白い自転車の人とは出会わなかった。
○　Ｂは、青い自転車の人と出会い、また、別の自転車のＣとも出会った。
○　Ｃは、赤い自転車の人と、緑の自転車の人と出会った。
○　Ｄは赤い自転車に乗っておらず、また、赤い自転車の人とは出会わなかったが、Ａとは出会った。

❶　AはBと出会わなかった。
❷　AはCと出会った。
❸　CはDと出会わなかった。
❹　白い自転車の人は赤い自転車の人と出会った。
❺　青い自転車の人は緑の自転車の人と出会わなかった。

問題7
★★

A～Eの5人は、それぞれ異なる種類の犬を1匹ずつ飼っている。犬の種類はチワワ、プードル、ダックスフント、ポメラニアン、柴犬である。ある日5人は自分の犬を連れて散歩に行った。この5人に関して次のことが分かっているとき、確実にいえるのはどれか。
なお、以下の登場人物には、A～E以外の者は含まれていない。

国専2014

○　Aは、ダックスフントを連れた人とポメラニアンを連れた人に会ったが、Cには会わなかった。
○　Bは、柴犬を連れた人に会ったが、Aには会わなかった。
○　Cは、チワワを連れた人に会った。
○　Eは、チワワを連れた人に会ったが、Dには会わなかった。

❶　Aは、チワワを飼っている。
❷　Bは、プードルを連れた人に会った。
❸　Cは、柴犬を飼っている。
❹　Dは、ポメラニアンを連れた人に会った。
❺　Eは、プードルを飼っている。

第2章

数量推理

数量推理の基本
その他の数量推理

1 数量推理の基本

学習のポイント

・枚数や個数など、何らかの数量に関係する条件が与えられ、それを手がかりに解いていくタイプの問題です。さまざまな出題パターンがありますが、頻出問題の解法パターンを紹介していきます。

1 「数量」について考える問題　重要！

各自に数字の書かれたカード（トランプ、札など）が配られ、それぞれが受け取ったカードに書かれた数に関係する条件をもとに推理するタイプの問題が多いです。

ここでは、数字が書かれたカードを配られた場合のポイントを押さえておきましょう。

【解法のポイント】

❶　配られたカードの**合計**、数字の**倍数**、偶数、奇数などに注目する

❷　配られたカードの**合計数**が条件にある場合、**合計数が比較的小さいもの**や、逆に**大きいもの**は数字の組合せパターンが少ない場合が多い

例題1　AとBに飴をいくつか配る。AがBの3倍よりも12個少なく飴を受け取ったとき、Aの飴の個数はいくつか。

❶　5個
❷　7個
❸　9個
❹　11個
❺　13個

Aが受け取った飴の個数をa、Bが受け取った飴の個数をbとすると、$a = 3b - 12$より、$a = 3(b - 4)$となるので、aは3の倍数とわかります。

選択肢に3の倍数は一つしかないので、正解は❸となります。

例題2 1～12の数字がそれぞれ一つずつ書かれた12枚のカードを、A～Dの4人に3枚ずつ配ったところ、以下のようになった。このとき、確実にいえるのはどれか。

ア：Aのカードは3枚とも奇数であった。

イ：Bのカードには9が入っていた。

ウ：Cのカードの合計は9であった。

❶ Aは3のカードを持っていた。

❷ Bは1のカードを持っていた。

❸ Cは2のカードを持っていた。

❹ Dは6のカードを持っていた。

❺ Dは2のカードを持っていた。

奇数・偶数のカードがあと何枚残っているのか常に確認しながら検討するのがポイントです。

奇数のカードは(1, 3, 5, 7, 9, 11)の6枚です。このうち、Bが9のカードを配られたので、残っている奇数のカードは(1, 3, 5, 7, 11)の5枚です。さらに、Aのカードが3枚とも奇数だったので、残っている奇数のカードは2枚です。

Cのカードの合計は9で奇数です。合計が奇数になる組合せは、奇数＋奇数＋奇数（①）か奇数＋偶数＋偶数（②）の2通りですが、奇数は2枚しか残っていないため①は成り立ちません。よって、②に決まります。

Cに配られた奇数＋偶数＋偶数の1枚の奇数は、(1, 3, 5, 7, 11)のうちいずれか1枚ですが、7や11の場合、3枚の合計が9を超えてしまうため不適です。よって、Cのカードのうち1枚は1か3か5となります。

Cのカードのうち1枚が1の場合、1＋偶数＋偶数＝9となり、偶数＋偶数＝8となります。1～12のうち、異なる偶数二つを合わせて8にする組合せは2＋6しかありません。よって、Cのカードは(1, 2, 6)が考えられます。

Cのカードのうち1枚が3の場合、3＋偶数＋偶数＝9となり、偶数＋偶数＝6となります。1～12のうち、異なる偶数二つを合わせて6にする組合せは2＋4しかありません。よって、Cのカードは(3, 2, 4)が考えられます。

Cのカードのうち1枚が5の場合、5＋偶数＋偶数＝9となり、偶数＋偶数＝4となります。1～12のうち、異なる偶数二つを合わせて4にすることはできないため不適となります。

よって、Cのカードは（1，2，6）か（3，2，4）に決まり、Cが必ず2のカードを持っているので、正解は❸となります。

❸　全組合せパターンを漏れなく書き出す

例題3　1～9の数から異なる数を三つ選び、合計を12にするときの組合せは何通りあるか。

三つの数をa・b・cとすると、右側の数字が大きくなるように$a<b<c$とするなど、何らかのルールを作って書き出すと、書き漏らしを防ぐことができます。

まず、最も小さい数を1に固定し、残りの二つの合計が11になる組合せを考えます。

(1と2と9)、(1と3と8)、(1と4と7)、(1と5と6)

次に、最も小さい数を2に固定し、残りの二つの合計が10になる組合せを考えます。

(2と3と7)、(2と4と6)

さらに、最も小さい数を3に固定し、残りの二つの合計が9になる組合せを考えます。

(3と4と5)

最も小さい数を4に固定すると、残りの二つの合計が8となる組合せを作ることができません。

以上より、組合せは(1と2と9)、(1と3と8)、(1と4と7)、(1と5と6)、(2と3と7)、(2と4と6)、(3と4と5)の7通りとなります。

2 「複数の要素」と「数量」について考える問題 重要!

与えられる条件に数量以外の要素が加わり、「各要素」と「数量」の対応関係を推理していくタイプの問題です。

例 トランプの「数」と「スート」の２要素と、それぞれの数量について考える
　小球の「数」と「色」の２要素と、それぞれの数量について考える

【解法のポイント】

❶ 対応表に、**数値の合計や総数を書き込む欄**を作っておく（総数から各列の合計を求める場合も多い）

	赤	青	黄	合計
A				
B				4
C				1
合計	2	3	4	9

←各合計欄：総数の9から、Aの合計の9－4－1＝4を計算しておく

←総数：縦横いずれかの列で総数が計算できれば記入しておく

❷ **同じ数値のところには、同じ記号を書き入れておく**（文字式を書き込むこともある）

❸ 条件が厳しいもの、合計が小さい・大きい列から考えるとよい

❹ 横の列について考えた後は縦の列について考えるなど、**縦の列と横の列を交互に確認する**とよい

例題 A～Cの３人が赤、青、黄の３種類の小球を持っている。小球の色と数について、次のア～オのことがわかっているとき、Cが持っている赤玉の個数は何個か。

ア：３人が持っている小球の合計は、赤玉が８個、青玉が10個、黄玉が４個である。

イ：Bは８個の小球を持っている。

ウ：Aの持っている赤玉の数はBの持っている青玉の数よりも１個多い。

エ：Aの持っている青玉の数はBの持っている青玉の数の２倍である。

オ：Bの持っている黄玉の数はAの持っている黄玉の数の２倍である。

同じ個数のマスには同じ記号を入れて整理します。

Bの青玉をx個とすると、Aの赤玉は$(x+1)$個、Aの青玉は$2x$個となります。また、Aの黄玉をy個とすると、Bの黄玉は$2y$個となります。さらに、表のように不明な箇所にa～dを入れておきます。

黄玉のAとBの合計が$y+2y=3y$(個)、黄玉の合計が４個なので、yが２以上の数だと合計の４を超えてしまいます。よって、$y=1$に決まります。黄玉の合計が４個なので、$d=1$個となります。

	赤	青	黄	合計
A	$x+1$	$2x$	y	
B	a	x	$2y$	8
C	b	c	d	
合計	8	10	4	22

	赤	青	黄	合計
A	$x+1$	$2x$	1	
B	a	x	2	8
C	b	c	1	
合計	8	10	4	22

青玉の個数が合計10個なので、$2x+x+c=10$より、$3x+c=10$となります。$x≧4$の場合、10を超えてしまうため不適となります。ここで、$x=1$、$x=2$、$x=3$を当てはめると、以下の３通りになります。

	赤	青	黄	合計
A	2	2	1	5
B	5	1	2	8
C	1	7	1	9
合計	8	10	4	22

	赤	青	黄	合計
A	3	4	1	8
B	4	2	2	8
C	1	4	1	6
合計	8	10	4	22

	赤	青	黄	合計
A	4	6	1	11
B	3	3	2	8
C	1	1	1	3
合計	8	10	4	22

いずれの場合においても、Cの赤玉の個数は１個となります。

このように、ある程度条件が絞れた段階で場合分けをしながら考えていくとよいでしょう。

解法ナビゲーション

A～Dの４人に、１～13までの数字が１つずつ書かれた13枚のカードを配った。配ったカードについて、ア～オのことがわかっているとき、最も妥当なのはどれか。

消Ⅰ2011

ア　Aには４枚配られ、すべて奇数である。

イ　Bには４枚配られ、13のカードを持っている。

ウ　Bの持っているカードの数字の合計は38である。

エ　Cには３枚配られ、１のカードを持っている。

オ　Cの持っているカードの数字の合計は21である。

❶　Aは７のカードを持っている。
❷　Aは９のカードを持っている。
❸　Bは６のカードを持っている。
❹　Bは９のカードを持っている。
❺　Dは６のカードを持っている。

着眼点

配られたカードの合計数が書かれている問題では、

・合計が奇数か偶数かに着目する

・配られたカードの枚数が少ない人ほど、組合せの候補を限定しやすい

・合計が小さい、もしくは大きいほうが、組合せの候補を限定しやすい

【解答・解説】

正解 ❶

> **Aが４枚の奇数のカードを配られているのを手がかりに、他の４人のカードの偶数・奇数を確認しておきます。**

１～13の中で奇数のカードは、１、３、５、７、９、11、13の７枚あります。このうち、１と13はそれぞれＣとＢに配られているので、残りの奇数のカードは５枚となります。Ａにそのうち４枚が配られたので、残った奇数のカードは１枚となります。

> **ＢとＣは合計の数字の情報を与えられていますが、配られたカードの枚数はＣのほうが少ないので、Ｃのカードの組合せのほうが考えやすいです。**

Ｃに配られた３枚のカードの合計は21、そのうち１枚は１とわかっているので、残った２枚の合計は21－1＝20となります。

20は偶数なので、２枚の合計が偶数となる組合せは偶数＋偶数＝偶数か、奇数＋奇数＝偶数となりますが、残った奇数は１枚なので、偶数＋偶数＝偶数に決まります。

与えられたカードのうち、偶数＋偶数で合計20とするには、8＋12＝20の組合せしかありません。

よって、Ｃは（1, 8, 12）に決まります。

> **Ｂは数が未定の３枚の組合せを列挙する必要があるので、３枚中１枚について場合分けし、残った２枚の組合せについて考えると組合せの漏れが少なくなります。**

Ｂに配られた４枚のカードの合計は38で、そのうち１枚は13とわかっているので、残った３枚の合計は38－13＝25となります。

25は奇数であり、３枚の合計が奇数となるのは、奇数＋奇数＋奇数か、奇数＋偶数＋偶数の場合となりますが、残った奇数が１枚なので、奇数＋偶数＋偶数に決まります。

まだ誰のカードか決定していない偶数は2、4、6、10、奇数は3、5、7、9、11で、このうち偶数を2枚、奇数を1枚合わせて25にする組合せを考えます。

この3枚のうち、奇数の1枚で場合分けし、残った2枚の偶数の合計について考えると組合せの漏れが少なくなります。

❶ 奇数が3、5、7のいずれか一つの場合、残りの数は25－3＝22、25－5＝20、25－7＝18となり、2、4、6、10から2枚選んだ合計を22、20、18にすることができず不適となります。

❷ 奇数が9の場合、残りの数は25－9＝16となり、2、4、6、10から2枚選んで合計16になる場合は、6＋10＝16の1通りとなります。

❸ 奇数が11の場合、残りの数は25－11＝14となり、2、4、6、10から2枚選んで合計14になる場合は、4＋10＝14の1通りとなります。

よって、Bは（13, 9, 6, 10）か（13, 11, 4, 10）の2通りとなります。

Bが（13, 9, 6, 10）のとき、残った奇数がAのカードとなるので、Aは（3, 5, 7, 11）となり、最後に残ったDは（2, 4）に決まります。

Bが（13, 11, 4, 10）のとき、残った奇数がAのカードとなるので、Aは（3, 5, 7, 9）となります。最後に残った数字がDのカードとなるので、Dは（2, 6）となります。

A	B	C	D
3, 5, 7, 11	13, 9, 6, 10	1, 8, 12	2, 4
3, 5, 7, 9	13, 11, 4, 10	1, 8, 12	2, 6

以上より、Aは必ず7のカードを持っているので、正解は❶となります。

解法ナビゲーション

A～Cの３人が花屋で買ったチューリップの色と数について，次のア～カのことが分かっているとき、確実にいえるのはどれか。

区Ｉ 2006

ア　３人が買ったチューリップの合計数は、赤色が６本、白色が３本、黄色が５本であった。

イ　ＡとＢがそれぞれ買ったチューリップの数は、同数であった。

ウ　ＡとＣがそれぞれ買った黄色のチューリップの数は、同数であった。

エ　Ｂが買った白色と黄色のチューリップの数は、同数であった。

オ　Ｃが買ったチューリップの数は、３人の中で最も少なかった。

カ　３人のうち２人は赤色、白色、黄色の３種類のチューリップを買い、他の１人は２種類の色のチューリップだけを買った。

❶　Ａが買った赤色のチューリップの数は、１本であった。
❷　Ａが買った白色のチューリップの数は、１本であった。
❸　Ｂが買った赤色のチューリップの数は、１本であった。
❹　Ｃが買った赤色のチューリップの数は、１本であった。
❺　Ｃが買った白色のチューリップの数は、１本であった。

着眼点

❶　A～C、チューリップの色、合計の欄で表を作ります。
同じ数値のマスには同じ記号を入れたり、数値に関するメモを書き入れておくと作業がしやすいでしょう。

	赤	白	黄	合計
A			y	
B		x	x	
C			y	←最小
合計	6	3	5	14

（AとBの合計：同じ）

❷　合計数が少ない列（今回は白色）は、A～Cの数字の組合せパターンが少ないので、場合分けが少なくなります。

【解答・解説】

正解 ❶

条件が最も多い黄色のチューリップから考えます。

黄色について考えると、「合計が５本」、「ＡとＣが同じ本数」より、(A, B, C) ＝ (1, 3, 1)、(2, 1, 2) の２通り考えられます。さらに、「Ｂの黄色と白色が同じ本数」なので、表１、表２の２通り考えられます。

このうち、表１は、白色の合計が３本なので、ＡとＣの白色の本数が０本となり、「３人のうち２人は３種類のチューリップを買った」ことと矛盾するので不適です。

よって、黄色は、(A, B, C) ＝ (2, 1, 2) に決まります。

表1	赤	白	黄	合計
A		0	1	
B		3	3	
C		0	1	
合計	6	3	5	14

表2	赤	白	黄	合計
A			2	
B		1	1	
C			2	
合計	6	3	5	14

Ｃの黄色が２本であり、３人とも少なくとも２色以上買ったことから、(Ｃの合計) ＞２となります。

合計本数は、「A、B、Cの総数が14本」、「ＡとＢが同じ本数」、「Ｃが３人のうちで最小」より、(A, B, C) ＝ (7, 7, 0)、(6, 6, 2)、(5, 5, 4) が考えられますが、C＞2なので、(A, B, C) ＝ (5, 5, 4) に決まります。

合計本数が少ない白いチューリップで場合分けをすると、パターン数が少なくなります。

白色について考えると、合計本数が３本、そのうちＢが１本なので、(A, B, C) ＝ (1, 1, 1)、(2, 1, 0)、(0, 1, 2) の３通りが考えられます。

赤色の本数を、合計本数から黄色と白色の本数を引いて求めると、表３～表５のようになります。

このうち、３色が２人、２色が１人となるのは表４のみとなります。

表3	赤	白	黄	合計
A	2	1	2	5
B	3	1	1	5
C	1	1	2	4
合計	6	3	5	14

表4	赤	白	黄	合計
A	1	2	2	5
B	3	1	1	5
C	2	0	2	4
合計	6	3	5	14

表5	赤	白	黄	合計
A	3	0	2	5
B	3	1	1	5
C	0	2	2	4
合計	6	3	5	14

表4より、Aが買った赤色のチューリップの数は1本なので、正解は❶となります。

過去問にチャレンジ

問題1 ★

1～9の互いに異なる数字が一つずつ書かれたカードが9枚あり、A～Cの3人がそれぞれ3枚ずつ取った。次のことが分かっているとき、正しく言えるのはどれか。

地上2019

・Aが取ったカードの数字の合計は、Bの合計とCの合計を足し合わせた数よりも1だけ小さい。

・Bが取ったカードの数字の合計は、Cの合計よりも1だけ小さい。

・5が書かれたカードを取ったのはBである。

❶ Aは8が書かれたカードを取った。
❷ Bは1が書かれたカードを取った。
❸ Bは6が書かれたカードを取った。
❹ Cは3が書かれたカードを取った。
❺ Cは4が書かれたカードを取った。

問題2 ★

スペードの1～10、ハートの1～10の合計20枚のトランプカードが、A～Dの4人に5枚ずつ配られた。自分に配られたカードについて、各人が次のように述べているとき、確実にいえるのはどれか。

国専（高卒程度）2016

A「5枚ともハートで、全て奇数だった。」

B「5枚とも全て偶数だった。6が2枚あった。」

C「5枚のカードに書かれた数の合計は、24だった。スペードは、3と5の2枚のみだった。」

D「スペードの10があった。ハートは1枚のみだった。」

❶ 5枚のカードに書かれた数の合計が最も大きかったのは、Aだった。
❷ 5枚のカードに書かれた数の合計は、BとCで同じだった。
❸ Dにはハートの8が配られた。
❹ 同じ数のカードが2枚配られたのは、4人中2人だった。
❺ ハートのカードが1枚のみ配られたのは、4人中1人だった。

問題3 ★

赤、青、黄、緑の色の球が合計で12個ある。これをA、B、Cの3人で4個ずつに分けた。次のことが分かっているとき、確実にいえるのはどれか。

海保特別2009

○ 黄色の球は１個しかなかった。

○ 青色の球と緑色の球は同数あった。

○ 赤色の球は、ＡとＢだけが持っていた。

○ Ｂは、黄色の球も緑色の球も持っていなかった。

○ Ａ、Ｂ、Ｃともに青色の球を持っていた。

○ 黄色の球を持っていた者は、赤色の球は持っていなかった。

❶ Ａは赤色の球を３個持っていた。
❷ Ｂは青色の球を２個持っていた。
❸ Ｃは緑色の球を２個持っていた。
❹ 赤色の球は全部で５個あった。
❺ 緑色の球は全部で２個あった。

問題4 ★★

Ａ～Ｅの５人が、水泳、自転車、マラソンの３種目の競技をした。各種目ごとに１位から３位までを入賞とし、１位には３点、２位には２点、３位には１点を与え、合計得点によって順位を決めた。次のア～オのことが分かっているとき、確実にいえるのはどれか。

なお、いずれの種目においても、また、合計得点においても同順位者はいなかった。

国般2008

ア　Ａは水泳で２位だった。

イ　Ｂはすべての種目に入賞した。

ウ　Ｃは水泳で１位、合計得点は５点だった。

エ　Ｄはマラソンで３位、合計得点は３点だった。

オ　いずれの種目もＥより下位の者がいた。

❶ 自転車の４位はＡだった。
❷ マラソンの２位はＢだった。
❸ Ｃはいずれの種目もＤより上位だった。
❹ 自転車の１位はＥだった。
❺ Ｅはいずれか１種目で入賞した。

問題5 ★★★

赤玉３個、青玉４個、黄玉５個が一つの箱の中に入っている。A～Dの４人が一斉にこの箱から玉を１個ずつ取り出し、これを３回繰り返す。次のことが分かっているとき、確実にいえるのはどれか。ただし、取り出した玉は箱に戻さないものとする。

国専2014

ア　１回目に、ＡとＢは黄玉を、ＣとＤは黄玉以外で互いに異なる色の玉を取り出した。

イ　２回目に、ＡとＤ、ＢとＣでそれぞれ同色の玉を取り出した。

ウ　３回目が終わって、各人が持っている玉の色についてみると、ＡとＣは３色、ＢとＤは２色であった。

❶ ＡとＣは３回目に同色の玉を取り出した。
❷ Ａが赤玉を取り出したとき、Ｄも赤玉を取り出した。
❸ Ｂが赤玉を取り出したとき、Ｃは黄玉を取り出した。
❹ Ｂが赤玉を取り出したとき、Ｄは黄玉を取り出した。
❺ Ｄは黄玉を２個取り出した。

問題6
★

A～Dの4人が喫茶店に入り、各人が、お菓子をチーズケーキ、シュークリーム、アップルパイの3種類のうちから1種類又は2種類選び、更に飲み物を紅茶、コーヒーの2種類のうちから1種類選んで注文した。これに関して次のことが分かっているとき正しく言えるのはどれか。

地上2020

・アップルパイを注文した人は２人であり、２人とも紅茶を注文した。

・Ａは２種類のお菓子とコーヒーを注文した。

・Ｂは、Ａと同じお菓子は注文しなかった。

・ＣとＤは同じ飲み物を注文した。

・Ｄはお菓子を１種類だけ注文したが、それはシュークリームではなかった。

・３人が注文したお菓子があった。

❶ シュークリームを注文したのは１人だった。
❷ コーヒーを注文したのは２人だった。
❸ Ｂはチーズケーキを注文した。
❹ Ｃはシュークリームを注文した。
❺ Ｄはアップルパイを注文した。

その他の数量推理

学習のポイント

・特殊な出題パターンの問題のうち、出題頻度の高いものを紹介します。

第2章 数量推理

1 勝負の問題

「勝負に勝った場合、勝った人が持っている個数と同じ個数を、他のメンバーからそれぞれもらえる」というルールの問題です。

【解法のポイント】

勝った人の個数・・・自分が持っていた個数×全員の人数

負けた人の個数・・・自分が持っていた個数−(勝った人が持っていた個数)

2 テストの正解数の問題

「複数の人物に関して、問題の合計正解数や、獲得した合計得点などから、どの問題が正解か求める」タイプの問題です。

【解法のポイント】

２人の合計数を手がかりに、それぞれの正解を考えます。

複数の人物についてデータがあれば、そのうち**２人のデータを抜き出して考える**ことが多いです。「**２人に共通している項目**」と、「**２人が異なっている項目**」にそれぞれ着目します。

例題 アとイの２択で答える問題が５問出題された。下の表は、ＡとＢの解答結果と、その正解数である。第１問の正解は、アとイのどちらであるか。

	第1問	第2問	第3問	第4問	第5問	正解数
A	ア	ア	イ	ア	イ	2問
B	ア	イ	ア	イ	ア	4問

ＡとＢの解答が、「どちらかがアで、もう１人がイ」となっている問題は、２人のうちどちらか１人だけが正解したことになります。

ＡとＢの合計正解数が６問であり、第２問～第５問はどちらか１人だけ正解したので、第１問の２人の合計正解数は、６－１－１－１－１＝２問となります。

よって、ＡとＢは第１問を２人とも正解したので、第１問の正解はアとなります。

	第1問	第2問	第3問	第4問	第5問	正解数
A	ア	ア	イ	ア	イ	2問
B	ア	イ	ア	イ	ア	4問
計		1問	1問	1問	1問	6問

↑第１問のA・Bの合計正解数は2問となり、２人とも正解したことになる

解法ナビゲーション

Ａ、Ｂ、Ｃの３人が徒競走を４回行った。徒競走を１回行うごとに、１位になった人は、他の２人から１位になった人が持っているのと同じ枚数のメダルをそれぞれ受け取る約束をした。次のことが分かっているとき、初めにＢが持っていたメダルは何枚か。

ただし、同着はなかったものとする。また、１位になった人は常に約束どおりの枚数のメダルを受け取ったものとする。

国般2019

○　１回目の徒競走では、Ｂが１位になった。

○　２回目と３回目の徒競走では、Ａが１位になった。

○　４回目の徒競走では、Ｃが１位になり、ＡとＢからそれぞれ27枚のメダルを受け取った。その結果、ＡとＢのメダルはちょうどなくなった。

❶　11枚
❷　13枚
❸　15枚
❹　17枚
❺　19枚

着眼点

「１位になった人や勝った人が、自分の持っている個数だけ他の人からもらえる」タイプの問題です。同じような仕組みで繰り返し出題されるので、計算方法を押さえておきましょう。

【解答・解説】

正解 ❷

1位になった人の枚数をxやyなどの変数で記入し、勝った人には「×（全員の人数）」、負けた人には「－(1位になった人の枚数)」を記入しておくと、枚数の流れが考えやすくなります。

1位になれば、持っていたメダルの枚数と同じ枚数を他の2人からもらえるので、メダルの枚数は3倍になります。例えば10枚持っていて1位になれば、他の2人から10枚ずつメダルをもらえ、10＋10＋10＝30となり、メダルの数が3倍となります。

また、2位・3位になれば、1位の人の枚数だけメダルが減ってしまいます。

4回目にAとBが27枚Cに渡して最終的に0枚となり、Cは最終的に27×3＝81枚となります。

勝った人のメダルの枚数で不明な所には、x～zの変数を入れておきます。1回目に1位になったBのメダルの枚数をxとすると、2回目にBは3倍の$3x$枚に、AとCは1位のBの枚数であるx枚だけ減ることになります。

	A	B	C
1回目		x	
	↓ $-x$	↓ ×3	↓ $-x$
2回目	y		
	↓ ×3	↓ $-y$	↓ $-y$
3回目	z		
	↓ ×3	↓ $-z$	↓ $-z$
4回目	27	27	27
	↓ −27	↓ −27	↓ ×3
最終	0	0	81

表中の色は、 1位 2位・3位 を表しています。

実際に枚数がわかっているのは4回目なので、3回目→4回目のメダルの枚数の流れについて考えていきます。

3回目はAが1位になってメダルの数が3倍の27になりました。よって、$3z$＝27より、z＝9枚となります。同様に、2回目もAが1位になってメダルの数が3

倍になったので、$3y=9$となり、$y=3$枚となります。

$y=3$、$z=9$が求められたので、２位・３位の人が何枚ずつ減ったのかもわかります。

３回目でＢとＣが９枚ずつ減って27枚になったので、３回目のＢとＣは27＋9＝36枚となります。同様に、２回目でＢとＣが３枚ずつ減って36枚になったので、２回目のＢとＣは36＋3＝39枚となります。

	A	B	C
1回目		x	
	↓ $-x$	↓ ×3	↓ $-x$
2回目	3	39	39
	↓ ×3	↓ −3	↓ −3
3回目	9	36	36
	↓ ×3	↓ −9	↓ −9
4回目	27	27	27
	↓ −27	↓ −27	↓ ×3
最終	0	0	81

2回目⇒１回目の順に、後の回から前の回の枚数を求めていきます。

ここで、１回目に１位になったＢはx枚から３倍になって39枚となったので、$3x=39$より、$x=13$枚となります。求められているのは１回目のＢの枚数なので、**この時点で正解は❷となります。**

１回目に２位・３位となったＡとＣはそれぞれ１位のＢの枚数である13枚ずつ減ったので、１回目は２回目の枚数より13枚多いことになります。よって、Ａは3＋13＝16枚、Ｃは39＋13＝52枚となり、全員のメダルの枚数が決まります。

	A	B	C
1回目	16	13	52
	↓ −13	↓ ×3	↓ −13
2回目	3	39	39
	↓ ×3	↓ −3	↓ −3
3回目	9	36	36
	↓ ×3	↓ −9	↓ −9
4回目	27	27	27
	↓ −27	↓ −27	↓ ×3
最終	0	0	81

過去問にチャレンジ

問題１
★★

Ａ～Ｄの４人が、じゃんけんに勝ったら、勝った人が持っているビー玉と同じ数のビー玉を、他の３人からそれぞれもらえるというルールでビー玉取りゲームを行った。１回目はＢ、２回目はＣ、３回目はＡが勝った。４回目にＤが勝ったところで、Ａ、Ｂ、Ｃのビー玉の数がちょうどぴったりゼロになり、すべてのビー玉がＤに集まった。Ｄに集まったビー玉が256個であったとすると、Ｂが最初に持っていたビー玉の数はどれか。

区Ⅰ2004

❶ 25個
❷ 36個
❸ 45個
❹ 68個
❺ 95個

問題２
★★

下の表は、Ａ～Ｅの５人が１問20点、全５問の○×式の試験を受けたときの解答内容と得点を示したものである。この試験の第２問、第３問、第４問の正答の組合せとして、最も妥当なのはどれか。

消Ⅱ2016

	第１問	第２問	第３問	第４問	第５問	得点
A	×	×	○	○	×	40
B	○	○	×	×	○	60
C	○	×	×	○	○	60
D	×	○	○	○	×	60
E	○	×	○	○	○	40

	第２問	第３問	第４問
❶	○	○	×
❷	○	×	×
❸	○	×	○
❹	×	○	×
❺	×	○	○

問題3 ★★ **６つの商業施設Ａ～Ｆについて、所在地と業態分類を調べたところ、以下のことが分かった。**

ア　Ａ、Ｂ、Ｃ、Ｄのうち、東京にあるものは２つであり、百貨店は２つである。

イ　Ｂ、Ｃ、Ｄ、Ｅのうち、東京にあるものは１つであり、百貨店は２つである。

ウ　Ｃ、Ｄ、Ｅ、Ｆのうち、東京にあるものは２つであり、百貨店は１つである。

以上から判断して、確実にいえるのはどれか。

都Ⅰ2014

❶　Ａは、東京にあるが、百貨店ではない。
❷　Ｃは、東京にはないが、百貨店である。
❸　Ｄは、東京にあるが、百貨店ではない。
❹　Ｅは、東京にはないが、百貨店である。
❺　Ｆは、東京にあるが、百貨店ではない。

第3章

順序関係

1 順序関係の基本

学習のポイント

・順番・順位などの条件から順位表を完成させる問題や、数量を含む条件からそれぞれの大小関係や不明な数量を求めていく問題などがあります。
・条件を記号化して表に当てはめていくところは、次の章で学習する位置関係でも使えるテクニックです。

1 順序関係の基本

重要!

数値を伴わない順序関係では、**順位表**を用いると解きやすいです。

(1) 条件の記号化の仕方とまとめ方

条件を記号化するときには、以下の点に注意をしておきます。

「次に」、「直前に」、「直後に」・・・連続していることを表す
「前に」、「後に」、「先に」・・・連続とは限らない（間に誰かが入ることもある）
「AとBの間に○人いる」・・・Aが先かBが先かわからないので、２通りの可能性を考える

Aの次にB

A	B

Aの後にB

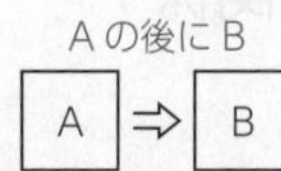

AとBの間に1人いる

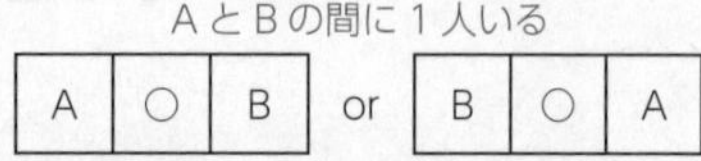

複数の条件に同一人物がいる場合、それぞれの条件の人数がわかっていれば一つにまとめることができます。

人数が不明の条件を含むときは、条件の左端と別の条件の右端に同一人物がいれば、一つにまとめることができます。

●人数がわかっているとき

Aの２人後にBがいる：A○B（３人）
Cの３人前にAがいる：A○○C（４人）
➡A○BC　同一人物がいれば、一つにまとめられる

●人数がわかっていないとき

・左右逆側の端に同一人物がいる

｛BはAより後である：A⇒B（人数不明）
　Aの2人前にCがいる：C○A（3人）｝➡C○A⇒B

・同じ側の端に同一人物がいる

｛BはAより後である：A⇒B（人数不明）
　Aの2人後にCがいる：A○C（3人）｝➡一つにはまとめられない

(2) 順位表への当てはめ方

例題 A～Gの7人が100m走を行ったときのゴールした順番は以下のア～エのようになった。このとき、Dの次にゴールしたのは誰か。

ア；Fは7位であった。

イ；Aの3人後にBがゴールした。

ウ；Cの次にDがゴールした。

エ；Bの後にEがゴールした。

❶ 順位が決まっているものがあれば最初に順位表に当てはめます（Fは7位）。

❷ 次に、「できるだけ幅の広いまとまり」を、一つずつずらしながら順位表に書き込んでいきます。

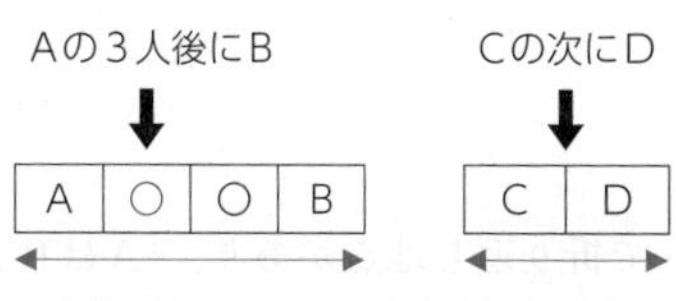

	1	2	3	4	5	6	7
①	A	○	○	B			F
②		A	○	○	B		F
③			A	○	○	B	F

❸ さらに、順位表に書き込まれた人物を含む条件があれば当てはめていきます。

すでに順位表にBが書き込まれているので、B⇒Eより、Bの後ろにEを当てはめていきます。何通りか入る場合は場合分けをします。

	1	2	3	4	5	6	7
①	A	○	○	B	E		F
	A	○	○	B		E	F
②		A	○	○	B	E	F
③			A	○	○	B	F

…Eが入らず不適

CとDが連続２マスで入れるところに当てはめ、残ったところがGとなります。

すると、以下の３通りが考えられます。いずれにおいても、Dの次にBがゴールしているので、正解はBとわかります。

	1	2	3	4	5	6	7
①	A	C	D	B	E	(G)	F
	A	C	D	B	(G)	E	F
②	(G)	A	C	D	B	E	F

ヒント

このように、複数パターンの順位が矛盾なく成立するときには、すべてのパターンに当てはまる選択肢を選びます。

⑶　複数の順序、順序以外の要素を同時に扱う場合

順位表を下のように複数行に分けて作成します。

	1	2	3	4	5
往路					
復路					

	1	2	3	4	5
人物					
組					

	1	2	3	4	5
去年					
今年					

2 すれ違い・追い抜きの問題

⑴　「すれ違い」の問題

マラソンやレースなどのシチュエーションで折り返し地点があり、「AはBと３番目にすれ違った」などといった条件がある問題です。

Aが折り返す前にすれ違った人＝Aより先に折り返した人
Aが折り返した後にすれ違った人＝Aより後に折り返した人

「*n*番目にすれ違った人」⇒その人の順位は*n*位か*n*＋１位となる

例 「Aが**3番目にB**とすれ違った」場合⇒**Bの順位は「3位」か「4位」**
(BがAより先に折り返すとBは3位、AがBより先に折り返すとBは4位)

●BがAより先に折り返した場合：B＝**3位**　●BがAより後に折り返した場合：B＝**4位**

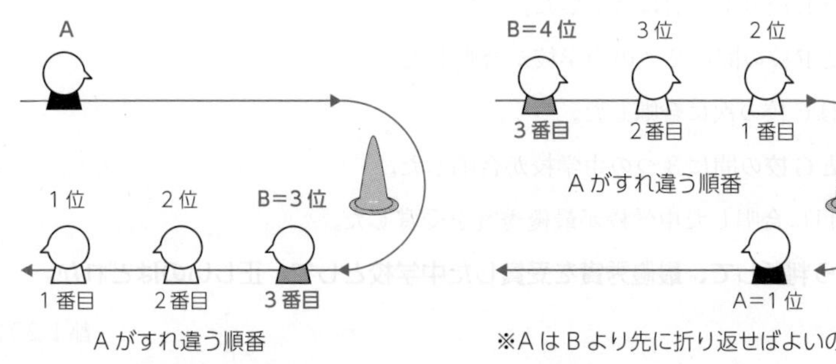

⑵ 「追い抜き」の問題

同様のシチュエーションで、「Aは2人を追い抜き、3人に追い越された」といった条件を含む問題です。

追い抜いた人数・追い抜かれた人数を合わせて考え、最終的にいくつ順位が変わったかを考えます。

例 A～Eの5人で走ったところ、Aは3人に抜かれて、その後1人を抜いて4位でゴールした。

⇒ Aは3人に抜かれて、その後1人を抜いたので、最終的に二つ順位を落として4位でゴールしたことになります。よって、2位→4位と順位変動したことがわかります。

	1	2	3	4	5
途中		A			
ゴール				A	

解法ナビゲーション

Ａ～Ｇの７つの中学校が出場した合唱コンクールの合唱の順番及び審査結果について、次のア～カのことが分かった。

ア　Ａ校とＤ校の間に４つの中学校が合唱した。

イ　Ｂ校はＥ校の１つ前に合唱した。

ウ　Ｃ校とＦ校の間に２つの中学校が合唱した。

エ　Ｄ校はＣ校の次に合唱した。

オ　Ｅ校とＧ校の間に３つの中学校が合唱した。

カ　５番目に合唱した中学校が最優秀賞を受賞した。

以上から判断して、最優秀賞を受賞した中学校として、正しいのはどれか。

都Ⅰ2013

❶　Ｂ校
❷　Ｃ校
❸　Ｅ校
❹　Ｆ校
❺　Ｇ校

数値がなく、順番を表す条件の順位関係の問題は、以下のような手順で解くと検討しやすくなります。

❶　条件を記号化する
　※「Ａ校とＤ校の間に４つ」は、Ａ校とＤ校のどちらが先か書かれてないので場合分けをして記号化します。
❷　記号化した条件のうち、まとめられるものはまとめる
・左右逆の端に同じ中学校がくる条件をまとめる
・校数がわかっている条件で同じ中学校を含むものをまとめる
❸　校数が多い条件から順位表に場合分けをしながら当てはめる
❹　順位表に書かれている中学校を含む条件を、次に当てはめる

【解答・解説】

正解 ❸

条件を記号化し、まとめられるものは合わせておきます。

ア　A○○○○D / D○○○○A

※Aが先のときと、Dが先のときがあるので２通り考えます。

イ　BE

ウ　C○○F / F○○C

エ　CD

オ　E○○○G / G○○○E

アとエは、数がわかっている条件なので一つにまとめてしまいましょう。共通しているDを重ね合わせると、A○○○**CD**（❶）と、**CD**○○○○A（❷）になります。

❶はA～Dで６校分、❷はC～Aで７校分と大きなまとまりなので、この条件を最初に順位表に当てはめると、場合分けのパターン数が少なくなります。

数が多い条件から順番を表に書き込んでいきます。

❶は６校分あるので、Aを左端の１番目から書き込み（①）、次にAを一つずらして２番目から書き込みます（②）。

また、❷は７校分あるので、Cを左端の１番目から書き込みます（③）。

これで、全部で３通りの順番が考えられます。

順番	1	2	3	4	5	6	7
①	A	○	○	○	C	D	
②		A	○	○	○	C	D
③	C	D	○	○	○	○	A

第３章 順序関係

表に入った中学校に関する条件を書き入れていきます。

表にはA、C、D校が入ってるので、他の条件でそれらが入っているものを表に当てはめていきます。

条件ウにCがあるので、①～③のCから左右いずれかに三つ離れた順番のところにFを入れると以下のようになります。

順番	1	2	3	4	5	6	7
①	A	F	○	○	C	D	
②		A	F	○	○	C	D
③	C	D	○	F	○	○	A

残った条件のうち、当てはめやすいものから入れていきます。

残った条件はイとオですが、B、E、Gは表に入っていません。

「E○○○GかG○○○Eを当てはめる」作業よりも、「二つ連続で空いているところに、条件BEを当てはめる」作業のほうが簡単です。

順番	1	2	3	4	5	6	7
①	A	F	B	E	C	D	
②		A	F	B	E	C	D
③	C	D	○	F	B	E	A

表にEが入ったので、最後に残ったオの条件より、①～③のEから左右いずれかに四つ離れたところにGを当てはめると、②だけ書き入れることができます。

順番	1	2	3	4	5	6	7	
①	A	F	B	E	C	D		Gが入らないので不適
②	G	A	F	B	E	C	D	
③	C	D	○	F	B	E	A	Gが入らないので不適

以上より、②の順番を見ると５番目はEとわかるので、正解は❸となります。

解法ナビゲーション

ある高校において、A～Eの5人は1～5組のそれぞれ異なる組の生徒であり、A又はEのいずれかは、1組の生徒である。A～Eの5人が体育祭で100m競走をした結果について、次のア～エのことがわかった。

ア　Aがゴールインした直後に3組の生徒がゴールインし、3組の生徒がゴールインした直後にCがゴールインした。

イ　Dがゴールインした直後に5組の生徒がゴールインし、5組の生徒がゴールインした直後にBがゴールインした。

ウ　2組の生徒がゴールインした直後に4組の生徒がゴールインした。

エ　同じ順位の生徒はいなかった。

以上から判断して、確実にいえるのはどれか。

都Ⅰ2008

❶　Aは、3位であり5組の生徒であった。
❷　Bは、5位であり4組の生徒であった。
❸　Cは、4位であり2組の生徒であった。
❹　Dは、2位であり3組の生徒であった。
❺　Eは、1位であり1組の生徒であった。

着眼点

❶　A～Eの人物、1～5の組という2要素が混ざった順序関係の問題では、条件の記号化や順位表を「人物の段」と「組の段」の2段に分けると作業がしやすくなります。

❷　記号化した条件のうち、順位の幅が広いものを先に順位表に当てはめて場合分けすると、場合分けの回数が少なくて済みます。

人物	A		C
組		3	

人物		
組	2	4

記号化した条件のうち、幅が広いものから順位表に当てはめるとよい

【解答・解説】

正解 ❹

人物と組のように要素が複数ある順位関係の場合、条件を複数の段に分けて書き込むと検討しやすくなります。

条件ア、イ、ウについて、上段を人物、下段を組として記号化すると以下のようになります。このとき、２人分の順序がわかるウと、３人分の順序がわかる条件ア（もしくは条件イ）がありますが、人数が多いほうの条件から順位表に当てはめると、場合分けが少なくなります。

条件ア

人物	A		C
組		3	

条件イ

人物	D		B
組		5	

条件ウ

人物		
組	2	4

順位表も同じく複数の段に分けて、場合分けが必要なら複数の表を作って矛盾がないか調べます。

条件アを、上段を人物、下段を組の順位表に左端から書き入れ、一つずつ右にずらしながら当てはめると、下の表１～３となります。

表1	1	2	3	4	5
人物	A		C		
組		3			

表2	1	2	3	4	5
人物		A		C	
組			3		

表3	1	2	3	4	5
人物			A		C
組				3	

これに、条件イを当てはめると、表１と３はそれぞれ１通り、表２は２通りの入り方があります。

表1	1	2	3	4	5
人物	A	D	C	B	
組		3	5		

表2-1	1	2	3	4	5
人物	D	A	B	C	
組		5	3		

表3	1	2	3	4	5
人物		D	A	B	C
組			5	3	

表2-2	1	2	3	4	5
人物		A	D	C	B
組			3	5	

さらに、条件ウを当てはめると、残った順位にEと1組が入ることになります。このとき、1組はAかEという条件があるので、表1のみがすべての条件を満たすことになります。よって、Dは2位であり3組の生徒となるので、正解は❹となります。

表1	1	2	3	4	5
人物	A	D	C	B	(E)
組	(1)	3	5	2	4

表2-1	1	2	3	4	5
人物	D	A	B	C	(E)
組	(1)	5	3	2	4

表3	1	2	3	4	5
人物	(E)	D	A	B	C
組	2	4	5	3	(1)

表2-2	1	2	3	4	5
人物	(E)	A	D	C	B
組	2	4	3	5	(1)

この問題では、ア〜エで示された条件以外のところに、「AかEのいずれかが1組の生徒である」という情報が示されています。このようなケースもありますので、条件を検討する際は問題文全体をよく確認するようにしましょう。

解法ナビゲーション

A、B、C、D、E、Fの6人が、折り返し地点で同じコースを引き返すマラソンに参加した。次のア～エのことが分かっているとき、確実に言えるものはどれか。

裁判所2016

ア　折り返し地点で、Bは3人目にCとすれ違い、Eは2人目にCとすれ違った。

イ　Aのすぐ次にFが折り返し、BとEが折り返す間に2人が折り返した。

ウ　A～Fは、いずれも他の全員とすれ違った。

エ　ア及びイのことが分かってからゴールまで順位に変動はなく、また同順位はなかった。

❶　1位はBであった。
❷　2位はDであった。
❸　3位はEであった。
❹　4位はAであった。
❺　5位はFであった。

着眼点

●「n人目にすれ違った人」⇒その人の順位はn位か$n+1$位となります。

【解答・解説】

正解 ❷

「●がn人目にすれ違ったのは△」・・・△はn位かn＋1位となります。

Bは3人目にCとすれ違う・・・Cは3位か4位

Eは2人目にCとすれ違う・・・Cは2位か3位

よって、二つの条件を同時に満たすために、Cは3位に決まります。

順序関係を記号化し、順位表に当てはめます。

折り返し地点の順序のままゴールをしたので、折り返し地点の順序関係を記号化して順位表に当てはめます。

Aのすぐ次にFが折り返す・・・AF

BとEが折り返す間に2人が折り返す・・・B○○E／E○○B

「C＝3位」を順位表に書いた後、「B○○E／E○○B」を当てはめると、以下の4通りが考えられます。

表1	1	2	3	4	5	6
①	B		C	E		
②	E		C	B		
③		B	C		E	
④		E	C		B	

さらに、「AF」を順位表に当てはめようとすると、③と④には入れることができないため不適となります。

①と②には、A＝5位、F＝6位が当てはまり、さらに残った2位にDが入ります。よって、正解は❷となります。

表2	1	2	3	4	5	6	
①	B	D	C	E	A	F	
②	E	D	C	B	A	F	
③		B	C		E		・・・不適
④		E	C		B		・・・不適

過去問にチャレンジ

問題1 ★

A～Hの８人がマラソンをした。結果について次のことが分かっているとき、確実にいえるのはどれか。なお、同時にゴールインした者はいなかった。

海保特別2013

○　ＡはＢのすぐ後にゴールインした。

○　ＣはＤのすぐ後にゴールインした。

○　ＡがゴールインしてからＣがゴールインするまでの間に４人がゴールインした。

○　ＥはＦより後に、Ｇより先にゴールインした。

○　Ｈは４位以内でゴールインした。

❶　Ａは２位だった。
❷　ＣはＥより先にゴールインした。
❸　ＤはＧより先にゴールインした。
❹　Ｅは５位だった。
❺　Ｆは１位だった。

問題2 ★★

ある地域の運動会で、赤、白、青、黄、桃の五つの異なる組にそれぞれ所属しているＡ～Ｅの５人が、借り物競走に出場した。５人は同時にスタートし、途中の地点で、借り物を指示する５枚のカードから１枚ずつ選び、指示された物を借りてきてゴールに向かった。借り物を指示するカードには、「軍手」「たすき」「なわとび」「マイク」「帽子」の５種類が１枚ずつあった。５人が次のように述べているとき、確実にいえるのはどれか。なお、同時にゴールした者はいなかった。

国般2016

Ａ「私がゴールしたときにまだゴールしていなかったのは、白組と桃組の走者の２人だった。」

Ｂ「私の２人前にゴールしたのは赤組の走者で、軍手を借りていた。」

Ｃ「私の直後にゴールした走者は、たすきを借りていた。」

Ｄ「私の直前にゴールしたのは黄組の走者で、帽子を借りていた。」

E「指示されたなわとびを探すうちに、２人以上の走者が先にゴールしたが、私がゴールしたのは最後ではなかった。」

❶ Aは帽子を借りた。
❷ Bはたすきを借りた。
❸ Cは軍手を借りた。
❹ Dは青組だった。
❺ Eは桃組だった。

問題3 ★ **ある地点を順に通過した３台の車の車種と色について次のことが分かっているとき、確実にいえるのはどれか。**

海保特別2015

○ 赤い車より後に白い車が通過した。
○ バスより後に乗用車が通過した。
○ 乗用車より先に青い車が通過した。
○ トラックより先に赤い車が通過した。

❶ 赤い車の直後にトラックが通過した。
❷ 白い車の直後にバスが通過した。
❸ 青い車の直後に赤い車が通過した。
❹ バスの直後に乗用車が通過した。
❺ トラックの直後に白い車が通過した。

第3章 順序関係

問題4
★★

A～Fの6人がマラソンをした。コースの中間にあるX地点とゴール地点での順位について、次のア～キのことが分かっているとき、最後にゴールしたのは誰か。

区Ⅰ2012

ア　Bは、X地点を4位で通過した。

イ　Fは、X地点を6位で通過した。

ウ　BとDとの間には、X地点でもゴール地点でも、誰も走っていなかった。

エ　EのX地点での順位とゴール地点での順位は、変わらなかった。

オ　Fのゴール地点での順位は、CとDとの間であった。

カ　X地点を1位で通過した者は、4位でゴールした。

キ　X地点を5位で通過した者は、2位でゴールした。

❶　A
❷　B
❸　C
❹　D
❺　E

問題5
★★

25mプールを図のように1コースが往路、2コースが復路とし、A～Fの6人が縦一列で往復した。

1コース
2コース
25m

次のア～エが分かっているとき確実にいえるのはどれか。

国般2006

ア　スタートしてからゴールするまで順序が入れ替わることはない。

イ　Aが最初にすれ違ったのはCであり、Cが最初にすれ違ったのはAである。

ウ　Bが最後にすれ違ったのはFであり、Fが最後にすれ違ったのはBである。

エ　Dが3番目にすれ違ったのがEであり、4番目にすれ違ったのはFである。

❶ １番前はＡである。
❷ 前から２番目はＣである。
❸ 前から３番目はＥである。
❹ 後ろから３番目はＤである。
❺ 後ろから２番目はＦである。

問題6 ★★ **5チームによるリレー競技の最終走者A～Eのレース状況について次のことが分かっているとき、ゴールの順位について確実にいえるのはどれか。**

海保特別2011

○ Ａは１人を追い抜いたが、１人に追い抜かれた。
○ Ｂは誰からも追い抜かれることなく、３人を追い抜き、Ａよりも上位になった。
○ Ｃは１人も追い抜くことができず、３人に追い抜かれたが、Ｅよりも上位になった。
○ Ｄは１人を追い抜いただけで、誰にも追い抜かれることはなかった。
○ Ｅは１人に追い抜かれたが、誰も追い抜かなかった。

❶ Ａは２着、Ｃは３着であった。
❷ Ａは３着、Ｄは２着であった。
❸ Ｂは２着、Ｃは４着であった。
❹ Ｂは１着、Ｅは５着であった。
❺ Ｄは３着、Ｅは５着であった。

2 その他の順序関係

学習のポイント

・ここでは、問題の解法パターンを広げたり、特殊な出題への対応を学習します。

1 数量の関係についての条件が多い問題 重要！

「○個多い」、「△個少ない」、「□個の差がある」などのように、各自の個数の関係についての条件が多い問題は、**数直線、両開き樹形図、不等式**などを使うと作業がしやすくなります。

数量を含む問題は、数直線でも両開き樹形図でも問題を解くことができますが、問題と解法には相性があるので、問題によって使い分けできるようにしておくとよいでしょう。

樹形図は、片側だけに枝分かれをしていく片開き樹形図もありますが、その場合、枝分かれの数が多くなってしまうので、両開き樹形図のほうが解きやすいです。

(1) 解法の使い分け

① 数直線が向いている問題

「○番目」のように順番を表す条件

⇒ 数直線のほうが何番目であるか見やすい

「同じ数量の者はいなかった」

⇒ 人物が同じ目盛に重なれば不適となるので数直線のほうが把握しやすい

「最大と最小の差は○であった」

⇒ 最大と最小の幅を目盛ですぐ確認できるので、数直線のほうが把握しやすい

② 両開き樹形図が向いている問題

「AとBは○個差」

⇒ 大小の情報がなく「差」の数値しかわからない条件が多い場合、両開き樹形図が向いている

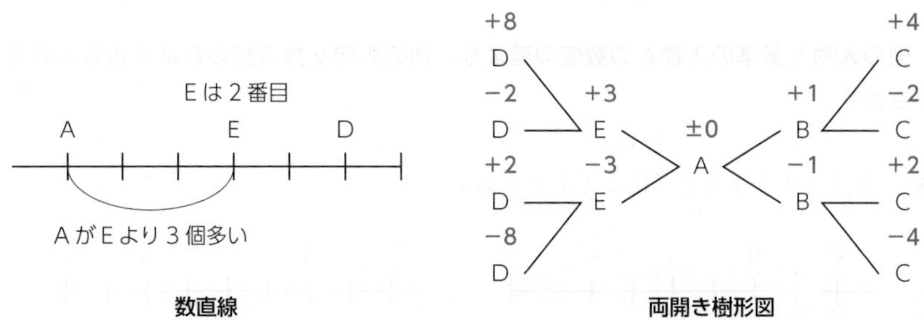

③　不等式で表すとよい条件

条件の中に**和や差など計算を含むもの**がある場合は、条件をもとに不等式を作り、複数の式でまとめられるものがあれば合わせます。

例　C＞**A**、**A**＞Bのように、右端と左端に同じ記号がある不等式があれば、C＞**A**＞Bのように一つにまとめることができます。また、直接言及されていない、隠れた大小関係に気をつけましょう。

例　**「AとBの和がCと等しい」**
AとBは必ずCより小さくなるので、**C＞A、C＞B**となります。

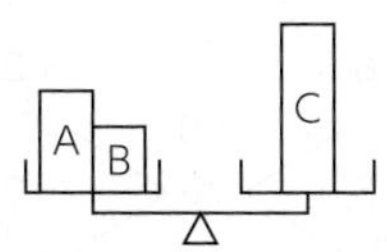

例　**「AとBの平均の値がCと等しい」**
A＞C＞B、もしくは、**B＞C＞A**となります。

⑵　問題を解く手順

①　数直線で解く場合

いずれかの人物を基準とします（複数の条件で言及される人物などがよいです）。

基準の人物の数値を、±０やxなどと置きます（基本的に±０と置きますが、「全体の合計」の具体的な数値が関わってくる場合はxと置いたほうが解きやすいです)。

他の人物と基準の人物との数値の差より、他の人物を数直線の目盛に書き入れていきます。

例 「BはAより4多く、CはAより6多い」

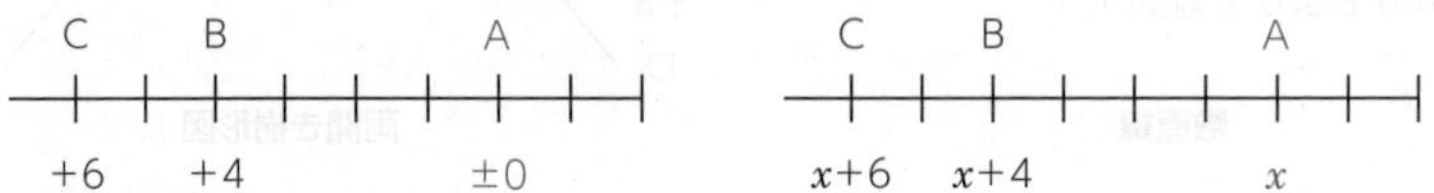

② 両開き樹形図で解く場合

いずれかの人物を基準の±0とし、その人物との差を+や−を使って表していきます。

例題 A～Eの身長を調べたところ、AとBの差が6cm、AとCの差が2cm、EとBの差が1cm、CとDの差が7cm、DとEの差が16cmであった。

平均身長が160cmで、Aは平均身長よりも高いとき、Eの身長は何cmか。

❶ いずれかの人物を基準の±0とします(今回はAの身長を基準とします)。

❷ Aとの差がわかっているBを+6と−6、Cを+2と−2のそれぞれ2通りに枝分かれさせます。

+6 B
−6 B
±0 A
+2 C
−2 C

❸ 「EとBの差が1」なので、+6のBから枝分かれしているEを、+6+1=+7と、+6−1=+5の2通りに枝分かれさせます。また、−6のBから枝分かれしているEは、−6+1=−5と、−6−1=−7の2通りに枝分かれさせます。

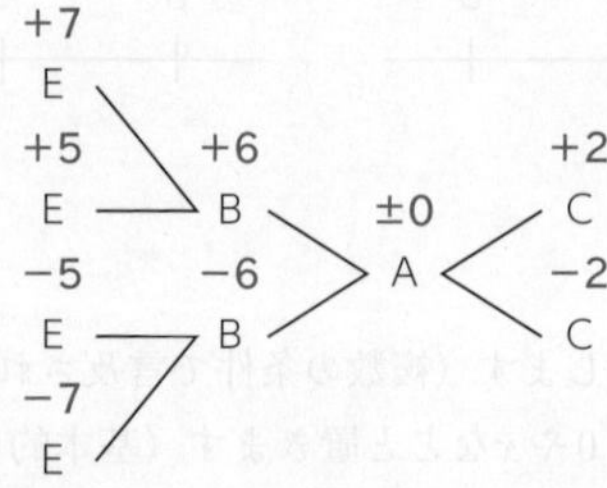

さらに、Dも同様に枝分かれさせます。

❹ 最後に、端どうしのDとEの差が16となっている組合せを探します。

すると、「①の＋7と⑧の－9」、「④の－7と⑤の＋9」の差がそれぞれ16となります。

①のEは＋6のBと、⑧のDは－2のCとそれぞれ枝で繋がっているので線でつなげます（下図赤色の太線）。同様に、④と⑤も線でつなげます（下図）。

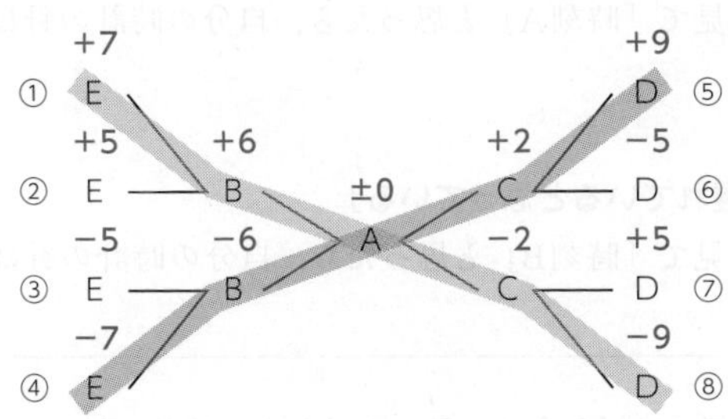

この「①と⑧」、「④と⑤」の組合せのそれぞれにおいてAとの差を表にまとめ、「合計」と「合計を人数で割った平均」を出しておきます。

①と⑧は、±0(A)＜＋0.4(平均）より、Aが平均身長よりも低くなってしまい不適となります。

	E	B	A	C	D	合計	平均
①と⑧	＋7	＋6	±0	－2	－9	＋2	＋0.4
④と⑤	－7	－6	±0	＋2	＋9	－2	－0.4

④と⑤でAを±0とすると平均身長は－0.4なので、実際のAの身長は平均身長よりも0.4cm高いことになり、Aの身長は160.4cmになります。

さらにAを±0とするとEは－7なので、EはAよりも7cm低いことになり、Eの身長は160.4－7＝153.4cmとなります。

よって、Eの身長は**153.4cm**となります。

④と⑤	E	B	A	C	D	合計	平均
Aとの差	－7	－6	±0	＋2	＋9	－2	－0.4
実際の身長	153.4cm	154.4cm	160.4cm	162.4cm	169.4cm	158.4cm	160cm

2 時計のずれ

時刻のずれた時計を持った人物が、そのずれた時刻に沿って行動した結果起こったことから、正しい時刻や時計のずれを推理するタイプの問題です。また、「時計が進んでいる／遅れていると思っている」などの条件が示される場合があります。

> ❶「時計がx分進んでいると思っている」
> →自分の時計を見て「時刻A」と思ったら、自分の時計の針は「**時刻A＋x**」となる
>
> ❷「時計がx分遅れていると思っている」
> →自分の時計を見て「時刻B」と思ったら、自分の時計の針は「**時刻B－x**」となる

時計のずれの問題では「各自の行動」と「各自の時計の針が示す時刻」で表を作り、記入します。

例　Aは自分の時計が**5分進んでいる**と思っており、駅に**9：00に到着したと思った**。

⇒Aが到着したとき、Aの時計の針は**9：00＋5分**より、9：05を示している

Bは自分の時計が**3分遅れている**と思っており、駅に**9：10に到着したと思った**。

⇒Bが到着したとき、Bの時計の針は**9：10－3分**より、9：07を示している

	Aの時計の針	Bの時計の針
A到着	9：05	
B到着		9：07

解法ナビゲーション

A～Fの６人の体重について、次のア～オのことが分かっているとき、確実にいえるのはどれか。

区Ⅰ2018

ア　Aより体重が重いのは２人である。

イ　AはEより２kg軽い。

ウ　BはEと４kg違うが、Aより重い。

エ　CとDは３kg違う。

オ　CはFより７kg重く、Eとは４kg違う。

❶　AはDより７kg以上重い。
❷　BはFより10kg以上重い。
❸　CはEより２kg以上重い。
❹　DはFより10kg以上軽い。
❺　EはDより７kg以上軽い。

第3章　順序関係

着眼点

「Aより体重が重いのは２人である」ことから、Aが３番目に体重が重いことがわかります。このように、「●番目」という情報がある場合、数直線を用いると作業がしやすくなります。

【解答・解説】

正解 ❷

任意の人物を基準の±０とし、他の人物を数直線に当てはめていきます。

選択肢より、誰が誰よりも何kg以上重いか軽いかを問われています。

よって、それぞれ具体的な体重を求める必要がなく、それぞれの体重差がわかればいいことになります。そこで、誰かの体重を基準の±0とし、それをもとに他の５人の数値を数直線に当てはめていきます。

今回はＡが条件に複数回出てくるのでＡを基準の±0とします（Ａ以外の人物を基準にしてもかまいません）。

数直線に書かれた人物を含む条件に着目します。

Ａを基準の±0にしたので、Ａとの差がわかる条件から考えます。

ＡはＥより２kg軽いので、ＥはＡより２kg重いことになります。よって、Ｅが「＋2」になります。

次に、Ｅとの差がわかる条件に注目します。ＢはＥと４kg違うので、Ｅの「＋2」から４大きい「＋6」か、４小さい「－2」となりますが、ＢはＡよりも重いので「＋6」に決まります。

Ａより体重が重いのは２人なので、この時点でその２人がＢとＥに決まります。よって、Ｃ、Ｄ、ＦはＡよりも軽いことになります。

さらに、数直線に書かれたＢ、Ｅ、Ａを含む条件に注目します。

ＣはＥと４kg違うので、Ｅの「＋2」から４大きい「＋6」か、４小さい「－2」となりますが、ＣはＡよりも軽いので「－2」に決まります。

Ｃが決まったので、Ｃを含む条件を見ると、ＣはＦより７kg重いことがわかります。よって、ＦはＣの「－2」から７小さい「－9」となります。

最後に、ＤはＣと３kg違いますが、Ｃより３大きい「＋1」とするとＡより重くなってしまうので、Ｃより３小さい「－5」に決まります。

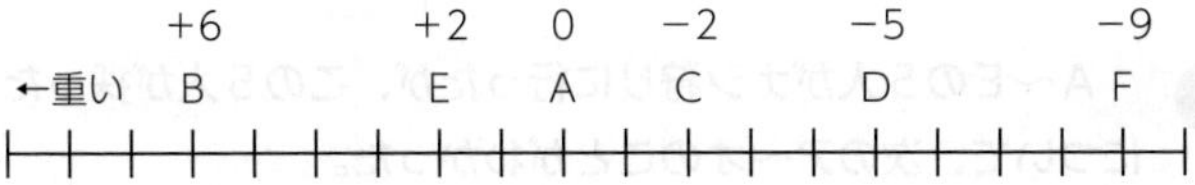

	+6	+2	0	−2	−5	−9
←重い	B	E	A	C	D	F

以上で全員の差がわかり、BはFよりも＋6－(－9)＝15(kg) 重いので、正解は❷となります。

過去問にチャレンジ

問題1 ★★

A～Eの５人がナシ狩りに行ったが、この５人が採ったナシの個数について、次のア～オのことがわかった。

ア　Aの個数は、Dの個数よりも多く、Eの個数よりも少なかった。

イ　Cの個数は、AとBの個数の合計から、Dの個数を引いたものと等しかった。

ウ　Eの個数は、Dの個数より２個多く、Bの個数よりも６個少なかった。

エ　最も少なかった者の個数は、23個であった。

オ　採ったナシの個数が同じ者はいなかった。

以上から判断して、ナシの個数が２番目に多かった者の個数として、正しいのはどれか。

都Ⅱ 2001

❶　27個
❷　28個
❸　29個
❹　30個
❺　31個

問題2 ★★

ある住宅展示場の販売員A～Eの５人の昨年の販売棟数について調べたところ、次のア～エのことが分かった。

ア　A～Eの５人の販売棟数は、それぞれ異なっており、その合計は60棟であった。

イ　Bの販売棟数は、Aの販売棟数より２棟多く、Eの販売棟数より６棟多かった。

ウ　Cの販売棟数は、BとDの販売棟数の計から、Eの販売棟数を引いた棟数より１棟少なかった。

エ　Dの販売棟数は、A～Eの５人のうち３番目に多かった。

以上から判断して、A～Eの５人のうち昨年の販売棟数が最も多かった販売員の販売棟数として、正しいのはどれか。

都Ⅰ 2012

❶ 15棟
❷ 16棟
❸ 17棟
❹ 18棟
❺ 19棟

問題3 ★★ **ある球技大会でのA～Eの各選手の得点状況について、次のことが分かっている。このとき、確実にいえるのはどれか。**

国専2010

○ AとBの得点差は１点である。

○ BとCの得点差は３点である。

○ CとDの得点差は４点である。

○ DとEの得点差は５点である。

○ EとAの得点差は３点である。

❶ Aは、３番目に得点が高い。
❷ 最も得点が高いのは、E以外の選手である。
❸ Bは、２番目か４番目に得点が高い。
❹ 最も得点が低いのは、DかEである。
❺ Cは、最も得点が高いか、最も得点が低い。

問題4 ★ **A～Eの互いに年齢の異なる５人がいる。年齢の差は、AとBが４歳、BとCが３歳、CとDが７歳、BとEが10歳である。Eが最も年上であり、Bよりも年上の人は２人であることが分かっているとき、確実に言えるのはどれか。**

地上2018

❶ Aよりも８歳年上の人がいる。
❷ Bよりも10歳年下の人がいる。
❸ Cよりも１歳年下の人がいる。
❹ Dよりも14歳年上の人がいる。
❺ Eよりも６歳年下の人がいる。

問題5
★

A～Gの７種類のパンがあり、これらの価格はいずれも異なっている。これらのパンの価格について次のことが分かっているとき、確実にいえるのはどれか。

国般（高卒程度）2011

○　Aは、BとFの価格の和に等しく、Cの価格より安い。

○　Fは、EとGの価格の和に等しく、Bの価格より高い。

○　Dは、BとGの価格の和に等しく、Eの価格より安い。

❶　Aの価格は３番目に高い。
❷　Bの価格はGの価格より安い。
❸　Dの価格は２番目に安い。
❹　Eの価格は４番目に高い。
❺　Gの価格はEの価格より高い。

問題6
★★

A～Eの５人の体重について次のア～ウのことが分かっているとき、確実に言えるものはどれか。

裁判所2017

ア　Aの体重は、Cの体重より軽く、Bの体重より重い。

イ　AとDの体重の和は、BとEの体重の和に等しい。

ウ　Cの体重は、AとDの体重の平均に等しい。

❶　Aの体重は２番目に軽い。
❷　Bの体重は全員の体重の平均に等しい。
❸　Cより体重が重い人物は１人だけである。
❹　Dは最も体重が重い。
❺　Eは最も体重が軽い。

問題7
★★

AとBがある時刻に待合せをして、次のア〜ウのことがわかっている。

ア　Aは自分の時計が２分遅れていると思っていたので、到着時に自分の時計を見て５分遅刻したと思った。

イ　Bは自分の時計が４分進んでいると思っていたので、到着時に自分の時計を見て７分早く着いたと思った。

ウ　実際にはAの時計は２分進んでいて、Bの時計は１分遅れていた。

このとき、実際の到着時刻に関して確実にいえるのはどれか。

警Ⅱ 2012

❶　AがBより３分早く到着した。
❷　BがAより３分早く到着した。
❸　AがBより９分早く到着した。
❹　BがAより９分早く到着した。
❺　２人は同時に到着した。

第4章

位置関係

位置関係の基本

その他の位置関係

1 位置関係の基本

学習のポイント

・さまざまな位置関係を条件から確定していくタイプの問題です。マンションの部屋、ロッカーの配置、円卓の座席などに人物などを当てはめてながら問題を解いていきます。

・方位の問題では、基本的な図形の知識が必要になります。

1 位置関係（マンション・ロッカー・座席）　重要！

マンションの各部屋やロッカーの各庫などに、住人や利用者などの人物等を当てはめていく問題であり、「人物等を条件から一つのまとまりにして、**そのまとまりの形を当てはめていく**」作業が主な作業になります。必要があれば、図の場合分けをしながら問題を解いていきます。また、「**マンションの●階に▲人住んでいる**」といった条件があれば、「どの階に誰が住んでいるか」を先に検討しておくと作業がスムーズになります。

2 解法パターン

(1)　基本のアプローチ

①　条件を記号化する

「Aの右隣にB、Bのすぐ下にCがいる」

A	B
	C

「Dの左隣にC、右隣りにEがいる」

C	D	E

「Fの両隣が空室である」

×	F	×

「GとHは隣どうしである」

G	H	or	H	G

「Jの一つ真上の部屋にKが住んでいる」

K
J

「Jより上の階にKが住んでいる」

※「真上」と「上」、「真下」と「下」では意味が異なります。

② 記号化した条件をまとめる

例 Cが共通しているので、合わせて一つのまとまりにする

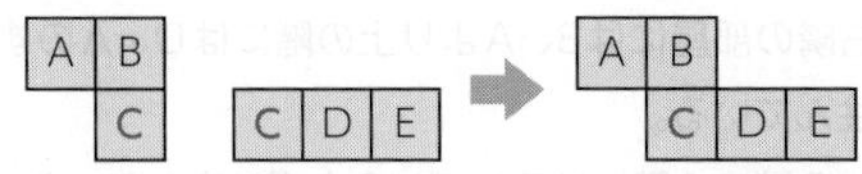

③ 場所が指定されているもの、大きなまとまりから当てはめる

大きなまとまりはマンションやロッカーなどに当てはめる配置のパターンが少ないため、**まずは大きなまとまりから当てはめていく**とよいでしょう。必要があれば場合分けをし、矛盾がないか検討します。

大きなまとまりは、配置パターン数が限られている

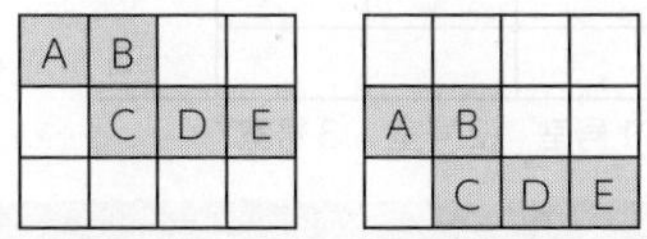

小さなまとまりは、場合分けが多く手間がかかる

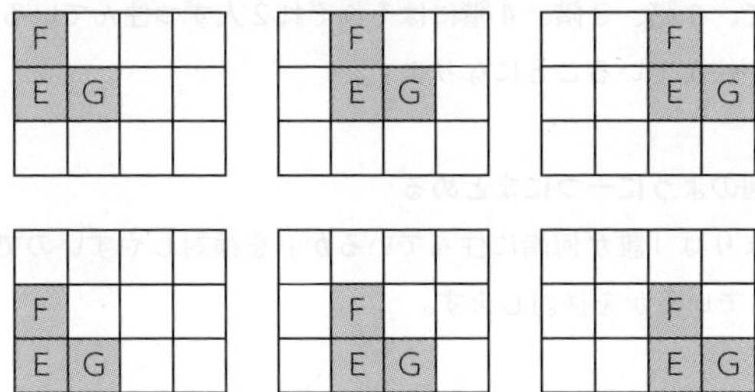

⑵ 数の制限がある条件に着目する

マンションの問題などで、階ごとの人数がわかっている場合は、以下の点に注意しながら人物を当てはめていきます。

❶ 「誰が何階に住んでいるか」を検討する

❷ 誰が何階に住んでいるかを図に書き込んでおく

❸ 横の列の人数・縦の列の人数を交互にチェックしながら当てはめていく

❹ 空室に決まった部屋・誰かが必ず入る部屋には、わかり次第×や○を書き入れておく

例題 図のような４階建てのマンションにＡ～Ｇの７人が住んでいる。次のア～エのことがわかっているとき、１階の３号室に住んでいるのは誰か。

ア：Ａの右隣の部屋にはＢ、Ａより上の階にはＤ、Ａのすぐ真下の部屋にはＣが住んでいる。

イ：１階、３階、４階にはそれぞれ２人ずつ住んでいる。

ウ：Ｆより上の階にはＥが住んでおり、Ｆの右隣の部屋は空き部屋である。

エ：２号室には１人だけ住んでいる。

❶ マンション各階の人数をまとめる

全員が７人で、１階、３階、４階にはそれぞれ２人ずつ住んでいるので、残った２階には１人が住んでいることになります。

❷ 条件を下図のように一つにまとめる

大きなまとまりは「誰が何階に住んでいるか」を検討しやすいので、まず、ＡとＢが何階に住んでいるかを検討します。

D …ＡとＢの上の階に人がいる →ＡとＢは４階でない

A B …同じ階にＡとＢの２人いる →ＡとＢは２階ではない（２階は１人）

C …ＡとＢの下の階に人がいる →ＡとＢは１階ではない

⇒消去法より、ＡとＢは３階に決まる

❸ 縦と横の人数に注意しながら、条件のまとまりをマンションの部屋に当てはめる

２号室は１人なので、Ｂが３階の２号室に決まります。

また、２号室はＢの１人のみ、３階はＡとＢの２人のみ、２階はＣの１人のみなので、空き部屋に決まったところには×印を入れておきます。

1人

1号室	2号室	3号室	
	×		2人
A	B	×	2人
C	×	×	1人
	×		2人

1階と4階に残った2部屋ずつのうち、Fより上の階にEが住んでいるので、Fが1階でEが4階に決まります。また、DはAより上の階なので4階に決まり、残ったGは1階に決まります。

Fの右隣が空き部屋なので、Fは1階の1号室に決まり、Gは1階の3号室となります。

4階のDとEの部屋は確定しません。

1人

1号室	2号室	3号室	
E/D	×	D/E	2人
A	B	×	2人
C	×	×	1人
F	×	G	2人

上図より、1階の3号室はGに決まります。

解法ナビゲーション

図のような16の部屋からなる４階建てのワンルームマンションがある。ここにA～Hの８人がいずれかの部屋に１人ずつ住んでおり、A～Hの８人が住んでいる以外の部屋は空き部屋となっている。また、各階とも東側から西側に向かって１号室、２号室、３号室、４号室の部屋番号となっている。このワンルームマンションについて次のア～オが分かっているとき、これらから確実にいえるのはどれか。

国般2004

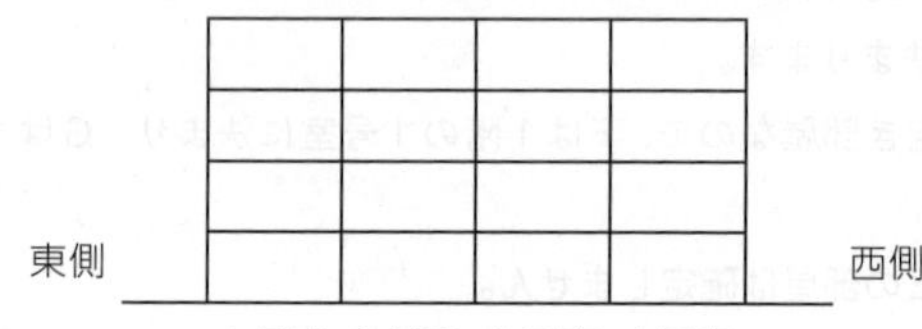

ア　１階には３人が住んでおり、３階と４階には２人ずつが住んでいる。

イ　Aは１階の１号室に住んでいる。また、他の階の１号室に住んでいる者は２人いる。

ウ　Eの両隣の部屋は空き部屋となっている。また、Bは、Eのすぐ下の部屋に住んでおり、かつDよりも下の階に住んでいる。

エ　Fは４号室に住んでいる。また、２号室に住んでいるのはDだけである。

オ　CとEは同じ階に住んでいる。また、GはDよりも下の階に住んでいる。

❶　AとHは同じ階に住んでいる。
❷　BとCは同じ階に住んでいる。
❸　Cは４階に住んでいる。
❹　GはEのすぐ下の階に住んでいる。
❺　Hは１号室に住んでいる。

着眼点

それぞれの階の人数が示されている場合は、階数の特定を試みます。

・記号化されたまとまりのうち、人数が多いものは「誰がどの階であるか」を特定しやすいので、まず、階数の特定ができるかどうか調べます。

・階数は、「人数の制限より入れない階がある」、「上下に誰かがいる（最上階と最下階に入れない）」などを手がかりに、消去法で決まることが多いです。

【解答・解説】

正解 ❺

条件を記号化し、合わせられるものがあれば一つにまとめます。

ウとオの条件より、「CとE」が同じ階に住んでおり、「Eの両隣が空き部屋」ということがわかります。CとEの部屋の配置は図１か図２が考えられますが、エ「**2号室に住んでいるのはDだけ**」という条件より、図１に決まります。

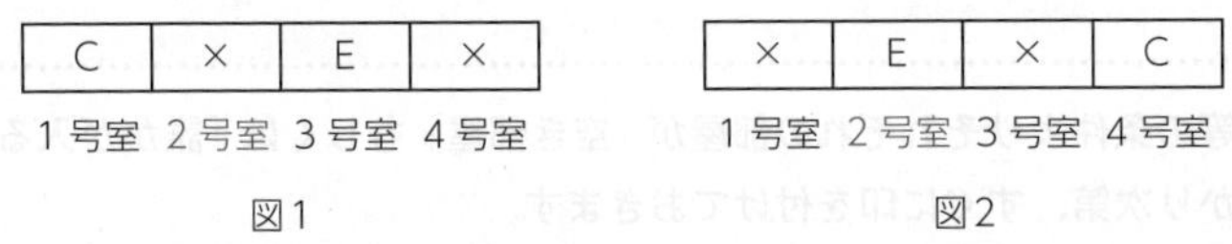

図1　図2

さらに、ウ「Bは、Eのすぐ下の部屋に住んでおり、かつDよりも下の階に住んでいる」、エ「２号室に住んでいるのはDだけ」という条件より、図３のようにまとめられます。

また、条件オも記号化しておきます（図４）。

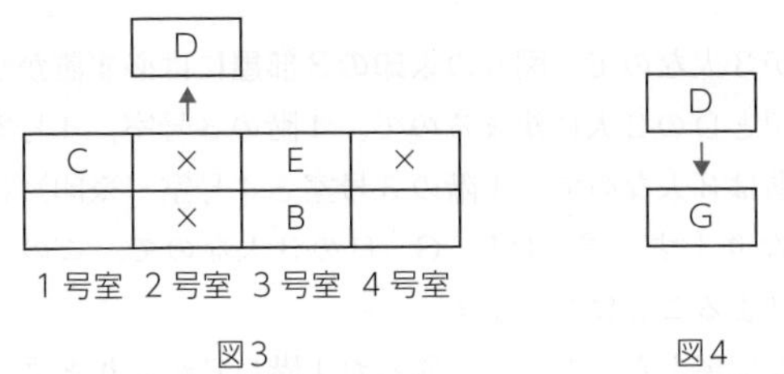

図3　図4

大きなまとまりができたら、「誰がどの階であるか」を調べます。

条件アに「１階には３人」、「３階と４階には２人ずつ」という**階ごとの人数が示されているの**で、図３のまとまりに関して「**誰がどの階であるか**」を検討します。

２階に住んでいる人数は、全員が８人であることより、８－３－２－２＝１（人）となります。

「CとE」は、同じ階に２人いるので、１人しかいない２階には当てはめられません。また、上の階にDがいるので最上階の４階にも当てはめられず、下の階にBがいるので最下階の１階にも当てはめられません。よって、消去法より「CとE」は３階に決定します。

●CとEの階を決定するときに見るポイント

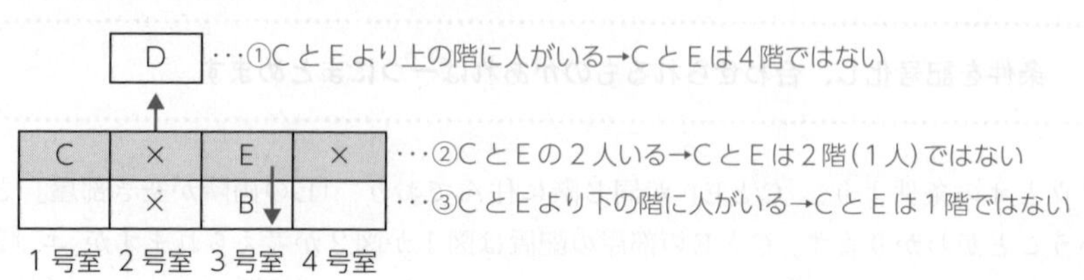

人数等の条件よりそれぞれの部屋が「空き部屋」もしくは「誰かが入る部屋」だとわかり次第、すぐに印を付けておきます。

1号室は「Aと別の階に2人」より、合計3人住んでいます。

図3のまとまりを、CとEが3階になるように当てはめます。

2階はBが1人、2号室はDが1人なので、**BとD以外の部屋には、空き部屋の×印をつけておきます。**

すると、1号室と1階が3人なので、図5の**※印の3部屋には必ず誰かが入ることになります。**4階は※印とDの2人に決まるので、4階の3号室、4号室には×印を入れておきます。1階は3人なので、1階の3号室と4号室（※印）には必ず誰かが住んでいることになります。残りはF、G、Hの3人なので、この3人が※印の部屋に1人ずつ当てはまることになります。

4号室は2～4階が空き部屋となったので、残った1階にFが入ります。

Dより下の階であるGは1階の3号室に決まり、残ったHが4階の1号室となります。よって、正解は❺となります。

3人	Dのみ		F		
※	D	×	×	4階	2人
C	×	E	×	3階	2人
×	×	B	×	2階	1人
A	×	※	※	1階	3人
1号室	2号室	3号室	4号室		

図5

3人	Dのみ 1人		F		
(H)	D	×	×	4階	2人
C	×	E	×	3階	2人
×	×	B	×	2階	1人
A	×	G	F	1階	3人
1号室	2号室	3号室	4号室		

図6

過去問にチャレンジ

問題1
★★

図のような16の部屋から成る４階建てのワンルームマンションがある。A～Hの８人がいずれかの部屋に１人ずつ住んでおり、A～Hの８人が住んでいる部屋以外は空室である。また、各階とも東側から西側に向かって１号室、２号室、３号室、４号室の部屋番号である。このワンルームマンションについて次のことが分かっているとき、確実にいえるのはどれか。

国般2019

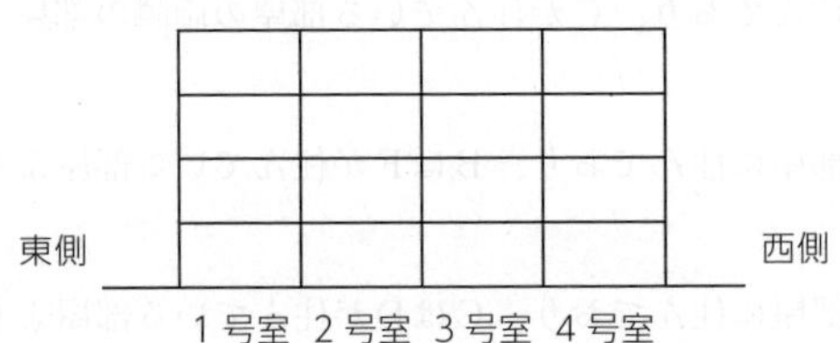

○　Aは１階の１号室に住んでいる。また、他の階で１号室に住んでいるのは、Hのみである。

○　Bは２階に住んでいる。また、Bの隣の部屋は両方とも空室である。

○　Cは、Dの一つ真下の部屋に住んでおり、かつEの一つ真上の部屋に住んでいる。また、Eの隣の部屋にはGが住んでいる。

○　Fは２号室に住んでおり、Cより上の階に住んでいる。

○　F、G、Hの３人はそれぞれ異なる階に住んでいる。

❶　BとCは異なる階に住んでいる。
❷　DとFは同じ階に住んでいる。
❸　Hの隣の部屋は空室である。
❹　１階に住んでいるのは２人である。
❺　全ての部屋が空室である階がある。

第４章
位置関係

問題2
★★

	301	302	303	304	305	
	201	202	203	204	205	
西	101	102	103	104	105	東

左図のような各部屋に3桁（けた）の部屋番号が付いた3階建てで各階に5部屋ずつあるマンションに、A～Gの7人がいずれかの部屋に1人ずつ住んでおり、A～Gの7人が住んでいる部屋以外の部屋は空き部屋であるとき、次のア～オのことがわかった。

ア　Aは1階の部屋に住んでおり、Cが住んでいる部屋の両隣の部屋は空き部屋である。

イ　BとFは同じ階の部屋に住んでおり、BはFが住んでいる部屋より西側の部屋に住んでいる。

ウ　CとDは同じ階の部屋に住んでおり、CはDが住んでいる部屋より西側の部屋に住んでいる。

エ　CはFが住んでいる部屋のすぐ下の部屋に住んでおり、EはGが住んでいる部屋のすぐ下の部屋に住んでいる。

オ　1階と3階にはそれぞれ2人が住んでおり、部屋番号の下一桁の数字が1の部屋には2人が住み、Gが住んでいる部屋の部屋番号の下一桁の数字は5である。

以上から判断して、確実にいえるのはどれか。

都Ⅰ2008

❶　Aが住んでいる部屋の部屋番号は101である。
❷　Bが住んでいる部屋の部屋番号は202である。
❸　Cが住んでいる部屋の部屋番号は103である。
❹　Dが住んでいる部屋の部屋番号は304である。
❺　Eが住んでいる部屋の部屋番号は205である。

次の図のような①～⑨のロッカーを、A～Hの8人が一つずつ利用している。次のア～エのことが分かっているとき、確実にいえるのはどれか。

★

区Ⅰ2006

ア　Aが利用しているロッカーのすぐ下は空きロッカーで、その隣はDが利用している。

イ　Bは端のロッカーを利用しており、その隣はGが利用している。

ウ　Cが利用しているロッカーのすぐ上は、Eが利用している。

エ　Fが利用しているロッカーの隣は、Dが利用している。

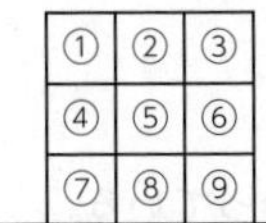

❶　Aは、④のロッカーを利用している。

❷　Cは、⑥のロッカーを利用している。

❸　Eは、①のロッカーを利用している。

❹　Fは、⑦のロッカーを利用している。

❺　Hは、⑤のロッカーを利用している。

第4章 位置関係

問題4 ★ 地上3階建のアパートにAからHの8人が1人1部屋を借りて住んでおり、アパートの各部屋の配置は下の図のようになっている。以下のアからオのことが分かっているとき、確実にいえるものとして、最も妥当なのはどれか。

消Ⅰ2012

i	j	k	3階
l	m	n	2階
o	p	q	1階

ア　Aの部屋のすぐ下にはDが住んでいる。

イ　Bの部屋のすぐ上には空き部屋がある。

ウ　Eの部屋のすぐ隣には空き部屋がある。

エ　Fの部屋の両隣にはAとCが住んでいる。

オ　Hはqの部屋に住んでいる。

❶　Aはkの部屋に住んでいる。
❷　Bの部屋はGの部屋と隣り合っている。
❸　Cの部屋のすぐ下には空き部屋がある。
❹　Dの部屋は空き部屋と隣り合っている。
❺　Eの部屋のすぐ下にはGが住んでいる。

問題5 ★★★

次の図のような3階建ての建物にあるA～Lの12の部屋は、野球部、サッカー部、バスケットボール部、陸上部、テニス部、ゴルフ部、柔道部、剣道部、空手部、ラグビー部の部室になっている。今、次のア～カのことが分かっているとき、確実にいえるのはどれか。

区Ⅰ2014

ア　野球部とゴルフ部の部室は、通路を挟んで真向いにある。

イ　サッカー部とラグビー部の部室は、1階にある。

ウ　バスケットボール部の部室は、3階にある。

エ　陸上部は、隣り合った2つの部屋を部室にしている。

オ　テニス部は、隣り合った2つの部屋を部室にしている。

カ　柔道部と剣道部の部室は、同じ階にない。

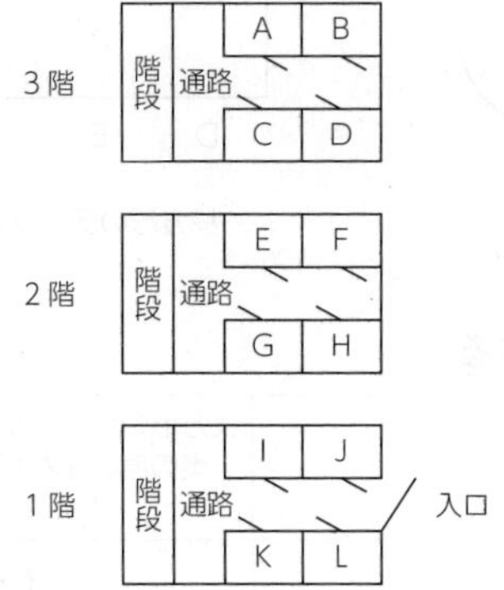

❶　野球部の部室は、1階にある。

❷　剣道部の部室は、3階にある。

❸　空手部の部室は、3階にない。

❹　サッカー部とラグビー部の部室は、隣り合っている。

❺　テニス部と陸上部の部室は、同じ階にない。

2 その他の位置関係

学習のポイント

・位置に関係する要素に関し、特殊な趣向が凝らされた出題について、解法パターンを押さえていきます。

1 円　卓

重要！

条件をもとに、円形のテーブルを囲んで誰がどの席に着くか考える頻出の問題です。長方形のテーブルなどの問題も同じような手順で解くことができます。

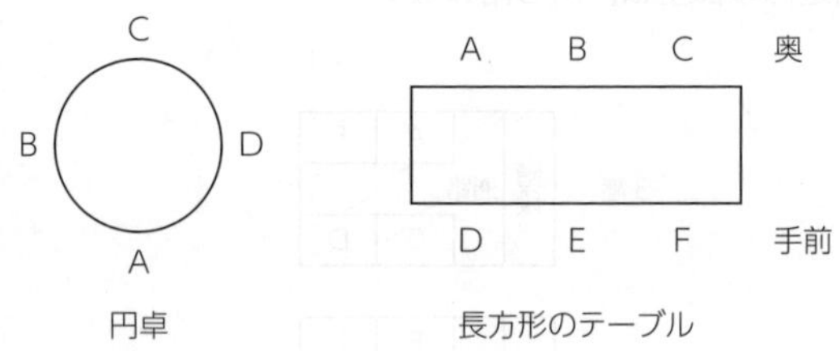

円卓　　長方形のテーブル

⑴ 左右の向きに注意する

円卓の側（中央）を向いて座った場合 右：反時計回り 左：時計回り	長方形のテーブルの側を向いて座った場合 奥の席の左右が逆になる

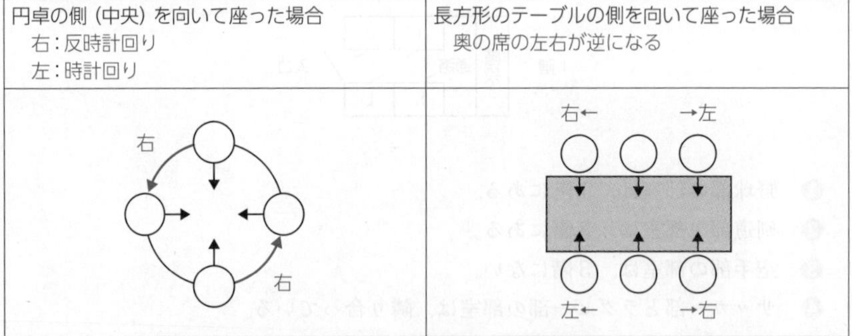

まれに、「テーブルに背を向けて座る」問題も出題されます。その際は、テーブルの側を向いて座る場合と左右が逆になるので注意しましょう。

⑵ 特定の人物の座席を固定する

下図のように「回転して同じ並びになる」ものは「同じ位置関係」とみなすので、

重複した図を書かずに済むように、ある特定の人物の位置を固定しましょう。

例　時計回りにA→B→C→Dとなる四つの並び順はすべて同じとみなします。

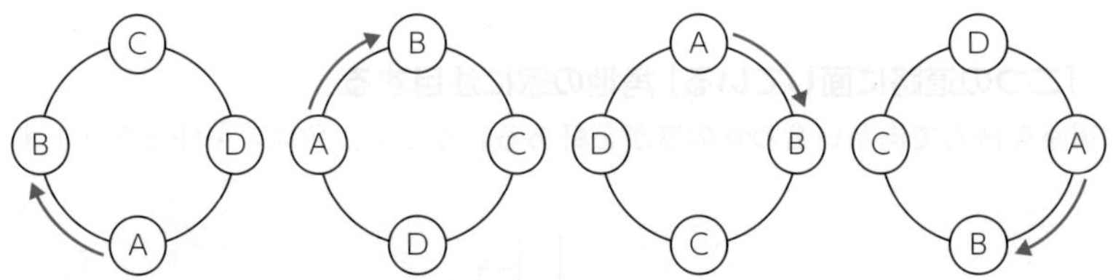

A～Dのうち、**いずれか１人の座席の位置を固定しておく**と、同じ並び順のものを重複して考えずに済みます。このとき、**固定する人物を「複数の条件で言及されている人」**にしておくと、固定した人物の条件から他の人物の席を書き込みやすくなります。

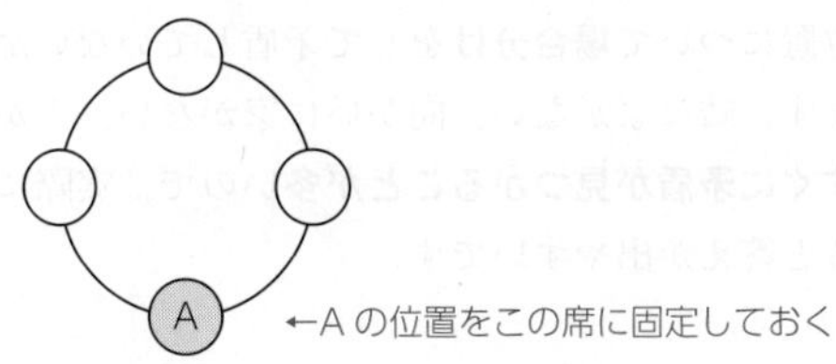

長方形のテーブルの場合は、特に具体的な席の指定がなければ、「Aは手前の席」などのように、特定の人物を「手前の席」で固定しておくと、同じような図を重複して作らずに済みます。

例　「Bはテーブルに向かってAの正面の左隣の席に座った」

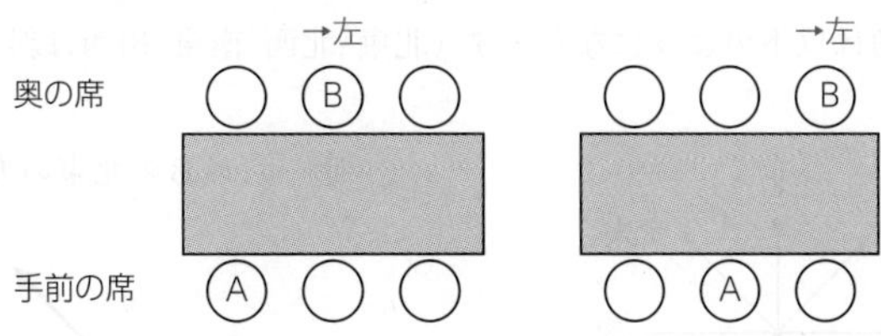

「Aを手前の席」と固定すると、Aは図の２通りの場合分けをして考えればよいことになります。

第4章 位置関係

2 十字路

十字路になっている道路周りの家の配置に関する問題です。

(1) 「二つの道路に面している」角地の家に注目する

「**道路を挟んで向かい合わせの家が2軒ある**」などが、角地の条件となります。

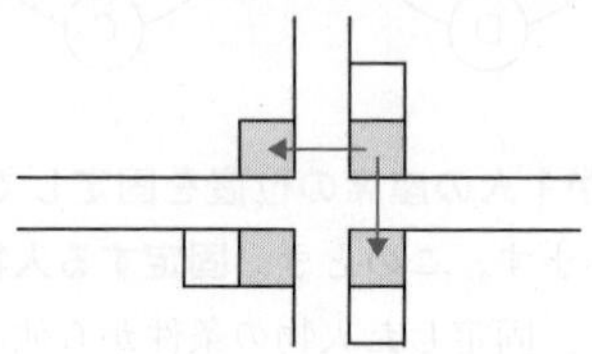

(2) 場合分けする

特定の人の家の位置について**場合分け**をして矛盾していないか確認し、**消去法**で答えを出していきます。隣に家がない、向かいに家がない、1か所に複数の家が重なってしまう等、**すぐに矛盾が見つかることが多い**ので、実際に配置に当てはめながら場合分けをすると答えが出やすいです。

3 方　位

各人がいる地点に関する、距離や方角の関係を示す条件から、全体の配置を考える問題です。

45°の方角と距離の条件から解く問題や、円を作図して解く問題などがあります。

(1) 方　角

8方位の方角は以下のようになります（北東・北西・南東・南西は斜め45°の方向）。

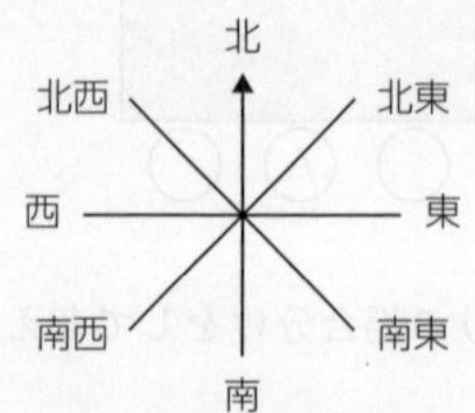

例「AはBの北東の方角にいる」

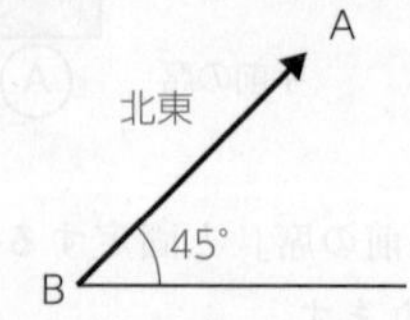

⑵　位置関係の作図

①　距離と方向がわかっている場合

例　A地点はB地点から４ km 南東にある

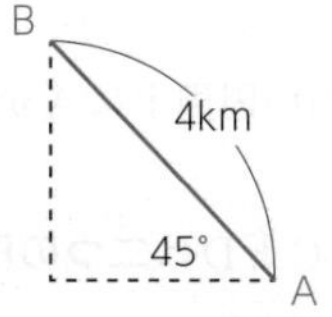

方向と距離を書き込む

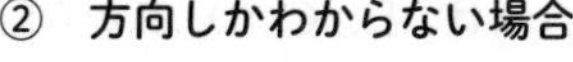

②　方向しかわからない場合

例　A地点はB地点から南東にある

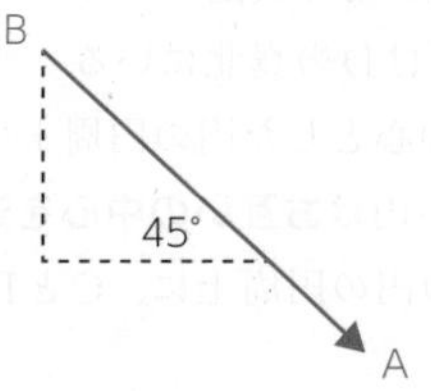

方向を矢印で書いておく
A地点は矢印の線上のいずれかの点にある

③　距離しかわからない場合

２点からの距離が等しい点は、**垂直二等分線上の点**となります。

複数の点からの距離が等しい点は**円の中心に、複数の点はその円の円周上の点**になります。

例　A地点は、B地点、C地点から等距離に位置する

⇒A地点は、B地点とC地点の垂直二等分線（図の赤線）上のいずれかの点にある

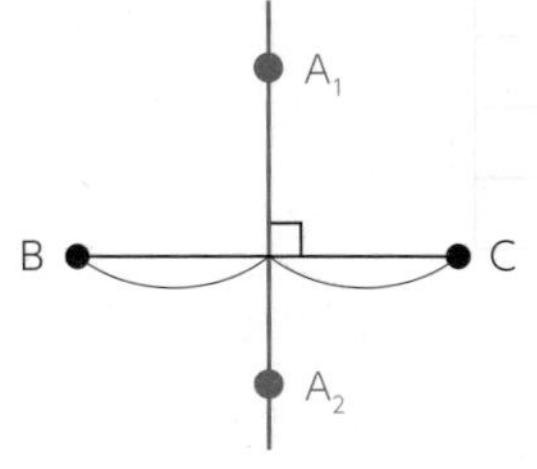

例　A地点は、B地点、C地点、D地点から等距離に位置する

⇒B地点、C地点、D地点は、A地点を中心とした円の円周上のいずれかの点にある

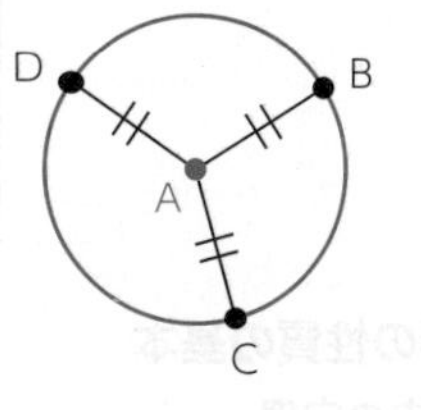

④　複数の円を作図するタイプの問題

例　ア：Aは、B、C、D、Eから同じ距離だけ離れた位置にいる
イ：Bは、A、C、D、Fから同じ距離だけ離れた位置にいる
ウ：AはBの真西にいる
エ：CはDの真北にいる

⇒Aを中心とした円の円周上にBが、Bを中心とした円の円周上にAがいるので、二つの円は**お互いの中心を通る**

二つの円の円周上に、CとDが共通しているので、CとDは**二つの円の交点**となる

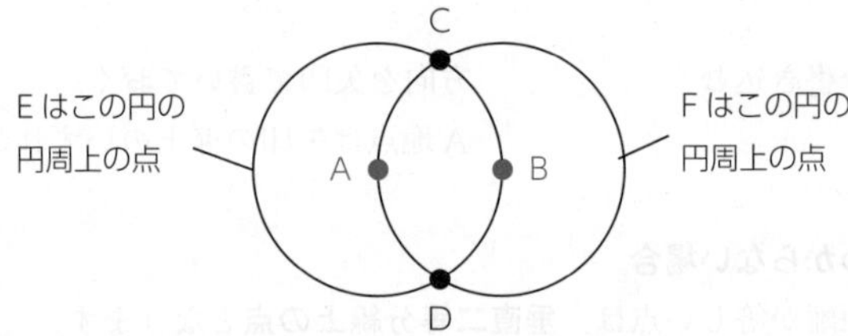

(3)　マス目を書く方法

「方位」の問題は、図形が苦手な人はマス目を書くとわかりやすいです。

マス目を書いておくと、北東・北西・南東・南西の方角（斜め45°）が、1マスの対角線の方向となるので、方向を把握しやすくなります。

また、ある地点に近いのはAとBのどちらか、A地点から最も近い地点はどこか、といったことも判断しやすくなります。

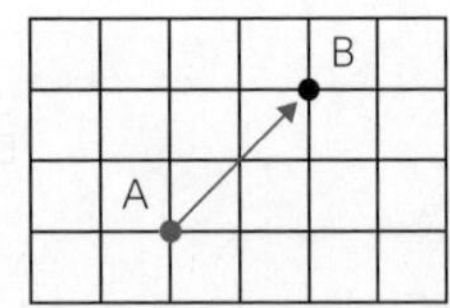

(4)　図形の性質の基本

①　三平方の定理

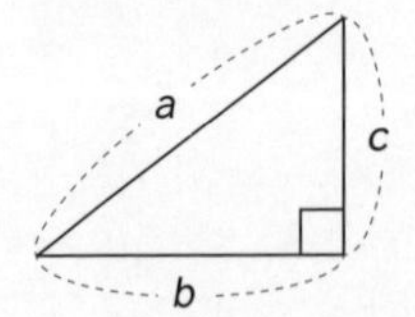

2地点の距離を求めるときなどに使います。

直角三角形の辺の長さを出す公式です。

斜辺aの2乗＝他の辺b、cの2乗の和

$$a^2=b^2+c^2$$

※直角の向かいの辺がaとなります。

② 直角三角形の角度と辺の比

30°、60°の直角三角形
→辺の比が**1：2：√3**

45°の直角二等辺三角形
→辺の比が**1：1：√2**

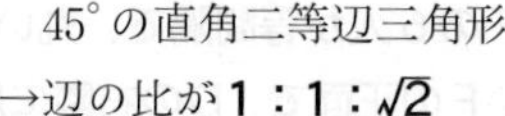

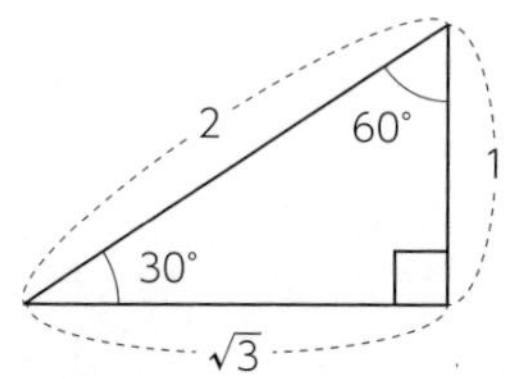

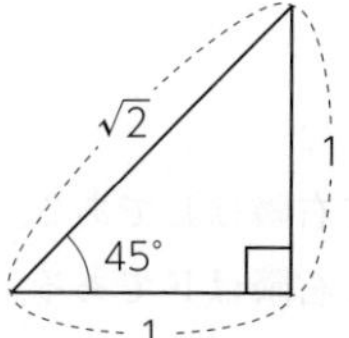

③ 内分点

AP：PB＝m：nとなるとき、「点Pは線分ABをm：nに内分する」といいます。

例　点Pは、線分ABを2：1に内分した点である

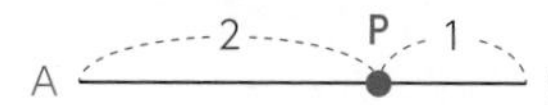

④ 線分と直線

「線分」は始点と終点があり、「直線」は始点と終点がありません。

例　線分AB　　　直線AB

A　B

「線分」においてはAからBの間のみが範囲となります。

解法ナビゲーション

Ａ～Ｆの６人が等間隔で、丸いテーブルの中心に向かって座っている。６人のうち、ＡはＦの正面で、Ｄの右隣に座っている。また、Ｂの正面にはＣが座っている。これから確実にいえるのはどれか。

刑務官2009

❶　Ａからみて右隣はＥである。
❷　Ｂからみて右隣はＦである。
❸　Ｃからみて左隣はＤである。
❹　Ｄからみて左隣はＣである。
❺　Ｆからみて左隣はＥである。

着眼点

・　回転させて同じ配置になる場合、同じ位置関係とみなします。
・　条件に何度も登場する人や、制約をいくつも持つ人など、特定の人の席を固定します。
・　時計回り方向が左側、反時計回り方向が右側になります。

【解答・解説】

正解 ❺

複数の条件を持つ人の席を固定します。

「AはFの正面」、「AはDの右隣」と、Aは複数の条件を持っているので、まずはAの席を固定して考えます（固定する席はどこでも構いません）。

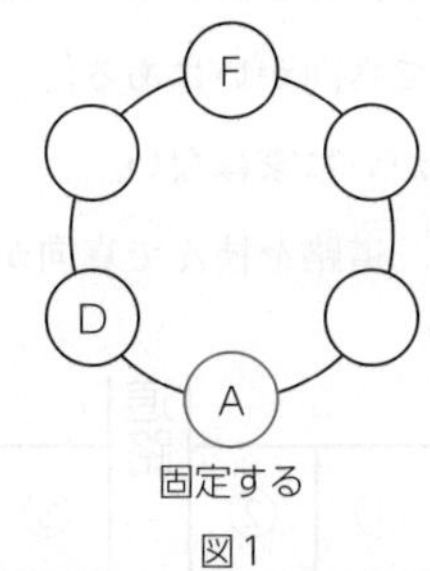

図1

残った条件を当てはめ、席を確定させます。

残った3席のうち、向かい合わせにBとCを座らせるには、図2のように座らせるしかありません。

今回の問題の場合、どちらにBを座らせるかについては、「B／C」と「C／B」のように一つの図にまとめると早く解くことができます。残った席にEが座ります。BとCの席は確定しません。

最後に、左右の向きに注意して選択肢を選ぶと、Fの左隣がEなので、正解は❺となります。

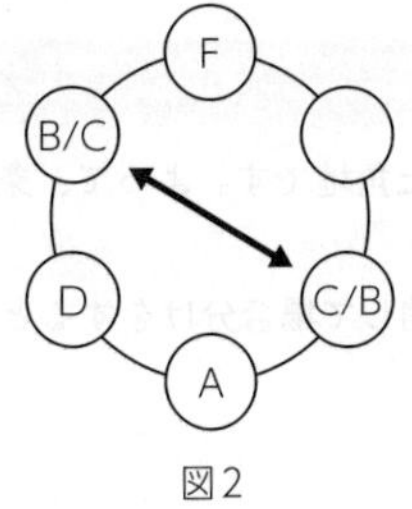

図2

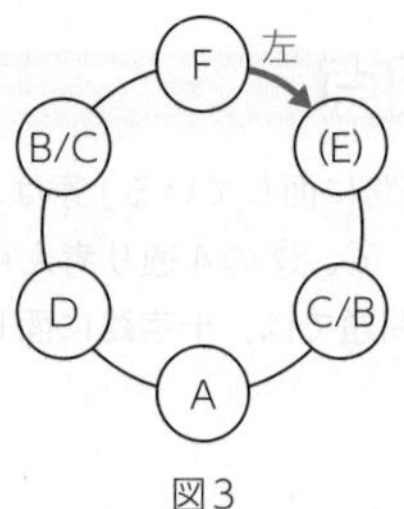

図3

解法ナビゲーション

次の図のような十字型の道路に面して①～⑧の家が並んでおり、A～Hの８人が１人ずつ住んでいる。今、次のア～カのことが分かっているとき、確実にいえるのはどれか。

区Ⅰ 2013

ア　Aの家は、２つの道路に面している。

イ　AとBの家は、道路を挟んで真向かいにある。

ウ　Cの家の隣にはDの家があり、BとDの家は、道路を挟んで真向かいにある。

エ　CとHの家は、道路を挟んで真向かいにある。

オ　Eの家の道路を挟んだ真向かいに家はない。

カ　Fの家の隣の家とAの家は、道路を挟んで真向かいにある。

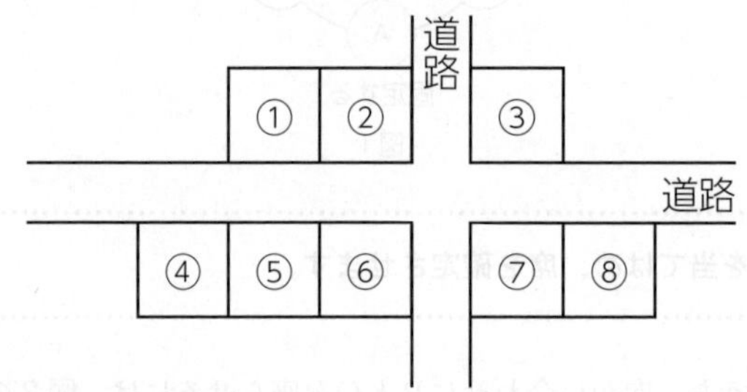

❶　Aの家は、⑥である。
❷　Bの家は、②である。
❸　Cの家の隣は、Eの家である。
❹　Dの家の隣は、Fの家である。
❺　Eの家の隣は、Gの家である。

着眼点

「２つの道路に面している」家は、十字路に面した角地です。よって、条件よりAの家は②、③、⑥、⑦の４通り考えられます。

十字路の問題では、十字路に面した角地の家に関して場合分けをすると考えやすいでしょう。

【解答・解説】

正解 ❸

十字路の問題では、「２つの道路に面している」家に着目すると考えやすいです。

条件アより、「Aの家は２つの道路に面している」ことから、Aは十字路の角地である②、③、⑥、⑦のいずれかとなります。

条件イとウより、Aの家と道路を挟んだ真向かいにBの家があり、さらにBの家と道路を挟んだ真向かいにDの家があるので、一例として下図のように**Aの家とDの家は十字路を斜めに渡った位置関係**となります。さらに、「Cの家はDの家の隣」となります。

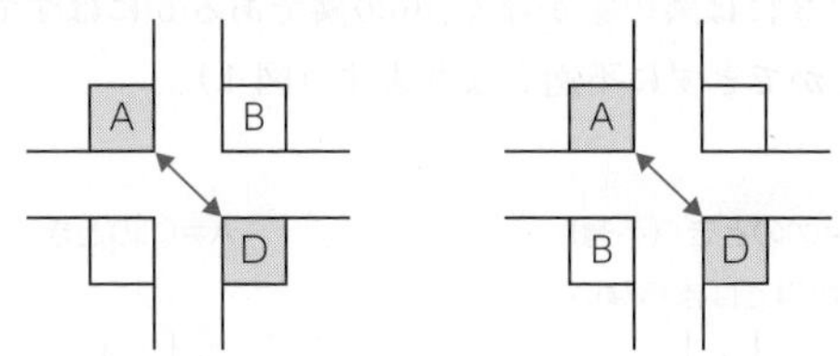

この、「AとDは十字路を斜めに渡った位置関係」、「DはCの隣」などの関係を、A＝②、③、⑥、⑦の４通りのそれぞれに当てはめて、矛盾が起こらないか確認していきます。

角地であるAの位置で場合分けをして、実際に各家を配置しながら矛盾を見つけていきます。

❶　A＝②のとき

Dは②から十字路を斜めに渡った⑦となり、D＝⑦の隣がC＝⑧となります。さらに、条件エよりCの道路を挟んだ向かい側がHとなりますが、その位置に家がないため不適となります（図１）。

❷　A＝③のとき

Dは③から十字路を斜めに渡った⑥となり、D＝⑥の隣がC＝⑤となります。さらに、条件エよりCの道路を挟んだ向かい側がH＝①となります。

条件カより「A＝③の道路を挟んだ真向かいの家」である②と⑦の、いずれかの

第４章　位置関係

隣がＦとなります。②の隣である①にはすでにＨがいるので、Ｆは⑦の隣の⑧に決まります。

残った②、④、⑦のうち、道路を挟んだ向かいに家がないのは④だけなので、条件オよりＥ＝④に決まります。

ＢとＧの家が②か⑦のどちらであるかは確定しません（図２）。

❸　Ａ＝⑥のとき

Ｄは⑥から十字路を斜めに渡った③となり、Ｃは③の隣ですが、③には隣の家がないので不適となります（図３）。

❹　Ａ＝⑦のとき

Ｄは⑦から十字路を斜めに渡った②となり、Ｄ＝②の隣がＣ＝①となります。さらに、条件エよりＣの道路を挟んだ向かい側がＨ＝⑤となります。

条件カより「Ａ＝⑦の道路を挟んだ真向かいの家」である③と⑥の、いずれかの隣がＦとなります。③には隣の家がなく、⑥の隣である⑤にはすでにＨがいるので、Ｆを当てはめることができずに不適となります（図４）。

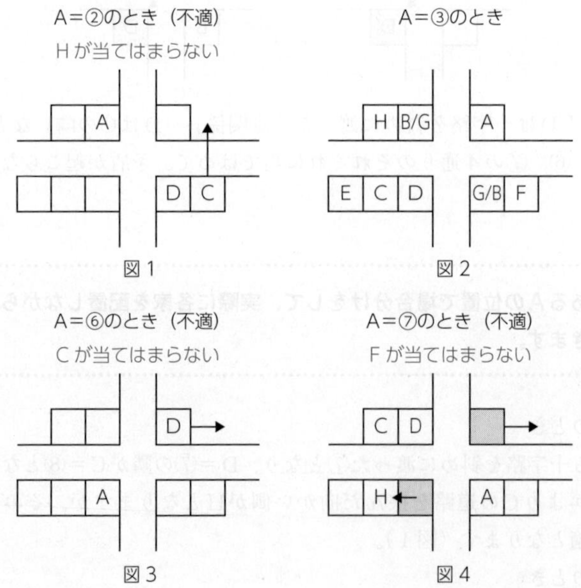

図１　図２　図３　図４

すべての条件を満たしている図２より、正解は❸となります。

解法ナビゲーション

ある地域の地点Ａ～Ｅの位置関係について次のア～エのことが分かっているとき、確実に言えるのはどれか。

裁判所2013

ア　ＣはＡの北東にある。

イ　ＢはＣから４km西にある。

ウ　ＤはＢからもＣからも４km離れている。

エ　ＥはＡとＣを結ぶ線分を１：２に内分する点であり、Ｂの南にある。

❶　Ａから最も遠い点はＣである。
❷　ＡからＥまでの距離は２kmである。
❸　Ｅから最も遠い点はＤである。
❹　Ｄはこの５地点の中で最も北にある。
❺　Ｂ、Ｅ、Ｄを頂点とする三角形の面積は４km^{2}である。

着眼点

・　１目盛を１kmとするマス目を書いておくと、距離と方向が把握しやすくなります。北西・北東などは、マス目の対角線となるように引きます。

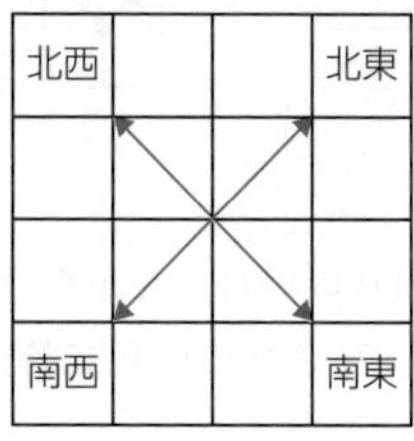

・　方向はわかるが距離はわからない場合、矢印を書き入れます。

・　距離はわかるが方向がわからない場合、円や垂直二等分線などを利用して書き入れます。

【解答・解説】

正解 ❺

南西は左斜め下45°なので、マスの対角線となるように引きます。

1kmを1目盛としてマス目を書きます。

条件イより、BはCから4km西にあるので、Cから4マス左にBを書きます。

条件ウより、B、C、Dは1辺が4kmの正三角形となります。

BCを1辺とする正三角形は二つあり得るので、それぞれのDの頂点をD1、D2とします。

すると、D1、D2の位置は、BCの中点から北、もしくは南の位置となります。

条件アより、CはAの北東にあるので、逆にAはCの南西となります。Cの斜め45°左下方向に矢印を引くと、Aはその矢印の線上の点となります。

条件エより、Eは線分AC上の点で、かつBの南にあるので、図1の位置となります。さらに、Eは線分ACを1：2に内分した点なので、Aの位置は図2のようになります。

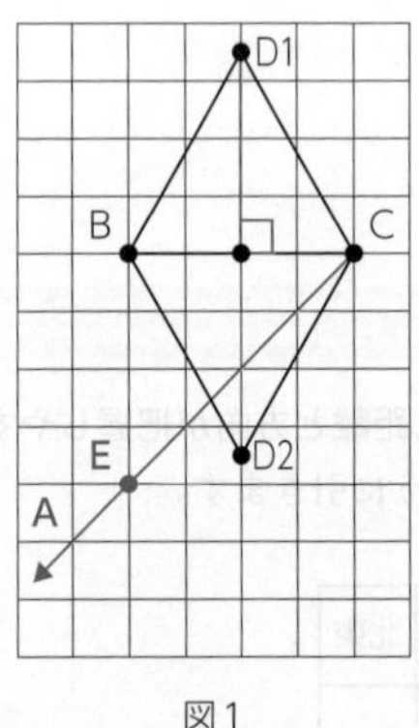

図1

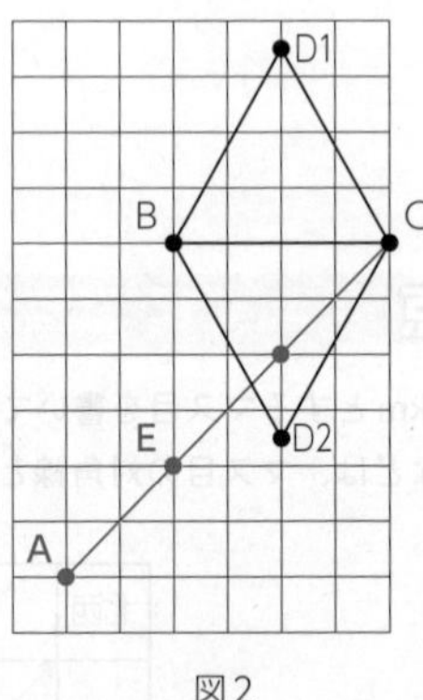

図2

❶× 図2より、Dの位置がD1の場合、Aから最も遠い点はDになります。

❷× AEの長さは、底辺2、高さ2の直角二等辺三角形の斜辺なので、$2\sqrt{2}$となります。

❸× 図2より、Dの位置がD2の場合、Eから最も遠い点はDではありません。

❹× 図2より、Dの位置がD2の場合、Dの位置は最も北ではありません。

❺○ 図3、図4より、△BEDの底辺をBEとすると、いずれも底辺が4、高さ

が2なので、求める面積は$\frac{1}{2}\times 4\times 2=4\text{km}^2$となります。

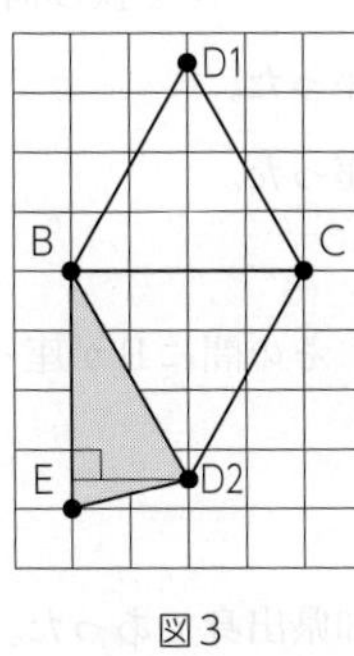

図3

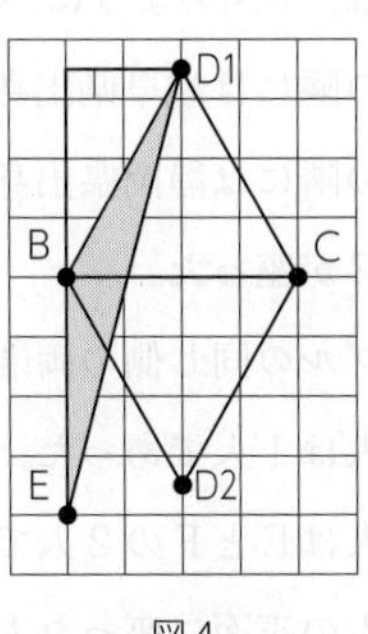

図4

過去問にチャレンジ

問題1 ★★

A～Fの６人がレストランで座った座席及び出身地について、次のア～クのことが分かっている。

ア　A～Fの６人は、下図のように、長方形のテーブルを挟み向かい合って座った。

イ　Aの正面の人の隣には岐阜県出身の人が座った。

ウ　Bの正面の人の隣には静岡県出身の人が座った。

エ　Cの正面にはEが座った。

オ　DとEはテーブルの同じ側の両端に座り、その間にBが座った。

カ　北海道出身の人は１人であった。

キ　東京都出身の人はEとFの２人であった。

ク　静岡県出身の人の正面に座った人は、愛知県出身であった。

以上から判断して、北海道出身の人の正面に座った人として、正しいのはどれか。

都Ⅰ 2015

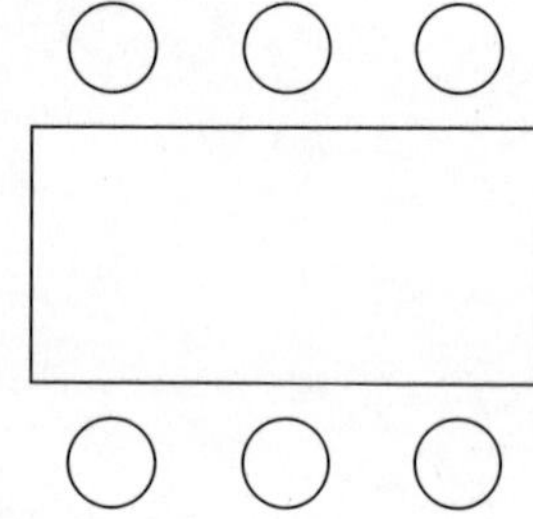

❶ A
❷ B
❸ C
❹ D
❺ E

問題2 ★★ A、B、C、D、Eの5人が丸いテーブルについている。A～Eは、大人3人と子ども2人のグループであり、子どもの両隣には大人が座っている。大人は赤ワイン、白ワイン又はビールを、子どもはコーラ又はオレンジジュースをそれぞれ1品ずつ注文した。A～Eが次の発言をしているとき、AとBが注文した飲み物の組合せとして最も適当なのはどれか。ただし、A～Eの発言はいずれも正しいものとする。

裁判所2013

A 「わたしの左隣の人は赤ワインを注文した。」

B 「わたしの右隣の人はコーラを注文した。」

C 「わたしの左隣の人はオレンジジュースを注文した。」

D 「わたしの左隣の人は白ワインを注文した。」

E 「わたしは赤ワインを注文した。」

	A	B
❶	オレンジジュース	白ワイン
❷	オレンジジュース	ビール
❸	コーラ	白ワイン
❹	コーラ	ビール
❺	ビール	コーラ

問題3 ★★ 男子２人、女子４人のＡ～Ｆの６人の生徒が、図のように机を正六角形になるよう配置し、一人ずつ中心に向かって座った。この６人は、学級委員、環境委員、給食委員、生活委員、体育委員、図書委員のうち、それぞれ異なる一つの委員を担っていた。次のことが分かっているとき、確実にいえるのはどれか。

国般（高卒程度）2016

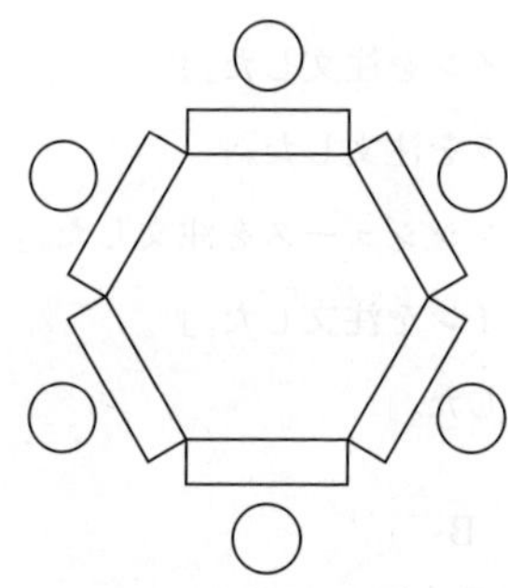

○　Ａは男子で、真向かいには図書委員が座っていた。
○　Ｂは生活委員で、両隣にはＥとＦが座っていた。
○　Ｃは女子で、隣には図書委員が座っていた。
○　Ｄの右隣には、Ａが座っていた。
○　環境委員の隣には、学級委員の男子が座っていた。
○　学級委員の真向かいには、給食委員が座っていた。

❶　Ａは環境委員で、Ａの右隣にはＥが座っていた。
❷　Ｃは給食委員で、Ｃの右隣にはＤが座っていた。
❸　Ｄは体育委員で、真向かいにはＦが座っていた。
❹　Ｅは学級委員で、Ｅの左隣にはＡが座っていた。
❺　Ｆは図書委員で、Ｆの左隣にはＢが座っていた。

問題4
★★★

図のように、列車のボックスシートにA～Hの各4人ずつの男女、合わせて8人が向かい合わせに座っている。8人は、車内販売でコーヒー、オレンジジュース、野菜ジュース、緑茶の4種類の飲み物から一つずつ購入した。

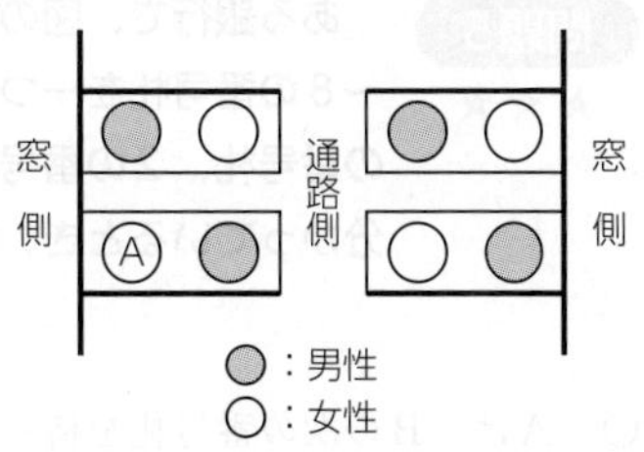

ア～キのことが分かっているとき、確実にいえるのはどれか。

国般2010

ア　男性4人が購入したものは互いに異なっており、女性4人が購入したものも互いに異なっていた。

イ　図において、右側のボックスシートの4人、左側のボックスシートの4人、通路側の席の4人が購入した飲み物は、それぞれ互いに異なっていた。

ウ　Aは図に示す席に座っており、Aからみて右隣の人はコーヒーを購入した。

エ　Bは通路側であり、通路を挟んでBの隣はCである。Cの向かいは女性で、その女性はオレンジジュースを購入した。

オ　Cが購入したものはコーヒーではなかった。

カ　DとEは女性である。

キ　Dはコーヒーを購入し、Hは野菜ジュースを購入した。

❶　Aの向かいはFである。
❷　Eの向かいの人は野菜ジュースを購入した。
❸　GとHは窓側である。
❹　オレンジジュースを購入した人の向かいの人は緑茶を購入した。
❺　野菜ジュースを購入した人からみて左隣の人はコーヒーを購入した。

問題5 ★★★

ある銀行で、図のような座席にそれぞれ座ったA～Hの８人が、１～８の番号札を一つずつ持って窓口に呼ばれる順番を待っており、１の番号札、２の番号札、…、８の番号札の順に呼ばれる。次のことが分かっているとき、確実にいえるのはどれか。

国般2018

○ Aは、Bの次の番号札を持っている。また、Aの右隣の座席には、Fが座っている。

○ Dは、Fの次の番号札を持っている。また、Dの右隣の座席は空席である。さらに、Dの二つ後ろの座席には、４の番号札を持っているHが座っている。

○ Eは、Gの次の番号札を持っている。

○ Cは、１の番号札を持っており、２列目に座っている。また、Cの一つ前の座席には、Eが座っている。

○ Bは、３列目に座っている。また、Bの一つ前の座席には、Hの次の番号札を持った人が座っている。

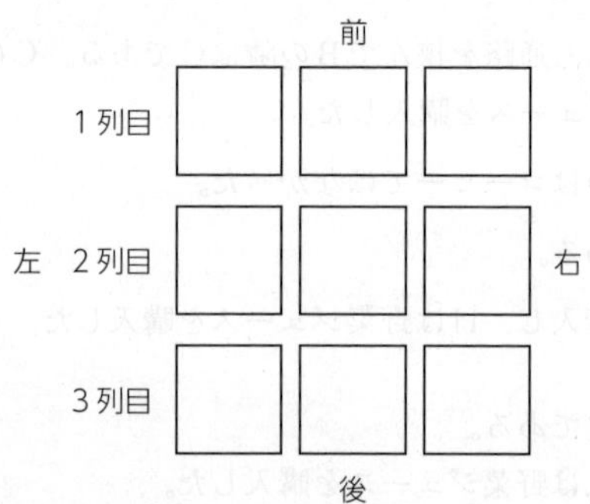

❶ Aの左隣の座席には、Cが座っている。

❷ Dは、左端の座席に座っている。

❸ Gの二つ前の座席には、８の番号札を持っている人が座っている。

❹ Hは、Eの次の番号札を持っている。

❺ 空席の一つ後ろの座席には、５の番号札を持っている人が座っている。

問題6 ★★ **A～Fの家と駅の位置関係について、次のア～オのことが分かっている。**

ア　Aの家の８km真南にBの家があり、AとBの家を結ぶ線分上に駅がある。

イ　Cの家はBの家の真東にある。

ウ　Dの家はCの家の１km真北にあり、Dの家から北西に進むと駅を通りEの家に着く。

エ　Eの家はAの家の２km真西にある。

オ　Fの家は駅の真東、かつ、Dの家の北東にある。

以上から判断して、確実にいえるのはどれか。

警Ⅰ2011

❶　Aの家から駅までの距離は2.5kmである。
❷　Bの家から駅までの距離は５kmである。
❸　Cの家から駅までの距離は$\sqrt{74}$kmである。
❹　Dの家から駅までの距離は$4\sqrt{2}$kmである。
❺　Fの家から駅までの距離は10kmである。

問題7
★★

ある地域における、駅、学校、交番、体育館、図書館、病院の6つの施設の位置関係について、次のア～オのことが分かっているとき、駅から見て真北に位置する施設として確実にいえるのはどれか。ただし、これらの施設の中で最も南に位置するのは駅である。

区Ⅰ2016

ア　図書館から駅、学校、交番、体育館までの距離はそれぞれ同じである。

イ　交番は図書館の真東に位置する。

ウ　学校から体育館までの距離は、駅から図書館までの距離と同じである。

エ　体育館から図書館までの距離は、体育館から交番までの距離より短い。

オ　交番から駅、学校、図書館、病院までの距離はそれぞれ同じである。

❶　学校
❷　交番
❸　体育館
❹　図書館
❺　病院

第5章

試　合

リーグ戦
トーナメント戦

1 リーグ戦

学習のポイント

- 複数の選手やチームが何らかの試合を行い、それについて与えられた条件から試合の勝敗、選手やチームの順位・得点、その他さまざまな要素についての推理を行って解答するタイプの問題です。
- このうちリーグ戦はいわゆる総当たり戦です。形式の特徴を押さえながら問題に取り組みましょう。
- また、試合の途中経過が示される問題、ある選手やチームと複数回試合を行う問題、3位決定戦などがある問題なども出題されることがあります。

1 リーグ戦（総当たり戦）の基本　重要!

(1) 勝敗表の作り方

例えば、「AがBに勝ち、BとCが引き分けた」という試合結果は、以下のように勝敗表に書き込みます（○：勝ち、×：負け、△：引き分け）。

	A	B	C
A	＼	○	
B	×	＼	△
C		△	＼

(2) 勝敗数

このとき、**勝ち数と負け数の合計**を書き込んでおくと検討しやすくなります。

○nチームで行うリーグ戦の全試合数

$${}_nC_2 = \frac{n(n-1)}{2\times 1} \text{試合}$$

○引き分けがない場合

勝ち試合数の合計と負け試合数の合計は、それぞれ「**全試合数**」に等しい。

○引き分けがa試合ある場合

勝ち試合数の合計と負け試合数の合計は、それぞれ（**全試合数－a**）

引き分け試合の合計は、（$2\times a$）

例 A～Dの4チームでリーグ戦を行う場合、全試合数は${}_4C_2=6$となります。

表1：引き分けがない場合

4チームの勝敗の合計は6勝6敗

表2：引き分けが3試合ある場合（表に△が6か所入ります）

4チームの勝敗の合計は、(6－3)勝(6－3)敗(2×3)分より、3勝3敗6分

表1	A	B	C	D	勝敗
A	＼	○	○	○	3勝0敗
B	×	＼	○	○	2勝1敗
C	×	×	＼	○	1勝2敗
D	×	×	×	＼	0勝3敗
					6勝6敗

表2	A	B	C	D	勝敗
A	＼	○	○	△	2勝0敗1分
B	×	＼	○	△	1勝1敗1分
C	×	×	＼	△	0勝2敗1分
D	△	△	△	＼	0勝0敗3分
					3勝3敗6分

2 その他の解法

(1) 勝敗パターンとの対応関係で解く

引き分けがなく、全員（全チーム）の勝敗の結果（もしくは勝率）が異なっている場合は、全勝敗のパターンを書き出しておき、それぞれの勝敗に該当する選手（チーム）を当てはめていきます。

例えばA～Fの6チームで総当たり戦をしたところ、引き分けがなく、全員の勝率が異なっていた場合、**5勝0敗、4勝1敗、3勝2敗、2勝3敗、1勝4敗、0勝5敗**のいずれかに1チームずつ当てはまります。このとき、全勝の5勝0敗や、全敗の0勝5敗から消去法で該当するチームを当てはめると検討しやすくなります。

(2) 勝敗以外の要素を問う問題

リーグ戦の日程が条件に挙げられている場合などは、勝敗表に試合をした日を記入していくとよいでしょう。

例えばA～Dの4人全員が、毎日別の人物と総当たりで1回ずつ3日間試合をする場合、2日目に試合があれば勝敗表に2を、3日目に試合があれば3を記入します。このように記入していくと、勝敗表の縦と横の列すべてに1～3の数字が入ることになり、試合日程を把握できます。

	A	B	C	D
A	＼	1	2	3
B	1	＼	3	2
C	2	3	＼	1
D	3	2	1	＼

解法ナビゲーション

A～Fの６人で剣道の総当たり戦を行った。結果は、A、C、Eがそれぞれ４勝、Fは２勝で、引き分けはなかった。これから確実にいえるのはどれか。

刑務官2004

❶　BはDに勝ち、Fに敗れた。
❷　CはEに勝ち、Aに敗れた。
❸　DはFに勝ち、Eに敗れた。
❹　EはAに勝ち、Bに敗れた。
❺　FはBに勝ち、Cに敗れた。

着眼点

全試合数から勝敗数のわかっていないB、Dの成績を割り出していきます。

【解答・解説】

正解 ❺

勝ち数と負け数の合計より、各自の勝敗を特定していきます。

6人の総当たり戦なので、総試合数は${}_6C_2 = 15$試合となります。引き分けがないので、勝ち試合数の合計と、負け試合数の合計も15となります。

4勝1敗が3人、2勝3敗が1人いるので、この4人の勝ち試合数と負け試合数の合計は14勝6敗となり、6人の合計が15勝15敗であることから、残りのBとDの合計は1勝9敗となります。1勝9敗をBとDの2人で分けると、いずれかが1勝4敗で、残った1人が0勝5敗となります。

ここで、Bが1勝4敗（表1）の場合と、Dが1勝4敗（表2）の場合に場合分けをします。

0勝5敗の人はすべての試合に負け、0勝5敗の人物に全員が勝ったことになるので○と×を勝敗表に記入すると以下のようになります。

表1	A	B	C	D	E	F	勝敗
A	＼			○			4－1
B		＼		○			1－4
C			＼	○			4－1
D	×	×	×	＼	×	×	0－5
E				○	＼		4－1
F				○		＼	2－3
							15－15

表2	A	B	C	D	E	F	勝敗
A	＼	○					4－1
B	×	＼	×	×	×	×	0－5
C		○	＼				4－1
D		○		＼			1－4
E		○			＼		4－1
F		○				＼	2－3
							15－15

できるだけ勝ち数が多い、もしくは負け数が多い人物に着目します。

次に、できるだけ勝ち試合数や負け試合数の多い人物に着目します。ここでは、1勝4敗のBもしくはDに着目します。1勝4敗の人物は、0勝5敗の人物に1勝して表に○印が一つ記入されているので、残りの人物にはすべて負けたことになります。

すると、FはBとDの2人に勝ったことになります。Fは2勝3敗なので、残りのA、C、Eには負けたことになります。

これ以上わかることがないので選択肢を見ると、表3、表4ともにFがBに勝っ

第5章 試合

てCに敗れているので、正解は❺となります。

表3	A	B	C	D	E	F	勝敗
A		○		○		○	4−1
B	×		×	○	×	×	1−4
C		○		○		○	4−1
D	×	×	×		×	×	0−5
E		○		○		○	4−1
F	×	○	×	○	×		2−3
							15−15

表4	A	B	C	D	E	F	勝敗
A		○		○		○	4−1
B	×		×	×	×	×	0−5
C		○		○		○	4−1
D	×	○	×		×	×	1−4
E		○		○		○	4−1
F	×	○	×	○	×		2−3
							15−15

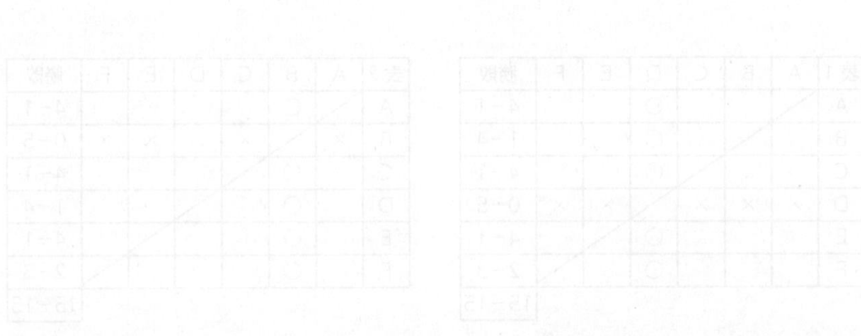

過去問にチャレンジ

問題1 ★★

A～Fの６人が総当たりで囲碁のリーグ戦を行った。勝ち数が多い順に順位をつけることにし、勝ち数が同じ者の順位については、直接対戦での勝者を上位としたところ、１～６位の順位が決まった。表は７試合まで終了した時点での勝敗を示しており、この時点でAは２敗である。しかし、すべての試合を終了すると、Aが１位であった。このリーグ戦の結果として確実にいえるのはどれか。

ただし、引き分けの試合はなかった。

国般2007

	A	B	C	D	E	F
A	＼		×		×	
B		＼	○	○		○
C	○	×	＼			×
D		×		＼	○	
E	○			×	＼	
F		×	○			＼

❶ CはDに勝った。

❷ Cは４位であった。

❸ Dは３勝２敗であった。

❹ Eは最下位であった。

❺ FはDに勝った。

問題2 ★★ **A～Fの６人が柔道の総当たり戦を行った。今、その途中経過と最終結果の一部について、次のア～キのことが分かっているとき、この総当たり戦の最終結果について確実にいえるのはどれか。ただし、同じ相手との対戦は１回のみとする。**

区Ⅰ 2013

ア　Ａは、１試合終了時点で０勝１敗であった。

イ　Ｂは、２試合終了時点で１勝１敗であった。

ウ　Ｃは、４試合終了時点で、Ｂに勝ち２勝２敗であった。

エ　Ｄは、２試合終了時点で、Ａに勝ち１勝１敗であった。

オ　Ｅは、２試合終了時点で２勝０敗であった。

カ　Ｆは、２試合終了時点で、Ｃに敗れ１勝１敗であった。

キ　総当たり戦の終了時点で引き分けた試合はなく、同じ勝敗数の人はいなかった。

❶　Ｂは、２位であった。
❷　Ｃは、３位であった。
❸　Ｄは、４位であった。
❹　Ｂは、Ｆに勝った。
❺　Ｃは、Ｄに勝った。

問題3 ★★ **A～Fの6チームが、総当たり戦で野球の試合を行った。各チームとも毎日1試合を行い、5日間で全試合を終了した。今、次のア～エのことが分かっているとき、確実にいえるのはどれか。**

区Ⅰ 2002

ア　ＡとＣの対戦は、１日目に行われた。

イ　ＢとＦの対戦は、２日目に行われた。

ウ　ＤとＥの対戦は、３日目に行われた。

エ　ＡとＤの対戦及びＢとＣの対戦は、４日目に行われた。

❶　ＡとＥの対戦は、５日目に行われた。
❷　ＢとＥの対戦は、１日目に行われた。

❸ CとEの対戦は、2日目に行われた。
❹ DとFの対戦は、5日目に行われた。
❺ EとFの対戦は、1日目に行われた。

問題4 ★★

A～Eの5人が、総当たり戦でチェスの試合を行い、勝ちを3点、引き分けを1点、負けを0点として勝ち点を計算した。今、総当たり戦の結果について、次のア～エのことが分かっているとき、確実にいえるのはどれか。ただし、同じ相手との対戦は1回のみとする。

区特別枠2020

ア　Aの勝ち点は8点であった。
イ　Bの勝ち点は3点であった。
ウ　Cの勝ち点は9点であった。
エ　引き分けは3試合であった。

❶ AはBと引き分けた。
❷ BはDに負けた。
❸ CはAに勝った。
❹ DはEと引き分けた。
❺ EはCに勝った。

2 トーナメント戦

学習のポイント

・トーナメント戦とは、いわゆる「勝ち抜き戦」のことで、1対1で戦い、敗者が脱落する試合形式です。

・トーナメント戦の問題では、試合数、勝ち試合数などを手がかりに「優勝者」、「準優勝者」、「準決勝敗退者」などを絞り込んでいくのがポイントになります。

1 トーナメント戦の基本

(1) 決勝戦とそれ以外の試合

決勝戦は左右のブロックから1選手（チーム）ずつ勝ち上がって戦い、決勝戦以外の試合は左右のブロック内の選手（チーム）だけで戦うことになります。

決勝戦進出は2選手（チーム）、準決勝敗退（下の図の場合は2回戦敗退）は2選手（チーム）となるので、どの選手（チーム）がそれに該当するかを考えておくとよいでしょう。

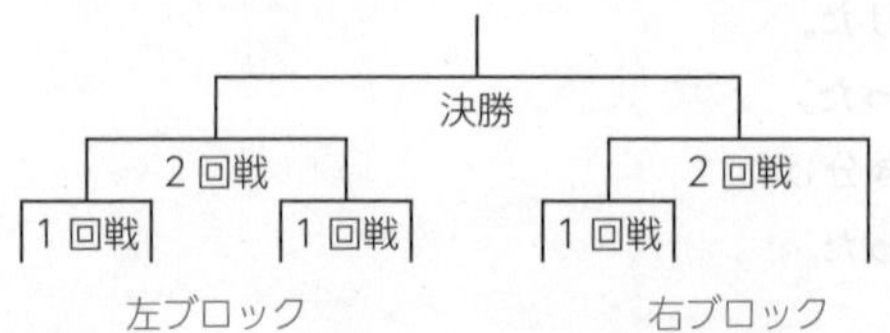

(2) 「2回戦以降から参加した選手（チーム）」がない場合

特に条件で制限がなければ、一例として下のような勝敗をあらかじめ書き込んでしまい、後から該当選手（チーム）を当てはめていくと考えやすいです。

例　8チームの場合

優勝：3勝
準優勝：2勝1敗
（優勝・準優勝）3試合している→決勝戦進出している

2回戦敗退：1勝1敗

1回戦敗退：1敗

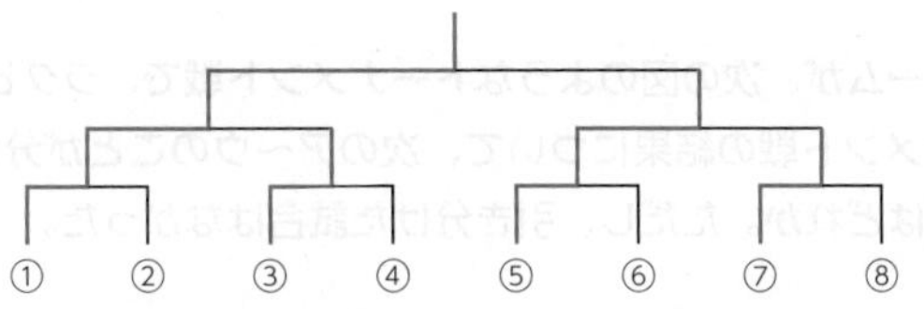

この図のように、8選手（チーム）のトーナメントが出題されることが多いです。

(3) 「2回戦以降から参加した選手（チーム）」がいる場合

図のようなトーナメント戦の場合、2回戦から参加した選手（チーム）（①と⑥）と1回戦から参加した選手（チーム）（②、③、④、⑤）で区別して、試合の勝敗について確認しておくとよいでしょう。次のように勝敗をまとめておくと、問題が解きやすくなります。

	優勝	準優勝	2回戦敗退	
②、③、④、⑤	3勝	2勝1敗	1勝1敗	3試合したら決勝戦進出
①、⑥	2勝	1勝1敗	1敗	2試合したら決勝戦進出

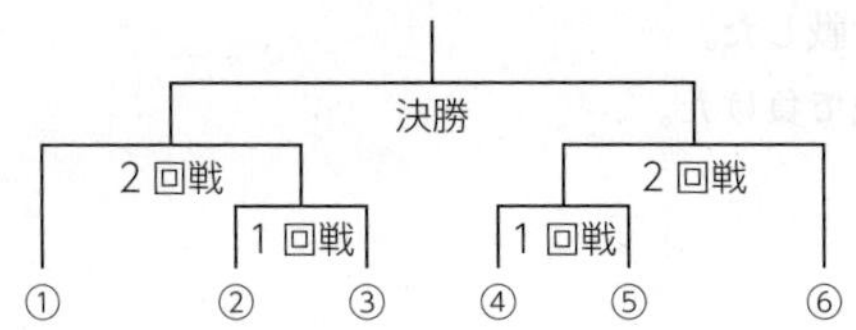

2 試合数

n選手（チーム）でトーナメント戦をする際の試合数は、**（$n-1$）試合**となります。

解法ナビゲーション

A～Hの８チームが、次の図のようなトーナメント戦で、ラグビーの試合を行った。今、トーナメント戦の結果について、次のア～ウのことが分かっているとき、確実にいえるのはどれか。ただし、引き分けた試合はなかった。

区Ⅰ 2016

ア　Bは、Fに負けた。

イ　Dは、Cと対戦した。

ウ　Eは、Fに勝ったが、Aに負けた。

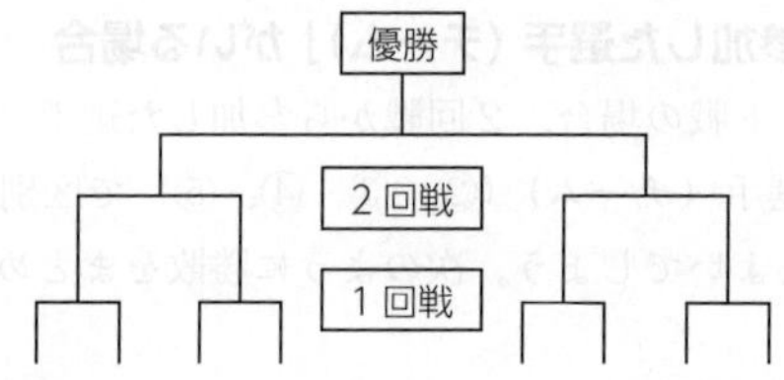

❶　Bは、２回戦で負けた。
❷　Cは、Aと対戦しなかった。
❸　Dは、１回戦に勝った。
❹　Eは、Hと対戦した。
❺　Gは、１回戦で負けた。

着眼点

決勝戦は左右別ブロック、その他の試合はすべて同じブロックの対戦となります。決勝戦２チーム、準決勝敗退２チームとなります。

２回戦以降からの参加がなく、８チーム左右対称のトーナメント戦の場合、右図のように先に勝敗を書き込んでおき、後からチームを当てはめていくと作業がしやすくなる場合が多いです。

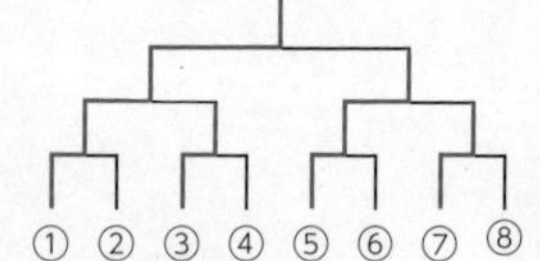

【解答・解説】

正解 ❺

あらかじめ、優勝、準優勝、準決勝（2回戦）敗退のチームを調べておくと作業がしやすくなります。

トーナメント戦では、優勝が１チーム、準優勝が１チーム、準決勝（今回は２回戦）敗退が２チームとなります。今回は全部で８チームなので、残りの４チームが１回戦敗退となります。

勝ち＞負けでそれぞれの関係を表すと、アよりF＞B、ウよりA＞E＞Fとなり、二つを合わせるとA＞E＞F＞Bとなります。

２回戦から参加したチームがなく最大３試合のトーナメント戦では、勝ち数の多い順に「優勝＞準優勝＞２回戦敗退＞１回戦敗退」となるので、A、E、F、Bの結果は図１のように決まります。

残りのチームは「２回戦敗退」か「１回戦敗退」となりますが、CとDが対戦しているので、どちらか一方が少なくとも１勝をしています。よって、CかDのいずれか一方が２回戦敗退、残りの一方が１回戦敗退となります。ここで残ったGとHが１回戦敗退に決まります（図２）。Gが１回戦敗退なので、この時点で正解は❺となります。

優勝	A			
準優勝	E			
2回戦敗退	F			
1回戦敗退	B			

図1

優勝	A			
準優勝	E			
2回戦敗退	F	C/D		
1回戦敗退	B	D/C	G	H

図2

8チーム、2回戦から参加したチームなしの場合、トーナメント表に勝敗を書いておくと作業がしやすくなります。

８チームのトーナメント戦は左右対称で２回戦から参加したチームがないため、①が優勝、⑤が準優勝、③と⑦が２回戦敗退、といった具合に「仮の勝敗」を先に書き込んでおくとよいです。

優勝のAが①、準優勝のEが⑤となります。Fは２回戦敗退なので③か⑦ですが、Eと戦っているので⑦に決まり、残った２回戦敗退の③が、CかDとなります（図

3）。

残りは１回戦敗退の４人となり、ＣとＤは対戦しているので、④はＣかＤの残りの一方に、ＢはＦと対戦しているので⑧に決まります。残った②と⑥にＨかＧが入り、それぞれのチームの結果が確定します（図４）。ＣとＤ、ＧとＨの位置は確定しません。

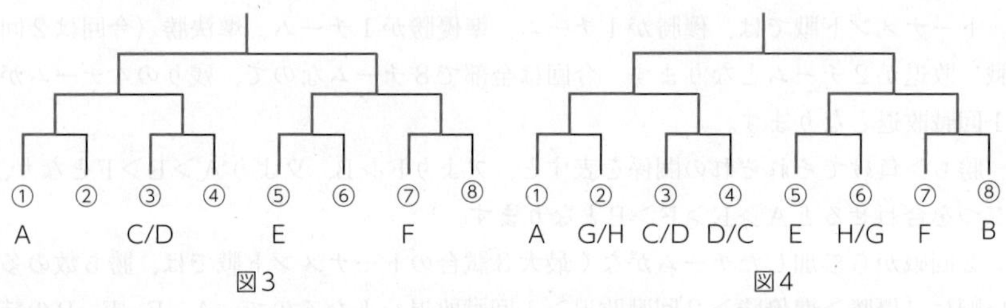

図3　図4

過去問にチャレンジ

問題1
★★

Ａ～Ｈの８チームが綱引きの試合を図のようなトーナメント戦で行った。ア～オのことが分かっているとき、確実にいえるのはどれか。ただし、すべての試合において引き分けはなかった。

国般2009

ア　１回戦でＨチームに勝ったチームは、２回戦でＥチームに負けた。

イ　Ｄチームは全部で２回の試合を行った。

ウ　１回戦でＢチームに勝ったチームは、３回戦まで進んだが、優勝はしなかった。

エ　１回戦でＡチームに勝ったチームは、２回戦でＦチームに勝った。

オ　Ｃチームは Ｅチームに負けた。

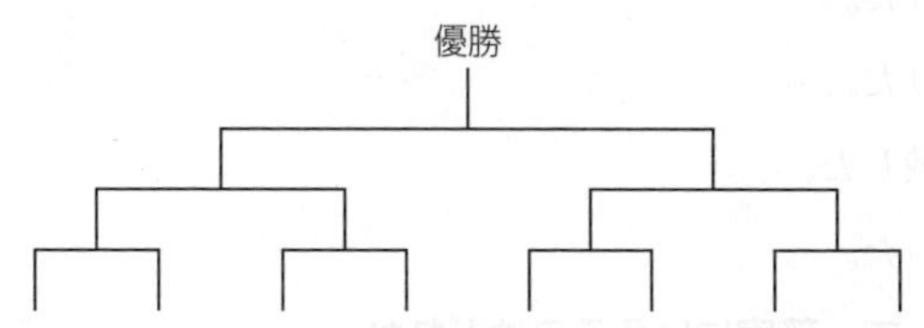

❶　ＡチームはＧチームと対戦した。
❷　ＢチームはＣチームと対戦した。
❸　ＣチームはＦチームと対戦した。
❹　ＤチームはＨチームと対戦した。
❺　ＥチームはＧチームと対戦した。

第5章
試合

問題２ ★★

ある剣道大会で、Ａ～Ｇの７チームが、下図のようなトーナメント戦を行った結果について、次のア～エのことが分かった。

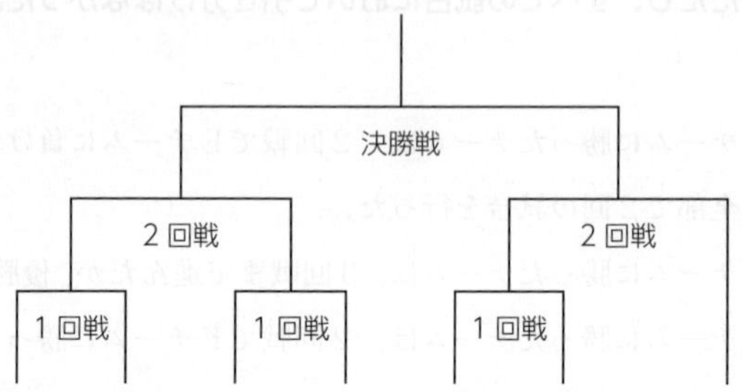

ア　ＡはＣに負けた。

イ　ＢはＥに負けた。

ウ　ＦはＥと対戦した。

エ　ＦはＧに勝った。

以上から判断して、確実にいえるのはどれか。

都Ⅰ 2016

❶　Ａは決勝戦に進んだ。
❷　Ｂが決勝戦に進んだとすると、ＦはＧと２回戦で対戦した。
❸　Ｄが優勝したとすると、ＤはＣと対戦した。
❹　ＦはＥと１回戦で対戦した。
❺　Ｇが決勝戦に進んだとすると、ＢはＤと対戦した。

問題3 ★★★ A～Fの6チームが、次の図のようなトーナメント戦でバレーボールの試合を行い、2回戦で負けたチーム同士で3位決定戦を、1回戦で負けたチーム同士で5位決定戦を行って順位を決めた。今、次のア～オのことが分かっているとき、優勝したチームはどれか。ただし、試合の回数及び勝った回数には順位決定戦を含めるものとする。

区Ⅰ2010

ア　準優勝したチームは、1回だけ試合に勝った。

イ　3位のチームは、1回だけ試合に勝った。

ウ　AとEの対戦は、どちらにとっても2回目の試合だった。

エ　BとCは、対戦しなかった。

オ　Fは、3回目の試合には負けた。

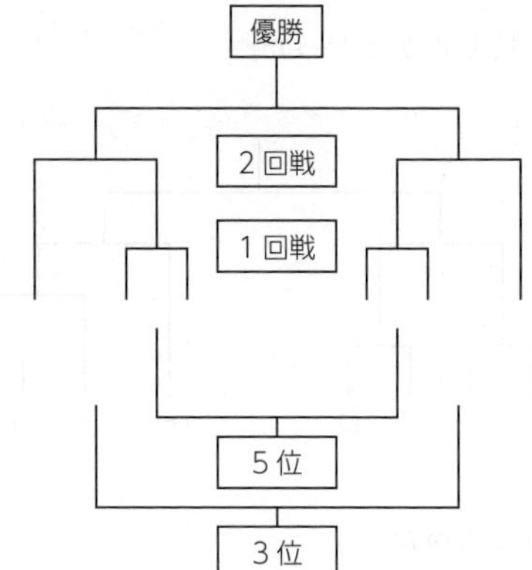

❶　A
❷　B
❸　C
❹　D
❺　E

問題4 ★★ A～Hの８人が、次の図のようなじゃんけんのトーナメント（勝ち抜き戦）を行った。各人に１点から３点までの持ち点があり、対戦で勝つたびに相手の持ち点を加えていく。ただし、持ち点が４点以上になった場合には、その点を４で割った余りを持ち点とする。今、試合の結果について、次のア～カのことが分かっているとき、最初の持ち点として、確実にいえるのはどれか。

区Ⅰ2003

ア　どの対戦においても勝者の持ち点が０になることはなかった。

イ　対戦を終えた時点で優勝者の持ち点は、２点であった。

ウ　ＡとＧの最初の持ち点は、同じであった。

エ　ＢとＦの最初の持ち点は、３点であった。

オ　Ｄの最初の持ち点は、１点でった。

カ　Ｇは、Ｈより最初の持ち点が多かった。

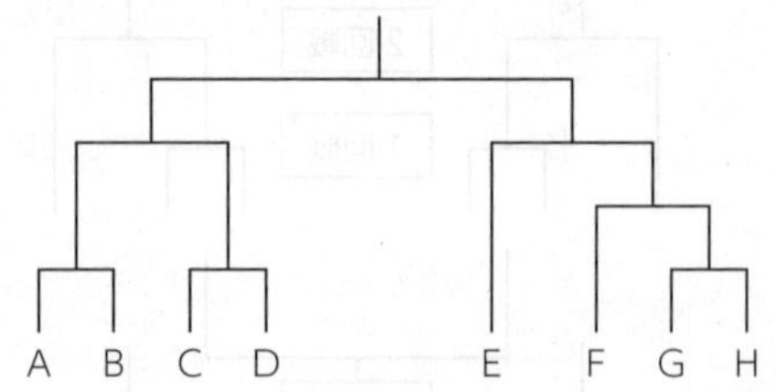

❶　ＡとＣは、同じ点であった。
❷　ＡとＥは、２点であった。
❸　ＣとＥは、同じ点であった。
❹　ＣとＨは、２点であった。
❺　ＥとＧは、同じ点であった。

問題5 ★★ A～Fの６人が、３人ずつ二つの組①、②に分かれてのリーグ戦と、その結果により下の図のような組合せとなるトーナメント戦とによる相撲の大会を行った。今、大会の結果について次のア～オのことがわかっているとき、準優勝したのはだれか。ただし、各試合とも引き分

けはなかったものとする。

区Ⅰ2008

ア　優勝者は、３勝２敗だった。

イ　ＡとＢとの対戦成績は、１勝１敗だった。

ウ　Ｃは、ＡとＤに負けた。

エ　Ｅは、ＢとＦに負けた。

オ　Ｆは、１勝３敗だった。

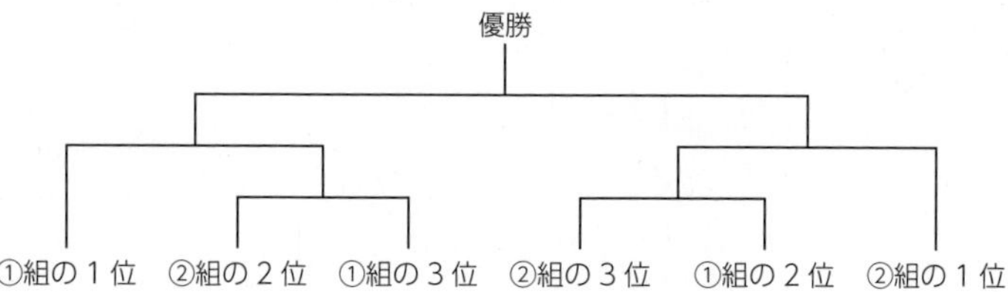

❶　A
❷　B
❸　C
❹　D
❺　E

問題6
★★

ある地域の複数のサッカーチームの中から優勝チームを選ぶ大会の開催を企画している。全チーム総当たりのリーグ戦方式を採用する場合の試合数は、トーナメント戦（敗者復活戦はない）方式を採用する場合のそれのちょうど100倍になることが分かっている。次のうち、サッカーチームの数として妥当なのはどれか。

国専1999

❶　100チーム
❷　150チーム
❸　200チーム
❹　250チーム
❺　300チーム

第6章

集　合

1 集合の基本

学習のポイント

・ある条件を満たしたものの集まりを「集合」といいます。さまざまな条件に当てはまる、もしくは当てはまらない要素の数を提示され、その情報をもとに推理を行う問題です。3集合からなる問題が出題されることが多いです。

1 集合の表現方法

集合の表現方法にはさまざまなものがありますが、そのうち、**ベン図**、**樹形図**、**線分図**などは比較的取扱いが簡単です。

どの方法で問題を解いてもよいのですが、それぞれ問題との相性があります。すべて同じ方法で解いても、問題によって使い分けてもよいでしょう。

2 主なアプローチ

(1) ベン図を使って解く

一つの要素だけ（二つ・三つの要素だけ）に当てはまる人数などを問われる問題では、下のように、ベン図のほうが視覚的に把握しやすくなります。

例 「英語」、「国語」、「数学」の３教科のうち、２教科だけ得意な生徒の人数

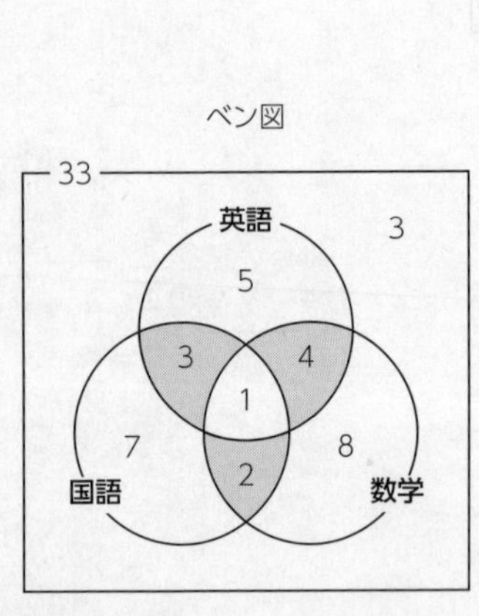

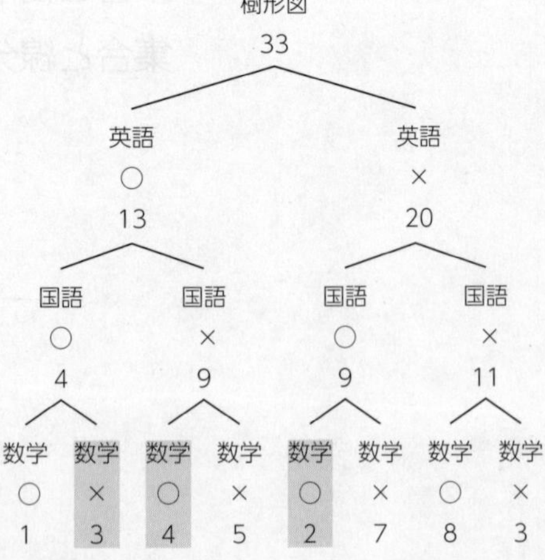

⑵　樹形図を使って解く

①　ワンセットになっている要素（同時に属することのない集合）

「**男／女**」、「**大人／子ども**」のように**二つでワンセット**になっている要素がある場合、樹形図で処理するのに向いていることが多いです。例えば「男／女」の人数をベン図で表そうとすると、「男」の円の外側すべてが「女」の人数を表すことになり「女」の人数の情報が視覚的にわかりにくくなります。

「男／女」と「大人／子ども」と「日本人／外国人」など、二つでワンセットになっている要素が２個、３個･･･と増えると、さらにベン図では把握が難しくなっていきます。

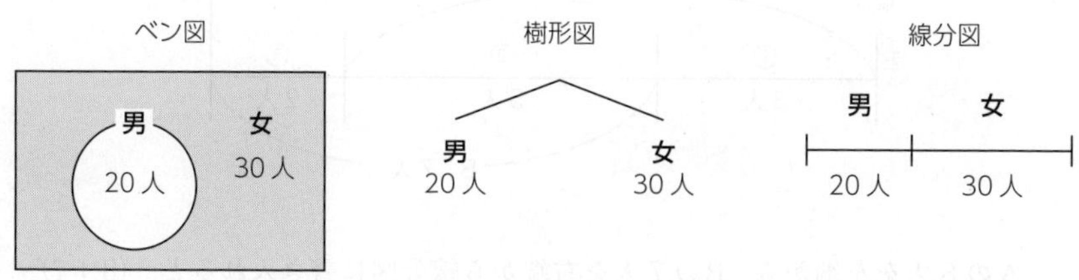

②　それぞれの要素について細かい指定がある場合

それぞれの要素について詳しく明らかになっている場合、樹形図のほうが人数を把握しやすいです。

例　全３問のクイズのうち、第１問と第３問に正解し、第２問に不正解だった人の数

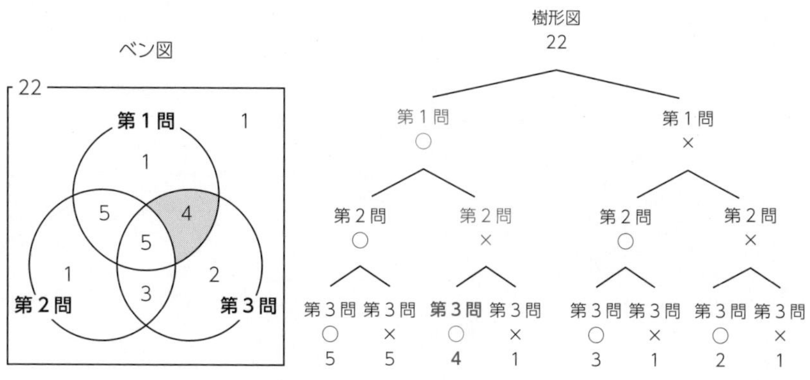

第6章
集合

(3) 線分図を使って解く

問題文に「**最少人数を求めよ**」、「**少なくとも何人いるか**」といった問いがあり、最少人数を求めるケースでは、線分図を使うのが有効な場合が多いです。

例 全員で10人おり、Aが好きな人は８人、Bが好きな人が７人であるとき、AとBの二つが好きな人の最少人数

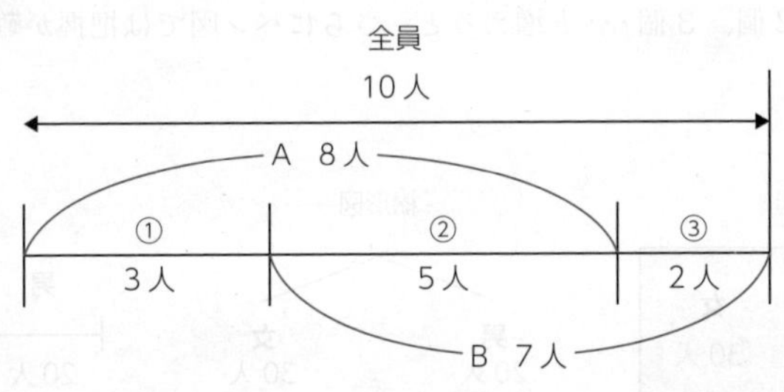

Aの８人を左端から、Bの７人を右端から線分図に書き入れると、(8＋7)－10＝5（人）が重なり、これが最少人数となります。

2 集合とベン図

学習のポイント

・ここでは、ベン図が表す内容と、ベン図による集合問題の解法を学習します。

1 ベン図の表す内容

「AとBのみ」に当てはまる

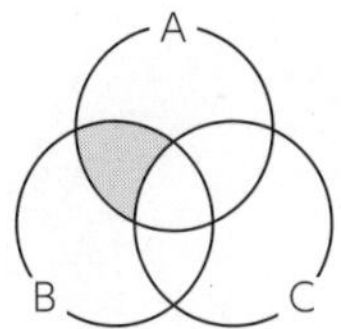

「AとB」に当てはまる

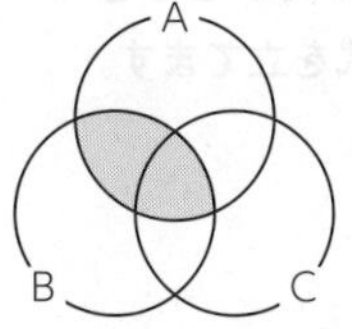

「AまたはB」に当てはまる

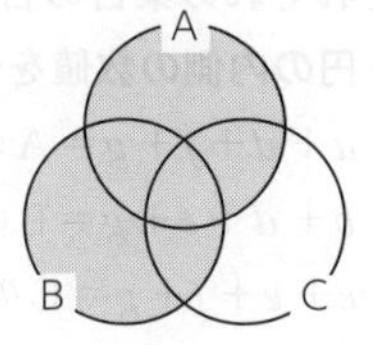

「Aのみ」に当てはまる

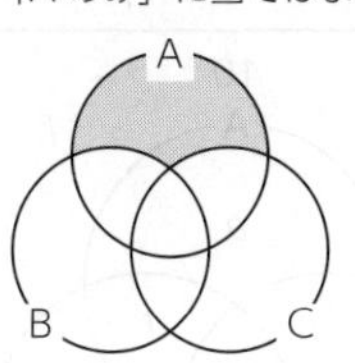

A～Cのうち
「二つのみ」に当てはまる

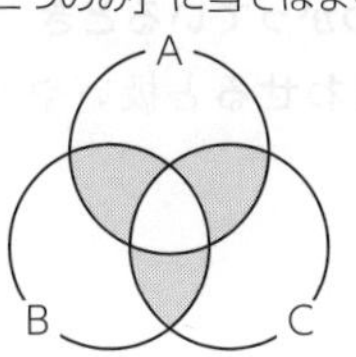

A～Cのうち
「二つ以上」に当てはまる

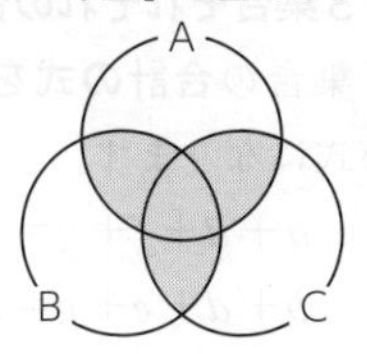

A～Cのうち
「少なくとも一つ」に当てはまる

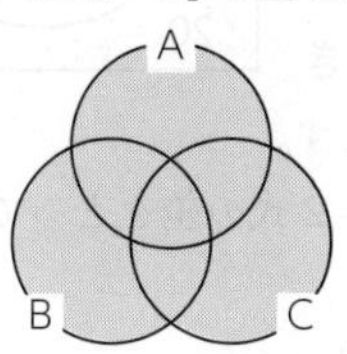

A～Cのうち
「三つすべて」に当てはまる

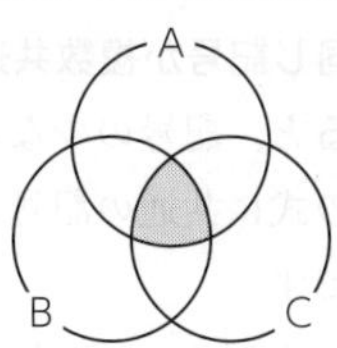

第6章 集合

2 計算方法

重要！

(1) 計算方法の基本

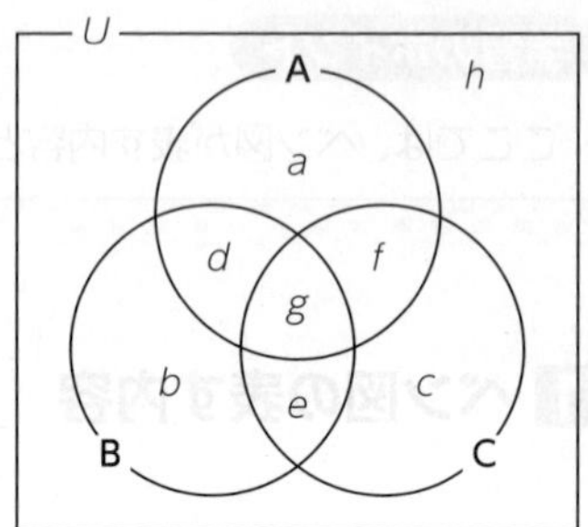

ベン図の各範囲に、数値がわかっていれば数値を、わからない場合は記号を書き入れます。

三つの集合の条件にいずれにも当てはまらない数値は右図のhのように三つの円すべての外側に書きます（hの書き忘れに注意）。

それぞれの集合の合計がわかっているときは、円の内側の数値を合計した式を立てます。

$a+d+f+g=$ Aの合計

$b+d+e+g=$ Bの合計

$c+e+f+g=$ Cの合計

$a+b+c+d+e+f+g+h=U$（総数）

例　3集合それぞれの合計値がわかっているとき

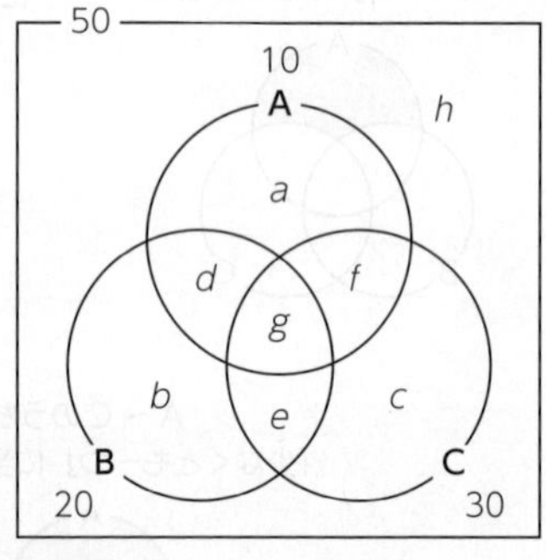

3集合の**合計の式をすべて合わせる**と扱いやすい式になります。

$$\begin{array}{r} a+d+f+g=10 \\ b+d+e+g=20 \\ +)\ \underline{c+e+f+g=30} \\ a+b+c+2d+2e+2f+3g=60 \cdots ① \end{array}$$

例　二つの式に同じ記号が複数共通しているとき

2式の**差をとる**と、記号の少ない式を作れます。

総数の式と①の式に共通の記号が多いので、2式の差をとって記号を減らす解法パターンが多いです。

$$\begin{array}{r} a+b+c+2d+2e+2f+3g\ \ =60 \cdots ① \\ -)\ \underline{a+b+c+\ d+\ e+\ f+\ g+h=50 \cdots \text{総数}} \\ d+\ e+\ f+2g-h=10 \end{array}$$

(2) ベン図の中に文字式を入れるとき

例 人数比がある場合

「Aだけに当てはまる」、「Bだけに当てはまる、「Cだけに当てはまる」人数比が、1：2：3である

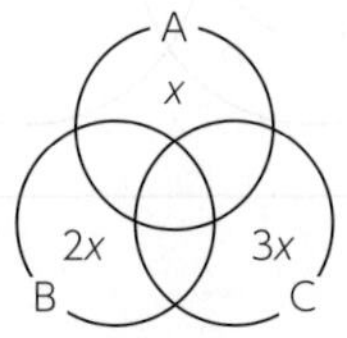

例 他の要素との関係で人数が示される場合

「Aだけに当てはまる人数」は「Bだけに当てはまる人数」よりも2人多い

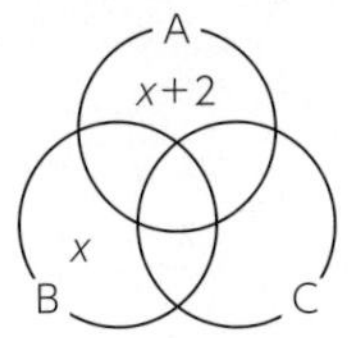

3 命題を含む集合

「**AならばBである**」などの表現を含む集合の問題では、ベン図の重なり方を覚えておくと早く解くことができます。

「AならばBである」

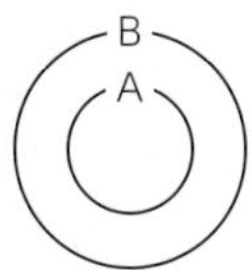

Bの円の内側にAの円を入れる

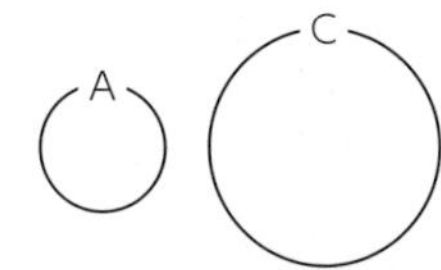

Aの円とCの円を重ねずに離す

「AならばBである」と「AならばCではない」を一つの図にまとめると、一例として次のようなベン図で表現できます。この図に人数を記入していくと、人数を記入する箇所がa～eの5か所のみになり、処理がしやすくなります。

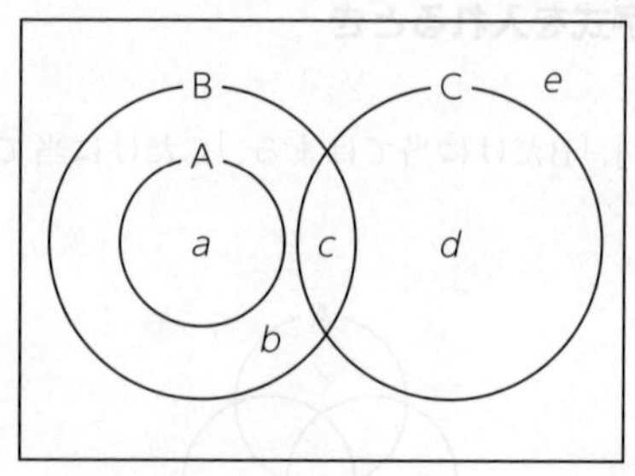
B
C
e
A
a
c
d
b

解法ナビゲーション

一人暮らしをする若者へのアンケートで、料理、掃除、洗濯の３つの家事について得意なものをたずねたところ、ア～オのことがわかった。このとき、アンケートに答えた若者の全体の人数として、最も妥当なものはどれか。

消Ⅰ2014

ア　料理が得意なのは90人で、そのうち料理だけが得意なのは43人だった。

イ　掃除が得意なのは82人で、そのうち掃除だけが得意なのは39人だった。

ウ　洗濯が得意なのは82人で、そのうち洗濯だけが得意なのは36人だった。

エ　料理、掃除、洗濯のうち、いずれか２つだけが得意なのは50人だった。

オ　料理も掃除も洗濯も得意でないのは20人だった。

❶　185人
❷　190人
❸　195人
❹　200人
❺　205人

着眼点

「いずれか二つだけが得意な人数」が条件で示されているので、ベン図を使った処理に向いています。

三つの要素それぞれの合計人数がわかっているので、合計の式を三つ作り、その三つの式を合わせると扱いやすい式になります。

【解答・解説】

正解 ❹

ベン図に数値を書き込み、数値が不明なところには文字を当てはめます。

料理だけが得意な43人、掃除だけが得意な39人、洗濯だけが得意な36人、料理も掃除も洗濯も得意でない20人を書き込み、それ以外の箇所にはa～dの記号を書き入れます。

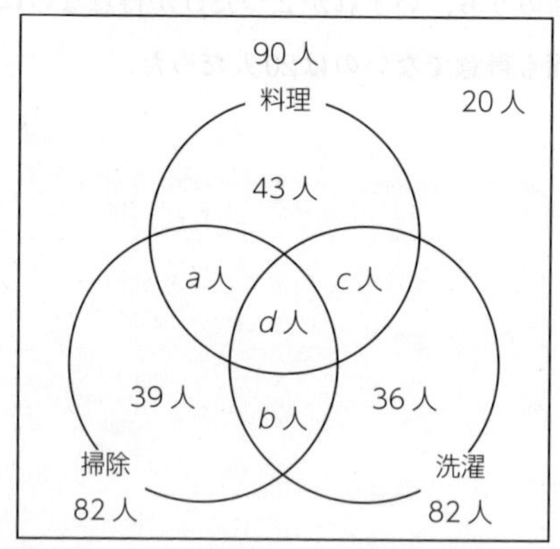

それぞれの円の内側の合計人数や、オの条件より式を立てます。

料理の合計：$43 + a + c + d = 90$（・・・①）
掃除の合計：$39 + a + b + d = 82$（・・・②）
洗濯の合計：$36 + b + c + d = 82$（・・・③）
いずれか二つだけ得意な人数：$a + b + c = 50$（・・・④）

料理、掃除、洗濯の合計人数がすべてわかっているので、この三つの式を合わせて一つにまとめると、扱いやすい式になります。

料理、掃除、洗濯の合計人数の式①～③をすべて合わせます。

$$
\begin{array}{rl}
43+a+c+d=90 & (\cdots①) \\
39+a+b+d=82 & (\cdots②) \\
+)\ 36+b+c+d=82 & (\cdots③) \\
\hline
118+2a+2b+2c+3d=254 &
\end{array}
$$

$118+2a+2b+2c+3d=254$を整理すると、$2(a+b+c)+3d=136$（…⑤）となります。

⑤に④を代入すると、$2\times 50+3d=136$より、$d=12$（…⑥）となります。

よって、全体の人数$a+b+c+d+43+39+36+20$に、④と⑥を代入すると、$50+12+43+39+36+20=200$（人）となるので、正解は❹となります。

過去問にチャレンジ

問題1 ★★ **A、B、Cの３つの新聞の購読状況を100人に調査したところ、以下のことが明らかになった。**

ア　Aを購読しているのは43人で、そのうちAのみ購読しているのは25人である。

イ　Bを購読しているのは41人で、そのうちBのみ購読しているのは22人である。

ウ　Cを購読しているのは37人で、そのうちCのみ購読しているのは19人である。

エ　A、B、Cのいずれも購読していないのは、８人である。

このとき、正しいのは、次のうちどれか。

裁判所2002

❶ A、B、Cを３つとも購読しているのは５人である。
❷ A、Bの両方を購読しているのは10人である。
❸ B、Cの両方を購読しているのは11人である。
❹ A、Cの両方を購読しているのは９人である。
❺ A、B、Cのうちいずれか２つのみを購読しているのは22人である。

問題2 ★ **あるクラスの児童40人に、イヌ、ネコ、メダカを飼っているかを尋ねた。今、次のア〜クのことが分かっているとき、確実にいえるのはどれか。**

区Ⅰ2019

ア　イヌを飼っている人は９人いた。

イ　ネコを飼っている人は10人いた。

ウ　メダカを飼っている人は10人いた。

エ　どれも飼っていない人は21人いた。

オ　すべてを飼っている人は２人いた。

カ　ネコとメダカを飼っている人は４人いた。

キ　イヌだけ、メダカだけを飼っている人は同数であった。

ク　ネコだけを飼っている人は５人いた。

❶ イヌを飼っていてメダカを飼っていない人は４人である。
❷ イヌとネコを飼っている人は５人である。

❸　イヌとネコを飼っている人と、イヌとメダカを飼っている人は同数である。
❹　イヌとネコだけを飼っている人は１人もいない。
❺　メダカだけを飼っている人はイヌとネコだけを飼っている人の２倍である。

問題３
★★

A社、B社及びC社の３社合同採用説明会に訪れた応募者100人の内定状況を調べたところ、次のア〜ウのことがわかった。

ア　A社だけから内定を受けた者、B社だけから内定を受けた者、C社だけから内定を受けた者及び３社すべてから内定を受けた者の数の比は、５：４：３：２である。

イ　A社とB社の２社から内定を受けた者とA社とC社の２社から内定を受けた者は、いずれも９人であり、B社とC社の２社から内定を受けた者は６人である。

ウ　１社以上から内定を受けた者は、いずれの会社からも内定を受けていない者より４人少ない。

以上から判断して、確実にいえるのはどれか。

都Ⅰ 2002

❶　A社から内定を受けた者は27人である。
❷　B社から内定を受けた者は25人である。
❸　C社から内定を受けた者は22人である。
❹　A社又はB社から内定を受けた者は37人である。
❺　A社、B社及びC社の３社すべてから内定を受けた者は４人である。

問題4 ★★ **A社、B社、C社の3社による合同採用説明会に参加した学生75人について、その後、採用の内定状況を調べたところ、次のア～オのことが分かった。**

ア　A社から内定を受けた学生はB社から内定を受けていない。

イ　A社から内定を受けた学生はC社からも内定を受けた。

ウ　A社から内定を受けていない学生は45人である。

エ　B社から内定を受けた学生は20人である。

オ　B社、C社のいずれの会社からも内定を受けていない学生は15人である。

以上から判断して、確実にいえるのはどれか。

都Ⅰ2011

❶　A社から内定を受けていないが、C社から内定を受けた学生は5人である。

❷　B社とC社の両社から内定を受けた学生は15人である。

❸　A社、B社、C社のいずれの会社からも内定を受けていない学生は10人である。

❹　B社から内定を受けていないが、C社から内定を受けた学生は30人である。

❺　A社、B社のいずれの会社からも内定を受けていない学生は25人である。

問題5 ★★ **あるクラスの学生50人の語学力の状況について調べたところ、次のことが分かった。このとき、確実にいえるのはどれか。**

国専2006

●英語ができる人は、ドイツ語はできない。

●英語ができる人は、スペイン語もできる。

●英語ができない人は、30人である。

●ドイツ語ができる人は、13人である。

●ドイツ語もスペイン語もできない人は、10人である。

❶ 英語もドイツ語もできない人は、17人である。
❷ ドイツ語もスペイン語もできる人は、10人である。
❸ 英語はできないが、スペイン語ができる人は、7人である。
❹ ドイツ語はできるが、スペイン語ができない人は、3人である。
❺ 英語もドイツ語もスペイン語もできない人は、8人である。

3 集合と樹形図

学習のポイント

・ここでは、樹形図による解き方を紹介していきます。ベン図では処理しにくい場面でこちらのアプローチを試すことで、効率的に問題を処理することができます。

1 樹形図の表記方法

一例として、「男／女」、「日本人／外国人」、「大人／子ども」の３要素がある場合の人数を樹形図で表すと、以下のようになります。

「男性の日本人」は40人、「男性で日本人の大人」は35人と読み取ります。「日本人／外国人」、「大人／子ども」の合計人数は右の欄に記入しておくとよいでしょう。

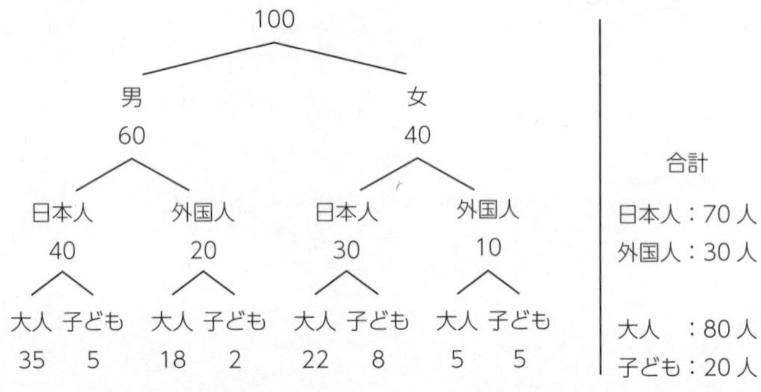

2 樹形図の計算方法

例題 A大学とB大学の１年生と２年生の学生合わせて男女100人について調べたところ、次のア～エのことがわかった。このとき、B大学で２年生の女子学生の人数は何人か。

ア：男子学生は70人で、そのうちA大学の学生は30人であった。

イ：A大学の学生は40人、１年生の学生は45人であった。

ウ：A大学の１年生の男子学生は10人であった。

エ：B大学で２年生の男子学生と、A大学で２年生の女子学生の人数を合わせると30人であった。

❶ 合計人数を計算する

まず、合計100人から、B大学の学生、2年生の学生の人数を出して欄外に書いておきます。B大学の学生の人数は、100 − 40 = 60（人）、2年生の学生の人数は、100―45 = 55（人）となります。

❷ ２列目の計算をする

「B大学の男子学生」：男子学生の合計70人から、A大学の男子学生30人を引きます。

70 − 30 = 40（人）…①

「A大学の女子学生」：A大学の合計40人から、A大学の男子学生30人を引きます。

40 − 30 = 10(人)…②

「B大学の女子学生」：女子学生の合計は、総合計の100人から男子学生の合計70人を引いた30人となり、この30人からA大学の女子学生10人を引きます。

または、B大学の合計60人から、B大学の男子学生40人を引きます。

30 − 10 = 20（人）、または60 − 40 = 20(人）…③

第6章 集合

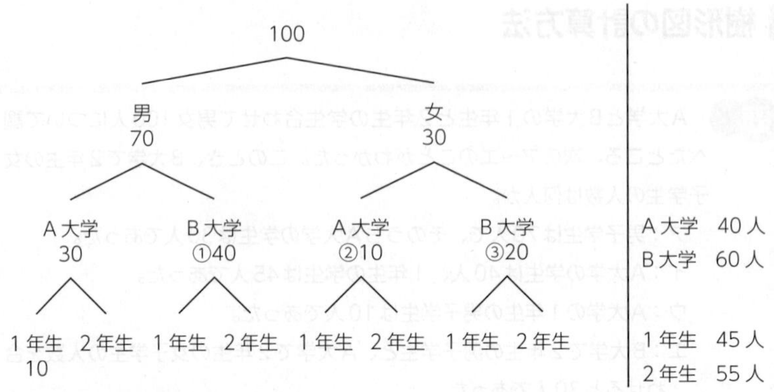

❸　3列目の計算をする

条件エより、「B大学で2年生の男子学生」と、「A大学で2年生の女子学生」を合わせて30人と書き込んでおきます。

「A大学の2年生の男子学生」は、「A大学の男子学生」30人から、「A大学の1年生の男子学生」10人を引けばいので、30 − 10 = 20人となります。

求めるのは「B大学の2年生の女子学生」なので、それをx(人)として、2年生の合計人数で式を立てます。

$20 + 30 + x = 55$より、$x = 5$(人)となります。

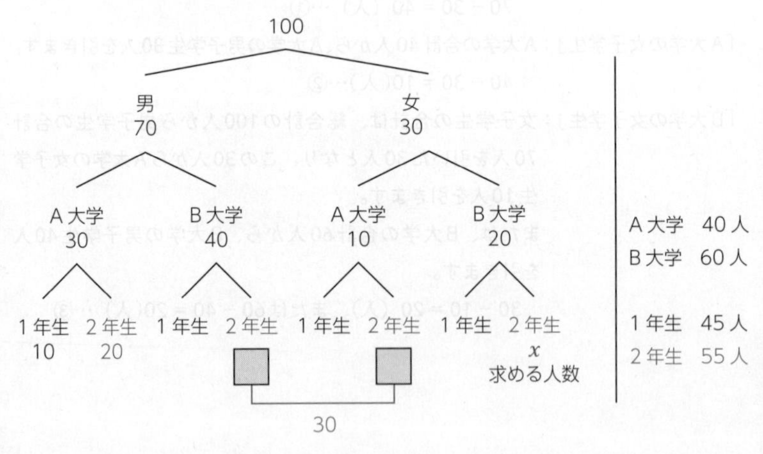

解法ナビゲーション

ある地域で行われたボランティア活動に参加したA町会及びB町会の町会員の計1,053人について調べたところ、次のア～オのことが分かった。

ア　ボランティア活動に初めて参加した町会員は、401人であった。

イ　B町会の町会員は389人であった。

ウ　A町会の未成年の町会員は111人であった。

エ　ボランティア活動に初めて参加したA町会の成年の町会員は180人であり、ボランティア活動に2回以上参加したことがあるA町会の未成年の町会員より95人多かった。

オ　ボランティア活動に2回以上参加したことがあるB町会の成年の町会員は、ボランティア活動に2回以上参加したことがあるB町会の未成年の町会員より94人多かった。

以上から判断して、ボランティア活動に2回以上参加したことがあるB町会の成年の町会員の人数として、正しいのはどれか。

都Ⅰ2017

❶　144人
❷　146人
❸　148人
❹　150人
❺　152人

着眼点

「成年／未成年」のように二つで1セットの要素を多く含む集合の問題では、ベン図よりも樹形図のほうが扱いやすくなります。

例えば「A町会・未成年・初めて」の人数26人は、ベン図よりも樹形図のほうが把握しやすいです。ベン図の場合、未成年が「成年の円の外側」の領域となります。

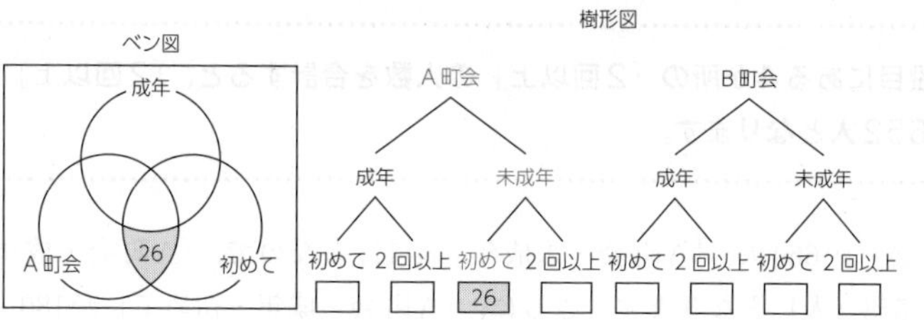

第6章 集合

【解答・解説】

正解 ❶

「A町会／B町会」、「成年／未成年」、「初めて／２回以上」と二つで１セットになっている要素が多いため、樹形図が把握しやすいでしょう。

全員を1053人として樹形図を書きます。

「B町会・成年・２回以上」の人数を求めるので、これをx人とします。

全員が1053人、ボランティア活動に初めて参加した町会員が401人なので、ボランティア活動に２回以上参加した町会員は1053－401＝652（人）となります。同様に、B町会の人数が389人なので、A町会の人数は1053－389＝664（人）となります。

「B町会」の389人、「A町会・未成年」の111人を樹形図に書き込みます。

「A町会・成年・初めて」が180人で、「A町会・未成年・２回以上」はそれより95人少ないので、180－95＝85（人）となります。

「B町会・未成年・２回以上」は「B町会・成年・２回以上」のx人よりも94人少ないので、（x－94）人となります。

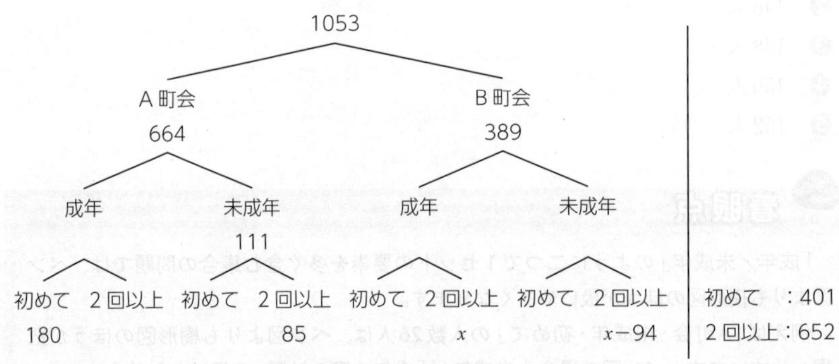

３段目にある４か所の「２回以上」の人数を合計すると、「２回以上」の合計人数652人となります。

「A町会」が664人、「A町会・未成年」が111人なので、「A町会・成年」は664－111＝553（人）となります。さらに、「A町会・成年・初めて」が180人なので、

「A町会・成年・２回以上」は553－180＝373（人）となります。

樹形図の３段目で「２回以上」を含む４か所を合計すると652人となるので、$373+85+x+(x-94)=652$ より、$x=144$（人）となります。よって、正解は❶となります。

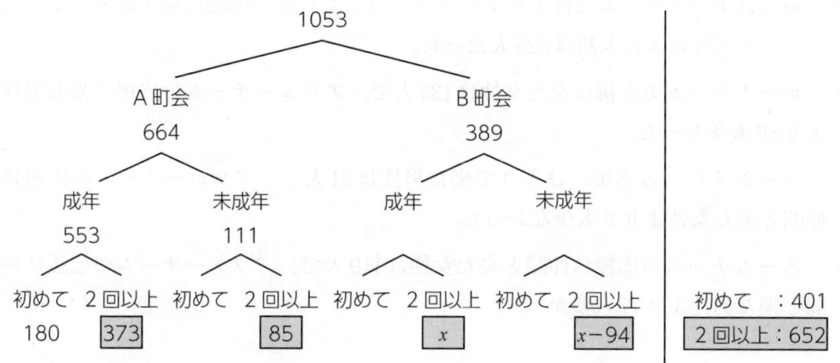

過去問にチャレンジ

問題1
★★

あるスタジアムで行われたサッカーの試合の観客407人に、応援チーム及び誰といっしょに応援に来たのかを聞いた。今、次のア～エのことが分かっているとき、ひとりで応援に来た観客の人数はどれか。

区Ⅰ 2019

ア　観客はホームチーム又はアウェーチームのどちらかの応援に来ており、ホームチームの応援に来た人数は325人だった。

イ　ホームチームの応援に来た女性は134人で、アウェーチームの応援に来た男性より86人多かった。

ウ　ホームチームの応援にひとりで来た男性は21人で、アウェーチームの応援に仲間と来た女性より９人少なかった。

エ　ホームチームの応援に仲間と来た女性は119人で、アウェーチームの応援に仲間と来た男性より77人多かった。

❶　42人
❷　44人
❸　46人
❹　48人
❺　50人

問題2 ★★ **あるスポーツジムの会員100人について、昨日のサウナ及びプールの利用状況を調べたところ、次のA～Dのことが分かった。**

A　サウナを利用した男性会員の人数は32人であり、プールを利用した男性会員の人数は17人であった。

B　サウナだけを利用した女性会員の人数と、プールだけを利用した女性会員の人数との計は23人であった。

C　サウナを利用し、かつ、プールも利用した男性会員の人数は、プールだけを利用した男性会員の人数より3人少なかった。

D　サウナを利用せず、かつ、プールも利用しなかった会員の人数は30人であった。

以上から判断して、昨日、サウナを利用し、かつ、プールも利用した女性会員の人数として、正しいのはどれか。

都Ⅰ2010

❶　5人
❷　6人
❸　7人
❹　8人
❺　9人

4 集合と線分図

学習のポイント

・「少なくとも何人いるか」といった要求があり、集合の最少人数を求める場合は線分図を用いると考えやすいことがあります。考え方は同じですが、数が少ない場合はマス目を作って処理することもできます。

例題 全員で15人いるうち、Aが好きな人は９人、Bが好きな人は８人、Cが好きな人は７人いる。このとき、A、B、Cの三つが好きな人は少なくとも何人いるか。

ただし、A、B、Cのいずれも好きでない人が５人いる。

❶ マスを用いて３集合の最少人数を求める

A、B、Cのいずれも好きでない５人をあらかじめ全員の15人から除き、①～⑩の10人分のマスを用意します。三つとも好きな最少人数を求めるので、３段のうちできる限り２段までに詰め込んでいきます。

三つを好きな人を最少にしなければならないので、できるだけAとBの両方が好きな人が重ならないように、Aの９人を左端から、Bの８人を右端から書くと、２段目までに空欄が３か所できます（図１の色つき部分）。

①	②	③	④	⑤	⑥	⑦	⑧	⑨	⑩
A	A	A	A	A	A	A	A	A	
		B	B	B	B	B	B	B	B

図1

図１の３か所にCを入れると、Cは残り７－３＝４残っています。よって、①～⑩のうち、まだCが入っていない３段目にCを４か所入れることになり、Ａ～Ｃの三つとも好きなのが③～⑥の４人となります。この人数が三つとも好きな人の最少人数になります。

A～Cの三つとも好きな人が少なくとも4人いる

①	②	③	④	⑤	⑥	⑦	⑧	⑨	⑩
A	A	A	A	A	A	A	A	A	C
C	C	B	B	B	B	B	B	B	B
		C	C	C	C				

図2

❷ 計算で3集合の最少人数を求める

A～Cの合計は9＋8＋7＝24であり、この24をできるだけ「横幅10マス×2段＝20マス」に詰めることになります。この20マスに入りきらない4人分だけ三つとも好きな最少人数となります。

よって、計算で三つとも好きな最少人数を求めると、9＋8＋7－(15－5)×(3－1)＝24－10×2＝4(人)となります。

まとめると、以下のようになります。

A～Cの三つとも好きな最少人数＝(Aが好きな人数)＋(Bが好きな人数)＋(Cが好きな人数)－{(全員の人数)－(いずれも好きではない人数)}×(要素の数－1)

例えば全員で10人いるうち、Aが好きな人が8人、Bが好きな人が7人、Cが好きな人が6人、Dが好きな人が5人、A～Dいずれも好きではない人が3人の場合、A～Dの四つとも好きな最少人数は、8＋7＋6＋5－(10－3)×(4－1)＝5人となります。

❸ 線分図を用いて3集合の最少人数を求める

人数が多い場合はマスを書くのに時間がかかるため、以下のような線分図を用いると早く処理ができます。人数の入れ方はマスのときと同じ要領となります。

左端からAの9人を詰め、右端からBの8人を詰めます。①の2人と③の1人にCを詰めると、Cは残り4人となります。この4人はAとBが重なった部分に入れるしかなく、A～Cの三つとも好きな人は少なくとも**4人**となります。

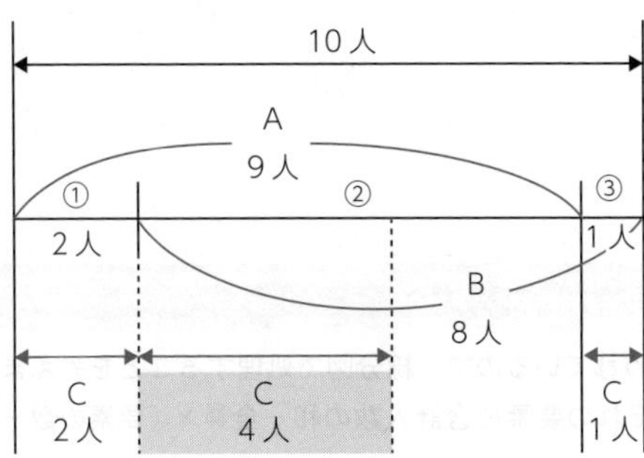

第6章 集合

解法ナビゲーション

ある会社の社員50人のうち、北海道を旅行したことがある人が41人、京都を旅行したことがある人が39人、沖縄を旅行したことがある人が35人いた。このとき、3か所すべてを旅行したことがある社員の最少人数として、正しいのはどれか。

警Ⅲ 2011

❶ 12人
❷ 15人
❸ 18人
❹ 21人
❺ 24人

「最少人数」を問われているので、線分図で処理することを考えます。

もしくは、それぞれの要素の合計人数の和－全員×（要素の数－1）で求めることもできます。

【解答・解説】

正解 ❷

まず、いずれか２か所を旅行した最少人数を求めます（今回は北海道と京都で計算しています）。

北海道と京都の２か所を旅行した最少人数を求めるために、できるだけ北海道と京都を旅行した人が重ならないように、線分図の左右の両端から北海道と京都を書き入れます。

このとき、北海道を旅行していない③の人数は50－41＝9（人）となり、京都を旅行していない①の人数は50－39＝11（人）となります。

北海道も京都も旅行した②の人数は、50－①－③＝50－11－9＝30（人）となります。

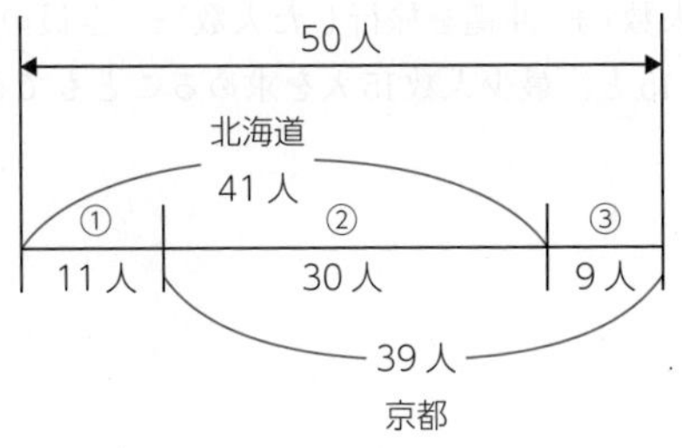

３か所すべてを旅行したことがある人が少なくなるように、沖縄を旅行した人をできるだけ①と③に当てはめていきます。

次に、３か所を旅行した人ができるだけ少なくなるように「沖縄を旅行した35人」を当てはめていきます。このとき、②に当てはめると、「北海道、京都、沖縄の３か所を旅行した人」にカウントされてしまうので、できるだけ②を避けて、①と③に当てはめます。

すると、①＋③＝11＋9＝20より、「沖縄を旅行した35人」のうち15人は①と③に入りきらないため、その分は②に当てはめることになります。

これより、「北海道、京都、沖縄の３か所すべてを旅行した」最少人数は15人となるので、正解は❷となります。

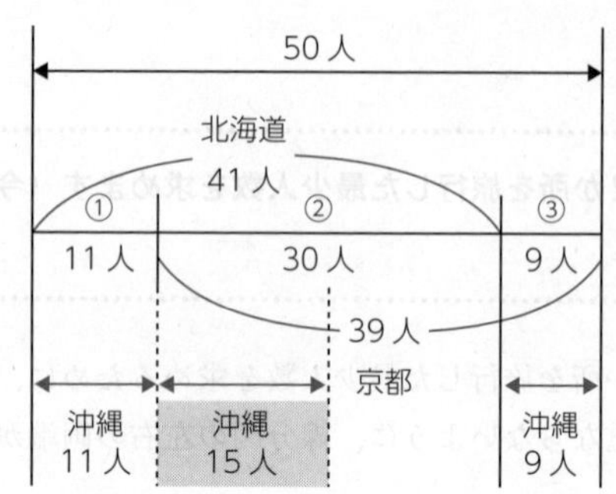

計算で最少人数を求めることもできます。

（北海道、京都、沖縄の**3か所**を旅行した最少人数）＝（北海道を旅行した人数）＋（京都を旅行した人数）＋（沖縄を旅行した人数）－（全員の人数）×（**2か所**）＝41＋39＋35－50×2＝15と、最少人数15人を求めることもできます。

過去問にチャレンジ

問題1
★★

小学生50人に習い事のアンケート調査を行ったところ、ピアノを習っている児童は39人、水泳を習っている児童は30人、そろばんを習っている児童は22人、パソコンを習っている児童は11人、習い事を一つもしていない児童は6人という結果が得られた。これから確実にいえるのはどれか。

国専2005

❶ ピアノと水泳の二つを習っている児童が、全体の過半数を占めている。
❷ ピアノ・水泳・そろばんの三つを習っている児童が、少なくとも3人いる。
❸ ピアノ・水泳・パソコンの三つを習っている児童が、少なくとも1人いる。
❹ パソコンを習っている児童は、ピアノ又は水泳の少なくともどちらか一つは習っている。
❺ ピアノ・水泳・そろばん・パソコンの四つを習っている児童はいない。

第7章

命　題

命題の基本

命題とベン図

命題と分類表

1 命題の基本

学習のポイント

・「AならばBである」、「CならばBではない」のような複数の命題が与えられ、そこから確実にいえるものを突きとめていく問題です。三段論法、対偶、ベン図、分類表などさまざまなテクニックを駆使しながら解いていきます。

1 命　題

言語や式によって表されたもので、**正しい**（**真**）か**正しくない**（**偽**）かが、**明確に決まる**ものを**命題**といいます。

「PならばQである」という命題において、「Pならば」を**仮定部分**、「Qである」を**結論部分**といい、「P→Q」と記号化して表します。この記号化した式を**論理式**といいます。

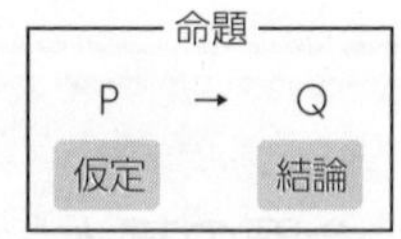

2 命題の関連知識　重要!

(1) 否　定

P（「Pである」）に対して、「Pでない」を**否定**といい、記号では$\overline{\mathrm{P}}$と表します。

❶ $\overline{\mathrm{P}}$の否定はPになる

❷ 二重否定$\overline{\overline{\mathrm{P}}}$は、Pになる

❸「10以上」の否定は「10未満」になる

(2) 三段論法

二つの命題の「仮定部分」と「結論部分」が同じ場合、一つにまとめることができ、これを**三段論法**といいます。

「PならばQである」と「QならばRである」を三段論法でまとめると、「PならばRである」といえます。

例 「人間は動物である」
「動物は皆死ぬ」 ⇒「人間は皆死ぬ」

(3) 対 偶

命題「P→Q」に対して、仮定部分と結論部分が否定された「$\overline{P}$→$\overline{Q}$」を**裏**、仮定部分と結論部分が入れ替わった「Q→P」を**逆**といいます。

また、裏かつ逆である「$\overline{Q}$→$\overline{P}$」を**対偶**（たいぐう）といいます。

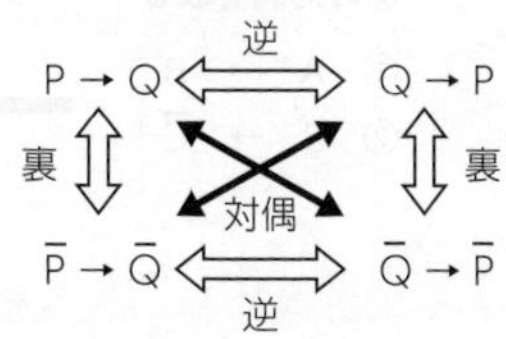

命題が真ならば、確実に真になるのは「**対偶**」のみです。

真 **命題：チワワは犬である。**

裏　：チワワでなければ、犬ではない。
逆　：犬ならば、チワワである。

真 **対偶：**犬でなければ、チワワではない。 ← 命題が真ならば、対偶が確実に真になる

補足

ある命題の裏、逆、対偶を得る操作を行うことをそれぞれ、「裏を取る」、「逆を取る」、「対偶を取る」と表現します。

① 対偶の取り方

問題を検討するとき、ある命題の対偶を調べることがあります。命題の仮定部分と結論部分をそれぞれ否定の形にし（¯がなければ付ける、¯が付いていれば取る）、仮定部分と結論部分の位置を入れ替えると「**対偶**」になります。

第7章 命題

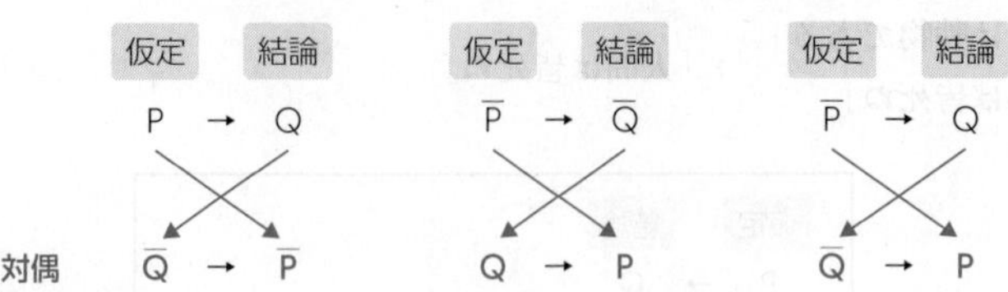

② 対偶と三段論法

命題の対偶を取ると、それが三段論法でつながり、解答の糸口となるときがあります。例えば、「AならばBである」と、「CならばBではない」は、このままでは三段論法でつなぐことができません。

ここで、「CならばBではない」の対偶を取って「BならばCでない」とすると、三段論法でつなぐことができます。

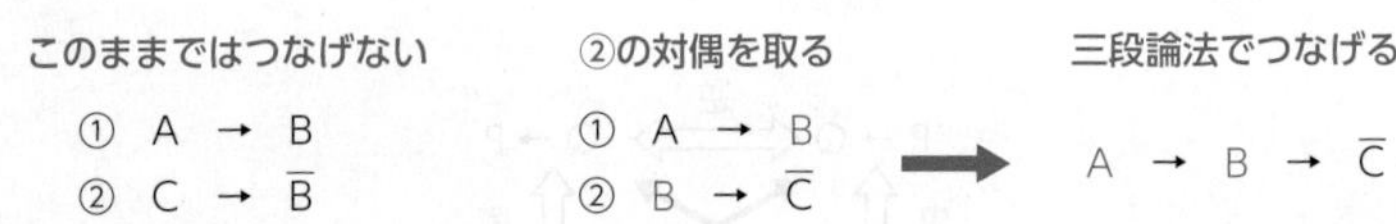

⑷ 「かつ」と「または」

「Aであり、Bでもある」ことを「AかつB」といい、論理式では「A∧B」(「A∩B」)と表します。

一方、「Aである、またはBである」ことを「A∨B」(「A∪B」)と表します。

命題の問題では、「AまたはB」は、「AかBのどちらか一方」だけでなく「AとBの両方」をも示しています。一般的な口語の言語感覚と異なるところなので注意しましょう。

- **A∧B**･･･「AかつB」、「AもBも」
- **A∨B**･･･「AまたはB」、「AやB」、「AかB」

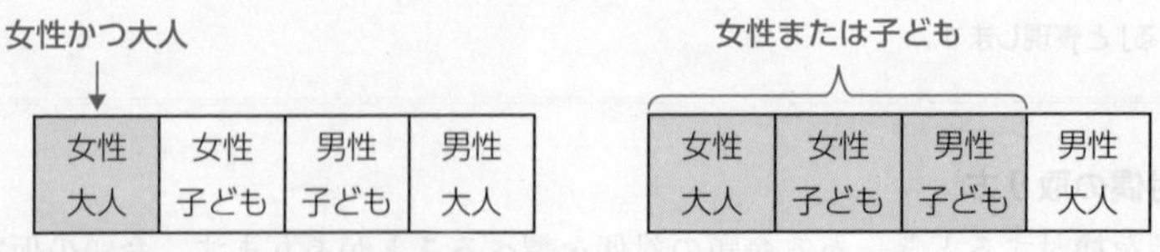

⑸ 命題の分割

仮定部分に「∨」、結論部分に「∧」がある命題は**分割**できます。

●A∨B→Cは、A→C、B→Cの二つに分割できる

●A→C∧Dは、A→C、A→Dの二つに分割できる

分割できるものは分割しておくと命題の論理式が単純になり、対偶を取りやすいなど、扱いやすくなります。

例 「推薦入試**または**一般入試で合格すれば、入学できる」

「推薦入試で合格→入学」と、「一般入試で合格→入学できる」の二つに分割できます。推薦入試でも一般入試でも、**どちらの合格でも入学できる**からです。

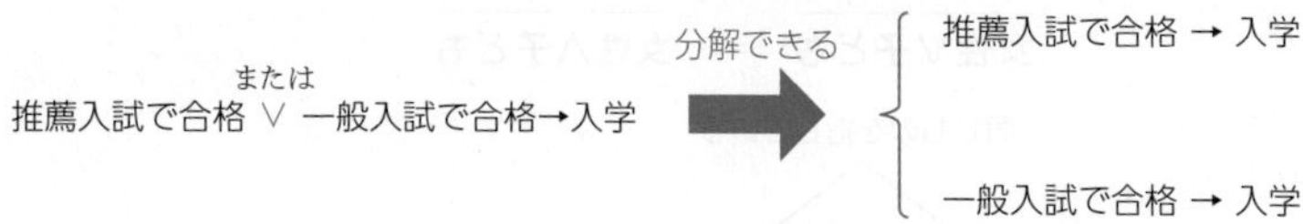

例 「筆記試験**かつ**面接試験で合格すれば、採用される」

「筆記試験で合格→採用」と「面接試験で合格→採用」の二つに分割できません。筆記試験と面接試験の**両方の合格が採用の条件**となります。

例 「田中さんは、会社の社長**かつ**２児の母親である」

「田中さん→社長」と、「田中さん→２児の母親」の二つに分割できます。どちらも田中さんを表しているからです。

かつ
田中さん → 社長 ∧ 二児の母
分解できる
田中さん → 社長
田中さん → 2児の母

例 「鈴木さんは、サッカー部**または**野球部の部員である」

「鈴木さん→サッカー部」と、「鈴木さん→野球部」の二つに分割できません。鈴木さんがサッカー部か野球部か確定していないからです。

⑹　ド・モルガンの定理

A∧BやA∨Bを全否定したものを、以下のように変形することができます。これを**ド・モルガンの定理**といいます。

$$\overline{A \lor B} = \overline{A} \land \overline{B} \qquad \overline{A \land B} = \overline{A} \lor \overline{B}$$

∧や∨を含む命題の対偶を取ると、「$\overline{A \lor B}$」や「$\overline{A \land B}$」など、∧や∨を含んだ論理式の全否定が現れます。そのような論理式をわかりやすく変形できるのが、ド・モルガンの定理です。

例　「女性または子ども」ではない　＝　「女性ではない」かつ「子どもではない」

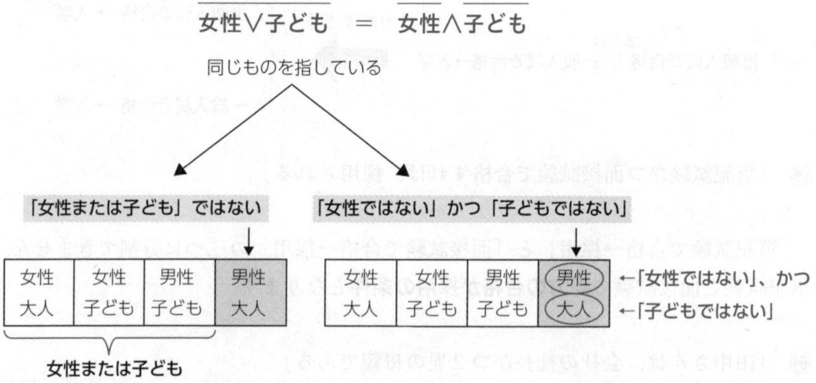

3 複雑な条件の命題

●A→B∨Cと、A→$\overline{B}$の二つの条件があるとき、A→Cがいえる

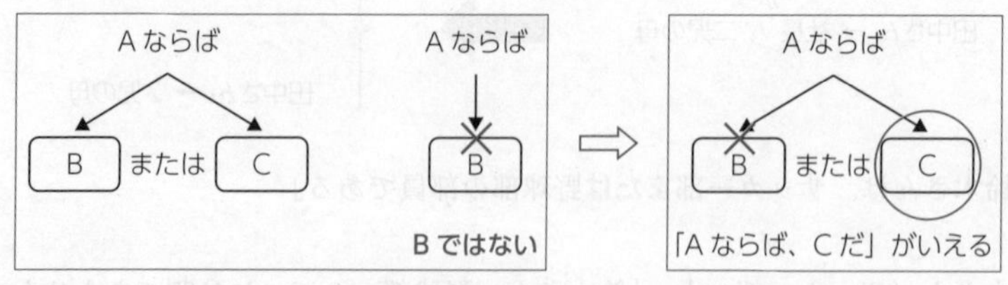

例　あるクラスでアンケートをとったところ、「朝食にパンを食べる人は、牛乳またはオレンジジュースを飲む」ことと、「朝食にパンを食べる人は、オレンジジュースを飲まない」ことがわかった。

⇒　この二つの条件から、「朝食にパンを食べる人は、牛乳を飲む」ことがわかる

●A→B∨Cと、D→$\overline{B}$の二つの条件があるとき、A∧D→Cがいえる

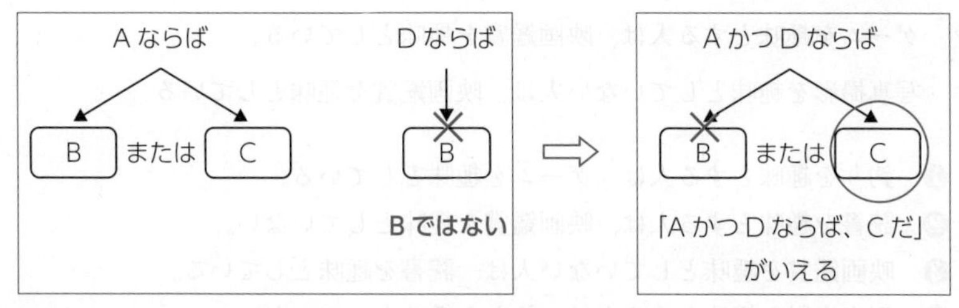

例　あるクラスでアンケートをとったところ、「朝食にパンを食べる人は、牛乳またはオレンジジュースを飲む」ことと、「朝食に卵を食べる人は、オレンジジュースを飲まない」ことがわかった。

⇒　この二つの条件から、「朝食にパンと卵を食べる人は、牛乳を飲む」ことがわかる

第7章　命題

解法ナビゲーション

ある集団に対し趣味について調査したところ、ア～エのことが分かった。このとき、確実にいえるのはどれか。

国般2009

ア　釣りを趣味とする人は、読書を趣味としている。

イ　読書を趣味とする人は、写真撮影を趣味としていない。

ウ　ゲームを趣味とする人は、映画鑑賞を趣味としている。

エ　写真撮影を趣味としていない人は、映画鑑賞を趣味としている。

❶　釣りを趣味とする人は、ゲームを趣味としている。
❷　読書を趣味とする人は、映画鑑賞を趣味としていない。
❸　映画鑑賞を趣味としていない人は、読書を趣味としている。
❹　写真撮影を趣味とする人は、釣りを趣味としていない。
❺　ゲームを趣味とする人は、写真撮影を趣味としている。

着眼点

まずは条件で示されたそれぞれの命題を論理式で表し、命題の対偶を取っておきます。

条件の命題や対偶を三段論法でつなげて、選択肢と同じものができないか調べます。このとき、選択肢の仮定部分と同じものが条件の命題や対偶の仮定部分になかったり、選択肢の結論部分と同じものが条件の命題や対偶にないものは正解の選択肢ではありません。

【解答・解説】

正解 ❹

まず、命題の対偶を取ります（A→Bの対偶は$\overline{\text{B}}$→$\overline{\text{A}}$となります）。

仮定部分 → **結論部分**

命題：釣り → 読書

対偶：$\overline{\text{読書}}$ → $\overline{\text{釣り}}$

	命題	対偶
ア	釣り→読書 …①	$\overline{\text{読書}}$→$\overline{\text{釣り}}$ …⑤
イ	読書→$\overline{\text{写真撮影}}$ …②	写真撮影→$\overline{\text{読書}}$ …⑥
ウ	ゲーム→映画鑑賞 …③	$\overline{\text{映画鑑賞}}$→$\overline{\text{ゲーム}}$ …⑦
エ	$\overline{\text{写真撮影}}$→映画鑑賞 …④	$\overline{\text{映画鑑賞}}$→写真撮影 …⑧

選択肢の命題を三段論法で作れるかどうか調べます（A→BとB→Cを三段論法でつなげると、A→B→Cとなり、「Aならば、Cである」といえます）。

❶× ①～⑧の中に、「ゲーム」を結論部分に持つものがないため、三段論法で「釣り→ゲーム」を作ることができません。

❷× ①～⑧の中に、「映画鑑賞」を結論部分に持つものがないため、三段論法で「読書→映画鑑賞」を作ることができません。

❸× ⑧と⑥を三段論法でつなげると、$\overline{\text{映画鑑賞}}$→写真撮影→$\overline{\text{読書}}$より、「$\overline{\text{映画鑑賞}}$→$\overline{\text{読書}}$」となるので、誤りとなります。

❹○ ⑥と⑤を三段論法でつなげると、写真撮影→$\overline{\text{読書}}$→$\overline{\text{釣り}}$となり、「写真撮影→$\overline{\text{釣り}}$」が確実にいえます。

❺× 「ゲーム→写真撮影」を三段論法で作るのに、仮定部分が「ゲーム」であるのが③しかありません。しかし、③の「ゲーム→映画鑑賞」の結論部分である「映画鑑賞」を仮定部分に含むものが①～⑧のうちにないので、これ以上のことがわからず不明となります。

過去問にチャレンジ

問題1 ★ **ある小学校の児童に好きな教科を尋ねたところ、次のア、イのことが分かった。**

ア　国語が好きな児童は、社会科も理科も好きである。

イ　算数が好きでない児童は、社会科も好きでない。

以上から判断して、この小学校の児童に関して確実にいえるのはどれか。

都Ⅰ 2010

❶ 国語が好きな児童は、算数も好きである。
❷ 社会科が好きでない児童は、算数も好きでない。
❸ 理科も算数も好きな児童は、国語も好きである。
❹ 理科が好きで国語が好きでない児童は、社会科が好きである。
❺ 算数が好きな児童は、理科も好きである。

問題2 ★ **ある中学校の生徒について、好きな飲み物を調べたところ、次のA～Dのことが分かった。**

A　ウーロン茶が好きな生徒は、オレンジジュースが好きである。

B　紅茶が好きな生徒は、ウーロン茶が好きである。

C　コーヒーが好きでない生徒は、紅茶が好きであり、かつオレンジジュースが好きである。

D　緑茶が好きな生徒は、コーヒーが好きでない。

以上から判断して、確実にいえるのはどれか。

都Ⅰ 2009

❶ ウーロン茶が好きでない生徒は、緑茶が好きでない。
❷ オレンジジュースが好きでない生徒は、コーヒーが好きでない。
❸ 紅茶が好きな生徒は、オレンジジュースが好きでない。
❹ コーヒーが好きでない生徒は、ウーロン茶が好きでない。
❺ 緑茶が好きな生徒は、紅茶が好きでない。

問題3
★★

父親の育児への参加の実態について調査をしたところ、遊び、保育（幼稚）園の送迎、おむつ替え、食事の補助、入浴、添い寝について、少なくとも一つは経験したことがあり、かつⅠ～Ⅳのことが分かっている。

これらのことから確実にいえるのはどれか。

国般2003

Ⅰ　入浴の経験がない父親は、遊びの経験がない。

Ⅱ　おむつ替えの経験か添い寝の経験がある父親は、食事の補助の経験がある。

Ⅲ　入浴の経験がある父親は、おむつ替えの経験も添い寝の経験もある。

Ⅳ　食事の補助の経験のない父親は、保育（幼稚）園の送迎の経験がない。

❶　遊びの経験がある父親は、保育（幼稚）園の送迎の経験がない。
❷　保育（幼稚）園の送迎の経験のある父親は、入浴の経験がある。
❸　おむつ替えの経験がない父親は、遊びの経験がない。
❹　食事の補助の経験がある父親は、入浴の経験があるか添い寝の経験がない。
❺　入浴の経験がない父親は、おむつ替えの経験がない。

問題4
★★★

あるグループが５問からなるテストを受けた。次のア～ウのことが分かっているとき、確実に言えるものはどれか。

裁判所2017

ア　第１問又は第４問に正解した者は、第３問は間違えた。

イ　第２問を間違えた者は、第３問又は第４問に正解した。

ウ　第４問に正解した者は、第５問を間違えた。

❶　第２問を間違え、第５問に正解した者は、第３問に正解した。
❷　第５問に正解した者は、第４問を間違え、第２問に正解した。
❸　第１問と第４問を間違えた者は、第３問に正解した。
❹　第３問に正解した者は、第４問を間違え、第５問に正解した。
❺　第３問と第４問を間違えた者は、第１問と第２問に正解した。

問題5 ★★ **あるテニス大会の出場経験者についてアンケート調査を行ったところ、ア、イのことが分かった。**

ア　優勝経験者は、試合前日に十分な睡眠をとっていた。

イ　家族にテニス選手がいる者は、毎日練習していた。

このとき、「優勝経験者は毎日練習していた。」ということが確実にいえるためには、次のうちどの条件があればよいか。

国般2007

❶ 家族にテニス選手がいない者は、試合前日に十分な睡眠をとっていなかった。
❷ 毎日練習した者は、試合前日に十分な睡眠をとっていた。
❸ 試合前日に十分な睡眠をとっていなかった者は、毎日練習していなかった。
❹ 試合前日に十分な睡眠をとっていなかった者の家族には、テニス選手がいなかった。
❺ 家族にテニス選手がいる者は、優勝していた。

問題6 ★★★ **ある野球場では、プロ野球のナイターの試合中の物の売れ行きについて次のことが分かっている。**

○ 気温が28度以上になるとカキ氷が売れる。

○ ビールが売れるのは不快指数が80以上のときである。

○ 気温が28度以上にならないとアイスクリームが売れない。

さらに、どのようなことが分かれば、「気温が28度以上にならないとビールが売れない。」と判断できるか。

国般2002

❶ ビールが売れなければカキ氷も売れない。
❷ アイスクリームが売れるときはビールも売れる。
❸ 不快指数が80以上でなければアイスクリームは売れない。
❹ 不快指数が80以上でなければカキ氷は売れない。
❺ 気温が28度以上にならないと不快指数は80以上にならない。

2 命題とベン図

学習のポイント

・条件の中に「～な者がいる」のような表現がある場合は、「A→B」のような論理式では表しにくいので、前章で学習したベン図を使うとよいでしょう。

● **「AならばBだ」**

Aの円がBの円の内側に入る

例 「チワワは犬だ」

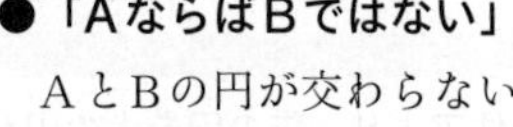

● **「AならばBではない」**

AとBの円が交わらない

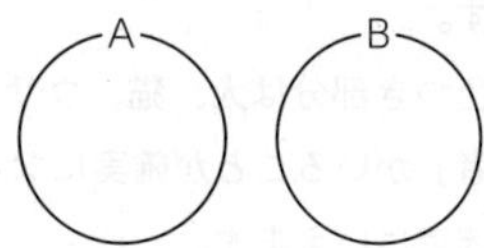

● **「Bの中にAの者がいる」**

例 「Bが好きな者の中に、Aが好きな者がいる」

Bの円とAの円が重なったところに必ず「**AとBの二つが好きな者**」がいる

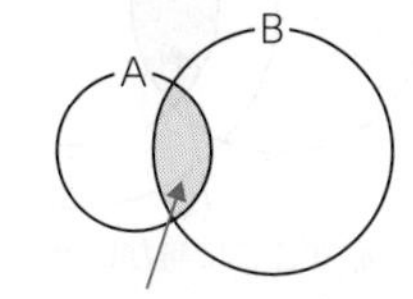

A、Bの二つが好きな者が必ず存在する

● **「AまたはB」、「AかつB」は以下の色つき部分になる**

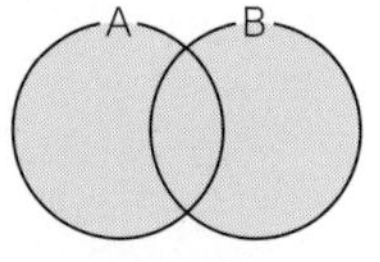

AまたはB

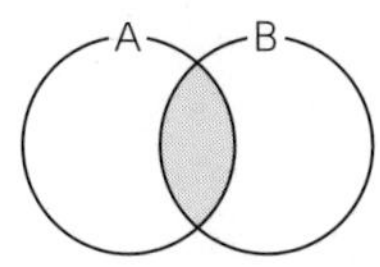

AかつB

例題 あるクラスで猫、犬、ウサギについてアンケートを取ったところ、次のア、イのことがわかった。このとき、確実にいえるのはどれか。

ア：猫が好きな者は、犬も好きである。

イ：猫が好きな者の中に、ウサギが好きな者がいる。

❶ 犬が好きな者はウサギも好きである。

❷ 犬とウサギが好きな者がいる。

❸ ウサギが好きな者は猫も好きである。

条件アより、猫の円を犬の円が包み込んでいる図を描きます。

条件イより、「猫とウサギが重なった」色つき部分に必ず誰かがいることになります。

色つき部分は犬、猫、ウサギの三つの円の内側にあり、「犬と猫とウサギが好きな者」がいることが確実になるので、同時に「**犬とウサギが好きな者がいる**」ことも確実にいえます。

よって、正解は❷となります。

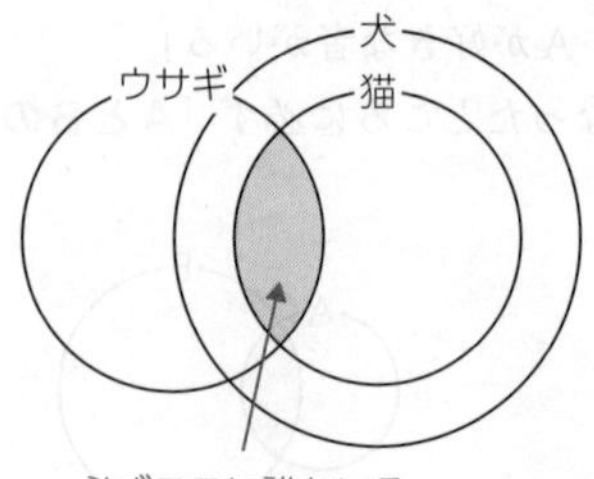

解法ナビゲーション

ある幼稚園の園児に、犬、猫、象、ペンギンのそれぞれについて、「好き」又は「好きでない」のいずれであるかを尋ねた。次のことが分かっているとき、確実にいえるのはどれか。

国専2019

○　犬が好きな園児は、猫が好きでない。

○　象が好きな園児は、ペンギンも好きである。

○　猫が好きな園児の中には、象も好きな園児がいる。

○　象が好きな園児の中には、犬も好きな園児がいる。

❶　ペンギンだけが好きな園児がいる。
❷　ペンギンが好きな園児は、犬、猫、象のいずれも好きである。
❸　犬が好きでない園児は、象も好きでない。
❹　犬も猫もどちらも好きでない園児は、象とペンギンのどちらも好きである。
❺　犬が好きな園児の中には、ペンギンも好きな園児がいる。

着眼点

「…の中には、…がいる」という条件があるので、ベン図を使うとよいでしょう。

このとき、「…がいる」という条件より、ベン図に該当する部分に着目し、その部分がどの円の内側にあるのか確認してどのような園児がいるのか書き込んでおくとよいです。

【解答・解説】

正解 ❺

A→Bの命題をベン図で表すときは、Aの円をBの円の内側に入れます。

「〜な園児がいる」という表現があるので、ベン図を使うと処理がしやすいです。

一つ目の命題「犬→$\overline{猫}$」より、犬の円と猫の円を交わらせずに離して作図します。

次に、二つ目の命題「象→ペンギン」より、ペンギンの円の内側に象の円を作図します。

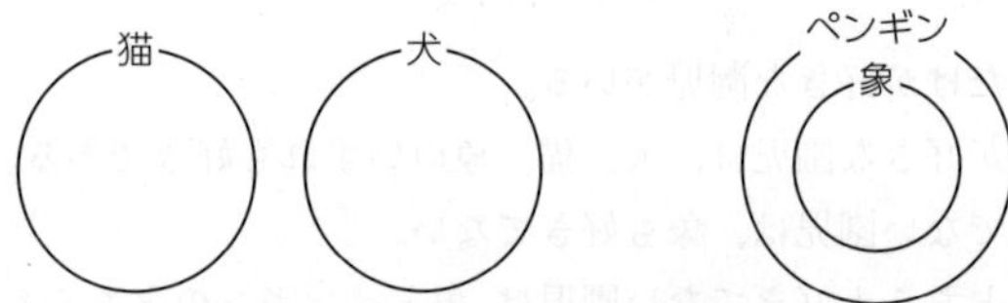

猫
犬
ペンギン
象

「Aの中には、Bな者もいる」とあれば、Aの円とBの円を交え、重なった所に「AとBな者が必ず存在する」ことに注目します。

三つ目の命題より「猫が好きな園児の中には、象も好きな園児がいる」ので、猫の円と象の円を交えます。重なった部分には必ず該当の園児がいることになります。すると、象の円はペンギンの円の内側にあるので、「猫、象、ペンギン」の三つの円が重なった部分に、その三つの動物が好きな園児が必ずいることになります。

同様に四つ目の命題より、「犬、象、ペンギン」の三つの動物が好きな園児が必ずいることになります。

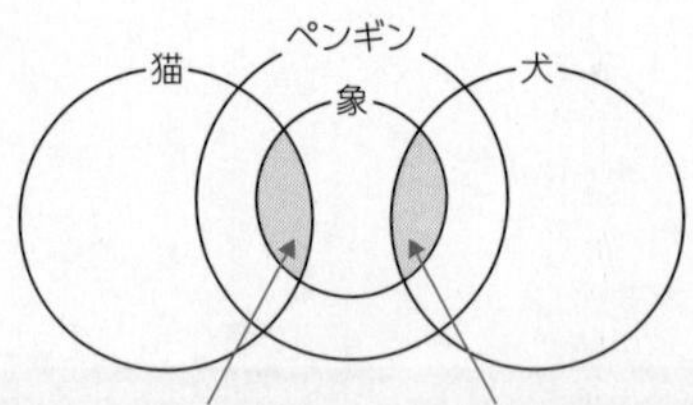

猫
ペンギン
象
犬
猫、象、ペンギンが好きな園児が
必ず存在する
犬、象、ペンギンが好きな園児が
必ず存在する

「犬、象、ペンギン」の三つが好きな園児が必ず存在するので、「犬が好きな園児の中にペンギンも好きな園児がいる」と確実にいえます。よって、正解は❺になります。

過去問にチャレンジ

問題1 ★★★ **あるグループの人々の食べ物の好みについて、次のことが分かっているとき、論理的に確実にいえるのはどれか。**

国専（高卒程度）2016

○ 肉料理を好む人は、果物を好む。

○ 魚料理を好む人は、野菜を好む。

○ 肉料理を好み、かつ魚料理を好む人がいる。

❶ 肉料理を好み、かつ魚料理を好むが、野菜及び果物のいずれも好まない人がいる。

❷ 果物を好み、かつ野菜を好むが、肉料理又は魚料理のいずれか一方を好まない人がいる。

❸ 野菜又は果物のいずれか一方だけを好み、かつ肉料理と魚料理の両方を好む人はいない。

❹ 肉料理又は魚料理のいずれか一方だけを好む人は、野菜又は果物のいずれか一方だけを好む。

❺ 肉料理及び魚料理のいずれも好まない人は、野菜又は果物の少なくとも一方を好まない。

3 命題と分類表

学習のポイント

・全パターンを表に書き上げて、条件を満たさないものを消去し、残ったものから選択肢を検討する方法です。
分割できないタイプの論理式や、論理式では表しにくい複雑な条件のときに利用するとよいでしょう。

パターン数が少なく、条件が複雑な問題では、論理式やベン図で表すよりも全パターンを書き出してしまったほうが早いことがあります。

全パターンを書いた表が作成できたら、問題文の条件と**「仮定部分」が等しいのに「結論部分」が異なるパターンを消去**していき、残ったパターンの組合せを見ながら選択肢を検討します。

例題 クラスの生徒にA～Cが好きか嫌いかのアンケートを取ったところ、ア、イのことがわかった。これらから確実にいえるのはどれか。

ア：Aが好きな者は、BもCも好きではない。
イ：Bが好きではない者は、AかCが好きである。

❶ Aが好きでない者は、BもCも好きである。
❷ Bが好きな者は、Cも好きである。
❸ Cが好きでない者は、AかBが好きである。
❹ Cが好きな者は、AもBも好きである。
❺ Cが好きな者は、AもBも好きではない。

条件イの$\overline{B} \rightarrow A \vee C$が分割できずに複雑な論理式が残っています。

また、全パターンはAが「好き／好きではない」の2通り、Bが「好き／好きではない」の2通り、Cが「好き／好きではない」の2通り、計2×2×2＝8通りしかありません。

このように、**論理式が複雑で、全パターン数が少ない場合、分類表を用いるのがよいでしょう。**

まず、A～Cの「好き(○)、好きでない(×)」の組合せ全通りを表にしておきます。

条件アより、仮定部分に「Aが好きな者」とあるので、Aに○印が入っている①～④に着目します。この①～④のうち、結論部分に「BもCも好きではない」とあるので、BとCの両方ににx印が入っている④以外の、①～③を消します。

次に、残った④～⑧について考えます。

条件イより、仮定部分に「Bが好きではない者」とあるので、Bに×印が入っている④、⑦、⑧に着目します。④、⑦、⑧のうち、結論部分に「AかCが好き」とあるので、AにもCにも○印が入っていない⑧を消します。

	①(消)	②(消)	③(消)	④	⑤	⑥	⑦	⑧(消)
A	○	○	○	○	×	×	×	×
B	○	○	×	×	○	○	×	×
C	○	×	○	×	○	×	○	×

以上より、④～⑦が残ったので選択肢を確認します。

❶× Aが好きでない者（⑤～⑦）のうち、⑥と⑦は「BもCも好き」ではないので誤りです。

❷× Bが好きな者（⑤、⑥）のうち、⑥が「Cも好き」ではないので誤りです。

❸○ Cが好きでない者（④、⑥）のどちらも「AかBが好き」なので確実にいえます。

❹× Cが好きな者（⑤、⑦）のどちらも、「AもBも好き」ではないので誤りです。

❺× Cが好きな者（⑤、⑦）のうち、⑤が「AもBも好きではない」とはいえないので誤りです。

解法ナビゲーション

ある大学には、法文系と自然科学系の二つの専攻があり、スポーツサークルは、フットサルとテニスのサークルがある。この二つのサークルの2年生と3年生が共同で新入生歓迎会を行うことにし、担当幹事を次の方法で決めることにした。いくつかの条件を示し、その条件すべてに反しない学生がいた場合、その者が担当するというものである。次の四つの条件を示したところ、すべてに反しない学生は2人いた。その2人は、ある属性のみは共通していたが、それ以外の属性はいずれも異なっていた。共通する属性として最も妥当なのはどれか。

国般2012

○　専攻が「法文系」であれば、学年は「２年生」であること。

○　専攻が「自然科学系」であれば、サークルは「フットサル」であること。

○　学年が「３年生」であれば、サークルは「テニス」であること。

○　サークルが「フットサル」であれば、専攻は「自然科学系」であること。

❶　専攻は「法文系」である。
❷　専攻は「自然科学系」である。
❸　学年は「２年生」である。
❹　サークルは「フットサル」である。
❺　サークルは「テニス」である。

専攻が２種類、サークルが２種類、学年が２種類なので全パターン数が少なく、分類表を用いるのがよさそうです。

【解答・解説】

正解 ❸

全パターンが少ない場合は、分類表を用いると早く解けます。

専攻が「法文系／自然科学系」の２通り、サークルが「フットサル／テニス」の２通り、学年が「２年／３年」の２通りなので、組合せは全部で2×2×2＝8（通り）とパターン数が少ないです。このようなときには、全パターンを書き出し、該当しないものを消去し、残った組合せで選択肢を検討すると早く解くことができます。

①	②	③	④	⑤	⑥	⑦	⑧
法文	法文	法文	法文	自然	自然	自然	自然
フット	フット	テニス	テニス	フット	フット	テニス	テニス
2年	3年	2年	3年	2年	3年	2年	3年

①〜⑧の中で、問題文の条件と「仮定部分」が同じなのに「結論部分」が異なっているものを消去します。

一つ目の「専攻が『法文系』であれば、学年は『２年生』であること」の仮定部分は「法文系であれば」、結論部分が「２年生である」です。仮定部分が同じなのに、結論部分が異なるものを消去します。つまり、「法文系であるのに、３年生である」となっている②と④を消去することになります。

二つ目の「専攻が『自然科学系』であれば、サークルは『フットサル』であること」より、「自然科学系であるのに、テニスである」⑦と⑧を消去します。

三つ目の「学年が『３年生』であれば、サークルは『テニス』であること」より、「３年生であるのに、フットサルである」②と⑥を消去します。

四つ目の「サークルが『フットサル』であれば、専攻は『自然科学系』であること」より、「フットサルであるのに、法文系である」①と②を消去します。

①（×）	②（×）	③	④（×）	⑤	⑥（×）	⑦（×）	⑧（×）
法文	法文	法文	法文	自然	自然	自然	自然
フット	フット	テニス	テニス	フット	フット	テニス	テニス
2年	3年	2年	3年	2年	3年	2年	3年

すべてに反しない学生は③と⑤の２人であり、③と⑤に共通している属性は「2年生」なので、正解は❸となります。

過去問にチャレンジ

問題1
★★★

ある科学博物館でロボットコンテストの第一次選考が行われた。これはロボットA、B、Cのうち、最終選考に残すロボットを入場者全員が投票して決めるものであり、投票のルールは次のとおりであった。

○　投票者は最終選考に残すに値すると思ったロボットの名前を一つから三つまで記入できる。

○　投票者はどのロボットも最終選考に残すに値しないと思ったなら、白紙で投票できる。

このとき投票結果を集計してみると、ア、イ、ウのことが分かったが、これらから確実にいえるのはどれか。

国般2004

ア　Aに投票した人は、Bに投票しなかった。

イ　Cに投票した人は、Aに投票しなかった。

ウ　Aに投票しなかった人は、BかCの少なくとも一方には投票しなかった。

❶　二つ以上の名前を記入した人はいなかった。

❷　白紙で投票した人はいなかった。

❸　A、B、Cすべての名前を記入した人がいた。

❹　Aに投票しなかった人は、必ずCに投票した。

❺　Bに投票した人は、必ずCにも投票した。

★★★ あるホテルで働くA～Eの５人のアルバイトの勤務の割り振りについて、次のことが分かっている。これから確実にいえるのはどれか。

国専2012

○　Ａが出勤していないときは、Ｂは出勤している。

○　ＡとＣがともに出勤しているか、ＡとＣがともに出勤していないかのいずれかである。

○　Ｃが出勤しているときは、Ｄも出勤している。

○　Ｅが出勤しているときは、Ａは出勤していない。

❶　Ａが出勤しているならば、Ｅも出勤している。
❷　ＡかＤのどちらかは必ず出勤している。
❸　ＢかＤのどちらかは必ず出勤している。
❹　Ｃが出勤しているならば、Ｂも出勤している。
❺　Ｅが出勤しているならば、Ｄも出勤している。

第8章

発言推理

発言の基本

その他の発言推理

1 発言の基本

学習のポイント

・「Aは嘘つきだ」、「Bが犯人だ」、「自分の帽子の色がわかった」などさまざまな人物の発言の条件をもとに推理を行う問題です。
・「嘘つき／正直者」の発言が関わる問題が多いです。

1 発言に嘘が含まれる問題　重要！

(1) 発言者に関して言及する発言

発言者の中に正直者（常に正直に発言する）と嘘つき（常に嘘をつく）がおり、さまざまなことに言及する問題があります。発言の中でも特に、他の発言者が正直者か嘘つきかについて言及しているものに着目し、言った人物と言われた人物を「正直者」グループと「嘘つき」グループに分けます。

例　A「Bは正直者だ」⇒AとBを**同じグループ**に入れる

Aが正直者であるなら、Aの発言である「Bは正直者だ」が正しくなるので、Bも正直者になります。Aが嘘つきであるなら、Aの発言である「Bは正直者だ」が誤りとなるので、Bは正直者ではない、すなわちBは嘘つきになります。

このように、AとBはともに正直者か、ともに嘘つきとなり、いずれにせよ同じグループに分けられることがわかります。

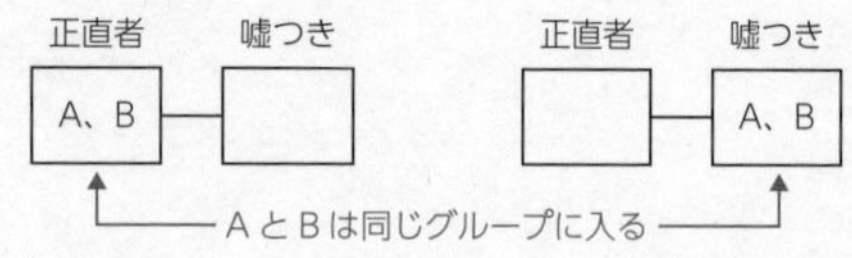

例　C「Dは嘘つきだ」⇒CとDを**別のグループ**に入れる

Cが正直者であるなら、Cの発言である「Dは嘘つきだ」が正しくなるので、Dは嘘つきになります。Cが嘘つきであるなら、Cの発言である「Dは嘘つきだ」が誤りとなるので、Dは嘘つきではない、すなわちDは正直者になります。

このように、CとDはどちらかが正直者で、どちらかが嘘つきとなり、いずれにせよ別のグループに分けられることがわかります。

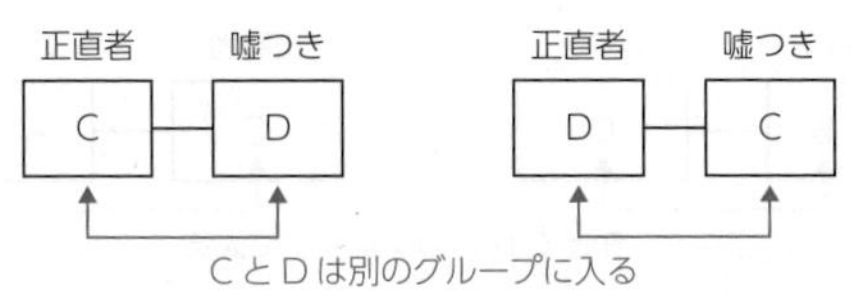

⑵ 矛盾する発言

発言の中に矛盾するものがあるとき、その発言を行った人物どうしは「正直者－嘘つき」の属性が異なるグループとなります。

例 E「Aは野球部だ」

F「Aは野球部ではない」

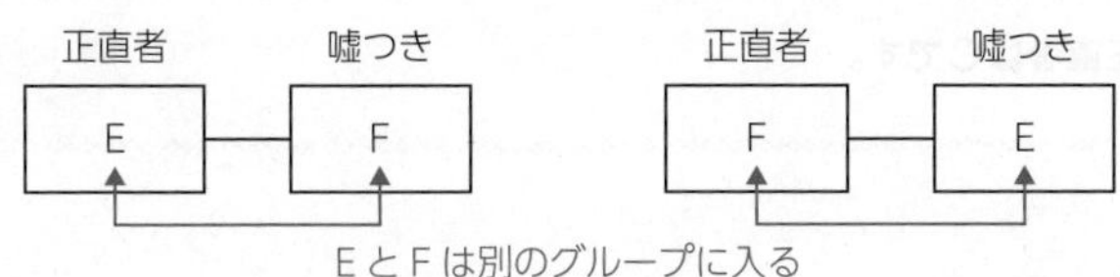

例題1 A～Cの3人が次のような発言をしている。A～Dの4人のうち、正直者が1人であるとき、その人物は誰か。

A「Bは正直者だ」

B「Cは嘘つきだ」

C「Dは嘘つきだ」

「正直者だ」と言った人物と言われた人物を同じグループに、「嘘つきだ」と言った人物と言われた人物を別のグループに分けていきます。

まず、「正直者－嘘つき」がペアになった欄を2パターン用意しておきます。

A「Bは正直者だ」より、AとBを同じグループ（ともに正直者グループか、ともに嘘つきグループ）に入れます。

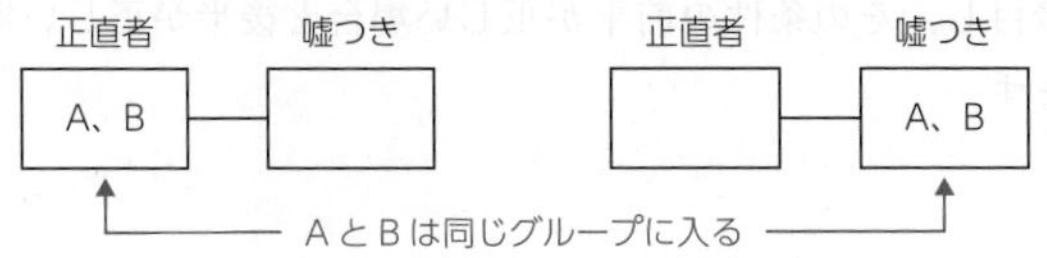

B「Cは嘘つきだ」より、BとCを別のグループに入れます。

第8章 発言推理

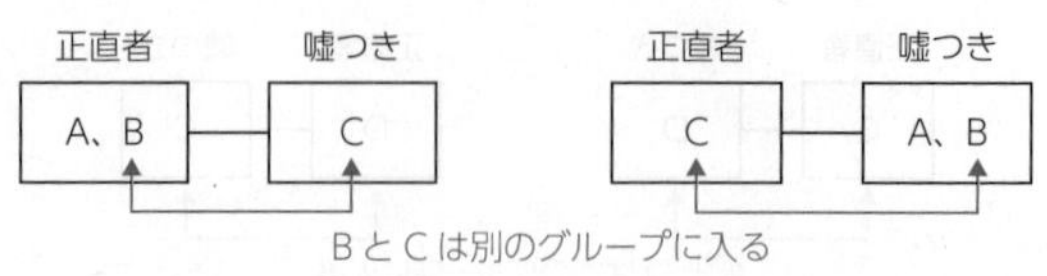

C「Dは嘘つきだ」より、CとDを別のグループに入れます。

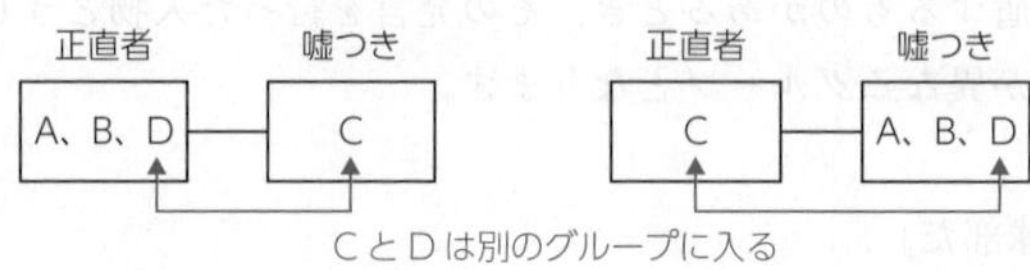

正直者は１人だけなので、「正直グループ」にCが１人だけいる図が該当します。よって、正直者はCです。

この例題のように、一つの発言で言及される人物が1人しかいない単純な条件の場合、「正直者－嘘つき」のラベルのない欄を1セットだけ作って4人をグループ分けします。正直者は1人なので、C1人だけが入っているほうが「正直者」に決まります。

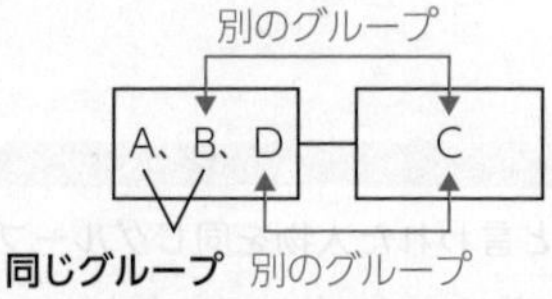

2 前半・後半で真偽が生じる問題

前半と後半の発言のうち、「どちらか一つだけ正しい」などの条件がある問題です。

ある条件に着目し、その条件の前半が正しい場合と後半が正しい場合で、場合分けをして解きます。

A～Eの５人の学生が所属する学部はそれぞれ、文学部、理学部、法学部、医学部、歯学部のいずれか異なる一つである。これについて次の情報ア～オが得られたが、ア～オの情報はどれも１人の学部については正確であったものの、もう１人については誤りであった。このとき、Eは何学部か。

ア：Aは文学部で、Dは法学部である。
イ：Eは法学部で、Cは文学部である。
ウ：Cは法学部で、Aは理学部である。
エ：Bは理学部で、Eは医学部である。
オ：Bは歯学部で、Dは理学部である。

❶ アの前半が正しく、後半が誤りの場合

前半の「Aは文学部」が正しく、後半の「Dは法学部」が誤りとなります。

「Aは文学部」が正しいので、A以外を文学部としている情報、もしくはAを文学部以外としている情報は誤りとなります（イとウの後半）。イとウの後半は誤りなので、イとウの前半は正しくなりますが、CとEが同じ法学部となってしまい、５人が異なる学部であることと矛盾するため不適となります。

	前半	後半	
○	A文学部	D法学部	×
	E法学部	C文学部	
	C法学部	A理学部	
	B理学部	E医学部	
	B歯学部	D理学部	

	前半	後半	
○	A文学部	D法学部	×
○	E法学部	C文学部	×
○	C法学部	A理学部	×
	B理学部	E医学部	
	B歯学部	D理学部	

❷ アの前半が誤りで、後半が正しい場合

前半の「Aは文学部」が誤りで、後半の「Dは法学部」が正しくなります。

「Dは法学部」が正しいので、D以外を法学部としている情報、もしくはDを法学部以外としている情報は誤りとなります（イとウの前半と、オの後半）。イとウの前半とオの後半が誤りなので、イとウの後半とオの前半が正しくなります。

さらに、ウの後半の「Aが理学部」が正しくなるので、エの前半の「Bが理学部」は誤りとなり、エの後半の「Eが医学部」が正しくなります。

第8章 発言推理

	前半	後半	
×	A文学部	D法学部	○
	E法学部	C文学部	
	C法学部	A理学部	
	B理学部	E医学部	
	B歯学部	D理学部	

	前半	後半	
×	A文学部	D法学部	○
×	E法学部	C文学部	○
×	C法学部	A理学部	○
×	B理学部	E医学部	○
○	B歯学部	D理学部	×

矛盾なく当てはまるので、Eは医学部となります。

3 該当者は1人だけの嘘つき問題

「1人だけ宝くじに当たった」、「1人だけ犯人だ」など、「**1人だけ○○」といった状況**で、各自がそれぞれ発言をしています。各自の発言において、嘘をついている人数などをヒントに、誰が該当する人物かを推理する問題です。

例題 A～Dの4人の中に犯人が1人おり、A～Dの4人のうち1人だけ嘘をついている。このとき、犯人として妥当なのは誰か。

A「私が犯人だ」

B「CとDは犯人ではない」

C「Aは正しい発言をしている」

D「Bは嘘をついている」

❶ その人が犯人の場合に、各自の発言が正しいか嘘か書き込んでいく

表の縦を「犯人と仮定した人物」、横を「発言した人物」として、表に○印と×印を書き込んでいきます。

Aは「私が犯人だ」と言っており、この発言は「Aが犯人の場合」のみ正しい発言となり、「A以外の人が犯人の場合」には嘘となります。そこでAの発言の縦列の「Aが犯人」のマスに○印、その他のマスに×印を書き込みます。

Bは「CとDは犯人ではない」と言っており、この発言は「C、Dが犯人の場合」は嘘の発言となり、「CとD以外の人が犯人の場合」は正しい発言となります。

発言

	A	B	C	D	嘘の人数
Aが犯人	○	○			
Bが犯人	×	○			
Cが犯人	×	×			
Dが犯人	×	×			

○・・・正しい発言
×・・・嘘をついている

❷ 他の人物の発言について言及した発言

Cのように、誰かの発言を「正しい」とする発言者は、その人物と○×の並びが等しくなり、Dのように、誰かの発言を「嘘つきだ」とする発言者は、その人物と○×の並びが逆になります。よって、AとCの縦列の○×の並びは等しく、BとDの縦列の○×の並びは逆になります。

最後に、横列の×印の数を書き入れますが、条件より嘘をついたのは1人だけであり、「Aが犯人」としたときのみこの条件に合致するので、犯人はAに決まります。

発言

	A	B	C	D	嘘の人数
Aが犯人	○	○	○	×	1
Bが犯人	×	○	×	×	3
Cが犯人	×	×	×	○	3
Dが犯人	×	×	×	○	3

解法ナビゲーション

A～Dが次のように言っている。この４人のうち、少なくとも２人が正しいことを言っているとき、正しいことを言っている者のみをすべて挙げているのはどれか。

国般（高卒程度）2011

A 「Bの言っていることは常に正しい。」

B 「Cの言っていることは常に正しくない。」

C 「Dの言っていることは常に正しくない。」

D 「Aの言っていることは常に正しい。」

❶ A、B、C
❷ A、B、D
❸ A、D
❹ B、C
❺ C、D

ある人物について「正直者だ」、「嘘つきだ」と発言する問題では、言った人物と言われた人物を「正直者」グループと「嘘つき」グループに分けて考えます。

【解答・解説】

正解 ❷

「△が正しい」、「▲が正しくない」といった発言が複数あるので、グループ分けをすると処理がしやすいです。

A～Dの４人を「正直者グループ」と「嘘つきグループ」の二つに分けます。

今回の問題では、一つの発言で言及される人物が１人のみである単純な発言推理なので、どちらが「正直者グループ」で、どちらが「嘘つきグループ」かを決めずに単に二つのグループ分けをし、その後で正しい発言をした人数によりどちらが「正直者グループ」かを決めるようにすると早く解くことができます。

A「Bは正しい」より、AとBのグループ分けについて考えます。

Aが正しければ、「Bは正しい」というAの発言が正しくなり、Bは正しくなります。

Aが嘘つきならば、「Bは正しい」というAの発言が誤りとなり、Bは正しくない、つまり嘘つきになります。

よって、AとBは**「２人とも正しい」**か、**「２人とも嘘つき」**のいずれかとなるので、AとBは**同じグループ**になります。

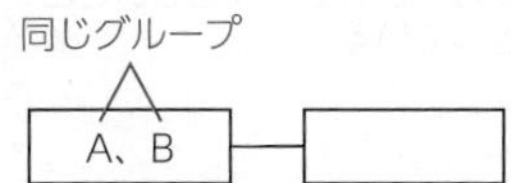

B「Cは正しくない」より、BとCのグループ分けについて考えます。

Bが正しければ、「Cは正しくない」というBの発言が正しくなり、Cは正しくない、つまり嘘つきになります。

Bが嘘つきならば、「Cは正しくない」というBの発言が誤りとなり、Cは正しくなります。

よって、BとCは**「どちらか一方が正しく、残った一方が嘘つき」**となるので、BとCは**別のグループ**になります。

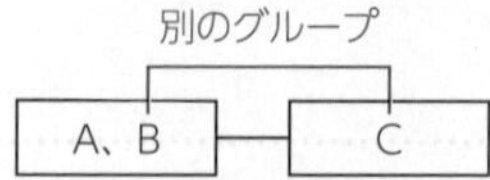

同様に**CとDを別のグループ**、**DとAを同じグループ**に入れると下のようになります。

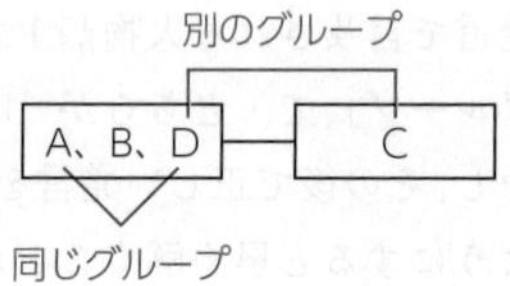

どちらが「正しい」グループか、人数などの条件で決めます。

条件より「**少なくとも2人が正しいことを言っている**（＝2人以上が正しいことを言っている）」ので、**A、B、Dの3人が入っているグループ**が「正しいグループ」となります。よって、正解は**❷**となります。

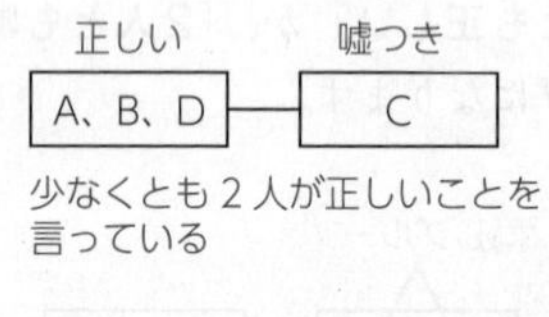

過去問にチャレンジ

★★

A～Eの5人が次のように発言したが、このうち、正しい発言は2人だけで、他の3人の発言には誤りがあった。このことから確実にいえるのは次のうちではどれか。

海保特別2008

A 「CとDは知り合いどうしである。」

B 「私は誰とも知り合いではない。」

C 「Aの言っていることは正しい。」

D 「私は、Cとは面識がない。」

E 「Dの発言は誤っている。」

❶ AとCが言ったことは正しい。
❷ BとDが言ったことは正しい。
❸ CとEが言ったことは正しい。
❹ AとDが言ったことは誤りである。
❺ BとEが言ったことは誤りである。

問題2 ★★★

サッカー場にいたA、B、C、Dと野球場にいたE、F、Gの計7人が次のような発言をした。このうち2人の発言は正しく、残りの5人の発言は誤っているとき、正しい発言をした2人の組合せとして、確実にいえるのはどれか。ただし、7人のうちラーメンが好きな人は2人である。

区Ⅰ 2016

A 「Cの発言は誤りである。」

B 「サッカー場にいた4人はラーメンが好きではない。」

C 「Aはラーメンが好きである。」

D 「A、Cの発言はいずれも誤りである。」

E 「ラーメンが好きな2人はいずれもサッカー場にいた。」

F 「私はラーメンが好きではない。」

G 「E、Fの発言のうち少なくともいずれかは正しい。」

❶ A B
❷ A G
❸ B F
❹ E D
❺ F G

問題3 ★

A～Cの3人兄弟がいる。兄弟に関する次の記述ア～オのうち、一つだけが正しく他はすべてうそであるとき、確実にいえるのはどれか。

区Ⅰ 2005

ア 長男はAである。

イ 長男はBではない。

ウ 次男はAである。

エ 次男はCではない。

オ 三男はCではない。

❶ 長男はAで、次男はBである。
❷ 長男はAで、次男はCである。
❸ 長男はBで、次男はAである。
❹ 長男はBで、次男はCである。
❺ 長男はCで、次男はAである。

問題4
★★

A～Cの3人が、それぞれアメリカ、インド、オーストラリアのいずれか異なる国に旅行した。以下のことがわかっているとき、正しい旅行者と行先の組合せとして、最も妥当なのはどれか。なお、1人は全てを正直に答えており、1人は前半と後半のどちらかが正しくどちらかが偽りであり、1人は全てが偽りである。

消Ⅰ 2019

A 「アメリカに行ったのはBです。インドに行ったのはCです。」

B 「アメリカに行ったのはAです。インドに行ったのはCです。」

C 「オーストラリアに行ったのはAです。インドに行ったのはBです。」

❶ Aがオーストラリアに、Bがアメリカに行った。
❷ Aがアメリカに、Bがインドに行った。
❸ Cがアメリカに、Aがインドに行った。
❹ Cがオーストラリアに、Aがインドに行った。
❺ Cがインドに、Bがオーストラリアに行った。

問題5 ★

ある小学校の児童A～Eの５人に夢の職業について尋ねたところ、それぞれ次のように発言した。

A 「私の夢の職業はサッカー選手であり、Cの夢の職業はパイロットである。」

B 「私の夢の職業はサッカー選手であり、Dの夢の職業は医師である。」

C 「私の夢の職業はパイロットであり、Bの夢の職業はサッカー選手である。」

D 「私の夢の職業は医師であり、Eの夢の職業はパティシエである。」

E 「私の夢の職業はパティシエであり、Aの夢の職業は弁護士である。」

５人のそれぞれの発言のうち、一方は事実であり、他方は事実と異なっているとき、確実にいえるのはどれか。ただし、５人の夢の職業はサッカー選手、パイロット、医師、パティシエ、弁護士のいずれか１つだけであり、夢の職業が同じ児童はいない。

都Ⅰ 2012

❶ Aの夢の職業は弁護士であり、Dの夢の職業はパイロットである。
❷ Bの夢の職業はパティシエであり、Eの夢の職業はサッカー選手である。
❸ Cの夢の職業はパイロットであり、Aの夢の職業はパティシエである。
❹ Dの夢の職業はサッカー選手であり、Cの夢の職業は医師である。
❺ Eの夢の職業は医師であり、Bの夢の職業は弁護士である。

問題6 ★★

A～Eの５人が、登山をしたときに山頂へ到着した順番について、それぞれ次のように発言している。

A 「私はDの次に到着した。」「CはEの次に到着した。」

B 「私はEの次に到着した。」「Aは最後に到着した。」

C 「私はBの次に到着した。」「EはDの次に到着した。」

D 「私は最後に到着した。」「BはEの次に到着した。」

E 「私はAの次に到着した。」「AはCの次に到着した。」

５人の発言の一方は事実であり、他方は事実ではないとすると、最初に到着した人として、正しいのはどれか。ただし、同着はないものとする。

都Ⅰ 2014

❶ A
❷ B
❸ C
❹ D
❺ E

問題７
★

A～Eの５人が、ある競技の観戦チケットの抽選に申し込み、このうちの１人が当選した。５人に話を聞いたところ、次のような返事があった。このとき、５人のうち３人が本当のことを言い、２人がうそをついているとすると、確実にいえるのはどれか。

区Ⅰ 2020

A 「当選したのはBかCのどちらかだ。」

B 「当選したのはAかCのどちらかだ。」

C 「当選したのはDかEである。」

D 「私とCは当選していない。」

E 「当選したのはBかDのどちらかだ。」

❶ Aが当選した。
❷ Bが当選した。
❸ Cが当選した。
❹ Dが当選した。
❺ Eが当選した。

問題8
★★

A、B、C、D、E、Fの6人の中に犯人が1人いる。6人はそれぞれ次のように話している。また、本当のことを話したのは4人で、他の2人は嘘をついていることがわかっている。このとき、犯人である可能性のある者として妥当なのはどれか。

消Ⅰ 2005

A 「私は犯人ではない」
B 「犯人はFである」
C 「Eは本当のことを話している」
D 「犯人はAである」
E 「犯人はBではない」
F 「犯人はCではない」

❶ AとDとE
❷ AとEとF
❸ DとEとF
❹ BとD
❺ CとE

2 その他の発言推理

学習のポイント

・ここでは、発言内容から推理を行う問題のうち、特殊なパターンの出題に対応するテクニックを紹介します。

1 他者が「わからない」ことにより「わかる」状況の推理

例えば帽子をかぶっているけれど自分の帽子の色はわからず、他人の帽子の色は見えている状況において、見えている状況と条件から自分の帽子の色を推測するような状況の設問があります。複雑な状況なので、例題で考えてみましょう。

例題 A～Dの４人がAを先頭にA～Dの順で一列に並んでいる。この４人に白い帽子四つ、赤い帽子三つのうちから一つを選んでかぶせることにする。４人は自分より前に並んでいる人の帽子の色はわかるが、自分の帽子の色と、自分より後ろの人の帽子の色はわからないものとする。また、それぞれの色の帽子が何個ずつあるかは知っているものとする。

Dに自分の帽子の色がわかるかと聞いたところ「わからない」と答えた。それを聞いたCは自分の帽子の色が「わかった」と答えた。このとき、A～Dの帽子の色としてありうるのはどれか。

	A	B	C	D
❶	赤	白	赤	白
❷	赤	白	赤	赤
❸	白	赤	白	白
❹	赤	赤	白	白
❺	白	白	赤	赤

第8章 発言推理

❶「Dが自分の色がわかる状況／わからない状況」

	A	B	C	D
①	赤	赤	赤	わかる
②	赤	赤	白	わからない
③	赤	白	赤	
④	赤	白	白	
⑤	白	赤	赤	
⑥	白	赤	白	
⑦	白	白	赤	
⑧	白	白	白	

A～Cの色の組合せは、①～⑧の８通りあります。

このうち、Dが「自分の色がわかる」のは、A、B、Cが全員赤の場合の①のみです。

①の場合、赤は三つしかないためDの分の赤は残っていないことになり、Dは自分の帽子の色が「白だとわかる」ことになります。

実際にはDは「わからない」と答えたので①は不適となり、A、B、Cの色の組合せは②～⑧に絞られます。

❷「Cが自分の色がわかる状況／わからない状況」

Dの「わからない」という発言より得られる情報と、AとBの色の情報を合わせて、「Cが自分の色がわかる状況／わからない状況」について考えます。

Dの「わからない」という発言より、A、B、Cの色の組合せは②～⑧に決まりました。②～⑧のうち、AとBの色の組合せを見ると、「A＝赤、B＝赤」は②のみ、「A＝赤、B＝白」は③と④、「A＝白、B＝赤」は⑤と⑥、「A＝白、B＝白」は⑦と⑧が該当します。

（ｉ）「A＝赤、B＝赤」の場合

②～⑧では②のみ該当します。よって、Cは「AとBが赤だから②に決まりだ、自分の色は②より白だ」とわかることになります。

（ⅱ）「A＝赤、B＝赤」以外の組合せの場合

例えば、「A＝赤、B＝白」の場合は③と④が該当し、③では「C＝赤」、④では「C＝白」となってしまいます。よって、CはAとBの色を見ても、自分の色が何色か確定できません。同様に「A＝白、B＝赤」では⑤と⑥が、「A＝白、B＝白」では⑦と⑧が該当し、それぞれCは赤と白の２通りずつ考えられるので、Cの色が確定しません。よって、Cは「自分の色がわからない」ことになり、条件に反するため

不適となります。

（ⅰ）、（ⅱ）より、「Cが自分の色がわかる」のは、②の「A＝赤、B＝赤、C＝白」の場合のみです。このとき、Dの色は確定しません。

選択肢より、「A＝赤、B＝赤、C＝白」となっているのは❹のみなので、正解は❹となります。

	A	B	C	
②	**赤**	**赤**→	白	わかる
③	赤	白	赤	わからない
④	赤	白	白	
⑤	白	赤	赤	
⑥	白	赤	白	
⑦	白	白	赤	
⑧	白	白	白	

2 その他の知識

「**A**（仮定）**ならばB**（結論）**だ**」の発言が「**嘘**」になるのは、「**A**（仮定）**なのにB**（結論）**でない**」場合のみです。

例えば、「合格したら、ゲームを買ってあげる」という発言の場合、「合格したのに、ゲームを買ってあげない」のみが「嘘」になります。

合格しなかった場合については何も言っていないので、ゲームを買ってあげてもあげなくても嘘にはなりせん。

	仮定部分	結論部分
発言	**合格**	**ゲームを買う**
嘘	**合格**	**ゲームを買わない**
正しい	合格	ゲームを買う
正しい	不合格	ゲームを買う
正しい	不合格	ゲームを買わない

他にも、「日曜日に晴れたら、動物園に行く」の記述が嘘になるのは、「日曜日に晴れたのに、動物園に行かなかった」場合です。

日曜日に晴れなかった場合については何も述べていないので、「日曜日に晴れなかったが、動物園に行かなかった」、「日曜日に晴れなかったが、動物園に行った」は、いずれも嘘の記述にはなりません。

解法ナビゲーション

A～Cの３人で、カードの色を当てる推理ゲームをしている。３人に１枚ずつカードを配り、A、B、Cの順に自分のカードの色について聞いたところ、Aは「分からない」、BとCは「分かった」と答えた。今、次のア～オのことが分かっているとき、A～Cのカードの色の組合せとして、妥当なのはどれか。

区Ⅰ2007

ア　カードの色は赤か黒で、３枚のうち少なくとも１枚は赤である。

イ　３人とも自分のカードの色は見えないが、他の２人のカードの色は見える。

ウ　Aは、見えるカードだけを根拠に推理する。

エ　Bは、見えるカードとAの発言を根拠に推理する。

オ　Cは、見えるカードと、AとBの発言を根拠に推理する。

	A	B	C
❶	赤	赤	赤
❷	赤	赤	黒
❸	赤	黒	黒
❹	黒	赤	赤
❺	黒	黒	赤

自分の色が「分かった」と発言する状況は少ないので、まずそれがどのような状況か考えます。

次に、その状況を少しだけ変えてみて、誰かの「分からない」という発言を聞いて、自分の色が「分かった」と言える状況について検討してみます。

【解答・解説】

正解 ❷

まず、「Aが自分の色がわかる状況」について考えます。

	A	B	C
①	わかる	黒	黒
②	わからない	黒	赤
③		赤	黒
④		赤	赤

BとCの色の組合せは、①～④の４通りあります。

このうち、Aが「自分の色がわかる」のは、BとCがともに黒の場合の①のみです。

赤は少なくとも１枚あるので、BとCがともに黒ならば、Aは自分の色が赤だとわかることになります。

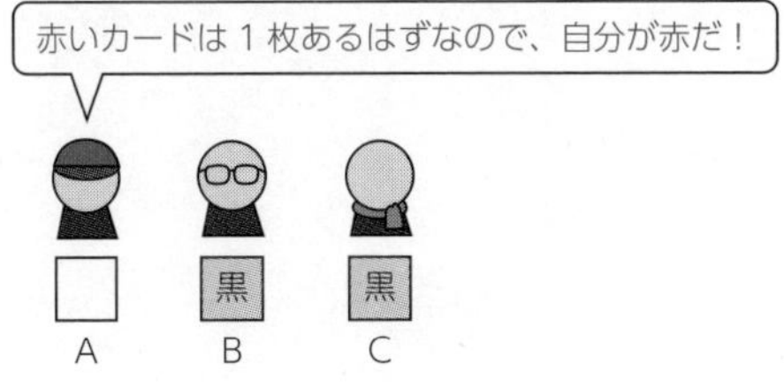

「Aが自分の色が分からない」ことより、得られた情報について考えます。

「Aが自分の色がわからない」ことを聞いたBは、「**BとCの色の組合せが②～④のいずれかである**」という情報を得たことになります。また、Bは「Cの色」を知っています。ここで、Bが「Cの色」によって自分の色がわかるかどうか、場合分けをして調べます。

❶ Cが赤の場合

②～④のうち、Cが赤なのは②か④の２通りあります。②ならば「Bは黒」、④ならば「Bは赤」となり、Bは自分の色が黒か赤か特定できずに「わからない」と言うはずです。よって、条件に反するため不適となります。

第8章 発言推理

❷ Cが黒の場合

②～④のうち、Cが黒なのは③の１通りのみです。

Cが黒ならば③に決定し、「Bが赤」、「Cが黒」と決まります。よって、BもCも自分の色がわかったことになります。

	A	B	C
②	分からない	黒	赤
③		赤◀	黒
④		赤	赤

以上より、Bが赤、Cが黒まで確定できます。選択肢の中でBが赤、Cが黒なのは❷のみなので、正解は❷となります。

過去問にチャレンジ

問題1
★★★

A～Gの7人が、赤・白・青のいずれかの色の帽子を一斉にかぶせてもらい、自分以外の全員の色を見て、自分がかぶっている帽子の色を当てるというゲームを行った。

「帽子の色は赤・白・青のいずれかで、同じ色の帽子をかぶっている人は最大3人である」というヒントがあったが、初めは誰も分からず、手を挙げなかった。しかし、そこで誰も分からないという状況を踏まえたとたんに、何人かが同時に「分かった」と手を挙げ、それを見て残りの人が「分かった」と手を挙げた。このとき、先に同時に手を挙げた人数は何人であったか。

ただし、A～Gの7人は判断に同じだけの時間を要し、誤りはないものとする。

国専2008

❶ 2人
❷ 3人
❸ 4人
❹ 5人
❺ 6人

問題2 ★★ A～Eの５人が一緒に旅行することになり、ある駅で待ち合わせた。駅に到着した順序についてア～エの発言があったが、発言のうち一つは誤りであった。このとき確実にいえるのはどれか。
ただし、同時に駅に到着した者はいなかった。

国般2007

ア　「Aは、Dより先でEより後に到着した。」

イ　「Cは、Aより先でDより後に到着した。」

ウ　「Dは、Eより先でBより後に到着した。」

エ　「Eは、Aより先でCより後に到着した。」

❶　最初に到着したのはEである。
❷　２番目に到着したのはDである。
❸　３番目に到着したのはAである。
❹　４番目に到着したのはCである。
❺　最後に到着したのはBである。

問題3 ★★★

A～Eの五つの箱があり、それぞれの箱にはラベルが1枚貼られている。箱とその箱に貼られているラベルの記述について調べてみると、空箱でないときは、ラベルの記述が正しく、事実と整合しており、空箱であるときは、ラベルの記述が誤っており、事実に反することが分かった。ラベルが次のとおりであるとき、A～Eのうち、空箱であると確実にいえるのはどれか。

国般2017

Aのラベル：「C又はDは空箱である。」

Bのラベル：「Aが空箱であるならば、Cも空箱である。」

Cのラベル：「Dは空箱である。」

Dのラベル：「A及びBは空箱である。」

Eのラベル：「Dが空箱であるならば、Eは空箱でない。」

❶ A
❷ B
❸ C
❹ D
❺ E

第9章

暗　号

暗　号

1 暗　号

学習のポイント

・問題文に暗号化の例が1～3通り示され、そこから規則性を見つけて解く問題です。少数の例示から暗号化ルールを突きとめなければならないので、規則性を推測しながら問題を解く単元になります。

・また、暗号の作られ方についてのバリエーションをなるべく多く蓄えておくことも大事です。

1 文字列の変換例

暗号化される前の文字列を**平文**、暗号化された文字列を**暗号文**といいます。

問題文には、平文と暗号文がいくつか例示されます。以下に示すのはすべて暗号化コードの例にすぎず、実際の問題に取り組む際は示された例を手がかりに暗号の規則性を探り当てるしかありません。平文をローマ字表記や英語表記で表したものを、さらに数字や記号に暗号化する場合もあります。

(1) アルファベット26文字→数字2桁の暗号例

01	02	03	04	05	06	07	08	09	10	11	12	13
A	B	C	D	E	F	G	H	I	J	K	L	M
14	15	16	17	18	19	20	21	22	23	24	25	26
N	O	P	Q	R	S	T	U	V	W	X	Y	Z

FINE→06，09，14，05
DREAM→04，18，05，01，13

(2) かな表記→数字2桁の暗号例

	1	2	3	4	5	6	7	8	9	10
1	あ	か	さ	た	な	は	ま	や	ら	わ
2	い	き	し	ち	に	ひ	み		り	
3	う	く	す	つ	ぬ	ふ	む	ゆ	る	
4	え	け	せ	て	ね	へ	め		れ	
5	お	こ	そ	と	の	ほ	も	よ	ろ	

さくら→31，23，91
ねこ　→54，25

かな表記を変換する暗号は、ここに示した五十音順ではなく、「いろはにほへと…」の「イロハ順」も出題されたことがあります。

⑶　N進法の暗号例

暗号文が２種類のみの文字や記号で構成されている場合、２進法を使った暗号の可能性があります。同様に、３種類のみの文字や記号の場合は３進法、４種類のみの文字や記号の場合は4進法の可能性があります。

①　3進法を利用した暗号

次に示すのは、アルファベット26文字を「０」、「１」、「２」の３種類の数字のみで表す３進法を利用した暗号の例です。

A	B	C	D	E	F	G	H	I	J	K	L	M
000	001	002	010	011	012	020	021	022	100	101	102	110
N	O	P	Q	R	S	T	U	V	W	X	Y	Z
111	112	120	121	122	200	201	202	210	211	212	220	221

例　渋谷　→　SIBUYA　→　「200, 022, 001, 202, 220, 000」

３進法では、０、１、２の数字しか使用しません。よって、000、001、002と続いた次は、003とはならずに、位が一つ上がって010となります。さらに、010、011、012と続いた次は013とはならずに、位が一つ上がって020となります。

また、022の次は023とならずに位が上がりますが、位が一つ上がって030とはならずに、さらにもう一つ位が上がって100となります。

アルファベットをN進法に暗号化し、さらに数字を記号に変換する暗号もあります。

下は、アルファベット26文字を３進法に当てはめ、さらに、「０⇒◎」、「１⇒▲」、「２⇒□」の記号に置き換えた暗号の例です。

A	B	C	D	E	F	G	H	I	J	K	L	M
◎◎◎	◎◎▲	◎◎□	◎▲◎	◎▲▲	◎▲□	◎□◎	◎□▲	◎□□	▲◎◎	▲◎▲	▲◎□	▲▲◎
N	O	P	Q	R	S	T	U	V	W	X	Y	Z
▲▲▲	▲▲□	▲□◎	▲□▲	▲□□	□◎◎	□◎▲	□◎□	□▲◎	□▲▲	□▲□	□□◎	□□▲

例　渋谷　→　SIBUYA　→　「□◎◎, ◎□□, ◎◎▲, □◎□, □□◎, ◎◎◎」

②　5進法を利用した暗号

次に示すのは、アルファベット26文字を「０」、「１」、「２」、「３」、「４」の５種類の数字のみで表す５進法を利用した暗号の例です。

A	B	C	D	E	F	G	H	I	J	K	L	M
000	001	002	003	004	010	011	012	013	014	020	021	022
N	O	P	Q	R	S	T	U	V	W	X	Y	Z
023	024	030	031	032	033	034	040	041	042	043	044	100

５進法では、０、１、２、３、４の数字しか使用しません。よって、000、001、002、003、004と続いた次は、005とはならずに、位が一つ上がって010となります。さらに、010、011、012、013、014と続いた次は015とはならずに、位が一つ上がって020となります。

例　渋谷　→　SIBUYA　→「033，013，001，040，044，000」

⑷　その他の暗号化例

①　逆から読む

例　さいたま→ SAITAMA → AMATIAS → 01，13，01，20，09，01，19
（ローマ字化）　（逆読み）　（アルファベットを数字で暗号化）

②　文字をずらす

例　さいたま→ SAITAMA → TBJUBNB
（ローマ字化）（アルファベットを１文字後ろにずらす）

③　文字をはさむ

例　名古屋→NAGOYA→ N[A]A[B]G[C]O[D]Y[E]A → NAABGCODYEA

2 暗号読解のポイント

⑴　暗号文の単位数に注目する

例「なつ」を表す暗号が「14，01，20，19，21」の場合

平文は平仮名で２文字ですが、暗号文は２桁をひとかたまりと考えると５単位分あることになります。この場合、「なつ」を５文字分で表現する形式がないか考え、それを何らかのコードで暗号化した可能性を疑ってみます。英語の「SUMMER」は６文字、ローマ字表記では「NATU」４文字と「NATSU」５文字の２通り考えられます。

ここでは暗号文の５単位分と同じ５文字分であるローマ字「NATSU」を、数字２桁に暗号化したものではないかと推測できます。

ローマ字表記にはヘボン式と訓令式があり、いくつかの変換において表現に使われるアルファベットや文字数が違います。例えばローマ字化が疑わしいけれど文字数が合わない、といったケースでは、もう一方の形式を考慮してみましょう。

	し	ち	つ	ふ	じ	ぢ
ヘボン式	shi	chi	tsu	fu	ji	ji
訓令式	si	ti	tu	hu	zi	zi

(2) 文字列の特徴的な部分に注目する

例示の平文に、同じ文字や（Aが２回出てくるなど）、隣どうしの文字（CとDが入っているなど）が入っていたら、それを手がかりに暗号の規則性を見つけます。

例 AKI＝「09, 11, **01**」、NATU＝「21, 20, **01**, 14」の場合

平文で同じ文字に当たる「A」は、AKIでは左から１番目、NATUでは左から２番目ですが、暗号文で同じ01は、AKIでは右端、NATUでは右から２番目となっています。

このことから、アルファベットを数字に暗号化し、その後で左右の順を逆にしたものだと推測できます。

(3) 計算を含んだ暗号

数字化した暗号が、アルファベットの順番に該当しない場合があります。そのような場合は、計算を含んだ暗号でないか検討してみます。

例えば、下のような暗号を使った場合について考えてみましょう。

A	B	C	D	E	F	G	H	I	J	K	L	M
01	02	03	04	05	06	07	08	09	10	11	12	13
N	O	P	Q	R	S	T	U	V	W	X	Y	Z
14	15	16	17	18	19	20	21	22	23	24	25	26

例 渋谷 → SIBUYA → 「19, 09, 02, 21, 25, 01」…①
渋谷 → SIBUYA → 「20, 11, 05, 25, 30, 07」…②

①は上の表のとおりの暗号ですが、②は上の表の数字と合いません。

このようなときには、計算を含んだ暗号ではないかと考えます。今回の例では、①の暗号に、左から順に＋1、＋2、＋3…と計算を加えた数字が、②の暗号となり

ます。

平文	S	I	B	U	Y	A
暗号文①	19	09	02	21	25	01
計算	＋1	＋2	＋3	＋4	＋5	＋6
暗号文②	20	11	05	25	30	07

解法ナビゲーション

ある暗号で「杉並」が「9÷3、−4÷2、5÷5、14÷7」、「板橋」が「2÷1、4÷4、−6÷6、6÷3」で表されるとき、同じ暗号の法則で「28÷7、−6÷2、45÷9」と表されるのはどれか。

区Ⅰ 2016

❶ 「足立」
❷ 「目黒」
❸ 「中野」
❹ 「豊島」
❺ 「渋谷」

着眼点

暗号問題は、「少ない平文と暗号の例」から全体を推測する問題なので、「こうではないだろうか」という予測をもとに答えを導いていきます。

この問題では、「杉並」、「板橋」を平仮名表記にした文字数と暗号文の単位数が等しいことに注目します。

【解答・解説】

正解 ❷

平文の文字数と暗号文の単位数が同じならばそのまま、異なるときは平文の表記を違うものに変えてみます。

平文の「杉並」と「板橋」はそのままの漢字表記だと２文字ですが、「すぎなみ」と「いたばし」と平仮名表記にすると４文字、暗号文の「数字÷数字」で１セットと考えると４単位なので、平文の平仮名表記が暗号文に対応していると考えてよさそうです。

母音と子音の平仮名50音表に当てはめ、法則を推測します。

「すぎなみ」と「いたばし」の暗号を、子音のア行〜マ行でまとめると、÷の後の数字が、ア行から順に１〜７と並んでいることから、÷の後ろの数字が子音を表していると予測できます。

また、濁点の「ぎ」と「ば」だけに「－」がついているので、「－」が濁点を表していると考えられます。

	÷1	÷2	÷3	÷4	÷5	÷6	÷7	÷8	÷9	÷10
	ア	カ	サ	タ	ナ	ハ	マ	ヤ	ラ	ワ
あ				4÷4	5÷5	−6÷6				
い	2÷1	−4÷2	6÷3				14÷7			
う			9÷3							
え										
お										

母音のあ段〜お段のほうには規則性が見られません。ここで、割り算の計算をすると、割り算の答えに規則性が見られます。よって、母音のあ段〜お段は、割り算の答えが１〜５の順になっていると推測できます。

割り算の答え		÷1	÷2	÷3	÷4	÷5	÷6	÷7	÷8	÷9	÷10
		ア	カ	サ	タ	ナ	ハ	マ	ヤ	ラ	ワ
1	あ				1	1	−1				
2	い	2	−2	2				2			
3	う			3							
4	え										
5	お										

よって、「28÷7、−6÷2、45÷9」は、÷の後の数字が子音を表していると考えられるので「マ行、カ行、ラ行」となります。また、計算結果の「4、−3、5」が母音を表していると考えられるので、「マ行え段、カ行う段の濁音、ラ行お段」となり、「めぐろ」＝目黒を表しているとわかります。よって、正解は❷となります。

解法ナビゲーション

ある暗号で「ＣＬＵＢ」が「上上下、中上下、下上下、上上中」、「ＤＡＷＮ」が「上中上、上上上、下中中、中中中」で表されるとき、同じ暗号の法則で「下上上、上下中、中中下、中下上」と表されるのはどれか。

区Ⅰ 2019

❶ 「ＳＯＲＴ」
❷ 「ＳＨＯＰ」
❸ 「ＳＨＩＰ」
❹ 「ＰＯＲＴ」
❺ 「ＭＩＳＴ」

暗号文に使用されている記号が２種類、３種類、４種類…の場合、暗号化に２進法、３進法、４進法…が使われていないか調べます。

この問題の暗号文は「上」、「中」、「下」の３種類のみで構成されているので、３進法を使った暗号の可能性を疑ってみます。

【解答・解説】

正解 ❷

平文の文字数と暗号文の数字の数が同じならばそのまま、異なるときは平文の表記を違うものに変えてみます。

平文「ＣＬＵＢ」、「ＤＡＷＮ」の４文字が、それぞれ暗号の「上中下の３文字」４単位と対応しているので、平文はアルファベットのままで暗号文と対応させてよさそうです。

平文のアルファベットと３進法の数字による暗号の対応表を作ります。

暗号の文字が「上、中、下」の３文字なので３進法の考え方で暗号を作っている可能性があります。そこで、まずはアルファベットを数字の３進法に当てはめてみます。

A	B	C	D	E	F	G	H	I	J	K	L	M
000	001	002	010	011	012	020	021	022	100	101	102	110
N	O	P	Q	R	S	T	U	V	W	X	Y	Z
111	112	120	121	122	200	201	202	210	211	212	220	221

３進法による数字の暗号を、記号に置き換えてみます。このとき、条件の平文に、アルファベットが連続して並んでいるものがないか探し、記号の順番を検討します。

ここで、数字で示された３進法の暗号を、「上」、「中」、「下」の記号に変換します。このとき、０、１、２がそれぞれどの記号に対応しているか調べるために、条件の平文でアルファベットが連続しているＡ、Ｂ、Ｃに注目します。

「ＣＬＵＢ」よりＢとＣ、「ＤＡＷＮ」よりＡの暗号を確認すると、Ａが「上上上」、Ｂが「上上中」、Ｃが「上上下」となっており、右の文字が「上→中→下」の順に変わっていることがわかります。よって、「０⇒上」、「１⇒中」、「２⇒下」に当てはめてみると、以下のようになります。

A	B	C	D	E	F	G	H	I	J	K	L	M
上上上	上上中	上上下	上中上	上中中	上中下	上下上	上下中	上下下	中上上	中上中	中上下	中中上
N	O	P	Q	R	S	T	U	V	W	X	Y	Z
中中中	中中下	中下上	中下中	中下下	下上上	下上中	下上下	下中上	下中中	下中下	下下上	下下中

「ＣＬＵＢ」よりＬとＵ、「ＤＡＷＮ」よりＷとＮの暗号を確認すると、Ｌが「中上下」、Ｕが「下上下」、Ｗが「下中中」、Ｎが「中中中」となり、問題文の条件に該当します。

よって、表より、「下上上、上下中、中中下、中下上」は「ＳＨＯＰ」とわかるので、正解は❷となります。

過去問にチャレンジ

問題1
★★

ある暗号で「カエデ」が「B j A d D q」、「フユヅタ」が「F b H l D r D t」で表されるとき、同じ暗号の法則で「H n G e C k B h I o」と表されるのはどれか。

区Ⅰ 2018

❶ 「マメザクラ」
❷ 「ミネザクラ」
❸ 「ミネズオウ」
❹ 「ヤマザクラ」
❺ 「ヤマボウシ」

問題2
★★

ある暗号で、「空（そら）」は「H P B」、「空気」は「Z R I」と表すことができるとき、暗号「D Z G V I」が表すものとして、最も妥当なのはどれか。

消Ⅰ 2019

❶ 雲
❷ 水
❸ 夢
❹ 地球
❺ 光

問題3
★★★

アルファベットの配列を数字の配列に置き換えた暗号で、暗号化のためのキーワード「H E L L O」を用いると、「J A P A N」が「18 06 02 13 03」と表される。同じキーワードを用い、「T O K Y O」を表したのはどれか。

区Ⅰ 2002

❶ 「20　25　11　25　15」
❷ 「19　04　01　06　04」
❸ 「23　24　13　23　16」
❹ 「02　20　23　11　04」
❺ 「01　14　23　17　03」

問題4 ★★★

ある暗号で、「かぶとむし」が「○△11，○▼13，○△2，□△8，□▼7，□▼12，○△13，□▼6，□△6，○▼5」と表されるとき、同じ暗号の法則で「そら」を表したものとして、妥当なのはどれか。

都Ⅰ 2002

❶ □▼8，□△2，□△5，○▼13
❷ □△6，□▼12，□▼9，○△9
❸ □△6，□▼6，□▼8，○△9
❹ ○▼12，○△1，□△5，○▼13
❺ □△7，□▼12，□▼9，○▼5

問題5 ★★

地名についての暗号で、「アタゴ」が「000，034，000，011，024」、「オトワ」が「024，034，024，042，000」と表されるとき、同じ暗号の法則で「スミダ」を表したのはどれか。

区Ⅰ 2005

❶ 「020，013，023，040，034，000」
❷ 「033，013，001，040，044，000」
❸ 「033，013，022，040，032，000」
❹ 「033，040，022，013，003，000」
❺ 「044，040，033，013，022，000」

第10章

操作手順

操作手順の基本
その他の操作手順

1 操作手順の基本

学習のポイント

・道具や装置を使って複数回の操作を行うシチュエーションが登場し、目的のために必要な操作の最少回数や、目的を達成するために満たすべき条件を求める問題です。
・出題頻度の高いものを中心に解法パターンを紹介します。

1 偽物探し

コインや同じ大きさの立方体など、通常はすべて同じ重さであるべきものの中に、重さの違う偽物（本物より軽い、もしくは重い）が紛れており、その偽物を探す問題です。天秤を用いて探し出す操作を行う際の、最も少ない操作回数が問われることが多いです。ここでは偽コイン探しの解法を検討してみましょう。

❶ コイン全体を枚数ができるだけ等しくなるように三つのグループに分け、一つのグループを天秤の左の皿、一つのグループを天秤の右の皿に載せ、残りのグループを天秤に載せないでおきます。

❷ 天秤が傾いた場合は、天秤の左右いずれかの皿の中に偽物のコインがあります。また、天秤が釣り合ったときには、天秤に載せなかったグループに偽物のコインがあります。

例 コインが6枚あり、1枚だけ他より重い偽物のコインがあるとき

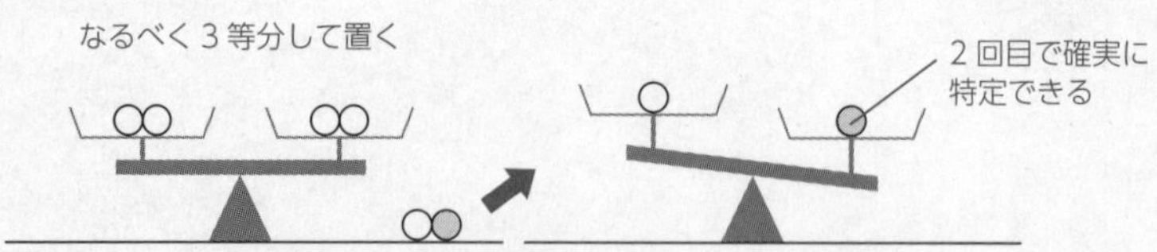
なるべく3等分して置く
2回目で確実に
特定できる
天秤が釣り合った場合は、天秤に載せなかった
グループの中に偽物のコインがある

❸ コインの枚数が3枚、9枚、27枚、81枚…（＝3^1枚、3^2枚、3^3枚、3^4枚…）のときに天秤を操作する回数を覚えておくと、早く解くことができます。

コインの枚数が27枚の場合、「9枚、9枚、9枚」の3グループに分けると、1回目でいずれかの9枚の中に偽物のコインが入っていることまで絞れます。

2回目にその9枚を、「3枚、3枚、3枚」の3グループに分けると、2回目でいずれかの3枚の中に偽物のコインが入っているところまで絞れます。

3回目にその3枚を、「1枚、1枚、1枚」の3グループに分けると、3回目で偽物のコインが確定します。

27枚の場合…3回

［1回目］9枚に絞れる⇒［2回目］3枚に絞れる⇒［3回目］1枚に絞れる（確定）

9枚の場合…2回

［1回目］3枚に絞れる⇒［2回目］1枚に絞れる（確定）

3枚の場合…1回

［1回目］1枚に絞れる（確定）

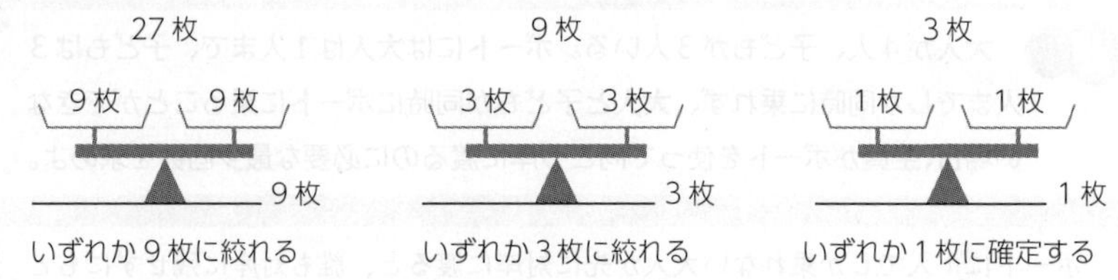

このように、**3枚、9枚、27枚、81枚…**（＝**3^1枚、3^2枚、3^3枚、3^4枚…**）のときは、天秤を1回、2回、3回、4回…使用すると確実に偽物のコインを見つけることができます。

コインの枚数が3枚より多く9枚以下の場合（4～9枚）は、天秤を2回使えば偽物のコインを見つけることができます。これを表にまとめると次のとおりとなります。

全体のコインの枚数	天秤の操作回数
1～**3枚**（3^1枚）	1回
4～**9枚**（3^2枚）	2回
10～**27枚**（3^3枚）	3回
28～**81枚**（3^4枚）	4回
82～**243枚**（3^5枚）	5回
⋮	⋮

例えば、全体のコインの枚数が50枚あり、そのうち1枚だけわずかに重い偽の

コインを天秤を使って見つける問題では、50枚が28枚～81枚（3^4枚）の間なので4回となります。

補足

ここで紹介しているのは、偽物が本物に比べて重いのか軽いのかがあらかじめ判明している場合の解法です。重さが異なることだけがわかっていて、本物に比べて重いのか軽いのかがわからない場合は、違ったアプローチを考える必要があります。

2 渡河問題

河の向こう岸にボート等に乗って渡る場合において、定員のあるボートに1人でしか乗れない人物と、複数人で乗れる人物とが協力し合って、全員河を渡るためにボートを動かす最少回数を求める問題です。

例題　大人が4人、子どもが3人いる。ボートには大人は1人まで、子どもは3人までしか同時に乗れず、大人と子どもが同時にボートに乗ることができない場合、全員がボートを使って向こう岸に渡るのに必要な最少回数を求めよ。

ボートに1人でしか乗れない大人が先に対岸に渡ると、誰も対岸に残せずにもとの岸にボートを戻すしかなく、無駄にボートを使ったことになります（2回ボートを使い、大人が向こう岸に行って戻ってくるだけの操作になってしまう）。

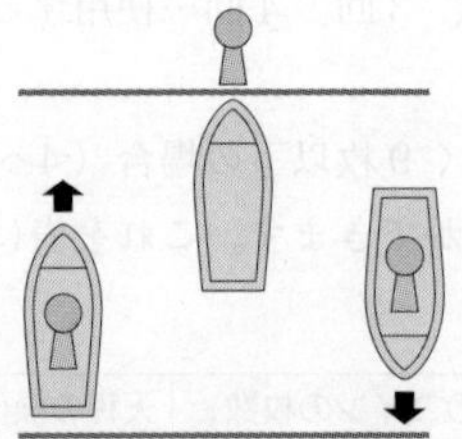

最少回数で大人を対岸に渡すには、大人を渡す前に「ボートを戻す役」として子どもを最大の人数で向こう岸に渡し、対岸にできるだけ多くの子どもを残して子どもが1人でボートをもとの岸に戻します。

子どもが対岸にいてくれれば、大人が対岸に渡ったときに、対岸にいた子どもがボートをもとの岸に戻してくれます。

図のように、3人の子どもが向こう岸に渡り、2人の子どもを向こう岸に残しておくと、6回で2人の大人を向こう岸に渡すことができます。

「6回で2人の大人を向こう岸に渡す」を1セットとして考えると、大人を4人渡すのには、6回×2セット＝12回かかります。

ただし、12回目（それぞれのセットの最後の回）には「子ども3人がもとの岸に戻っている」ため、13回目に子どもが3人でボートに乗って向こう岸に渡ると、全員が渡り終えることになります。

よって、正解は13回です。

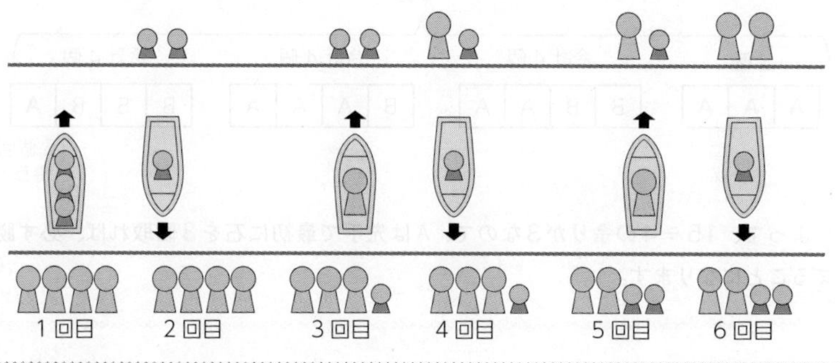

例題の解説にあるように、「全員を向こう岸に渡すための操作」は「ある特定の操作」の反復を含んでいることが多いので、まずはこの「1セット」となる操作を見つけることが重要です。

3 ゲーム必勝法

AとBが決められた個数内において交互に場から物を取り、最後の1個を取れば勝ち（もしくは負け）となるルールのゲームがポピュラーで、このゲームの必勝条件を考える問題などが出題されます。

例題1 15個の石をAとBが交互に取るゲームを行う。1回に1個から3個まで石を取ることができ、最後の1個の石を取ったほうが勝ちとする。Aが先手であるとき、最初にAが何個の石を取れば必ず勝つことができるか。

1回に取れる個数が1個から3個までの場合、AはBの取った個数に応じて、常に合計が4個になるように取ることができます。このようにコントロールできる個数は、「1回で取れる最大の個数＋最小の個数」になり、今回の場合は3＋1＝4（個）

となります。

B	3個	2個	1個
A	1個	2個	3個
AとBの合計	4個	4個	4個

Aは2人の合計が常に4個になるようにコントロールしながら取るので、最初に自分が取った残りが「4の倍数」の個数になれば必ず勝つことができます。

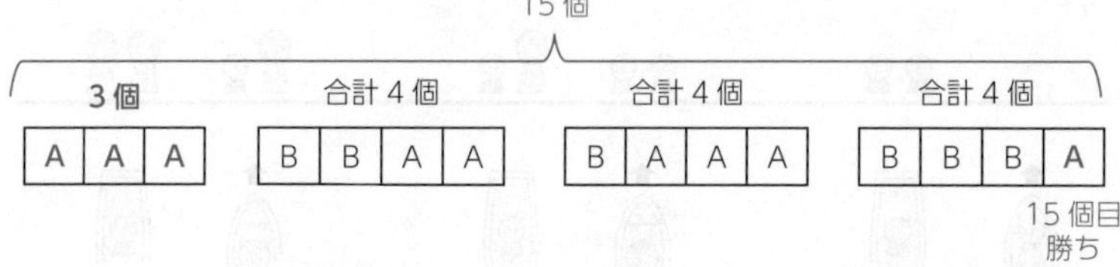

よって、15÷4の余りが3なので、Aは先手で最初に石を3個取れば、必ず勝てることになります。

例題2 14個の石をAとBが交互に取るゲームを行う。1回に1個から5個まで石を取ることができ、最後の1個の石を取ったほうが負けとする。Aが先手であるとき、最初にAが何個の石を取れば必ず勝つことができるか。

1回に取れる個数が1個から5個までの場合、AはBの取った個数に応じて、常に合計が6個になるように取ることができます。

B	5個	4個	3個	2個	1個
A	1個	2個	3個	4個	5個
AとBの合計	6個	6個	6個	6個	6個

Aは2人の合計が常に6個になるようにコントロールしながら取るので、14個の最後から2番目である13個目を自分が取れば、次の14個目をBに取らせて必ず勝つことができます。

よって、13÷6の余りが1なので、Aは先手で最初に石を1個取れば、必ず勝てることになります。

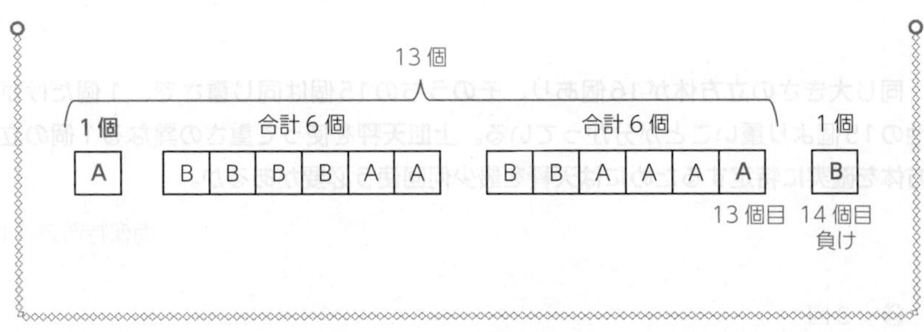

このゲームの先手が必ず勝つための条件をまとめると、以下のとおりとなります。

- ●最後の１個を取ったら「勝ち」の場合
  全体の個数÷（１回で取れる最大の個数＋最小の個数）の余りを最初に取る
- ●最後の１個を取ったら「負け」の場合
  （全体の個数－１）÷（１回で取れる最大の個数＋最小の個数）の余りを最初に取る

解法ナビゲーション

同じ大きさの立方体が16個あり、そのうちの15個は同じ重さで、１個だけが他の15個より重いことが分かっている。上皿天秤を使って重さの異なる１個の立方体を確実に特定するためには天秤を最少何回使う必要があるか。

海保特別2014

❶ 2回
❷ 3回
❸ 4回
❹ 6回
❺ 8回

１個だけ他より重い偽物を探し出すには、３グループに分けて天秤を使う方法が有効です。試行回数についての知識（天秤の操作回数の表）を使えばすぐに答えに到ることもできます。

【解答・解説】

正解 ❷

立方体を天秤の左の皿、右の皿、その他（天秤の皿に載せないもの）の3グループに、できるだけ3等分します。

16個の立方体をできるだけ等分になるように、3グループに分けます（5個、5個、6個）。天秤の左右の皿には5個ずつ載せ、残りの6個は皿に載せずにおきます。このとき、天秤の左右は同じ個数になるように注意します。

皿のどちらかが下がればそのグループ（5個）の中に、天秤が釣り合えば皿に載せなかったグループ（6個）の中に重い立方体が含まれていることになります。

1回目の操作で、重い立方体は「5個か6個のうちのどれか」まで絞り込めることになります。「確実に特定する」ためには、次の天秤の操作で、多いほうのグループである皿に載せなかった6個を調べます。

2回目の操作で立方体を左右の皿に2個ずつ置き、残りの2個を皿に載せずにおくと、重い立方体は3か所いずれかの2個まで絞り込めます。

さらに、3回目で2個を1個ずつ天秤の左右に置くと、下がったほうが重い立方体と確定するので、正解は❷となります。

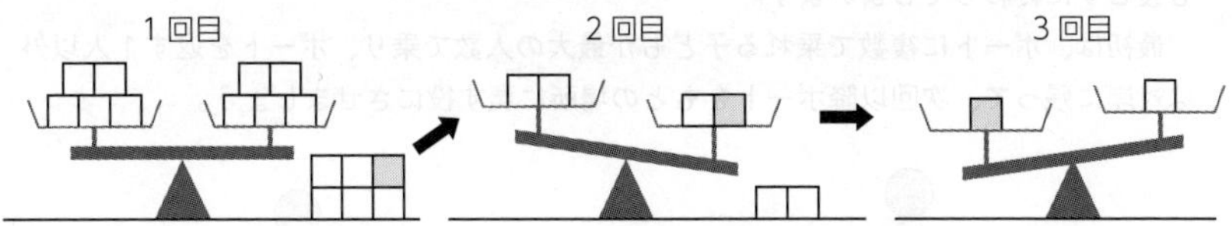

試行回数についての知識（天秤の操作回数の表）を覚えておくと、答えをすぐに導き出せます。

全体の個数	天秤の操作回数
1～3個 (3^1個)	1回
4～9個 (3^2個)	2回
10～27個 (3^3個)	3回

表より、全体の個数が16個の場合、天秤の操作回数は3回となります。

解法ナビゲーション

大人３人、子供２人が１隻のボートを使って、船着き場から川の対岸にあるキャンプ場に移動する。ボートには、大人なら１人、子供なら２人までしか乗れず、また、大人と子供が同時に乗ることはできない。船着き場からキャンプ場、キャンプ場から船着き場への移動をそれぞれ１回と数えると、全員が船着き場からキャンプ場へ移動するのに必要な最少回数はどれか。

区Ⅰ 2004

❶ 11回
❷ 13回
❸ 15回
❹ 17回
❺ 19回

着眼点

ボートに１人しか乗れない大人が最初にボートに乗ってしまうと、単に往復して誰も渡せずに終わってしまいます。

最初は、ボートに複数で乗れる子どもが最大の人数で乗り、ボートを返す１人以外は対岸に残って、次回以降ボートをもとの場所に戻す役にさせましょう。

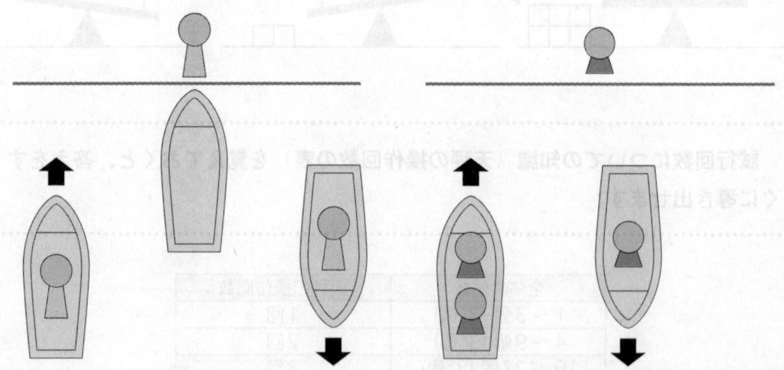

１人しかボートに乗れない大人が最初に乗ると、川を往復しただけで終わってしまう

子どもが、「大人が渡った後にボートを戻す役」として先に渡っておく

【解答・解説】

正解 ❷

ボートに１人しか乗れない大人を１人運ぶのに何回かかるか調べます。

ボートに１人しか乗れない大人が最初にボートに乗ると、対岸に渡った後、自分が乗ってきたボートに乗ってもとの岸に帰ってくることになり、単に往復して終わってしまうことになります。よって、この大人をどうすれば対岸に渡せるか考えます。

１回目：子どもが最大の人数（今回は２人）でボートに乗ります。

２回目：対岸に子どもをできるだけ多く残し(今回は１人)子どもが１人でボートをもとの岸に返します。

３回目：大人がボートに乗って対岸に渡ります。

４回目：子どもが１人でボートをもとの岸に戻します。

このように、大人を１人対岸に渡すのにボートを４回操作します。なお、**４回終了した時点で子ども２人はもとの岸に戻っています。**

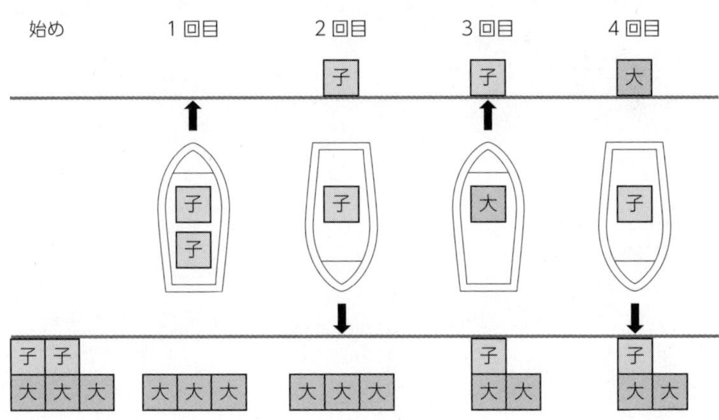

大人１人を運ぶのに必要な回数と大人の人数から、大人全員を渡す回数を求めます。

大人１人を運ぶのに４回かかるので、大人３人を運ぶのに**４×３＝12**回かかります。12回目終了時点で子ども2人はもとの岸にいるので、13回目に子どもが2人でボートに乗って対岸に渡り、これで全員の渡河が完了します。よって、正解は❷となります。

解法ナビゲーション

次の文のア、イ、ウに当てはまる数字の組合せとして妥当なのはどれか。

国般2002

A、Bの２人が52枚のカードを使ってゲームをした。A、Bが52枚のカードから交互に１枚以上、７枚以下のカードを取っていき、最後のカードを取った者を勝ちとした。Aが先手のとき、次のようにすることによって、Aは必ず勝つことができる。

Aは52枚のカードのうちから、まず［ア］枚を取らなければならない。次に、Bが例えば３枚取ったら、Aは［イ］枚を、さらにBが例えば４枚取ったら、Aは［ウ］枚取らなければならない。このように、Bの取った枚数に応じて、Aが適切な枚数を取っていく。

	ア	イ	ウ
❶	1	1	3
❷	2	2	5
❸	3	3	6
❹	4	5	4
❺	5	6	2

着眼点

１枚〜n枚の物を交互に取り合うゲームの場合、相手と自分の２人が取った合計を$(n+1)$枚にして、常に自分がゲームをコントロールすることが、ゲームに勝つポイントになります。

必勝条件に当てはめることで、簡単に答えを出すことができます。

【解答・解説】

正解 ❹

Bが何枚取ってもAが合計枚数を常に同じ数にできれば、Aがゲームをコントロールすることができます。

下の表のように、Bが何枚カードを取ってもAはそれに応じてカードを取り、２人の合計枚数を常に８枚にすることができます。２人の合計枚数を常に同じ枚数にする場合、その枚数は以下の式で求めることができます。

取れるカードの最少枚数＋取れるカードの最多枚数＝1＋7＝8（枚）

B	7	6	5	4	3	2	1
A	1	2	3	4	5	6	7
合計	8	8	8	8	8	8	8

Bの最後の番が回ってきたときにカードが８枚残っていれば、Bが何枚取ろうとも残りは７枚以下になるので、Aが最後の１枚も含めて残ったカードをすべて取ることができ、Aの勝ちが決まります。

最後にBの番で８枚残る

B	B	B	B	B	B	B	A

B	B	B	A	A	A	A	A

B	A	A	A	A	A	A	A

→Bが何枚取っても、最後の１枚はAが取れる

AがBとの合計を常に８枚にできるので、Aが先手で取った後に「８の倍数」枚のカードが残れば、その後、常にAがゲームをコントロールできることになります。

このように、AはBの取った枚数に応じて合計枚数を８枚にできるので、次の図のように最初にAが先手で何枚かカードを取り、その後「８の倍数」枚のカードが残れば、最後にBの番で８枚残ってAが必ず勝てることになります。

Aが先手で取る　BとA合わせて8枚　BとA合わせて8枚　最後に8枚残る

A … A⇒BBBBBBAA⇒BBAAAAAA…BBBBBBBA

「8の倍数」の枚数

よって、Aが先手で取ればよいカードの枚数は、全体の52枚を8で割ったときの余りとなります。52÷8の余りが4なので、最初にAが**4枚**（**ア**）取ればよいことになります。

また、AとBの合計が8枚になるように、Bが3枚取ったらAは**5枚**（**イ**）、Bが4枚取ったらAは**4枚**（**ウ**）取ればよいことになります。

以上より、**ア**：4枚、**イ**：5枚、**ウ**：4枚となり、正解は❹となります。

第10章 操作手順

過去問にチャレンジ

問題1
★★

同じ形・大きさの硬貨が200枚ある。この中に１枚だけ他と比べて重量の軽い偽物が混じっているとき、正確に重量を比較することができる上皿天秤１台を使って、確実に偽物を見つけ出すためには、最少で何回この天秤を使えばよいか。ただし、偶然見つかった場合は最低回数にしないものとする。

裁判所2007

❶　5回
❷　6回
❸　7回
❹　8回
❺　9回

問題2
★★★

見かけが同じ13枚のコインA1、A2、A3、A4、B1、B2、B3、B4、C1、C2、C3、C4、C5がある。この中に１枚だけ重さの異なるコインが紛れている。天秤を３回使って重さの異なる１枚のコインを見つけたい。天秤を１回使ってA1、A2、A3、A4の４枚とB1、B2、B3、B4の４枚の重さが等しいことが分かった。このとき、重さの異なるコインを見つけるために２回目にコインを天秤にかける方法として最も適当なのはどれか。

裁判所2013

❶　C1とC2を天秤にかける。
❷　C1、C2の２枚とC3、C4の２枚を天秤にかける。
❸　A1、C1の２枚とC2、C3の２枚を天秤にかける。
❹　A1、C1、C2の３枚とC3、C4、C5の３枚を天秤にかける。
❺　どのように天秤にかけても３回目で見つけるのは不可能である。

問題3 ★★

下図のような川があり、大人６人、子ども３人が、スタート地点がある一方の岸から、ゴール地点がある対岸まで、一艘の足こぎボートを使って以下のルールに従い移動する。スタート地点からゴール地点までの移動、ゴール地点からスタート地点までの移動を、それぞれ1回と数えるとき、全員が対岸のゴール地点まで移動し終えるまでのボートの最少の移動回数として、最も妥当なのはどれか。

警Ⅰ 2017

・ボートに大人は１人だけしか乗ることができない。

・ボートに子どもは最大２人までしか乗ることができない。

・ボートに大人と子どもが同時に乗ることはできない。

・ボートが無人で移動することはない。

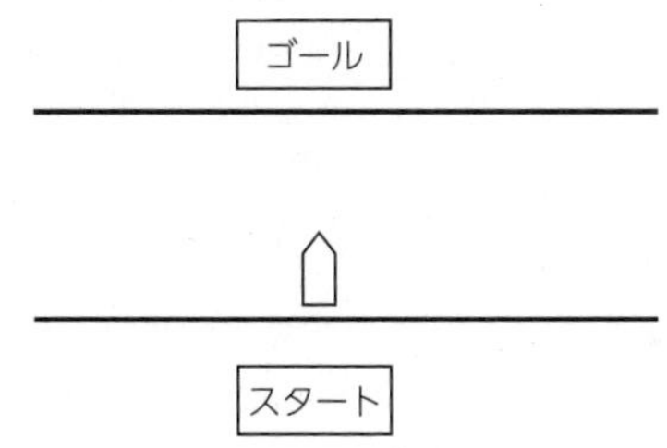

❶ 23回
❷ 25回
❸ 27回
❹ 29回
❺ 31回

問題4 ★ **AとBの2人が24個の小球を使い、次の①〜③のルールに従ってゲームをした。**

(ルール)

① A、Bが24個の小球から、交互に1個以上、5個以下の小球を取り、最後の小球を取った者が負けとする。

② Aが先手で開始する。

③ 一度取った小球は、元に戻すことはできない。

このルールでは、Aが最初にある個数の小球を取ればAが必ず勝つようにすることができるが、その数として、最も妥当なのはどれか。

消Ⅰ2014

❶ 1個
❷ 2個
❸ 3個
❹ 4個
❺ 5個

2 その他の操作手順

学習のポイント

・操作手順にはさまざまな出題パターンがありますが、ここでは「油分け算」、「ハノイの塔」の２類型について、解法を紹介します。

1 油分け算

(1) 油分け算とは

２種類の容量の空の容器を用いて液体を移し替えていく操作を行います。このとき、容器の容量差を利用して、与えられた条件の体積を容器に入れるのに必要な操作回数を求める問題です。

(2) 油分け算の手順

容器の容積が大きい順に、「大」、「中」、「小」とします。最初に「大」に満タンの液体が入っています。（「大」が川、水槽、プールなど非常に容量が大きく、具体的な液体の量が書かれていない場合もあります）。

操作が重複しないように、❶と❷の操作のルールを決めて水を移し替えていきます。

❶ 「中」の容器が空の場合

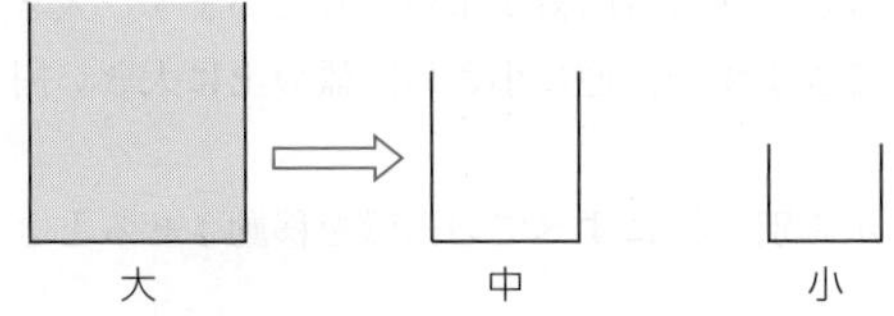

「大」の液体を、「中」の容器に移します。

❷ 「中」の容器に液体が入っている場合

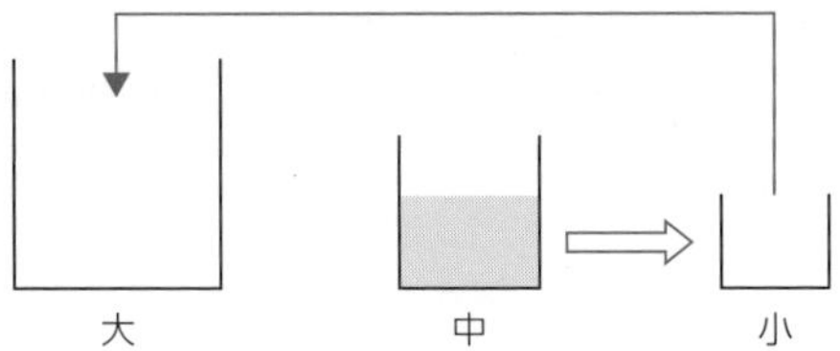

第10章 操作手順

「中」の液体を、「小」の容器に移します。

このとき、「小」が満タンになれば、「小」の液体を「大」の容器に移します。

まれに、「大⇒小⇒中（満タン）⇒大」の順に移し替えたほうが操作回数が少なくなることもありますが、「大⇒中⇒小（満タン）⇒大」の順で操作したほうがよい問題がほとんどです。

例題 樽に10Lの油が入っている。この油を７L、３Lの空の桶を一つずつ使って、５Lずつに分けることにした。最少の回数で分けるには、何回の移し替え操作が必要か。ただし、樽や桶には目盛が付いておらず、樽や桶との間で油を移すごとに１回の操作と数えるものとする。

以下の表のようにすると、最少回数９回で５Lずつに分けることができます。

	始め	1回	2回	3回	4回	5回	6回	7回	8回	9回
10L（大）	10	3	3	6	6	9	9	2	2	5
7L（中）	0	7	4	4	1	1	0	7	5	5
3L（小）	0	0	3	0	3	0	1	1	3	0

2 ハノイの塔

３か所ある柱のうち、一つの柱に大きさの異なる円盤が重ねられています。大きい円盤の上に小さい円盤を置くことはできますが、逆に小さい円盤の上に大きい円盤を置くことはできません。

１枚ずつ円盤を移動させ、一つの柱から別の柱にすべての円盤を移動させるときの最少移動回数を求める問題です。

この「ハノイの塔」と呼ばれるパズルの最少移動回数には法則があり、円盤の枚数をn枚とすると、最少移動回数は（2^n-1）回となります。

例題 図のように1枚の板にX、Y、Zの3本の柱がある。いま、Xの柱に大、小の3枚の異なる大きさの穴の空いた円盤が刺してある。この円盤をXの柱からZの柱に移すとき、最も少ない移動回数は何回か。ただし、円盤は一番上のものだけを1枚ずつ移動させてそれを1回と数え、常に大きい円盤の上に小さい円盤を乗せるものとする。

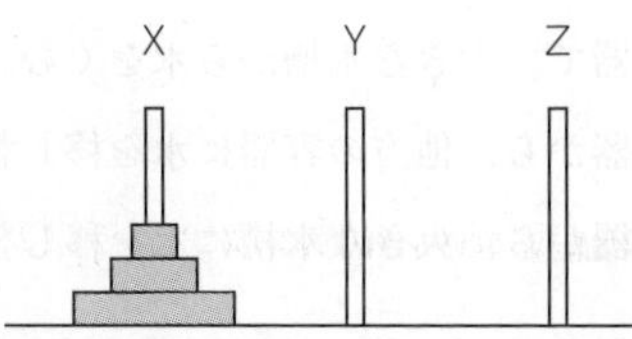

❶ 公式に当てはめる解法

n枚の円盤を移し替える最少回数は、2^n-1（回）となります。

よって、円盤が3枚のときは、$2^3-1=8-1=7$（回）となります。ちなみに4枚のときは、$2^4-1=16-1=15$（回）となります。

❷ 円盤の枚数が1枚少ない場合の回数を利用する解法

・円盤が2枚の場合：

まず、一番上の小円盤をいったんYの柱に移動します。次に、大円盤をZの柱に移動し、さらに、Yの柱にあった小円盤をZの柱に移動して3回で完了します。

・円盤が3枚の場合：

2枚の円盤の移動が3回であることを利用して、円盤が3枚の場合を求めます。

Xの柱にある3枚の円盤のうち、2枚の円盤をYの柱に移すのに3回かかります。

Xの柱に残された最も大きな円盤をZの柱に移すのに1回かかります。

最後に、Yの柱にある2枚を、Zの柱にある最も大きな円盤の上に移すのに3回かかります。

以上より、3枚の円盤を移すのに必要な移動回数は、$3+1+3=7$（回）となります。

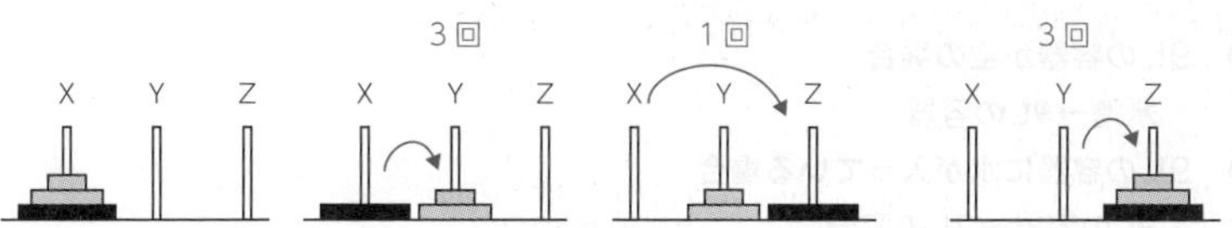

ちなみに4枚の円盤を移すのに必要な移動回数は、3枚の円盤を移すのに7回かかることを利用して、$7+1+7=15$（回）となります。

第10章 操作手順

解法ナビゲーション

7Lと9Lの空の容器と水の入った大きな水槽がある。これらの容器を使って水をくんだり移し替えたりする操作を繰り返し、9Lの容器に8Lの水を入れるためには、最低何回の操作が必要か。ただし、1回の操作とは、次のア～ウのうちいずれか一つだけであるものとする。

区Ⅰ 2015

ア　どちらか一方の容器で、大きな水槽から水をくむ。

イ　どちらか一方の容器から、他方の容器に水を移し替える。

ウ　どちらか一方の容器から、大きな水槽に水を移し替える。

❶ 14回
❷ 15回
❸ 16回
❹ 17回
❺ 18回

操作が重複しないように、以下の手順で行います。

❶ 9Lの容器が空の場合
　水漕→9Lの容器

❷ 9Lの容器に水が入っている場合
　9Lの容器→7Lの容器
　このとき7Lの容器が満タンになれば、
　7Lの容器→水漕

【解答・解説】

正解 ❶

操作が重複しないように、どのような場合に、どの容器からどの容器へ移すのか流れを決めておきます。

最少回数を求める問題なので、操作が重複しないように水を移す順を決めておきます。

まずは、9Lの容器に水が入っているかどうかで、手順を以下のように決めておきます。

①9Lの容器が空の場合「水槽 ⇒ 9Lの容器」に水を移す

②9Lの容器に水が入ってる場合「9Lの容器 ⇒ 7Lの容器」に水を移す

③7Lの容器が満タンの場合は「7Lの容器 ⇒ 水槽」と水を移す

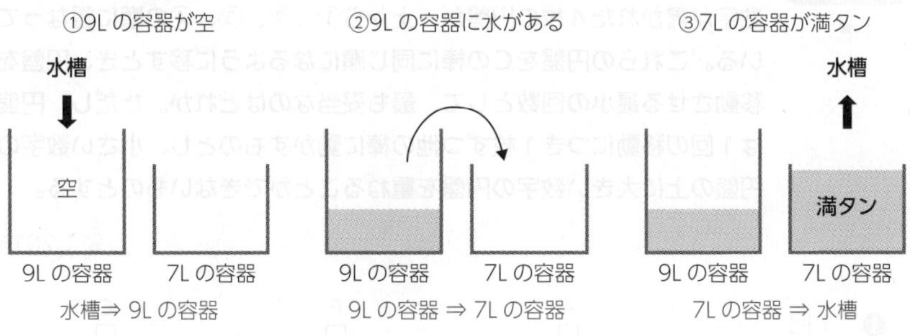

回数	始め	1回	2回	3回	4回	5回	6回	7回	8回	9回	10回	11回	12回	13回	14回
水槽															
9Lの容器	0	9	2	2	0	9	4	4	0	9	6	6	0	9	8
7Lの容器	0	0	7	0	2	2	7	0	4	4	7	0	6	6	7
			満				満				満				

上の表より、14回で9Lの容器に水が8L入ることになります。

よって正解は❶になります。

第10章 操作手順

過去問にチャレンジ

問題1
★★

樽に16ℓの油が入っている。この油を7ℓと9ℓの桶を使って8ℓずつに分けることにした。最少の回数で分けるには、何回の移し替え操作が必要か。ただし、油は樽に戻してもよく、樽と桶との間及び桶と桶との間で油を移すごとに1回の操作と数えるものとする。

区Ⅰ 2003

❶ 15回
❷ 16回
❸ 17回
❹ 18回
❺ 19回

問題2
★

図のように、A～Cの3本の棒が立っており、Aの棒には①～④の数字が書かれた4枚の円盤が、上から①、②、③、④の順に重なっている。これらの円盤をCの棒に同じ順になるように移すとき、円盤を移動させる最小の回数として、最も妥当なのはどれか。ただし、円盤は1回の移動につき1枚ずつ他の棒に動かすものとし、小さい数字の円盤の上に大きい数字の円盤を重ねることができないものとする。

警Ⅰ 2016

❶ 7回
❷ 9回
❸ 13回
❹ 15回
❺ 19回

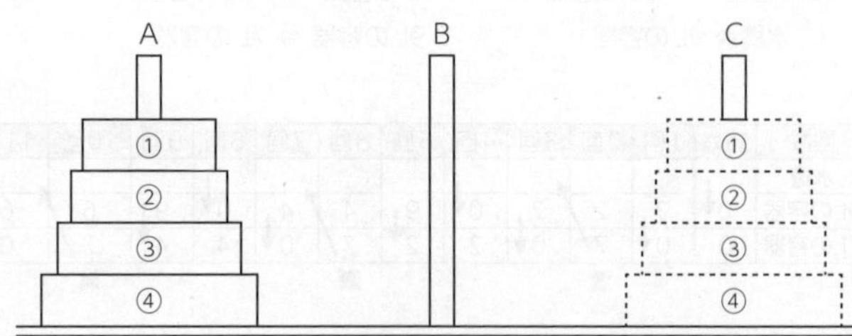

問題３
★★

テーブルの上に52枚のトランプが重ねてある。このトランプの下から７枚を取って一番上に重ね、次に全体を４組に等分し、上から３組目を一番上に重ねる。次に全体を２組に等分して上下を入れ替え、再び全体を４組に等分して下から２組目を一番上に重ねる。以上の手順の後、下から３枚目のカードはスペードのエースだった。このスペードのエースは、はじめに重ねてあったトランプの上から何枚目にあったか。

区Ⅰ 2002

❶　３枚目
❷　４枚目
❸　５枚目
❹　６枚目
❺　７枚目

問題４
★★

２ｇ、６ｇ、18ｇの３個のおもりと天びん１台を用いて、小麦粉を天びんの片方の皿のみに載せて重さをはかり、はかった小麦粉をこぼすことなくラップで包み、それぞれ異なる重さの包みを１個ずつ作るとき、できる小麦粉の包みは全部で何個か。ただし、天びんの皿にはおもりと小麦粉以外のものは載せず、小麦粉を包むラップの重さは無視し、作った小麦粉の包みはおもりとして用いない。

都Ⅱ 2005

❶　９個
❷　10個
❸　11個
❹　12個
❺　13個

索引

〈執筆〉夏苅 美貴子（TAC公務員講座）

〈本文デザイン〉清原 一隆（KIYO DESIGN）

本書の内容は、小社より2020年11月に刊行された
「公務員試験 ゼロから合格 基本過去問題集 判断推理」（ISBN：978-4-8132-9484-9）
と同一です。

公務員試験 ゼロから合格 基本過去問題集 判断推理 新装版

2020年11月25日　初　版　第１刷発行
2024年４月１日　新装版　第１刷発行

編著者	ＴＡＣ株式会社（公務員講座）
発行者	多田敏男
発行所	ＴＡＣ株式会社　出版事業部（TAC出版）
	〒101-8383 東京都千代田区神田三崎町3-2-18 電話　03(5276)9492(営業) FAX　03(5276)9674 https://shuppan.tac-school.co.jp
組版	朝日メディアインターナショナル株式会社
印刷	株式会社ワコー
製本	株式会社常川製本

ISBN 978-4-300-11104-8
N.D.C. 317

乱丁・落丁による交換，および正誤のお問合せ対応は，該当書籍の改訂版刊行月末日までといたします。なお，交換につきましては，書籍の在庫状況等により，お受けできない場合もございます。
また，各種本試験の実施の延期，中止を理由とした本書の返品はお受けいたしません。返金もいたしかねますので，あらかじめご了承くださいますようお願い申し上げます。

公務員講座のご案内

大卒レベルの公務員試験に強い!

2019年度 公務員試験

公務員講座生[※1]
最終合格者延べ人数[※2]

5,460名

地方公務員（大卒程度）	計2,672名
国家公務員（大卒程度）	計2,568名
国立大学法人等 大卒レベル試験	180名
独立行政法人 大卒レベル試験	9名
その他公務員	31名

※1 公務員講座生とは公務員試験対策講座において、目標年度に合格するために必要と考えられる、講義、演習、論文対策、面接対策等をパッケージ化したカリキュラムの受講生です。単科講座や公開模試のみの受講生は含まれておりません。
※2 同一の方が複数の試験種に合格している場合は、それぞれの試験種に最終合格者としてカウントしています。（実合格者数は3,081名です。）
＊2020年1月31日時点で、調査にご協力いただいた方の人数です。

1位 全国の公務員試験で合格者を輩出!

詳細は公務員講座（地方上級・国家一般職）パンフレットをご覧ください。

2019年度 国家総合職試験

公務員講座生[※1]
最終合格者数 **206名**[※2]

法律区分	81名	経済区分	43名
政治・国際区分	32名	教養区分	18名
院卒/行政区分	20名	その他区分	12名

※1 公務員講座生とは公務員試験対策講座において、目標年度に合格するために必要と考えられる、講義、演習、論文対策、面接対策等をパッケージ化したカリキュラムの受講生です。各種オプション講座や公開模試など、単科講座のみの受講生は含まれておりません。
※2 上記は2019年度目標の公務員講座生最終合格者のほか、2020年目標公務員講座生の最終合格者が17名含まれています。
＊ 上記は2020年1月31日時点で調査にご協力いただいた方の人数です。

2019年度 外務専門職試験

最終合格者総数48名のうち
43名がWセミナー講座生[※1]です。

合格者占有率[※2] **89.6%**

外交官を目指すなら、実績のWセミナー

※1 Wセミナー講座生とは、公務員試験対策講座において、目標年度に合格するために必要と考えられる、講義、演習、論文対策、面接対策等をパッケージ化したカリキュラムの受講生です。各種オプション講座や公開模試など、単科講座のみの受講生は含まれておりません。また、Wセミナー講座生はそのボリュームから他校の講座生と掛け持ちすることは困難です。
※2 合格者占有率は「Wセミナー講座生（※1）最終合格者数」を、「外務省専門職試験の最終合格者総数」で除して算出しています。また、算出した数字の小数点第二位以下を四捨五入して表記しています。
＊ 上記は2020年1月31日時点で調査にご協力いただいた方の人数です。

Wセミナーは TACのブランドです

無料体験のご案内

3つの方法でTACの講義が体験できる!

教室で体験　迫力の生講義に出席

予約不要!　3回連続出席OK!

1. 校舎と日時を決めて、当日TACの校舎へ

TACでは各校舎で毎月体験入学の日程を設けています。

2. オリエンテーションに参加（体験入学1回目）

初回講義「オリエンテーション」にご参加ください。終了後は個別にご相談をお受けいたします。

3. 講義に出席（体験入学2・3回目）

引き続き、各科目の講義をご受講いただけます。参加者には講義で使用する教材をプレゼントいたします。

- 3回連続無料体験講義の日程はTACホームページと公務員パンフレットでご覧いただけます。
- 体験入学はお申込み予定の校舎に限らず、お好きな校舎でご利用いただけます。
- 4回目の講義前までに、ご入会手続きをしていただければ、カリキュラム通りに受講することができます。

※地方上級・国家一般職・警察官・消防官レベル以外の講座では、2回連続体験入学を実施しています。

ビデオで体験　校舎のビデオブースで体験視聴

TAC各校の個別ビデオブースで、講義を無料でご視聴いただけます。（要予約）

各校のビデオブースでお好きな講義を視聴できます。視聴前日までに視聴する校舎受付窓口にてご予約をお願い致します。

ビデオブース利用時間 ※日曜日は④の時間帯はありません。

① 9：30 ～ 12：30　② 12：30 ～ 15：30
③ 15：30 ～ 18：30　④ 18：30 ～ 21：30

※受講可能な曜日・時間帯は一部校舎により異なります。
※年末年始・夏期休業・その他特別な休業以外は、通常平日・土日祝祭日にご覧いただけます。
※予約時にご希望日とご希望時間帯を合わせてお申込みください。
※基本講義の中からお好きな科目をご視聴いただけます。（視聴できる科目は時期により異なります）
※TAC提携校での体験視聴につきましては、提携校各校へお問合せください。

Webで体験　スマートフォン・パソコンで講義を体験視聴

TACホームページの「TAC動画チャンネル」で無料体験講義を配信しています。時期に応じて多彩な講義がご覧いただけます。

TAC ホームページ　https://www.tac-school.co.jp/

※体験講義は教室講義の一部を抜粋したものになります。

TAC出版 書籍のご案内

TAC出版では、資格の学校TAC各講座の定評ある執筆陣による資格試験の参考書をはじめ、資格取得者の開業法や仕事術、実務書、ビジネス書、一般書などを発行しています！

TAC出版の書籍

＊一部書籍は、早稲田経営出版のブランドにて刊行しております。

資格・検定試験の受験対策書籍

- 日商簿記検定
- 建設業経理士
- 全経簿記上級
- 税　理　士
- 公認会計士
- 社会保険労務士
- 中小企業診断士
- 証券アナリスト
- ファイナンシャルプランナー(FP)
- 証券外務員
- 貸金業務取扱主任者
- 不動産鑑定士
- 宅地建物取引士
- マンション管理士
- 管理業務主任者
- 司法書士
- 行政書士
- 司法試験
- 弁理士
- 公務員試験(大卒程度・高卒者)
- 情報処理試験
- 介護福祉士
- ケアマネジャー
- 社会福祉士　ほか

実務書・ビジネス書

- 会計実務、税法、税務、経理
- 総務、労務、人事
- ビジネススキル、マナー、就職、自己啓発
- 資格取得者の開業法、仕事術、営業術
- 翻訳書 (T's BUSINESS DESIGN)

一般書・エンタメ書

- エッセイ、コラム
- スポーツ
- 旅行ガイド (おとな旅プレミアム)
- 翻訳小説 (BLOOM COLLECTION)

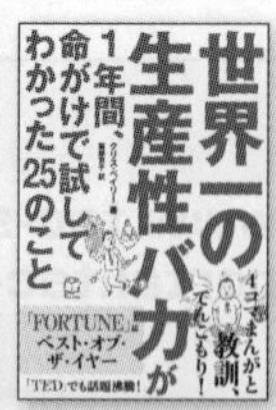

(2018年5月現在)

書籍のご購入は

1 全国の書店、大学生協、ネット書店で

2 TAC各校の書籍コーナーで

資格の学校TACの校舎は全国に展開!
校舎のご確認はホームページにて

資格の学校TAC ホームページ
https://www.tac-school.co.jp

3 TAC出版書籍販売サイトで

CYBER BOOK STORE TAC出版書籍販売サイト

TAC 出版 で 検索

24時間
ご注文
受付中

https://bookstore.tac-school.co.jp/

新刊情報を
いち早くチェック!

たっぷり読める
立ち読み機能

学習お役立ちの
特設ページも充実!

TAC出版書籍販売サイト「サイバーブックストア」では、TAC出版および早稲田経営出版から刊行されている、すべての最新書籍をお取り扱いしています。
また、無料の会員登録をしていただくことで、会員様限定キャンペーンのほか、送料無料サービス、メールマガジン配信サービス、マイページのご利用など、うれしい特典がたくさん受けられます。

サイバーブックストア会員は、特典がいっぱい! (一部抜粋)

通常、1万円(税込)未満のご注文につきましては、送料・手数料として500円(全国一律・税込)頂戴しておりますが、1冊から無料となります。

専用の「マイページ」は、「購入履歴・配送状況の確認」のほか、「ほしいものリスト」や「マイフォルダ」など、便利な機能が満載です。

メールマガジンでは、キャンペーンやおすすめ書籍、新刊情報のほか、「電子ブック版TACNEWS(ダイジェスト版)」をお届けします。

書籍の発売を、販売開始当日にメールにてお知らせします。これなら買い忘れの心配もありません。

公務員試験対策書籍のご案内

TAC出版の公務員試験対策書籍は、独学用、およびスクール学習の副教材として、各商品を取り揃えています。学習の各段階に対応していますので、あなたのステップに応じて、合格に向けてご活用ください!

INPUT

『新・まるごと講義生中継』
A5判
TAC公務員講座講師
新谷 一郎 ほか

- TACのわかりやすい生講義を誌上で!
- 初学者の科目導入に最適!
- 豊富な図表で、理解度アップ!

・郷原豊茂の憲法
・新谷一郎の行政法

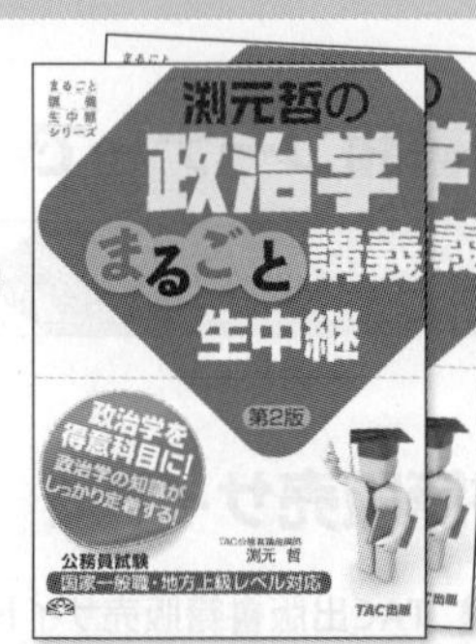

『まるごと講義生中継』
A5判
TAC公務員講座講師
渕元 哲 ほか

- TACのわかりやすい生講義を誌上で!
- 初学者の科目導入に最適!

・郷原豊茂の刑法
・渕元哲の政治学
・渕元哲の行政学
・ミクロ経済学
・マクロ経済学
・関野喬のパターンでわかる数的推理
・関野喬のパターンでわかる判断整理
・関野喬のパターンでわかる空間把握・資料解釈

INPUT

『過去問攻略Vテキスト』
A5判
TAC公務員講座

- TACが総力をあげてまとめた公務員試験対策テキスト

全21点

・専門科目:15点
・教養科目:6点

要点まとめ

『一般知識
出るとこチェック』
四六判

- 知識のチェックや直前期の暗記に最適!
- 豊富な図表とチェックテストでスピード学習!

・政治・経済
・思想・文学・芸術
・日本史・世界史
・地理
・数学・物理・化学
・生物・地学

判例対策

『ココで差がつく!
必修判例』A5判
TAC公務員講座

- 公務員試験によく出る憲法・行政法・民法の判例のうち、「基本+α」の345選を収載!
- 関連過去問入りなので、出題イメージが把握できる!
- 頻出判例がひと目でわかる「出題傾向表」付き!

記述式対策

『公務員試験論文答案集
専門記述』A5判
公務員試験研究会

- 公務員試験(地方上級ほか)の専門記述を攻略するための問題集
- 過去問と新作問題で出題が予想されるテーマを完全網羅!

・憲法〈第2版〉
・行政法

書籍の正誤についてのお問合わせ

万一誤りと疑われる箇所がございましたら、以下の方法にてご確認いただきますよう、お願いいたします。

なお、正誤のお問合わせ以外の書籍内容に関する解説・受験指導等は、**一切行っておりません。**
そのようなお問合わせにつきましては、お答えいたしかねますので、あらかじめご了承ください。

1 正誤表の確認方法

TAC出版書籍販売サイト「Cyber Book Store」の
トップページ内「正誤表」コーナーにて、正誤表をご確認ください。

CYBER BOOK STORE TAC出版書籍販売サイト

URL:https://bookstore.tac-school.co.jp/

2 正誤のお問合わせ方法

正誤表がない場合、あるいは該当箇所が掲載されていない場合は、書名、発行年月日、お客様のお名前、ご連絡先を明記の上、下記の方法でお問合わせください。
なお、回答までに1週間前後を要する場合もございます。あらかじめご了承ください。

文書にて問合わせる

●郵送先　〒101-8383 東京都千代田区神田三崎町3-2-18
TAC株式会社 出版事業部 正誤問合わせ係

FAXにて問合わせる

●FAX番号　**03-5276-9674**

e-mailにて問合わせる

●お問合わせ先アドレス　**syuppan-h@tac-school.co.jp**

※お電話でのお問合わせは、お受けできません。また、土日祝日はお問合わせ対応をおこなっておりません。
※正誤のお問合わせ対応は、該当書籍の改訂版刊行月末日までといたします。

乱丁・落丁による交換は、該当書籍の改訂版刊行月末日までといたします。なお、書籍の在庫状況等により、お受けできない場合もございます。
また、各種本試験の実施の延期、中止を理由とした本書の返品はお受けいたしません。返金もいたしかねますので、あらかじめご了承くださいますようお願い申し上げます。

TACにおける個人情報の取り扱いについて
■お預かりした個人情報は、TAC(株)で管理させていただき、お問い合わせへの対応、当社の記録保管および当社商品・サービスの向上にのみ利用いたします。お客様の同意なしに業務委託先以外の第三者に開示、提供することはございません(法令等により開示を求められた場合を除く)。その他、個人情報保護管理者、お預かりした個人情報の開示等及びTAC(株)への個人情報の提供の任意性については、当社ホームページ(https://www.tac-school.co.jp)をご覧いただくか、個人情報に関するお問い合わせ窓口(E-mail:privacy@tac-school.co.jp)までお問合せください。

(2020年10月現在)

ゼロから合格 基本過去問題集
判断推理

解答・解説編

解答・解説は、色紙を残したまま、丁寧に抜き取ってご利用ください。
なお、抜き取りの際の損傷によるお取替えは致しかねます。

目　次

第1章　対応関係

1　対応関係の基本

問題1

正解 ❹

「2種の組合せが他の者と同じである者はいない」ことに着目します。いずれかの人物の2種の趣味の組合せが決まれば、他の人がその組合せにならないように、すぐに対応表に×印を入れておくとよいでしょう。

CとDの趣味で一致しているものがないこと、1人の趣味が2種類であることに着目して、対応表に○印と×印を記入していきます。

A～Eの「人物」と、4種類の「趣味」の2要素があるので、人物と趣味の対応表を作ります。また、「趣味」は1人につき2種類なので、対応表に趣味の合計数として2と記入しておきます。

それぞれの条件より、対応表のAの釣り、Bの映画、Cのカードゲーム、Dの釣り、Eの登山に○印を記入します。

次に、CとDが一致しているものはないので、Cが○印の趣味にはDに×印を、Dが○印の趣味にはCに×印を入れます。

また、登山と釣りの2種類が趣味の者はいないので、釣りに○印がついた人は登山に×印を、登山に○印がついた人は釣りに×印を入れます。

すると、Dは釣りが○印で、登山とカードが×印になります。1人の趣味は2種類なので、残った映画が○印となります。

表1	釣り	映画	登山	カード	
A	○		×		2
B		○			2
C	×			○	2
D	○	○	×	×	2
E	×		○		2

一致しない（C・D）

この時点で、Dの映画が趣味に決まったので、正解は❹となります。

このように、早い段階で選択肢が決定することがあるので、問題を解く前に、誰のどの趣味の○印と×印が決定すればよいのか、対応表に目印を付けておくとよいでしょう。

	釣り	映画	登山	カード	
A					2
B					2
C					2
D					2
E					2

色つき部分が選択肢で問われている箇所

「2種の組合せが他の者と同じである者はいない」ことより、いずれかの人物の2種の組合せが決まり次第、その組合せは使えなくなります。

Dが釣りと映画に決まりますが、2種の組合せが他の者と同じである者はいないので、D以外に釣りに○印がついた人は映画に×印を、映画に○印がついた人は釣りに×印を入れます。

表2	釣り	映画	登山	カード	
A	○	×	×		2
B	×	○			2
C	×			○	2
D	○	○	×	×	2
E	×		○		2

一致しない（C・D）

すると、Aは釣りが○印で、映画と登山が×印となります。1人の趣味は2種類なので、残ったカードゲームが○印となります。

また、CとDが一致しているものはないので、Dの映画が○印より、Cの映画に×印を入れます。すると、Cは登山とカードゲームの2種類に決まります。

Cが登山とカードゲームの組合せに決まったので、C以外で、登山が○印の人はカードゲームを○印にできず、カードゲームが○印の人は登山を○印にできません。よって、登山に○印がついているEは、カードゲームに○印をつけることができません。よって、Eは登山と映画の2種類に決まります。

同様に、BはEと同じ登山と映画の組合せにすることができないので、カードゲームと映画の2種類に決定します。

表3	釣り	映画	登山	カード	
A	○	×	×	○	2
B	×	○	×	○	2
C	×	×	○	○	2
D	○	○	×	×	2
E	×	○	○	×	2

表3より、正解は❹となります。

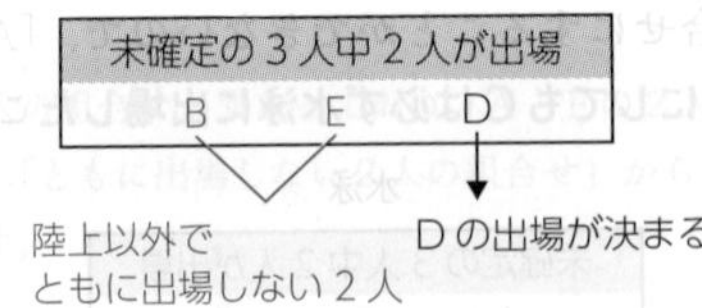
野球
未確定の３人中２人が出場
B E D
陸上以外で
ともに出場しない２人
Dの出場が決まる

Dはテニスと野球の２種目に決まったので、Dのサッカーには×印を入れておきます。ここで、サッカーはBとDとEに×印が入ったので、「AとC」に決まります。

サッカーが「AとC」に決まったので、「AとC」か「CとE」のいずれかであった水泳は、サッカーと同じ組合せになってはならないので「CとE」に決まります。

この時点で、EはCと同じ種目に出場しているので正解は❺となります。

			AC	BE	ACかCE	
表3	テ	野	サ	陸	水	
A		×	○	×		2
B	△	△	×	○	×	2
C	×	×	○	×	○	2
D	○	○	×	×	×	2
E			×	○		2
	2	2	2	2	2	10

➡

			AC	BE	CE	
表3	テ	野	サ	陸	水	
A		×	○	×	×	2
B	△	△	×	○	×	2
C	×	×	○	×	○	2
D	○	○	×	×	×	2
E			×	○	○	2
	2	2	2	2	2	10

水泳のAに×印を入れると、Aは野球、陸上、水泳が×印となるので、テニスとサッカーに決まります。

すると、テニスが「AとD」の２人に決まり、Bはテニスとサッカーと水泳が×印となるので、野球と陸上に決まります。すると野球は「BとD」に決まります。

	AD	BD	AC	BE	CE	
表4	テ	野	サ	陸	水	
A	○	×	○	×	×	2
B	×	○	×	○	×	2
C	×	×	○	×	○	2
D	○	○	×	×	×	2
E	×	×	×	○	○	2
	2	2	2	2	2	10

表４で、すべての出場者が決定します。

問題3

正解 ❺

条件からわかることが少ないため、条件のみで表を完成するのが難しい問題です。そのようなときには、他の人物の○印と×印に影響を及ぼす人物（今回はAがBの勤務日に影響を及ぼしている）を中心に場合分けをするとよいでしょう。

「月曜日と火曜日は３人いる男性のうちいずれかが勤務」より、直接言及していない条件を読み取ります。

「月曜日と火曜日に勤務したのは男性のみであった」という条件より、男性であるA、B、Dのいずれかが月曜日と火曜日に勤務したことになります。この条件から、どの男性が月曜日と火曜日のどちらに勤務したか確定できませんが、**「少なくとも女性のCとEは月曜日と火曜日に勤務していなかった」ことが確定**します。

また、「Aが勤務した前日には必ずBが勤務していた」ことより、Aが月曜日に勤務すると、５人の勤務はある週の月曜日から金曜日の５日間のみなので、BがAの前日に勤務できなくなります。よって、**「Aは月曜日に勤務していない」**ことがわかります。

すると、月曜日はA、C、Eの３人が勤務していなかったので、BとDの２人が勤務していたことに決まります。

また、条件より、Aが火曜日に勤務し、BはAの前日である月曜日に勤務したことになります。また、Cは水曜日～金曜日の３日間のうち２日間勤務したことになりますが、連続では勤務していないので、勤務した２日間は水曜日と金曜日に決まります。

表1		月	火	水	木	金	人数
男	A	×	○				2
男	B	○					2
女	C	×	×	○	×	○	2
男	D	○					2
女	E	×	×				2
		2	2	2	2	2	10

Aの勤務日と連動してBの勤務日もその前日に決定するので、Aの勤務日で場合分けをします。

ここで、条件からわかることがなくなったので、場合分けをしていきます。

このとき、Aの勤務日が決まれば自動的にBの勤務日も決まるため、Aの残り１日の勤務日について場合分けをするとよいでしょう。

Aが水曜日、木曜日、金曜日で勤務した３通りに場合分けをすると、それぞれBがその前日に勤務したことになります。AとBの勤務した日に○印を入れ、勤務しなかった日に×印を入れます。

次に、縦と横の列を見て、○印の合計が2になっているか確認します。

AとBの勤務日が決まれば、勤務した2人の人物が決定する曜日が出てくるので、その2人以外の人物に×印を入れます。また、人物の横の列を見て勤務する2日の曜日が確定していれば○印を入れます。

すると、条件に矛盾することなく、表2～表4の3通り考えられ、すべてにおいてEが木曜日に勤務しているので、正解は❺となります。

表2		月	火	水	木	金	人数
男	A	×	○	○	×	×	2
男	B	○	○	×	×	×	2
女	C	×	×	○	×	○	2
男	D	○	×	×	×	○	2
女	E	×	×	×	○	○	2
		2	2	2	2	2	10

表3		月	火	水	木	金	人数
男	A	×	○	×	○	×	2
男	B	○	×	×	○	×	2
女	C	×	×	○	×	○	2
男	D	○	○	×	×	×	2
女	E	×	×	×	○	○	2
		2	2	2	2	2	10

表4		月	火	水	木	金	人数
男	A	×	○	×	×	○	2
男	B	○	×	×	○	×	2
女	C	×	×	○	×	○	2
男	D	○	○	×	×	×	2
女	E	×	×	○	○	×	2
		2	2	2	2	2	10

問題4

正解 ❸

できるだけ入れる日数が限られている人物から入れていきます。連続で多数の日程に入る場合は、必ず入る日を押さえておきます。

各自の「確定している日程」、「もう少しで確定しそうな日程」を押さえておきます。

まず、担当する日程が確定しているものについて考えます。

Aは、木曜日をすべて担当したので、4日、11日、18日、25日が確定します。

次に、連続で6回担当したBが確実に担当した日程について考えます。

Bの日程は、「1日，2日，3日，4日，5日，8日」、「2日，3日，4日，5日，8日，9日」、「3日，4日，5日，8日，9日，10日」、「4日，5日，8日，9日，10日，11日」の4通り考えられますが、いずれにせよ「4日，5日，8日」の3日間はBが担当することになります。

A～Fの日程をまとめると以下のようになります。

決定している日程（**表の赤字**）や、CやEの「7日間のうち6日間」や、Fの「4日間のうち3日間」など、もう少しで確定しそうな日程（表の太字）に着目しておきます。

A	木曜日の4日、11日、18日、25日 （ただし、D以外の全員と一度は組む）
B	「4日、5日、8日」を含む第2週までの連続6回
C	第2週と第3週で木曜日以外の**7日間のうちのいずれか6日間** （ただし、Bとは組まない）
D	水曜日、AもしくはEが担当している日以外で6日間
E	18日以外の一般ゴミの日**7日間のうちのいずれか6日間**
F	第4週の**4日間のうちのいずれか3日間**

CやEは「7日間のうちのいずれか6日間」が担当する候補日となっているので、その7日間のうちでCやEが入れない1日が決まり次第、担当する6日間が一気に決まることになります。

Bの担当する日が決まると、Bと組めないCは、担当できる候補日が絞られて確定しやすくなります。

まず、AとBで決定している日程を書き込みます。

Bが月曜日の8日に入ることで「Bと組めないC」は8日に入れなくなります。すると、木曜日以外の第2週と第3週でCが入れるのは6日間だけになるので、Cの担当する6日間が一気に決定します。

また、「一般ゴミの日」のうち4日がAとBに決定したので、Eが入れる「一般ゴミの日」の候補日が1日少なくなったことになります。Eは条件より18日に入れないので、Eが入れる一般ゴミの日は4日と18日以外の6日間だけになります。ここで、Eの担当する6日間が一気に決定します。

	プラスチック	一般ゴミ	缶・ビン	一般ゴミ	紙
	月	火	水	木	金
第1週	1	2	3	4	5
		E		A・B	B
第2週	8	9	10	11	12
	B	C・E	C	A・E	
第3週	15	16	17	18	19
	C	C・E	C	A	C
第4週	22	23	24	25	26
		E		A・E	

ある程度担当が決まってくれば、AやEと組めないDの入れる候補日が少なくなってきます。

9日がCとEの2人に決定したので、Bの6回連続の担当日が、1～5日と8日の計6日間に決定します。

さらに、第4週でFが入れる日が25日以外の3日間しかなくなったので、Fは22～24日に決定します。

ある程度日程が定まってきたので、AやEと組めず、水曜日は入れないDの入れる候補日が限定されてきます。Dが入れる候補日が6日間だけに限定されたので、そこにDを書き入れます。

この時点で、B、C、D、Eの4人の6日間の担当日がすべて決定し、Dが一般ゴミの日を担当することはないので正解は❸となります。

このように、一段落つくたびに選択肢を確認しながら問題を解くと、正解が早い段階で見つかる場合があります。

	プラスチック	一般ゴミ	缶・ビン	一般ゴミ	紙
	月	火	水	木	金
第1週	1	2	3	4	5
	B・D	B・E	B	A・B	B・D
第2週	8	9	10	11	12
	B・D	C・E	C	A・E	
第3週	15	16	17	18	19
	C・D	C・E	C	A	C・D
第4週	22	23	24	25	26
	D・F	E・F	F	A・E	

AはD以外と1回は組むので、Aが入れる日が絞られてきます。

まだ担当の2人が決まっていない3日、10日、17日、18日、24日で、そのうちAが2日間、Fが3日間となります。

18日はAが、24日はFがすでに入っているので、18日はF、24日はAが残りの1人として入り、AとFの担当に決まります。

残った3日、10日、17日のうちいずれか1日にAが入ることになりますが、AはD以外の人と1回は組む必要があるので、まだ組んでいないCがいる10日か17日のいずれかに入ることになります。よって、3日はFが入り、BとFに決まります。

10日と17日がAとCか、CとFかは最後まで確定しません。

	プラスチック	一般ゴミ	缶・ビン	一般ゴミ	紙
	月	火	水	木	金
第1週	1	2	3	4	5
	B・D	B・E	B・F	A・B	B・D
第2週	8	9	10	11	12
	B・D	C・E	A・C/C・F	A・E	
第3週	15	16	17	18	19
	C・D	C・E	C・F/A・C	A・F	C・D
第4週	22	23	24	25	26
	D・F	E・F	A・F	A・E	

問題5

正解 ❺

Ａ～Ｅの「人物」、五つの「学部」、五つの「サークル」の三つの要素がある対応関係なので、対応表の書き方に工夫が必要です。

学部とサークルが五つずつあり、5人が所属しているのがそれぞれ異なっている1対1対応なので、あるマスに○印が入れば、そのマス以外の縦と横の列に×が入ります。

「人物」、「学部」、「サークル」の三つの要素があるので、縦に「人物」、横に「学部」と「サークル」を並べた対応表を作ります。また、学部の上に同一人物の所属するサークルを書き込む欄を作っておくと、三つの要素の関係が把握しやすくなります。

さらに、Ａ～Ｅの5人は、五つの学部、五つのサークルのそれぞれが異なるものに一つずつ所属しているので、「1対1対応」となります。一つのマスに○印が入れば、そのマスを含む縦と横の列のマスにはすべて×印が入ります。

Ｃの文学部のマスに○印が入ると、他の人物は文学部ではなく、Ｃは文学部以外の学部ではないので、下の表のように縦と横の列のマスにすべて×印が入ります。

サークル						サークル				
学部	文	法	経	工	医	サ	テ	美	合	将
A	×									
B	×									
C	○	×	×	×	×					
D	×									
E	×									

同一人物が所属する学部とサークルは、○印と×印の並び順が等しくなるので、同一人物とわかり次第、それぞれの縦の列の並び順を合わせて一つにまとめます。

一つ目～五つ目までの条件を入れると、以下のようになります。

医学部の学生は合唱サークルに、工学部の学生はサッカーサークルに、経済学部の学生は将棋サークルに所属しているので、各学部の名称の上に対応するサークル名を記入しておきます。

サークル			将	サ	合	サークル				
学部	文	法	経	工	医	サ	テ	美	合	将
A	×		×				×	×		×
B	×	×	○	×	×	×	×	×	×	○
C	○	×	×	×	×			×		×
D	×		×							×
E	×		×							×

同一人物が所属する学部とサークルの○印と×印の並び順は等しくなるので、工学部および医学部の○印と×印の並び順を、サッカーサークルおよび合唱サークルに当てはめます。

サークル			将	サ	合	サークル				
学部	文	法	経	工	医	サ	テ	美	合	将
A	×		×				×	×		×
B	×	×	○	×	×	×	×	×	×	○
C	○	×	×	×	×	×		×	×	×
D	×		×							×
E	×		×							×

すると、Cはテニスサークル以外すべて×になったので、Cがテニスサークルに決定します。Cは文学部なので、文学部の学生がテニスサークルに所属していることになります。すると、残った法学部の学生が美術サークルに所属していることになり、正解は

❺となります。

サークル	テ	美	将	サ	合	サークル				
学部	文	法	経	工	医	サ	テ	美	合	将
A	×	×	×				×	×		×
B	×	×	○	×	×	×	×	×	×	○
C	○	×	×	×	×	×	○	×	×	×
D	×		×				×			×
E	×		×				×			×

これ以上、学部とサークルについて確定するものはありません。

3以上の要素がある場合、次のような表のまとめ方で解くこともできます。

人物、学部、サークルを縦列に設け、人数分の横の行を設けます。「医学部・合唱サークル」、「C・文学部」、「工学部・サッカーサークル」、「B・経済学部・将棋サークル」はそれぞれ学部が異なるので別の行に書き込みます。また、Cは美術サークルではないので、「C・文学部」の行にそのことを書き添えておきます。

5行のうち4行について「学部」が決定したので、残りの一つの学部は残った法学部に決まります。

人物	学部	サークル
	医学部	合唱
C	文学部	――×美術
	工学部	サッカー
B	経済学部	将棋
	法学部	

5行のうち3行にサークルが書き込まれたので、残った2行に割り当てられるサークルは「テニスサークル」と「美術サークル」のどちらかとなります。「美術」は「C・文学部」には割り当てられないため、残った法学部の行に決まり、「C・文学部」は残ったテニスサークルに決まります。これ以上わかることはありません。

ここで、法学部の学生が美術サークルであることが決まり、正解は❺となります。

人物	学部	サークル
	医学部	合唱
C	文学部	テニス――×美術
	工学部	サッカー
B	経済学部	将棋
	法学部	美術

問題6

正解 ❷

４人の「人物」、４種類の「大学」、４種類の「スート」の三つの要素がある対応関係です。また、「人物」と「大学」は１対１対応ですが、「スート」は３枚ずつの複数対応になっています。

１対１対応の「人物」と「大学」を横につなげ、「３枚ずつの複数対応」である「スート」を縦にした対応表を作ると作業がしやすくなります。

「人物」と「大学」を横に、「スート」を縦にした対応表を作ります。１対１対応は関係性が単純なので、人物の上に大学に関する情報をメモ書きして「人物」と「大学」の関係を把握しておきます。また、「スート」はそれぞれ３枚ずつの複数対応なので、縦に○印が三つずつ入るように縦は「スート」にしておくとよいでしょう。

さらに、それぞれ３枚ずつのカードの組合せが異なることから、４人のスートの組合せは、（スペード・ハート・ダイヤ）、（スペード・ハート・クラブ）、（スペード・ダイヤ・クラブ）、（ハート・ダイヤ・クラブ）なので、４人に配られたカード12枚において、それぞれのスート１種類につき３枚ずつあることがわかります。

この対応表に、条件に従って○印を書き込みます。

ウの、「Q大生はダイヤとクラブの両方は持っていない」の条件からは、Q大生は「スペード、ハート、ダイヤかクラブのどちらか１枚」の合計３枚のカードを持っていることを読み取ります。よって、Q大生はスペードとハートを配られたことが決まります。

オの、「BとS大生の２人は」の条件からは、「BとS大生は別人である」ことを読み取ります。

すると、A、B、Cの３人がS大生ではないため、残ったDがS大生に決まります。S大生とDは同一人物なので、条件オより、B、D、S大生の列のスペードとダイヤに○印を入れます。

	×PS	×S	×S						
大学				S		大学			
人物	A	B	C	D	P	Q	R	S	
♠スペード		○	○	○		○		○	3
♥ハート						○			3
♦ダイヤ		○		○	○			○	3
♣クラブ					○				3
	3	3	3	3	3	3	3	3	

同一人物の○印と×印の並び順は等しくなるので、１か所でも○印と×印が異なるマスがあれば、その「人物」と「大学」は異なることがわかります。

Dのスペードに○印が入ることによって、スペードの３枚はB、C、Dの３人に決まるので、Aのスペードに×印を入れます。スペードの横の列が決まったので、次はAの縦の列を見ます。Aのスペードが×印となったので、Aはハート、ダイヤ、クラブの３枚に決定します。

Aの縦の列を見たので、次は横の列を確認します。すると、ダイヤの横の列はA、B、Dに○印が入っているので、残ったCが×印となります。次にCの縦の列を見ると、Cはダイヤに×印が入ったので、スペード、ハート、クラブの３枚に○印が入ります。

スペードは、Aには×印が、Q大生には○印が入っており一致していません。よって、AがQ大生ではないことがわかります。AはP大生、Q大生、S大生ではないので、残ったR大生に決まります。

同様にダイヤは、Cには×印が、Pには○印が入っており一致しません。よって、CがP大生ではないことがわかります。よって、P大生になり得るのはBだけとなり、残ったQ大生がCに決まります。

	×PQS	×S	×PS						
大学	R	P	Q	S	大学				
人物	A	B	C	D	P	Q	R	S	
♠スペード	×	○	○	○		○		○	3
♥ハート	○		○			○			3
♦ダイヤ	○	○	×	○	○			○	3
♣クラブ	○		○		○				3
	3	3	3	3	3	3	3	3	

同一人物の縦の列の○印と×印は一致するので、それぞれの○印と×印をまとめて書き込みます。

AとR大生は同一人物なので、Aの縦の列の○印と×印の並び順をそのままRの縦の列に書き込みます。

すると、スペードがP大生、Q大生、S大生の３人に決まります。

同様に、縦の列と横の列に三つずつ○印が入るように記入していくと、P大生のハートに×印、S大生のハートに○印、S大生のクラブに×印、Q大生のクラブに○印、Q大生のダイヤに×印が入ります。

同一人物の縦の列の○印と×印の並び順は等しくなるので、BとP大生、DとS大生の並び順を等しくすると次の表のようになります。

大学 人物	R A	P B	Q C	S D	大学 P	 Q	 R	 S	
♠スペード	×	○	○	○	○	○	×	○	3
♥ハート	○	×	○	○	×	○	○	○	3
◆ダイヤ	○	○	×	○	○	×	○	○	3
♣クラブ	○	○	○	×	○	○	○	×	3
	3	3	3	3	3	3	3	3	

BはP大生で、スペード、ダイヤ、クラブのカードを持っているので、正解は❷となります。

2　その他の対応関係

問題1

正解 ❷

各おにぎりが３個ずつであることに気づき、「人物とおにぎり」の情報が少ないのでいったんおにぎりを番号に置き換えておくと早く解けます。

「人物－おにぎり」の対応がわかる条件が少ないので、「おにぎり」をいったん番号で表して、「人物－番号」の関係を決定しておきます。

６人の買った２種類のおにぎりの組合せはそれぞれ異なっていたので、その組合せは、(梅干しとたらこ)、(梅干しとさけ)、(梅干しと昆布)、(たらことさけ)、(たらこと昆布)、(さけと昆布）の６通りとなります。ここに挙げられた２個ずつ×６人分のおにぎりを見ると、梅干し、たらこ、さけ、昆布がそれぞれ３個ずつ買われたことがわかります。

「人物－おにぎり」の関係がわかる条件が、「A＝たらこ」、「D＝梅干しとさけ」、「E＝梅干し」しかないので、まず４種類のおにぎりをそれぞれ①～④とし、「人物－番号」の関係が決まってから、「おにぎり－番号」の関係を結びつけると早く解くことができます。

B、E、Fは、同じ種類のおにぎりを１個買ったので、そのおにぎりを仮に①とします。また、B、E、Fは、２個目のおにぎりがすべて異なっていたので、仮にB（①と②)、E（①と③)、F（①と④）としておきます。

CはF（①と④）と同じ種類のものを買わなかったので、Fが買っていない番号の（②と③）に決まります。すると、④はB、C、Eの３人に×印が入ったので、○印はA、D、Fの３人に決まります。AとDの２個目のおにぎりは確定しないので、ここで「人物－番号」の関係を検討するのをいったん保留しておきます。

	①	②	③	④	
A	×			○	2
B	○	○	×	×	2
C	×	○	○	×	2
D	×			○	2
E	○	×	○	×	2
F	○	×	×	○	2
	3	3	3	3	12

「人物と番号」の関係がひととおり検討できたので、次に「おにぎりー番号」の関係を特定していきます。

①はAとDが選んでいないので、AやDが選んだたらこ、梅干し、さけではありません。よって、残った昆布に決まります。

すると、Eが梅干しを買っているので、③＝梅干しに決まります。

Dは梅干しとさけを買っているので、④＝さけに決まり、残った②＝たらこになります。ここで、Dは梅干しとさけの③と④に○印が入ります。Aはたらこを買っているので②に○印が入ります。

下表より、Bが昆布とたらこを選んでいるので、正解は❷となります。

	昆布 ①	たらこ ②	梅 ③	さけ ④	
A	×	○	×	○	2
B	○	○	×	×	2
C	×	○	○	×	2
D	×	×	○	○	2
E	○	×	○	×	2
F	○	×	×	○	2
	3	3	3	3	12

問題2

正解 ❸

「人物」、「饅頭の色」、「饅頭の餡」の３要素がある問題です。饅頭の餡がそれぞれ４個ずつであることに気づくことが早く解くポイントになります。

チョコ餡が４個しかないことからEの餡を考えていきます。

餡の中身について考えます。あずき、クリーム、チョコの餡がそれぞれ白色と茶色の饅頭に２個ずつ、合計４個あります。チョコに関する条件では、ＡとＢがチョコ餡を食べており、Ａと中身が同じＣと、Ｂと中身が同じＤもチョコ餡を食べたことになります。よって、４人がチョコ餡を食べたので、チョコ餡は他に残っていないことになります。

よって、Ｅはチョコ餡以外となり、さらにＥが食べた２個の中身は別々だったことからクリーム餡とあずき餡に決まります。

また、ＡとＣは中身が一致しており、Ａがチョコ餡、Ｃがクリーム餡を食べたことがわかっているので、ＡとＣの中身はチョコ餡とクリーム餡に決まります。

Ｂはチョコ餡と、もう１個はＡとは異なる中身だったので、あずき餡に決まります。ＤはＢと中身が同じなので、チョコ餡とあずき餡に決まります。

表1	色と中身			
A	白/茶	チョコ	茶/白	クリーム
B	白/茶	チョコ	茶/白	あずき
C	白	チョコ	白	クリーム
D	茶	チョコ	茶	あずき
E	白/茶	クリーム	茶/白	あずき

各自の色と中身の餡を組み合わせていきます。

次に、それぞれの色と中身の組合せについて考えます。

まず、Ｃは食べた２個とも白色、Ｄは食べた２個とも茶色となります。

さらに、Ｅが食べた白色の饅頭はＡが食べた茶色の饅頭と中身が一致していています。ＡとＥの共通の中身はクリーム餡なので、Ａが茶色のクリーム餡、Ｅが白色のクリーム餡となります。さらに、Ａのチョコ餡は白色、Ｅのあずき餡は茶色に決まります。

ここで、ＡとＣの２人が白のチョコ餡に決まり、もう白のチョコ餡が残っていないことから、Ｂが食べたチョコ餡は茶色に決まり、Ｂが食べたあずき餡は白色に決まります。

以上で５人が食べたすべての饅頭が確定し、残った饅頭は茶色のクリーム餡と、白色のあずき餡となります。よって、正解は❸となります。

表2	色と中身			
A	白	チョコ	茶	クリーム
B	茶	チョコ	白	あずき
C	白	チョコ	白	クリーム
D	茶	チョコ	茶	あずき
E	白	クリーム	茶	あずき

問題3

正解 ❹

人数が５人で、「１人１通ずつメールのやり取りをし」、「自分が送った相手からはメールを受け取っていない」ことから、循環型のタイプと考えられます。

条件に何度も出てくるCに着目し、Cが誰にメールを送ったか消去法で決定します。

ＤとＥの発言より、ＤとＥはＣからメールを受け取っておらず、ＢもＣ以外からメールを受け取っています。よって、消去法よりＣからメールを受け取ったのはＡに決まります（C→A)。よって、Ｃがメールを送った相手はＢではないので、アは誤りです。

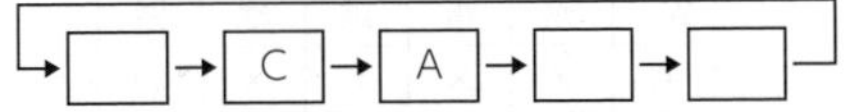

「５人とも、自分が送った相手からはメールを受け取っていない」ため、「C→A」が決まれば、「A→C」はなかったことになります。よって、ＣはＡからメールを受け取っていないためウは誤りです。

よって、アとウは誤りなので、**消去法より、アとウが入っていない❹が正解**とわかります。

メールを受け取れる人物を消去法で探していきます。

ちなみに、最後まで５人のメールのやりとりを検討すると以下のようになります。

「ＣはＡかＤからメールを受け取った」、「自分が送った相手からはメールを受け取っていない」ことを合わせて考えると、ＣはＤからメールを受け取ったことになります。

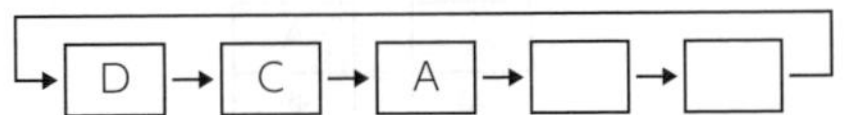

残りはＢとＥですが、Ｂがメールを受け取った相手はＤかＥなので、ＢはＡからメールを受け取っていません。よって、Ａがメールを送った相手はＥに決まります。

さらに、ＢはＥからメールを受け取れるのでＥがＢにメールを送ったことになります。ＤはＣ以外の人物全員からメールを受け取れるので、Ｂが最初のＤにメールを送り、５人のメールのやりとりがすべて確定します。

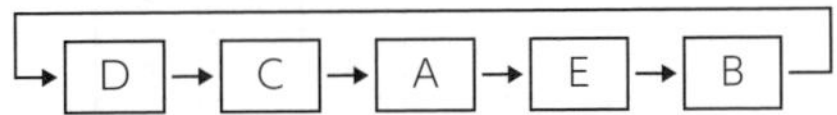

よって、イの「Ｃが送った相手はＡである」と、エの「ＣはＤから受け取った」が正

しくなります。

問題4

正解 ❷

「渡した／受け取った」というの５人のやりとりと、「人物」と「袋の色」の１対１対応が混じった複合問題です。

まず、「人物」と「袋の色」の１対１対応関係を整理しておきます。

Ａ＝紫、Ｅ＝緑、Ｂ≠青より、各自の袋の色は表１のようになります。

表1	赤	青	黄	緑	紫
A	×	×	×	×	○
B		×		×	×
C				×	×
D				×	×
E	×	×	×	○	×

また、「Ｂは青色の袋を受け取らなかった」ことと「ＢはＣから受け取った」ことより、Ｃ≠青となり、残ったＤが青に決まります。

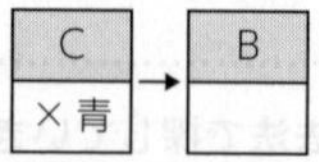

残りの人物はＢとＣ、残りの色は黄色と赤色です。Ｃがプレゼントを渡した相手はＢと決まっているので、Ａに渡すことはあり得ません。よって、Ａにプレゼントを渡している黄色の袋の人物にはなり得ないため、Ｃ≠黄となります。よって、Ｂ＝黄、Ｃ＝赤となります（表２）。

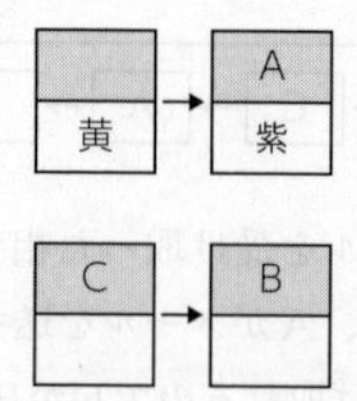

表2	赤	青	黄	緑	紫
A	×	×	×	×	○
B	×	×	○	×	×
C	○	×	×	×	×
D	×	○	×	×	×
E	×	×	×	○	×

「渡した相手からプレゼントを受け取ることはなかった」という条件がないので、複数グループに分かれる可能性もあります。

ここまでで、「C→B」と、「黄色（＝B）→A」を合わせて「C→B→A」までプレゼントのやりとりが確定します。**Bのプレゼントは Aが受け取ったので、この時点で正解は❷となります。**

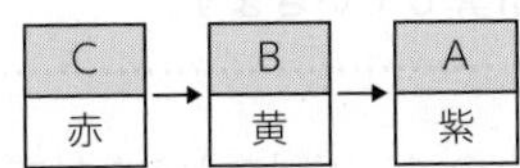

ここから、最後までプレゼント交換のやりとりを検討すると、以下のようになります。

条件より、青い袋を持っていたDは、Cに渡すことができません。Dが渡す相手を考えると、C以外でプレゼントをもらった相手が決まっていないのは、Eのみです。よって、「D→E」のやりとりが決まります。

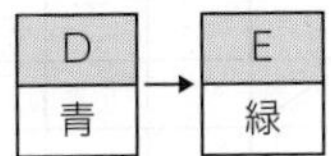

次に、Eが誰にプレゼントを渡したか考えます。

このとき、まだ誰からプレゼントを渡されたか確定していないのはCとDの２人です。

CとDの両方ともEからプレゼントを受け取ることができるので、どちらがEからプレゼントを受け取ったかは確定しません。

よって、Eがプレゼントを渡す相手は図１のCか、図２のDの２通りあります。図２の場合はDとEの２人でお互いに渡し合いをしたことになります。

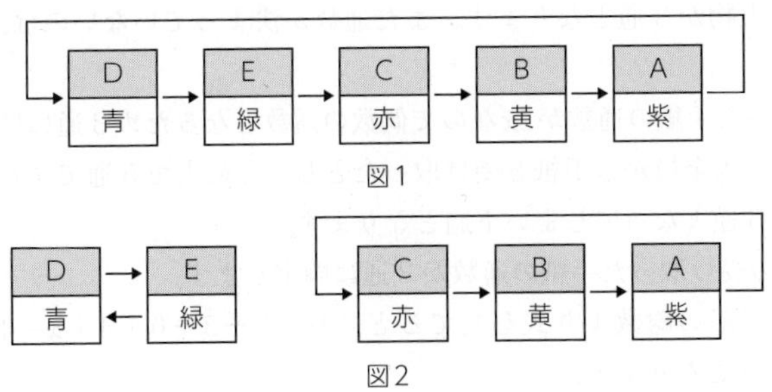

図1

図2

問題5 正解 ❹

プレゼント交換に人数が加わる問題では、試合のリーグ戦のように「出す／もらう」の対応表を作り、数値を書く欄を作っておくと作業がしやすくなります。

人数がわからないところは記号で、その他は数値を書き入れ、合計が12であることからそれぞれの枚数を計算していきます。

自分自身には手紙を出せないので、下図のような対応表を書きます。

Fが手紙を出した人数，もらった人数をx人とすると、Aが手紙を出した人数ともらった人数は$2x$人となります。

出した人物

受け取った人物	A	B	C	D	E	F	
A	＼						$2x$
B		＼					2
C			＼				
D				＼			0
E					＼		4
F						＼	x
	$2x$	1		3	4	x	12

（A、C、Fの欄：いずれかに3が入る）

「Bから手紙を受け取った人物は、受け取った手紙の合計がBを含めて３通」であることより、その人物を検討します。

B、D、Eが受け取った通数は３通以外なので、まだ受け取った通数が決まっていないいずれかの人物が３通となります。まだ通数が決まっていないのは、A、C、Fの３人です。

Aは受け取った手紙の通数が$2x$なので偶数の通数となるため３通にはなり得ません。

自分以外の５人全員から手紙を受け取ったとしても最大で５通ですが，Fが３通の場合Aが２倍の６通となってしまい不適となります。

よって、Cの受け取った手紙の通数が３通に確定します。

受け取った手紙の総数より式を立てると、$2x+2+3+0+4+x=12$となり、これを解いて、$x=1$となります。

また、出した人物の総数より、Cが出した通数は、$12-2-1-3-4-1=1$（通）となります。

「Bから手紙を受け取った人物は、受け取った手紙の合計が３通」であることより、BがCに手紙を出したことになり、以下のように決まります。

出した人物

受け取った人物	A	B	C	D	E	F	
A	＼	×					2
B		＼					2
C		○	＼				3
D	×	×	×	＼	×	×	0
E		×			＼		4
F		×				＼	1
	2	1	1	3	4	1	12

通数の多い人物、もしくは少ない人物の列が、○印と×印を特定しやすいです。また、表の縦と横の列を交互に確認していきます。

さらに、出した通数が多いEに着目すると、Eの出した４通と、受け取った４通が確定します。

出した人物

受け取った人物	A	B	C	D	E	F	
A	＼	×			○		2
B		＼			○		2
C		○	＼		○		3
D	×	×	×	＼	×	×	0
E	○	×	○	○	＼	○	4
F		×			○	＼	1
	2	1	1	3	4	1	12

対応表に○印が入ったので、次に出した通数が少ないCとFを検討します。

CとFが１通だけ手紙を出しており、その１通が先ほど○印が入ったEとなるので、それ以外に×印を入れます。

縦の列を確認したので、次は横の列で通数が少ないFを確認します。

すると、Fが受け取った１通は、先ほど○印が入ったEから受け取ったことに決まり、それ以外に×印を入れます。

この時点で、Aが手紙を受け取った２通目の相手はDしか残っていないので、AはDとEから手紙を受け取ったことになります。

出した人物

受け取った人物	A	B	C	D	E	F	
A		×	×	○	○	×	2
B			×		○	×	2
C		○			○	×	3
D	×	×	×		×	×	0
E	○	×	○	○		○	4
F	×	×	×	×	○		1
	2	1	1	3	4	1	12

これ以上わかることがないので、選択肢を見ると、DはAに手紙を出したので正解は❹となります。

問題6

正解 ❹

「出会った、出会わなかった」という問題では、出会い方についての条件を書き込めるように人数分の欄を作っておくと作業しやすくなります。

「人物」と「自転車の色」が１対１対応なので、「出会った自転車の色」≠「自分の自転車の色」になります。

４人いるので、①〜④の四つの欄を設け、そこに人物名と乗っている自転車の色を書き込んでいきます。まず、登場する人物や自転車の色の情報が多いものから書き入れましょう。

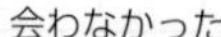

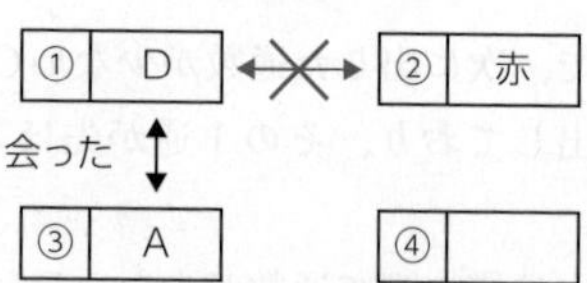

「Dは赤い自転車に乗っておらず、また、赤い自転車の人とは出会わなかった」ことより、Dを入れる欄とは別の欄に「赤」を記入し、Dと「赤」が会わなかったことを矢印で表します。とりあえず、①＝D、②＝赤にしておきます。

また、AはDと会ったので、Aは「Dと会わなかった②」ではありません。よって、残った③と④のうち、ひとまず③の欄にAを書き入れておきます。

図に書き込まれた人物名を含む条件に着目します。

図にAが入ったので、Aが含まれる条件を見ます。

「A≠白」と「Aと白い自転車の人が会っていない」ことより、白が入るのがどこかについて考えます。

まず、Aは白い自転車に乗っていないので③≠白です。また、すでに赤が入っている②≠白で、Aと会っている①≠白となります。よって、残った④＝白に決まるので、③のAと④の白が出会わなかったことを図に書き入れます。

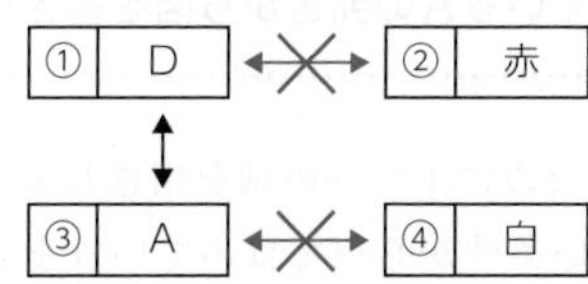

まだ決まっていない残りの人物と残りの色について、「会う／会わない」を踏まえながら検討します。

BとCは、まだ人物が決まっていない②か④のいずれかとなります。

自分自身に出会うことはあり得ないので、「Cは、赤い自転車の人と出会った」ことより、C≠「②の赤」となり、C＝④、B＝②に決まります。

④の白い自転車に乗ったCは、赤い自転車に乗った②に会ったことになるので、この時点で正解は❹となります。

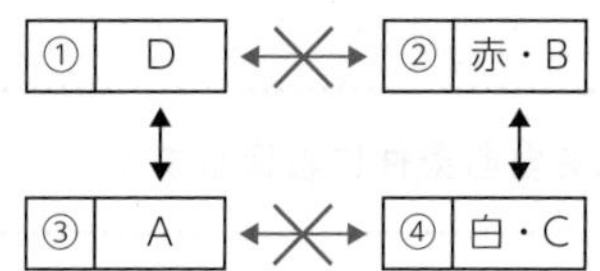

以下、最後まで図を確定させていきます。

「Bは青い自転車の人と出会った」ので、Bと出会っていない①は青ではありません。よって、残った③が青で、①が緑に決まります。

条件より、「出会った／出会わなかった」の矢印をすべて入れると下図のようになります。

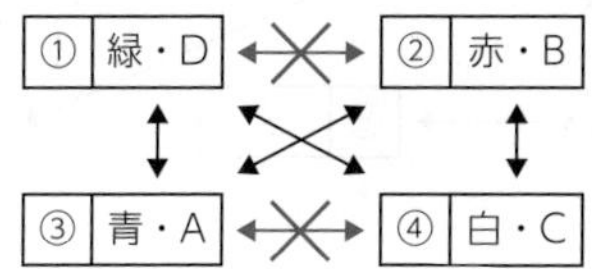

問題7

正解 ❸

「出会った／出会わなかった」という条件を書き込めるように、人数分の欄を作っておくと作業がしやすくなります。

最も多くの人物に言及しているＡの発言から図を書き込んでいきます。

Ａ～Ｅの５人を当てはめるために①～⑤の欄を用意します。

ここに、最も登場人物が多い条件から当てはめていきます。

「Ａは、ダックスフントを連れた人とポメラニアンを連れた人に会ったが、Ｃには会わなかった」ことより、仮に、①にＡ、②にダックスフント、③にポメラニアン、④にＣを入れ、「会った／会わない」を矢印で記入していきます。

このとき、当てはめる欄はいずれの番号でも構いません。

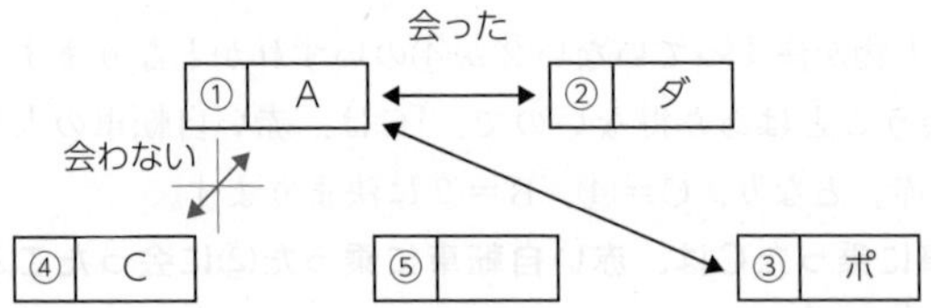

図に書き込まれた人物名を含む条件に着目します。

図にＣが入っているので、Ｃを含む条件を見ます。「Ｃは、チワワを連れた人に会った」ことより、Ｃと会っていない①にチワワを入れることはできません。また、すでに犬種が入っている②と③にはチワワが入らないので、チワワは⑤に決まります。

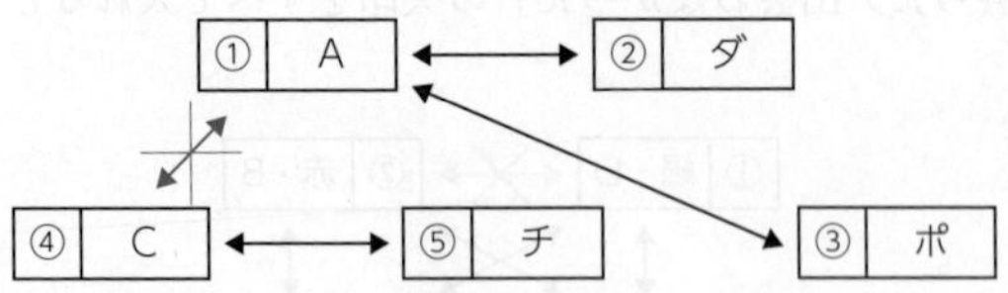

残りの人物・残った色が入れる欄を探します。

次に、Ａが図に書き込まれているのでＡと関連のあるＢについて考えます。

ＢはＡに会っていないので、Ａと会っている②と③に入れることはできません。また、

①と④にはすでに人物が入っているのでBを入れることができません。よって、B＝⑤に決まり、Aと会わなかったことを図に書き入れます。

Bは柴犬を連れた人に会いましたが、まだ犬種が入っていない①と④のうち、Bと会っていない①に柴犬を入れることはできません。よって、柴犬は④に決まり、残った①がプードルに決まります。

ここで、Cが柴犬を連れていたことがわかり、正解は❸となります。

なお、ダックスフントとポメラニアンについてはDとEどちらが連れていたかは確定しません。

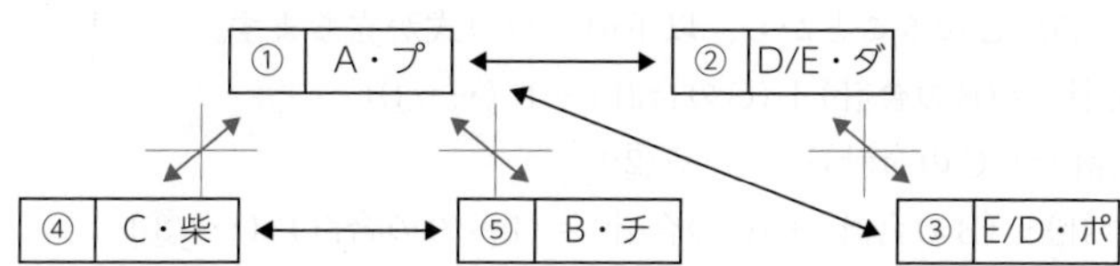

第2章　数量推理

1　数量推理の基本

問題1　　　　正解 ❹

カードの数字を内訳する問題です。1〜9の合計も利用すると考えやすいでしょう。

一つ目、二つ目の条件と、A〜Cの合計をすべて合わせると1〜9の合計（1＋2＋…＋8＋9＝45）となることから、以下の三つの式が立ちます。

(Aの合計)＝(Bの合計)＋(Cの合計)－1（・・・①）
(Bの合計)＝(Cの合計)－1（・・・②）
(Aの合計)＋(Bの合計)＋(Cの合計)＝(1〜9の合計)（・・・③）

①より、(Bの合計)＋(Cの合計)＝(Aの合計)＋1と、(1〜9の合計)＝45を③に代入して整理すると、2×(Aの合計)＋1＝45となり、(Aの合計)＝22となります。

1〜9の異なる三つの数を合わせて22となる組合せについて考えます。

Aが取った最も大きな数を9とすると、残りの二つの数の合計は13となります。5はBが取ったのでAは選べないため、残り二つの合計で13とするには、7＋6＝13の組合せしかありません。

また、Aが取った最も大きな数が8以下の場合、残りの二つの数の合計は14以上となります。7以下の異なる二つの数の合計を14以上にすることができないため、Aが取った最も大きな数は9に決まります。

よって、Aの取った3枚のカードは（9, 7, 6）に決まります。

Aの合計が22なので、①に代入して整理すると（Bの合計)＋(Cの合計)＝23（…④）となります。②を④に代入すると、(Cの合計)－1＋(Cの合計)＝23となります。

これより、2×(Cの合計)＝24となり、(Cの合計)＝12（…⑤）となります。

また、⑤を②に代入すると、(Bの合計)＝12－1＝11となります。

Bは5を取ったので、残り2枚の合計は6となります。5以外の異なる二つの数で合計6にするには、4＋2＝6の組合せしかありません。よって、Bは（5, 4, 2）に決まり、残ったCは（8, 3, 1）となります。

Cは3が書かれたカードを取ったので、正解は❹となります。

問題2

正解 ❸

最初にスート（マーク）ごとの数字をすべて書き出しておき、誰のカードかが決まり次第斜線で消していくと考えやすいでしょう。

スートごとに表を作り、確定している人物から書き入れていきます。

スートと数の条件が書いてある情報から埋めていきます。まず、Aは5枚ともハートで奇数なので、ハートの（1, 3, 5, 7, 9）に決まります。

Aはすべてハートで5枚、Cはスペードが3と5の2枚なのでハートは3枚、Dはハートが1枚なのでスペードは4枚となります。スペードとハートそれぞれ10枚ずつなので、残ったBはスペードが4枚、ハートが1枚となります。

	1	2	3	4	5	6	7	8	9	10	A	B	C	D
スペード			C		C	B				D	0枚	4枚	2枚	4枚
	1	2	3	4	5	6	7	8	9	10	A	B	C	D
ハート	A		A		A	B	A		A		5枚	1枚	3枚	1枚

合計数がわかっているCについて組合せを考えていきます。

Cの「5枚に書かれた数の合計が24」、「Cは3と5のカードを配られた」ことより、Cは3と5が確定しているので、残った3枚の合計が24－3－5＝16となります。

Cの3と5以外のカードはハートであり、ハートの残った数字は（2, 4, 8, 10）です。このうち3枚を選んで合計が16となる組合せは（2, 4, 10）しかありません。

4枚の数字をすべて合計した2＋4＋8＋10＝24は16よりも8多いため、(2, 4, 8, 10) から8を取り除けば合計が16となり、組合せが (2, 4, 10) に決まります。

残ったハートは8のみなので、ハートの8はDに配られたと決まります。

Bはすべて偶数なので、スペードの2、4、6、8が確定します。

スペードの残った1、7、9がDに決まり、A～Dのカードが決定します。

	1	2	3	4	5	6	7	8	9	10	A	B	C	D
スペード	D	B	C	B	C	B	D	B	D	D	0枚	4枚	2枚	4枚
	1	2	3	4	5	6	7	8	9	10	A	B	C	D
ハート	A	C	A	C	A	B	A	D	A	C	5枚	1枚	3枚	1枚

以上より、Dにハートの８が配られているので、正解は❸となります。

問題３

正解 ❸

何通りか考えられるときには場合分けをし、「全員この色の球を持っていた」、「この色の球は持っていなかった」などから矛盾を見つけていきます。

色と人物で球の個数を書き込む表を作り、同じ個数のマスには同じ記号を書いておきます。

まず、人物と球の色の個数がわかっているものを表に書き込んでいきます。

「黄色の球を持っていた者は赤色の球は持っていなかった」ことより、赤色の球を持っていたＡとＢは黄色の球を持っていなかったことになります。黄色の球の合計は１個なので、Ｃが黄色の球１個を持っていたことになり、さらにＣは赤い球を持っていなかったことになります。また、条件よりＢは緑色の球を持っていません。

「Ａ、Ｂ、Ｃともに青色の球を持っていた」ことより、青の球の合計は３個以上、「赤色の球はＡとＢだけが持っていた」ことより赤の球は２個以上となります。

ここで、(青色の球の個数)＝(緑色の球の個数)＝x、(赤色の球の個数)＝yとおくと、黄色の球の合計個数が１、総数が12個なので、$2x+y+1=12$より、$y=11-2x$（･･･①）となります。xは３以上、yは２以上なので、①に$x=3$を代入すると$y=5$、$x=4$を代入すると$y=3$となり、xに５以上の数を代入するとyが１以下となってしまうので、xとyの組合せは、$(x,\ y)=(3,\ 5)$、$(4,\ 3)$の２通りとなります。よって、この２通りで場合分けをして考えます。

色つき部分は、0個ではないマス

表1	赤	青	黄	緑	合計
A			0		4
B			0	0	4
C	0		1		4
合計	y	x	1	x	12

各自の合計個数、各色の球の合計個数より、それぞれの個数の内訳を推理していきます。何通りか考えられるときは、場合分けをして矛盾を突き止めます。

❶ 合計個数が、(赤色, 青色, 黄色, 緑色)＝(5, 3, 1, 3) の場合

青色の合計が３個で、Ａ～Ｃの３人がそれぞれ青球を持っていたので、１人１個ずつ持っていたことになります。Ｃの合計が４個なので、(Ｃの緑色の球の個数)＝4－0－1－1＝2個になります（表２－１）。

さらに、緑色の合計が3個なので、Aの緑色の球が1個となります。最後にAとBの赤色の球を、合計から他の色の個数を引いて計算すればすべての個数が確定します（表2－2）。

表2－1	赤	青	黄	緑	合計
A		1	0		4
B		1	0	0	4
C	0	1	1	2	4
合計	5	3	1	3	12

表2－2	赤	青	黄	緑	合計
A	2	1	0	1	4
B	3	1	0	0	4
C	0	1	1	2	4
合計	5	3	1	3	12

❷　合計個数が、（赤色，青色，黄色，緑色）＝（3，4，1，4）の場合

赤色は合計3個で、AとBが必ず赤色を持っており、Cは赤色を持っていません。よって、赤色の個数は（A，B）＝（1，2）、（2，1）の2通り考えられます。

○赤色の個数が（A，B）＝（1，2）のとき

Bの青色の球の個数は、合計個数から他の色の個数を引いて2個に決まります、青色をA、B、Cが必ず持っていたことより、青球の個数は（A，B，C）＝（1，2，1）に決まります。A、Cの緑色の球の個数は、合計個数から赤、青、黄色の球の個数を引いて、2個ずつになります。

表3	赤	青	黄	緑	合計
A	1	1	0	2	4
B	2	2	0	0	4
C	0	1	1	2	4
合計	3	4	1	4	12

○赤色の個数が（A，B）＝（2，1）のとき

Bの青色の球の個数は、合計個数から他の色の個数を引いて3個に決まります。青色の合計が4なので、青色は残り1個となりますが、これではAとCのどちらか1人の青色の球の個数が0個となってしまい、A、B、Cが必ず青色を持っていたことと矛盾するため不適となります。

表4	赤	青	黄	緑	合計
A	2		0		4
B	1	3	0	0	4
C	0		1		4
合計	3	4	1	4	12

表2－2と表3より、Cが緑色の球を2個持っていたことが確定するので、正解は❸となります。

問題4　　　　　　　　　　　　　　　　　　　　　　　　　　　　　　　　正解 ❺

「合計得点においても同順位者がいなかった」ことが問題を解くカギになります。順位がどちらか迷った場合は、合計得点が誰かと同じになってしまわないか確認するとよいでしょう。

3競技のうち、順位が確定している人物が多いものから考えていきます。

各順位の情報が多い水泳から考えます。Cが1位、Aが2位、Bはすべての種目で入賞しているので3位となります。残ったDとEのうち、いずれの種目もEより下位の者がいたのでEが4位、Dが5位に決まります（表1）。

表1	水泳	自転車	マラソン
1位 (3点)	C		
2位 (2点)	A		
3位 (1点)	B		
4位 (0点)	E		
5位 (0点)	D		

次に、合計得点がわかっているCやDについて考えます。

Dは、合計得点が3点、水泳5位の0点、マラソン3位の1点が確定しているので、残った自転車が2点の2位に決まります（表2）。

表2	水泳	自転車	マラソン
1位 (3点)	C		
2位 (2点)	A	D	
3位 (1点)	B		D
4位 (0点)	E		
5位 (0点)	D		

次に、Cの合計得点が5点であることより、Cは水泳の3点以外に他の競技で合計2点取ったことになります。❶自転車とマラソンでそれぞれ3位となり1点＋1点＝2点となるか、❷自転車とマラソンのどちらかが2位でどちらかが入賞外で2点＋0点＝2点のいずれかとなります。

しかしマラソンの3位がDに決まっているので❶にはなり得ず、❷に決まります。よって、Cは水泳で1位、マラソンで2位、自転車で4位か5位に決まります。

Bはすべての種目で入賞しているので、マラソンは1位となります。マラソンの順位で残ったAとEのうち、いずれの種目においてもEより下位の者がいたのでEが4位、Aが5位に決まります（表3）。

表3	水泳	自転車	マラソン
1位（3点）	C		B
2位（2点）	A	D	C
3位（1点）	B		D
4位（0点）	E		E
5位（0点）	D		A

合計得点が全員異なっていることより、全員の合計得点を考えていきます。

ここで各自の合計得点について考えると、わかっている人物の合計得点は、Cが５点、Dが３点です。

Bはすべての競技で入賞しているので、自転車では１位か３位となります。自転車で３位の場合、Bの合計得点は1＋1＋3＝5点となり、Cと同じ得点になってしまいます。各自の合計得点が全員異なっているので、Bの自転車は１位に決まり、合計得点は７点となります。

Aは水泳で２位、マラソンで５位なので、さらに自転車で３位入賞してしまうと、合計得点が３点となり、Dと同じ得点になってしまいます。各自の合計得点が全員異なっているので、Aの自転車は４位か５位の入選外に決まります。

Cは合計得点が５点であり、すでに水泳とマラソンの合計が５点なので、残った自転車は４位か５位の入選外に決まります。

よって、残ったEが自転車の３位に決まり、Eは１種目だけ入賞したので、正解は❺となります。

表4	水泳	自転車	マラソン
1位（3点）	C	B	B
2位（2点）	A	D	C
3位（1点）	B	E	D
4位（0点）	E	A/C	E
5位（0点）	D		A

問題5 正解 ❹

３色取り出したAとCはそれぞれ「赤玉、青玉、黄玉」を1個ずつ取り出したことになります。各色の玉の個数がわかっているので、色ごとに残った玉の個数を確認しながら検討していくと早く解くことができるでしょう。

1回目の取り出し方は2通りあるので場合分けをします。

CとDは1回目に黄玉以外で互いに異なる色の玉を取り出したので、Cが赤玉でDが青玉の場合と、Cが青玉でDが赤玉の2通り考えられます。

❶　1回目にCが赤玉、Dが青玉を取り出した場合

AとCが3色取り出しているので、2人合わせて「赤玉2個、青玉2個、黄玉2個」を取り出したことになります。また、1回目にBとDがそれぞれ黄玉1個と青玉1個を取り出しています。

全体で「赤玉3個、青玉4個、黄玉5個」なので、残った玉の色は「**赤玉1個、青玉1個、黄玉2個**」となり、これがBとDの2回目と3回目の玉の合計となります。これらをBとDが取り出した玉の色が2色になるように分配すると、Bの2回目と3回目が「赤玉、黄玉（回数は未確定）」、Dの2回目と3回目が「青玉、黄玉（回数は未確定）」の組合せしかないため、これに決定します。

表1	1回目	2回目	3回目	色数	玉の種類
A	黄	赤／青		3色	赤・青・黄
B	黄	赤／黄		2色	赤・黄・黄
C	赤	青／黄		3色	赤・青・黄
D	青	青／黄		2色	青・青・黄

条件イより、2回目のAとD、BとCが同じ色の玉になるように当てはめると、残りの1個の色が3回目に決まります（表1－2）。

矛盾なく当てはまる表が一つ完成したのでこの時点で選択肢を見ると、❹しか正しくないので、正解は❹となります。

表1－2	1回目	2回目	3回目
A	黄	青	赤
B	黄	黄	赤
C	赤	黄	青
D	青	青	黄

ヒント

このように、何パターンか場合分けをしながら進めていくとき、すべてのパターンを確認し尽くしてから選択肢を見るのでなく、表などが一つ埋まるたびに選択肢の答えが絞れないか確認すると、早めに答えが出ることがあります。

❷　1回目にCが青玉、Dが赤玉を出した場合

AとCが3色取り出しているので2人合わせて「赤玉2個、青玉2個、黄玉2個」を

取り出したことになります。また、１回目にＢとＤがそれぞれ黄玉１個と赤玉１個を取り出しています。

全体で「赤玉３個、青玉４個、黄玉５個」なので、残った玉の色は**「青玉２個、黄玉２個」**となり、これがＢとＤの２回目と３回目の玉の合計となります。これらをＢとＤが取り出した玉の色が２色になるように分配すると、表２のようになります。

表2	1回目	2回目	3回目	色数	玉の種類
A	黄	赤／青		3色	赤・青・黄
B	黄	青／青		2色	青・青・黄
C	青	赤／黄		3色	赤・青・黄
D	赤	黄／黄		2色	赤・黄・黄

条件イより、２回目のＡとD、ＢとＣが同じ色の玉ですが、どちらも同じ色にすることができません。よって、不適となります。

問題6

正解 ❶

「人物」、「お菓子」、「飲み物」の三つの要素を含んだ数量を伴う問題です。「お菓子」と「飲み物」の両方に関する条件が問題を解く鍵になります。

「ＡとＢは同じお菓子を注文しなかった」という条件より、いくつかの情報を読み取ることができます。

「アップルパイを注文した人は紅茶を注文した」ので、コーヒーを注文したＡはアップルパイを注文していないことになります。

Ａがアップルパイを注文しなかったので、Ａが注文した２種類のお菓子はチーズケーキとシュークリームに決まります。ＢはＡが選んだお菓子を注文しなかったので、アップルパイを注文したことになります。

表1	お菓子				飲み物	
	チーズ	シュー	アップル	合計	紅茶	コーヒー
A	○	○	×	2	×	○
B	×	×	○	1		
C						
D		×		1		
			2			

（C・D：同じ）

ＢとＤがシュークリームを注文しておらず、また、アップルパイを注文したのは２人なので、「３人が注文したお菓子」はチーズケーキに、注文した３人はA、C、Ｄに決まります。

Ｄが注文したお菓子はチーズケーキに決まったので、アップルパイには×印を入れます。

すると、アップルパイを注文した人は２人なので、ＢとＣに決まります。また、「アップルパイを注文した人は紅茶を注文した」ので、ＢとＣは紅茶を注文したことになります。

「ＣとＤは同じ飲み物を注文した」ので、ＤもＣと同じ紅茶を注文したことになります。

また、Ｃはチーズケーキとアップルパイの２種類を注文し、全員１種類か２種類しかお菓子を注文していないので、Ｃはシュークリームを注文していないことになります。

表2	お菓子				飲み物	
	チーズ	シュー	アップル	合計	紅茶	コーヒー
A	○	○	×	2	×	○
B	×	×	○	1	○	×
C	○	×	○	2	○	×
D	○	×	×	1	○	×
	3	1	2		3	1

（Ｃ・Ｄのコーヒー欄：同じ）

以上より、シュークリームを注文したのは１人だけなので、正解は❶となります。

2　その他の数量推理

問題1　　正解 ❶

勝った人はビー玉の個数が４倍となり、負けた人は勝った人が持っていた数だけビー玉の個数が減ります。

４人いるので１位になれば４倍になり、負ければ、「１位の人が持っていた個数」分だけ減ることになります。

例えばじゃんけんに勝った人がＸ個持っていたとすると、他の３人からＸ個ずつビー玉をもらえるので、ビー玉の数は持っていたＸ個に加えて3Ｘ個増えて４倍の4Ｘ個となります。また、負けた人は勝った人が持っていた個数分だけ減るので、Ｘ個ずつ減ることになります。

よって、勝った人物は４倍、負けた人物は勝った人物が持っていた分だけビー玉が減ることになります。

４回目にＤが勝ってビー玉の個数が４倍となって256個になったので、４回目のＤのビー玉の個数は、256÷４＝64個となります。Ａ～ＣはＤに64個渡してビー玉が０個になってしまったので、４回目にはそれぞれ64個ずつ持っていたことになります。

ここで、じゃんけんに勝った人物が持っていたビー玉の個数をx～zで書き入れると表１のようになります。

	A	B	C	D
1回目		x		
	↓ $-x$	↓ ×4	↓ $-x$	↓ $-x$
2回目			y	
	↓ $-y$	↓ $-y$	↓ ×4	↓ $-y$
3回目	z			
	↓ ×4	↓ $-z$	↓ $-z$	↓ $-z$
4回目	64	64	64	64
	↓ −64	↓ −64	↓ −64	↓ ×4
最終	0	0	0	256

表中の色は、勝ち 負け を表しています。

一つ後の回数の個数から、一つ前の回数の個数を求めていきます。

3回目にAが勝ったので、$4z=64$となり、$z=16$となります。zが16に決まったので、3回目に負けた人は、4回目のビー玉の個数に16加えると3回目のビー玉の個数を求めることができます。よって、B～Dの3回目のビー玉の個数は、64＋16＝80となります。

2回目にCが勝ったので、$4y=80$となり、$y=20$となります。yが20に決まったので、2回目に負けた人は、3回目のビー玉の個数に20加えると2回目のビー玉の個数を求めることができます。よって、2回目の個数は、Aが16＋20＝36、BとDが80＋20＝100となります。

1回目にBが勝ったので、$4x=100$となり、$x=25$となります。xが25に決まったので、1回目に負けた人は、3回目のビー玉の個数に25加えると1回目のビー玉の個数を求めることができます。よって、1回目の個数は、Aが36＋25＝61、Cが20＋25＝45、Dが100＋25＝125となります。

Bが最初に持っていた個数は25個なので、正解は❶となります。

	A	B	C	D
1回目	61	25	45	125
	↓ −25	↓ ×4	↓ −25	↓ −25
2回目	36	100	20	100
	↓ −20	↓ −20	↓ ×4	↓ −20
3回目	16	80	80	80
	↓ ×4	↓ −16	↓ −16	↓ −16
4回目	64	64	64	64
	↓ −64	↓ −64	↓ −64	↓ ×4
最終	0	0	0	256

問題2 　　　　　　　　　　　　　　　　　　　　　　　　　　　　　正解 ❸

5人中2人の解答を比べ、2人の合計得点から正答を考えます。

第1問～第5問のうち、4問の○×が逆になってる2人を比べると考えやすいです。

BとDの解答を見ると、第1問、第3問～第5問は2人の○と×が逆になっているので、どちらか1人が正答で、もう1人が不正答となり、2人合わせて1問正答の20点となります（下表の色つき部分）。BとDの得点の合計は120点で、第1問、第3問～第5問の2人の合計得点は20×4＝80点なので、第2問の2人の合計が120－80＝40点となります。

よって、第2問はBとDが2人とも正答となり、第2問は○が正答となります。

○が正答（第2問）

	第1問	第2問	第3問	第4問	第5問	得点
B	○	○	×	×	○	60
D	×	○	○	○	×	60
計	20	40	20	20	20	120

CとDの解答を見ると、第1問～第3問、第5問は2人の○と×が逆になっているので、どちらか一方だけが正答となります。CとDの得点の合計は120点、第1問～第3問、第5問の2人の合計得点は20×4＝80点なので、第4問の2人の合計得点が120－80＝40点となります。

よって、第4問はCとDが2人とも正答となり、第4問は○が正答となります。第2問と第4問の正答が○となっている選択肢は❸のみなので、**この時点で正解は❸となります。**

○が正答（第2問）　○が正答（第4問）

	第1問	第2問	第3問	第4問	第5問	得点
C	○	×	×	○	○	60
D	×	○	○	○	×	60
計	20	20	20	40	20	120

第2問と第4問の正答がわかったので、「正答を調べたい第3問は○×が同じ」、「正答が不明の第1問と第5問は○×が逆」である2人の解答を比べます。

正解は出ましたが、第3問の正答がどちらかまで考えていきます。

まだ正答がどちらかわからない第1問と第5問の○と×がともに逆になっているA

とEについて考えていきます。

第1問と第5問の○と×が逆になっているので、どちらか一方だけが正答となり、第1問と第5問を合わせた2人の合計得点が20×2＝40点となります。

第2問は2人とも不正答なので2人の合計得点が0点、第4問は2人とも正答なので2人の合計得点が40点となります。AとEの得点の合計は80点なので、第3問の2人の合計が80－20－0－40－20＝0点となり、2人とも不正答とわかります。よって、第3問の正答は×となります。第1問と第5問の正答は不明です。

○が正答　×が正答　○が正答

	第1問	第2問	第3問	第4問	第5問	得点
A	×	×	○	○	×	40
E	○	×	○	○	○	40
計	20	0	0	40	20	80

問題3

正解 ❺

ア～ウの三つのうち、四つ挙げた候補の中に共通したものが多く、東京にある施設や百貨店の合計に差がある二つを比較して考えます。

ア～ウのうち四つ挙げた候補のうち三つまで共通であるアとイ、イとウを比べ、全体の個数の差から東京の施設があるかないかを考えます。

ア～ウのうち二つを比較し、合計個数の違いから、A～Fが東京にあるかどうかを調べます。

まず、アとイの施設で、共通部分のB～D以外のAとEに着目します。

東京の施設の数は、アが二つでイが一つなので、アアはイより一つ多くなっています。

これは、アの候補にあってイの候補にはなかったAが東京の施設で、アは候補にAが増えたことで、東京の施設の数が一つ増えたことを意味しています。

また、アの候補にはイにあったEが含まれていません。Eが東京の施設である場合、アの東京の施設の数がイの東京の施設の数よりも一つ減ってしまいます。よって、Eは東京の施設ではないことがわかります。

このように、**アの東京の施設の数がイの東京の施設の数より一つ増えている場合**、以下のようになります。

○「**アの候補にはあるが、イの候補にはない**」･･･東京の施設である

○「**アの候補にはないが、イの候補にはある**」･･･東京の施設ではない

	A	B	C	D	E	F	東京
ア		このうち一つ東京					2
イ		このうち一つ東京					1

東京である　東京でない　一つ増えている

※色つき部分はそれぞれ四つの候補を示しています。

同様に、ウはイより東京の施設が一つ増えています。

ウの候補はイの候補に比べて「東京の施設であるF」が増え、「東京の施設でないB」が減ったので、全体として東京の施設が一つ増えたことになります。

	A	B	C	D	E	F	東京
イ			このうち一つ東京				1
ウ			このうち一つ東京				2

東京でない　東京である　一つ増えている

以上より、AとFが東京の施設、BとEが東京の施設ではないことがわかります。CとDのうちどちらか一つが東京の施設ですが、ア〜ウすべてがCとDをいずれも候補として含んでいるためCとDに違いがなく、どちらが東京であるかを特定することができません(○印は東京の施設であること、×印は東京の施設ではないことを表しています)。

	A	B	C	D	E	F	東京
ア	○	×	このうち一つ東京				2
イ		×	このうち一つ東京		×		1
ウ			このうち一つ東京		×	○	2

百貨店では、アとイの全体の個数の差がないので、アとイを比べてもどれが百貨店であるかについては特定できません。

四つの候補のうち三つが共通で、かつ百貨店の数に違いがある二つを選びます。

イとウでは、百貨店の数がイはウより一つ多くなっています。

よって、イの候補にあり、ウの候補にはないBが百貨店であり、イの候補にはなく、ウの候補にあるFが百貨店でないことがわかります。

	A	B	C	D	E	F	百貨店
イ			このうち一つ百貨店				2
ウ			このうち一つ百貨店				1

百貨店である　百貨店でない　一つ増えている

百貨店に関して、BとF以外は下記のように、百貨店である場合（○）でも、百貨店でない場合（×）でも、それぞれの合計数が成立してしまうため、○と×いずれであるか特定することができません。

	A	B	C	D	E	F	合計
ア	○	○	×	×			2
イ		○	×	×	○		2
ウ			×	×	○	×	1

	A	B	C	D	E	F	合計
ア	×	○	○	×			2
イ		○	○	×	×		2
ウ			○	×	×	×	1

	A	B	C	D	E	F	合計
ア	×	○	×	○			2
イ		○	×	○	×		2
ウ			×	○	×	×	1

以上より、「Aは東京にある」、「Bは東京になく、百貨店である」、「Eは東京にない」、「Fは東京にあり、百貨店でない」の４点のみ確実に決まり、その他のことについては不明となります。

よって、正解は❺となります。

第3章　順序関係

1　順序関係の基本

問題1

正解 ❹

「すぐ後に」と、「より後に」の違いに注意します。「すぐ後に」は連続していますが、「より後に」は連続しているとは限りません。

条件を記号化し、まとめられるものは合わせます。

❶　BA
❷　DC
❸　A○○○○C
❹　F⇒E⇒G
❺　H＝1～4

❶、❷、❸は人数がわかっている条件なので、共通する人物を重ね合わせると、BA○○○DC（❻）になります。

○も含めて7人分あり、人数の多いまとまりとなったので、まずはこの条件を順位表に当てはめると場合分けが少なくなります。

人数が多いまとまりから順位表に書き込んでいきます。

❻より、Bを左端の1位から書き込み（･･･①）、次にBを一つずらして2位から書き込みます（･･･②）。

表1	1	2	3	4	5	6	7	8
①	B	A				D	C	
②		B	A				D	C

残った条件のうち、順位に関する情報があるものを当てはめていきます。

まだ使われていない条件は、「Hが1位～4位であること」と、「F⇒E⇒Gの順である」ことです。このうち、順位に関する前者のほうが順位表に当てはめやすいでしょう。

①と②はそれぞれ1位～4位に2か所空欄があり、それぞれ2通りずつHが入る位置があるので場合分けをします。

表2	1	2	3	4	5	6	7	8
①－1	B	A	H			D	C	
①－2	B	A		H		D	C	
②－1	H	B	A				D	C
②－2		B	A	H			D	C

空いた３か所の空欄にF⇒E⇒Gの順に当てはめると完成です。

表3	1	2	3	4	5	6	7	8
①－1	B	A	H	F	E	D	C	G
①－2	B	A	F	H	E	D	C	G
②－1	H	B	A	F	E	G	D	C
②－2	F	B	A	H	E	G	D	C

４通りすべてにおいてEが５位となるので、正解は❹となります。

問題２

正解 ❹

「人物」、「色」、「借り物」の３要素があるので、条件の記号化や順位表を３段に分けておくと検討しやすくなります。

順位が特定できる条件、人数の多い条件の順に順位表に書き入れていきます。

軍手、たすき、なわとび、マイク、帽子を、それぞれ「軍」、「た」、「な」、「マ」、「帽」とします。

Aの発言より、Aがゴールをしたときに後ろに２人いたので、Aが３位でゴールしたことがわかります。

さらに、Eの発言より、Eより先に２人以上がゴールしたのでEは１位と２位ではなく、また、最後にゴールしていないのでEは５位ではありません。よって、Eは３位か４位ですが、Aが３位なので、Eは４位に決まります。

また、Aの発言を順位表に書き込むとき、Aの後ろにいた「白」と「桃」はどちらが先かわからないので、４位と５位にまとめて「白／桃」のように処理しておきます。

表1	1	2	3	4	5
人物			A	E	
組の色				白/桃	
借り物				な	

条件を複数の段に分けて記号化しておきます。

B～Dの発言より、条件を記号化すると以下のようになります。

Bの発言			
人物			B
組の色	赤		
借り物	軍		

Cの発言		
人物	C	
組の色		
借り物		た

Dの発言		
人物		D
組の色	黄	
借り物	帽	

残った条件のうち、順位表に1通りしか当てはまらないものから書き入れていきます。

Bの発言やDの発言の条件は、順位表に1通りしか当てはまるところがありません。よって、まずBやDの発言の条件から当てはめていきます。

Cの発言の条件は2通りの当てはめ方があるので後回しにします。

表2	1	2	3	4	5
人物		D	A	E	B
組の色	黄		赤	白/桃	
借り物	帽		軍	な	

さらに、Cの発言を当てはめると表3のようになります。

表3	1	2	3	4	5
人物	C	D	A	E	B
組の色	黄		赤	白/桃	
借り物	帽	た	軍	な	

残った組の色に青、借り物にマイクを入れます。白と桃は、どちらが4位か5位かまでは確定しません。

表4	1	2	3	4	5
人物	C	D	A	E	B
組の色	黄	(青)	赤	白/桃	
借り物	帽	た	軍	な	(マ)

表4より、Dは青組となるので、正解は❹となります。

問題3 正解 ❶

全部で３台しかない順序関係の問題なので、消去法で１番目と３番目を特定してから他の順位を考えると効率よく解くことができます。

「先に通過した車」と「後に通過した車」に分け、消去法により、最後に通過した車・最初に通過した車を特定します。

それぞれの条件より、先に通過した車と後に通過した車について、車種と色で分けると次の表のようになります。

例えば、「乗用車より先に青い車が通過した」とあれば、先に通過したのが青い車で、後に通過したのが乗用車となります。そこで、青い車を「先に通過した・車の色」のマスに、乗用車を「後に通過した・車種」のマスに入れます。

	先に通過した	後に通過した
車種	バス	乗用車、トラック
車の色	赤、青	白
3台の順序	最後になれない	最初になれない

先に通過した「バス、赤の車、青の車」は、後にいずれかの車が通過したことより最後に通過した車ではなくなります。このうち、「車の色」に関しては「赤色、青色、白色」のうち、「赤色と青色」の車が最後になれないので、消去法で白い車が最後に通過したことになります。

同様に、後に通過した「乗用車、トラック、白い車」は、先にいずれかの車が通過したことにより最初に通過した車ではなくなります。このうち、車種に関しては「乗用車、トラック、バス」のうち、「乗用車とトラック」が最初になれないので、消去法でバスが最初に通過したことになります。

１番目と３番目が特定できたので、２番目で場合分けをします。さらに、２番目に着目して、条件を当てはめます。

１番目がバス、３番目が白まで特定できたので、２番目の車で場合分けをします。このとき、車種か車の色のいずれでも構いませんが、今回は「青い車が２番目」と「赤い車が２番目」のように、２番目の車の色で場合分けをしています。

表1－1	1	2	3
車種	バス		
色	赤	青	白

表2－1	1	2	3
車種	バス		
色	青	赤	白

次に、２番目の車に着目します。今回は３台しか車がないため、２番目の車より先であればその車は１番目の車、２番目の車より後であればその車は３番目の車と特定できるからです。

表１－１の２番目の車は、青い車です。そこで、青い車を含む条件に着目すると、「乗用車より先に青い車」とあります。

よって、青より後に乗用車が通過したことになり、乗用車は３番目、残ったトラックが２番目に決まります（表１－２）。

同様に、表２－１の２番目の車は、赤い車です。そこで、赤い車を含む条件に着目すると、「トラックより先に赤い車」とあります。

よって、赤い車より後にトラックが通過したことになり、トラックは３番目、残った乗用車が２番目に決まります（表２－２）。

表1－2	1	2	3
車種	バス	(トラック)	乗用車
色	赤	青	白

表2－2	1	2	3
車種	バス	(乗用車)	トラック
色	青	赤	白

表１－２、表２－２いずれにせよ、赤い車の直後にトラックが通過しているので、正解は❶となります。

問題4

正解 ❸

Ｘ地点とゴール地点の２段に分けて順位表を作ります。条件より「Ｘ地点の１位・かつゴール地点の４位」の人物がいますが、誰かは不明なので、記号を順位表に書き入れておきます。

Ｘ地点とゴール地点で２段にした順位表を作り、まずは順位が確定しているものを書き込みます。

条件アとイより、Ｘ地点の４位にＢ、６位にＦを記入します。

条件カとキより、Ｘ地点の１位とゴール地点の４位が同じ人物なので●で表し、Ｘ地点の５位とゴール地点の２位が同じ人物なので▲で表します。

表1	1	2	3	4	5	6
X地点	●			B	▲	F
ゴール地点		▲		●		

すると、条件エより、X地点とゴール地点で同じ順位だったEは3位しか当てはまらないので3位に決定します。

表2	1	2	3	4	5	6
X地点	●		E	B	▲	F
ゴール地点		▲	E	●		

条件ウより、X地点でもゴール地点でもBとDの間に誰もいないことから、BとDが連続していることがわかります。

よって、X地点のBの隣で空いている5位（▲）にDを入れると、同時にゴール地点の2位（▲）にもDが入ることになります。

さらに、ゴール地点のDの隣で空いている1位にBが入ります。

表3	1	2	3	4	5	6
X地点	●		E	B	D▲	F
ゴール地点	B	D▲	E	●		

さらに、残った空欄の順位に入れる人物を考え、順位表を完成させます。

X地点でまだ順位が確定していないのはAとCなので、X地点の1位（●）にはAかCが入ります。よって、**ゴール地点の4位（●）もAかCが入る**ことになります。

●にCを入れると、ゴール地点でFをCとDの間にすることができません。よって●はAに決まります。

ゴール地点では5位をF、6位をCにして、FがCとDの間になるように当てはめます。残ったX地点の2位はCとなり、順位表がすべて埋まります。

表4	1	2	3	4	5	6
X地点	A●	C	E	B	D▲	F
ゴール地点	B	D▲	E	A●	F	C

表4より、正解は❸となります。

問題5

正解 ❺

「○が最初にすれ違ったのは△」・・・△は1位か2位

「●が最後にすれ違ったのは▲」・・・▲は最後か最後から2番目

第3章 順序関係

「●が*n*番目にすれ違ったのは△」・・・△は*n*位か（*n*＋1）位

最初（＝1番目）にすれ違った人は、すれ違った順番と同じ数である1位か、一つ順位が後にずれて2位となります。

同様に、3番目にすれ違った人は、すれ違った順番と同じ数である3位か、一つ順位が後にずれて4位となります。

「Aが最初（＝1番目）にすれ違ったのはC」・・・Cは1位か2位（①）
「Cが最初（＝1番目）にすれ違ったのはA」・・・Aは1位か2位（②）
「Dが3番目にすれ違ったのがE」・・・**Eは3位か4位**（③）
「Dが4番目にすれ違ったのはF」・・・Fは4位か5位（④）

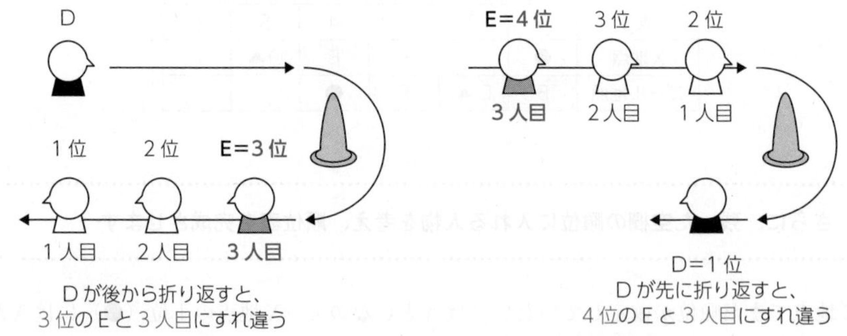
D
1位
2位
E=3位
1人目
2人目
3人目
Dが後から折り返すと、
3位のEと3人目にすれ違う
E=4位
3位
2位
3人目
2人目
1人目
D=1位
Dが先に折り返すと、
4位のEと3人目にすれ違う

「●が最後にすれ違ったのは△」・・・△は最後か、最後から2番目

全員で6人いるので、最後にすれ違った人は以下の2通り考えられ、5位か6位となります。最後にすれ違った場合は、最後の順位である6位か、一つ順位が前にずれて5位となります。最後にすれ違った場合のみ、順位が一つ前にずれます。

「Bが最後にすれ違ったのはF」・・・Fは5位か6位（⑤）
「Fが最後にすれ違ったのはB」・・・**Bは5位か6位**（⑥）

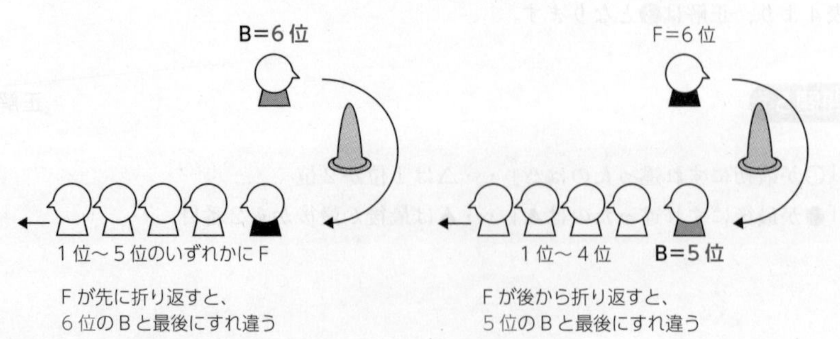
B=6位
1位～5位のいずれかにF
Fが先に折り返すと、
6位のBと最後にすれ違う
F=6位
1位～4位
B=5位
Fが後から折り返すと、
5位のBと最後にすれ違う

④、⑤より、Fは「4位か5位」であり、かつ「5位か6位」なので、5位に決まります。Fが後ろから2番目となるので、正解は❺となります。

問題6

正解 ❸

最終的に各自の順位が何着変動したかを調べます。「1人追い抜いたが1人に追い抜かれた」では、順位変動が±0となります。

追い抜いた人数と追い抜かれた人数より、最終的な順位変動を計算しておきます。

最終的な順位変動についてまとめておきます。
追い抜いた人数を＋、追い抜かれた人数を－として計算します。
A：＋1－1＝±0、B：＋3、C：－3、D：＋1、E：－1

順位が確定する人物を探します。

大きく順位変動があった人物は、順位変動のパターンが絞られます。また、「順位を上げたが、さらに上の順位に誰かがいる」と「順位を下げたが、さらに下の順位に誰かがいる」場合、さらに場合分けのパターンが絞られることになります。

例えば、Cは三つ順位を落としたので、1着→4着か、2着→5着となりますが、Cの下の順位にEがいるので、Cは最終的に5着ではなかったことになります。よって、Cは1着→4着に決まります。ゴール地点でEは4着のCよりも順位が下なので5着となります。Eは一つ順位を下げたので、4着→5着になったとわかります。

表1	1	2	3	4	5
途中経過	C			E	
ゴール地点				C	E

当てはまるのが1か所だけの人物から順位表に当てはめていきます。

順位表に当てはまる場所のパターン数について、それぞれ考えておきます。

例えばAは順位が変わらないので2着→2着か3着→3着の2通り考えられますが、Bは三つ順位が上がったので、5着→2着の1通りしか当てはまりません。

よって、Bのように1通りしか当てはまらない人物から書き入れていきます。

表2	1	2	3	4	5
途中経過	C			E	B
ゴール地点		B		C	E

この時点でAは３着→３着に決まり、Dが２着→１着となります。

表3	1	2	3	4	5
途中経過	C	D	A	E	B
ゴール地点	D	B	A	C	E

よって、ゴール地点でBが２着、Cが４着なので、正解は❸となります。

2　その他の順序関係

問題1

正解 ❺

各自の個数の関係を表す条件と、「AとBの合計からDの個数を引く」など計算を用いる条件があるので、不等号を使うと簡潔に解くことができます。

条件を等号や不等号を用いて、式で表していきます。

条件アより、E＞A＞D（…①）
条件イより、C＝A＋B－D（…②）
条件ウより、E＝D＋2（…③）、E＝B－6（…④）
条件エより、最小個数＝23個

今回は、③や④の式に比べ、②の式は文字が多く複雑なので、①、③、④の条件を使ってA、B、Dを数直線上で数値化し、それを②の式に代入してCの値を求めます。

任意の人物の個数を基準の±0として、各自の個数を数直線の目盛に書き込んでいきます。

Eを含む式が①、③、④と三つあります。そこで、Eとの関係を数直線に表していきます。③より、EはDより２個多く、④はE＋6＝Bと式変形できるので、BはEより６個多くなり、数直線でB、D、Eを表すと以下のようになります。

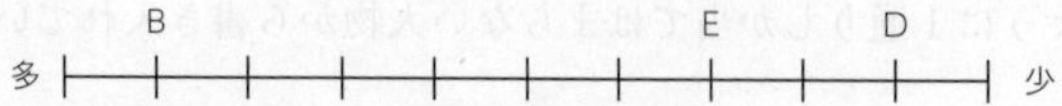

さらに、上記の数直線に①の条件を合わせるとAはEとDの間となり、EとDの間には目盛が一つしかないので、Aの位置が以下のように決定します。

ここで、ある人物を基準の±0とし、基準の人からどのくらい差があるかによって各自の個数を数値化します。

今回はDを基準の±0とすると、A＝1、E＝2、B＝8となります。

これを②のC＝A＋B－Dに代入すると、C＝1＋8－0＝9となります。

C＝9とわかったので、数直線に書き入れます。

基準のD＝±0で数値化したものを、実際の個数に変換します。

最も少ない個数が23個なので、D＝±0が23個に該当します。「2番目に多い者の個数」が求める値なので、B＝8の実際の個数を求めます。

D＝0よりもB＝8は8多いので、実際の個数もDより8個多くなります。

よって、2番目に多いBの個数は23＋8＝31（個）となるので、正解は❺となります。

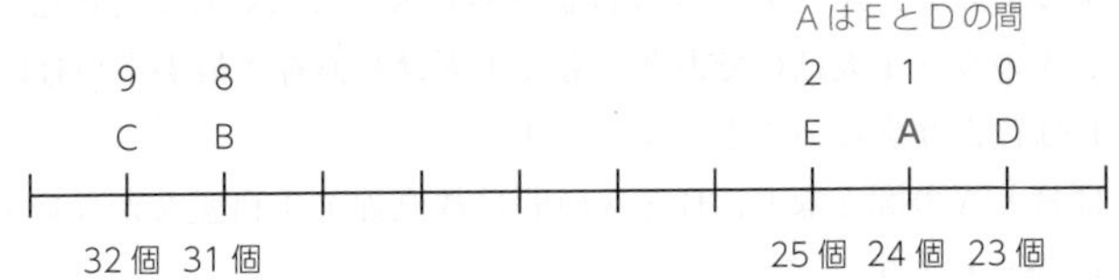

問題2

正解 ❸

数直線では、任意の人物の個数を「基準の±0」、もしくは「x」とすると早く解くことができます。今回のように、全体の和＝60のような計算を必要とするタイプの問題では、任意の人物の個数を「x」とするとスムーズに計算することができます。

2人だけの関係を表す式から数直線にその人物を書き込み、数直線上のそれぞれの値を決めたところで、複数の人物が出てくる式に代入します。

条件イより、B＝A＋2（･･･①）、B＝E＋6（･･･②）

条件ウより、C＝B＋D－E－1（･･･③）

①と②がともにBを含んでおり、かつ2人だけに関する式なので、A、B、Eの差を数直線で表し、いずれかを基準のxとしておきます。

複数の人物を含む複雑な式である③には、BとEの数直線の値をそれぞれ代入し、CとDの2人の関係を表す式にしておきます。

最後に、CとDを数直線に当てはめれば完成です。

各自の和が60個となるので、数直線の基準を±0よりも、xにしたほうが早く答えを求められます。

①、②より、AはBより2棟少なく、EはBより6棟少ないので、数直線でA、B、Eを表すと以下のようになります。ここで、Eを基準のxとすると、AはEより4、BはEより6大きいので、それぞれ$(x+4)$、$(x+6)$となります。

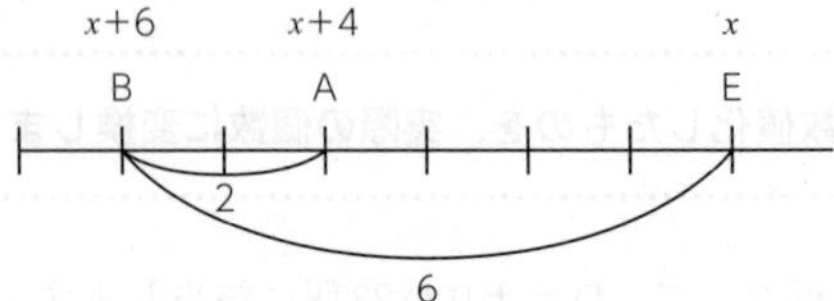

$E=x$、$B=x+6$を③に代入すると、$C=(x+6)+D-x-1=D+5$になり、CとDの2人の関係を表す式となります。

$C=D+5$より、CはDより5棟多いので、$C>D$となります。

Dは3番目に多いので、A～EのうちDより多い人が2人いることになります。

Dより多い2人のうち1人はCであり、もう1人は数直線で最も多いBになります。

また、AとEはDより少ないことになります。

よって、DはBとAの間となり、BとAの間は数直線で1目盛しかないので、Dの位置が次のように決まります。

DはAとBの間なので、$x+5$となり、$C=D+5$より$C=(x+5)+5=x+10$となります。

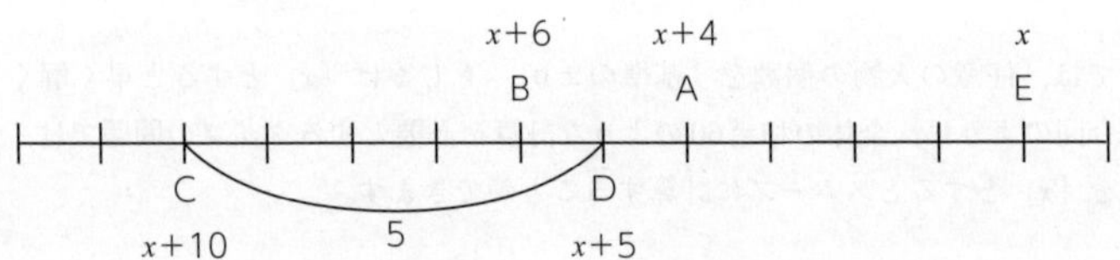

5人の合計は60個なので、$x+(x+4)+(x+5)+(x+6)+(x+10)=60$となり、これを整理して、$x=7$となります。

よって、最も多いCの販売頭数は、$C=x+10=7+10=17$（棟）となり、正解は❸となります。

問題3 正解 ❸

各2人の得点の「差」しかわからない問題です。このような問題では、両開き樹形図を用いるとよいでしょう。

いずれかの人物を基準の±0とし、その人物よりも差の分多い場合と少ない場合で枝分かれさせながら記入していきます。

A（他の４人を基準にしてもよい）を基準の±0とします。

「AとBの得点差は１点」より、Bは、Aの±0よりも１点多い＋１か、1点少ない－1となります。

また、「EとAの得点差は３点」より、EはAの±0よりも３点多い＋3か、３点少ない－3となります。

これを両開きの樹形図で表すと以下のようになります。

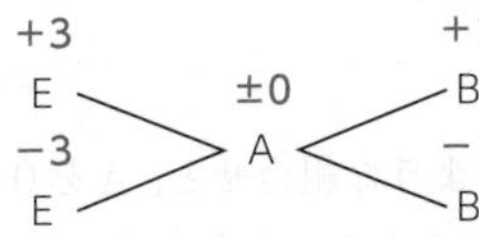

枝分かれする根元の人物と比べて、差の分だけ多い場合と少ない場合で枝分かれさせながら記入していきます。

次に「DとEの得点差は５点」について書き込みます。

「Eが＋3」のとき、Dは５点多い＋8、もしくは５点少ない－2になります。

「Eが－3」のとき、Dは５点多い＋2、もしくは５点少ない－8になります。

同様に、「BとCの得点差は３点」について書き込みます。

「Bが＋1」のとき、Cは３点多い＋4、もしくは３点少ないに－2なります。

「Bが－1」のとき、Cは３点多い＋2、もしくは３点少ない－4になります。

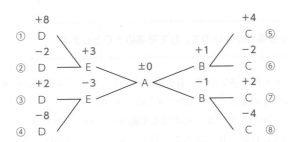

① +8 D
② −2 D
③ +2 D
④ −8 D
+3 E
−3 E
±0 A
+1 B
−1 B
+4 C ⑤
−2 C ⑥
+2 C ⑦
−4 C ⑧

最後に、両端どうしの差について調べます。

最後に、両端どうしのCとDの得点差が４点であることより、該当するCとDの組合せを考えます。

①のD（＋8）と⑤のC（＋4）は差が4になります。よって、まず①と⑤の組合せが考えられます。①と⑤の場合、下図の色つき部分のルートを通るので、Eは＋3、Aは±0、Bは＋1となります。

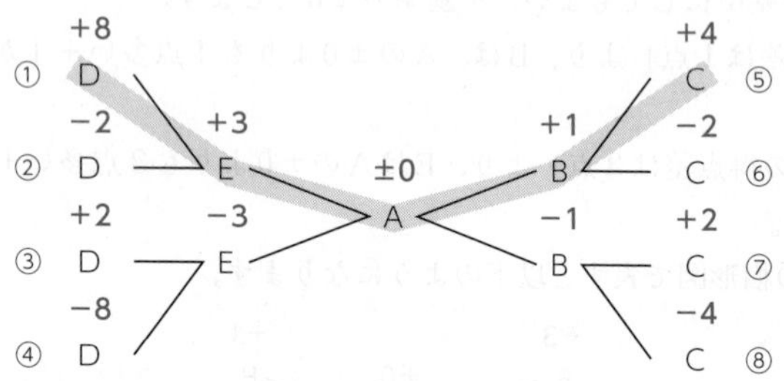

同様に、CとDの差が4となるような組合せと、Aを0としたときのB～Eの数値と、得点の多い順序をまとめると以下のようになります。

	Aを0としたときの各値					得点の多い順序				
	D	E	A	B	C	1	2	3	4	5
①⑤	8	3	0	1	4	D	C	E	B	A
②⑦	−2	3	0	−1	2	E	C	A	B	D
③⑥	2	−3	0	1	−2	D	B	A	C	E
④⑧	−8	−3	0	−1	−4	A	B	E	C	D

よって、Bは2番目か4番目に得点が高いので、正解は❸となります。

問題4

正解 ❺

年齢の「差」しか情報がないので、両開き樹形図で処理すると考えやすいです。

「B」に関する条件が多いので、Bを基準の±0とします。

Bとの差を示す条件が多いので、Bを基準の±0として両開きの樹形図を作ります。

BとAは4歳差なので、Aは＋4か−4となります。

また、BとEは10歳差ですが、Eは最も年齢が高いので、Bよりも下になることはありません。よって、Eが−10になることはないので、Eは＋10に決まります。

次に、BとCは3歳差なので、Cは＋3か−3となります。

さらに、CとDは7歳差なので、Cが＋3のときはDが＋10か−4、Cが−3のときはDが＋4か−10となります。

よって、次のような樹形図となります。

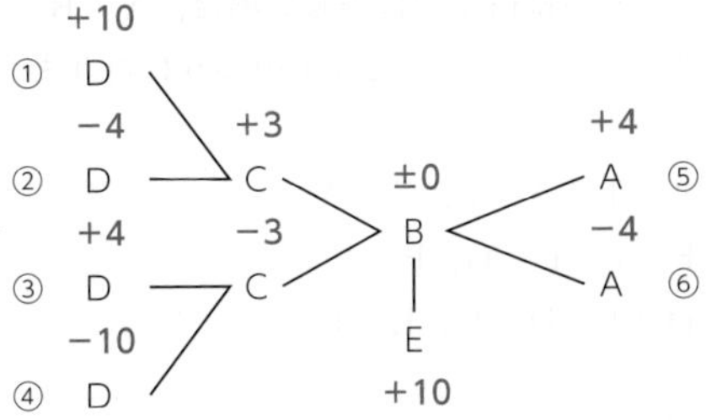

Bより年上が２人となるような組合せを考えます。

Bより年上は２人ですが、Eが＋10でBより年上なので、Bより年上は残り１人となります。ここで、Dの①〜④についてそれぞれ検討してみましょう。

①はDが＋10、また、＋10のDと繋がっている根元のCが＋3なので、この時点でBより年上がD、C、Eの３人となってしまうため不適です。

②はDが－4、Cが＋3なので、AがBより年下の－4（⑥）であれば、Bより年上が２人となります。ただし、AとDが同じ－4となって同年齢となるため、「互いに年齢が異なる」という条件に反するため不適となります。

③はDが＋4、Cが－3なので、AがBより年下の－4（⑥）であれば、Bより年上が２人となります。

④はDが－10、Cが－3なので、AがBより年上の＋4（⑤）であれば、Bより年上が２人となります。

	D	C	B	A	E
③⑥	+4	−3	±0	−4	+10
④⑤	−10	−3	±0	+4	+10

＋10のEより６歳年下は＋4となり、③⑥の組合せでも、④⑤の組合せでも＋4の人物がいるため、Eより６歳年下の人物は必ずいることになります。

よって、正解は❺となります。

問題5

正解 ❹

隠れた条件である「AとBの和がCと等しい」⇒「C＞A、C＞B」を読み取りましょう。

「価格の和に等しい」ことから不等式を立てていきます。

例えばBが100円、Fが200円のパンだとすると、Aの価格がBとFの価格の和に等しい場合Aの価格は300円となり、BやFの価格はAよりも低くなります。

このように、Aが、BとFの価格の和に等しい場合、A＞B、A＞Fとなります。
これを踏まえて各条件を不等号で表すと以下のようになります。

一つ目の条件より、A＞B、A＞F、C＞A
二つ目の条件より、F＞E、F＞G、F＞B
三つ目の条件より、D＞B、D＞G、E＞D

不等式の大きいほうと小さいほうに同じ記号があるものをまとめます。

A＞BとC＞Aのように、価格が高いほうと低いほうに同じパンがある場合、C＞A＞Bのようにまとめることができます。

同様に不等式を並べ、順につないでいきます。

C＞A、A＞F、F＞E、E＞D、D＞B（もしくはD＞G）と並べると、それぞれの不等式をつなげることによって、C＞A＞F＞E＞D＞（BもしくはG）となり、この順にパンの価格が高いことになります（ただし、BとGの価格の大小関係は不明です）。

よって、Eの価格が4番目に高いので、正解は❹となります。

問題6

正解 ❶

「Cの体重はAとDの体重の平均に等しい」という条件より、「A＞C＞D」もしくは「D＞C＞A」を読み取ります。

「平均」についての条件も含め、各条件を不等式で表しておきます。

条件ウより、Cの体重はAとDの体重の平均に等しくなるので、Cの体重はAとDの体重の間の重さとなります。よって、A＞C＞D　もしくは、D＞C＞Aとなります。

条件ア：C＞A＞B
条件イ：A＋D＝B＋E
条件ウ：A＞C＞D　もしくは、D＞C＞A

条件どうしを合わせて大小関係がわかるものを考えます。

条件ウより、A＞C＞Dと、D＞C＞Aの２通り考えられますが、条件アよりC＞Aなので、D＞C＞A（…①）に決まります。

また、条件イより、A＋D＝B＋Eとなりますが、条件アよりA＞Bなので、Eのほうが Dよりも重くないと各合計どうしが釣り合いません。よって、E＞D（…②）となります。

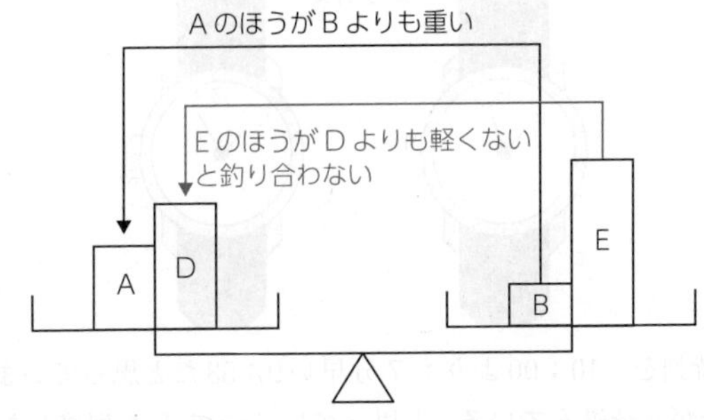

よって、①と②より、E＞D＞C＞Aとなり、さらに条件アよりA＞Bがわかっているので、E＞D＞C＞A＞Bとなります。

以上より、Aの体重が２番目に軽くなるので正解は❶となります。

問題7　　正解 ❷

ABが当初認識していた自分の時計のずれから、到着時におけるそれぞれの時計の表示時刻を求めます。さらに、その表示時刻と実際の時刻とのずれから、ABの実際の到着時刻を求めます。

「●分進んでいる」と思っていたら、時計の針は「思っている時刻に●分足した時刻」を指していて、「△分遅れている」と思っていたら、時計の針は「思っている時刻から△分引いた時刻」を指しています。

説明のために、待ち合わせ時刻を仮に10：00とします。

Aは自分の到着時刻を10：00から５分遅刻した10：05と思っています。

Aは「**自分の時計が２分遅れている**」と思っているので、Aが到着した時のAの時計は、「Aが思っている時刻である10：05」から**２分引いた10：03**を指していることになります。

Aは10：03を示す自分の時計を見て、「２分遅れているから正しくは10：05だろう」と頭の中で修正したことになるのです。

自分の時計が２分遅れていると思っている場合

Ａの時計の時刻　Ａの考えている時刻

10:03 ←―― 10:05

２分引く

Ｂは自分の到着時刻を、10：00よりも７分早い9：53だと思っています。

Ｂは「**自分の時計が４分進んでいる**」と思っているので、Ｂが到着した時のＢの時計は、「Ｂが思っている時刻である9：53」に**４分足した9：57**を指していることになります。

各自が到着した正しい時刻を求めます。

Ａの時計は正しい時刻より２分進んでいるので、逆に、正しい時刻はＡの時計より２分遅れていることになります。よって、Ａが到着した正しい時刻は、10：03より２分遅らせた10：01となります。

Ｂの時計は正しい時刻より１分遅れているので、逆に、正しい時刻はＢの時計より１分進んでいることになります。よって、Ｂが到着した正しい時刻は9：57より１分進んだ9：58となります。

表1	Aの時計	Bの時計	正しい時刻
Aが到着したとき	10:03		10:01
Bが到着したとき		9:57	9:58

表１の正しい時刻を見ると、ＢがＡより３分早く到着していることがわかるので、正解は❷となります。

ちなみに、Ａの時計は正しい時刻より２分進んでいるので、Ｂが到着したときのＡの時計は9：58から２分進めた10：00となります。

また、Ｂの時計は正しい時刻より１分遅れているので、Ａが到着したときのＢの時計は10：01より１分遅らせた10：00となります。

表2	Aの時計	Bの時計	正しい時刻
Aが到着したとき	10:03	10:00	10:01
Bが到着したとき	10:00	9:57	9:58

第4章　位置関係

1　位置関係の基本

問題1　　　　正解 ❸

記号化したまとまりが、何階に当てはまるかについて検討します。

条件を記号化し、まとめられるものは合わせて一つにしておきます。

二つ目～四つ目の条件を記号化すると以下の❶～❸のようになります。「Eの隣がG」では、右隣か左隣かわからないので２通り考えておきます。

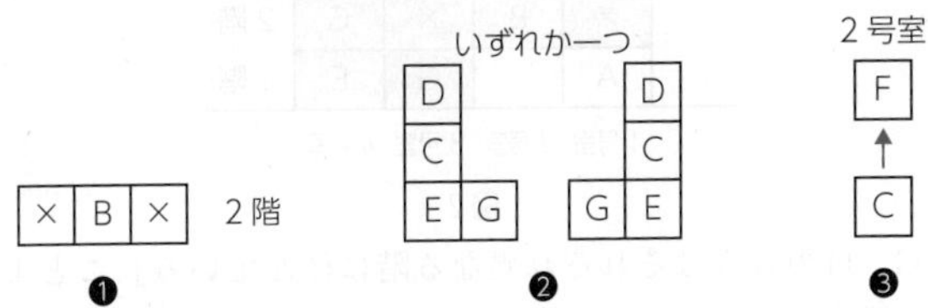

記号化したまとまりのうち、人数が多いまとまりは比較的「誰がどの階であるか」を特定しやすくなります。

２階は「Bと空室二つ」まで決まっているので、残りあと１部屋です。

よって、❷のまとまりのうち、「GとE」の２人は２階に当てはめられません。

また、「GとE」の２階上にDがいるので、「GとE」は３階、４階でもありません。よって、「GとE」は１階に決まり、Cが２階、Dが３階に決まります。

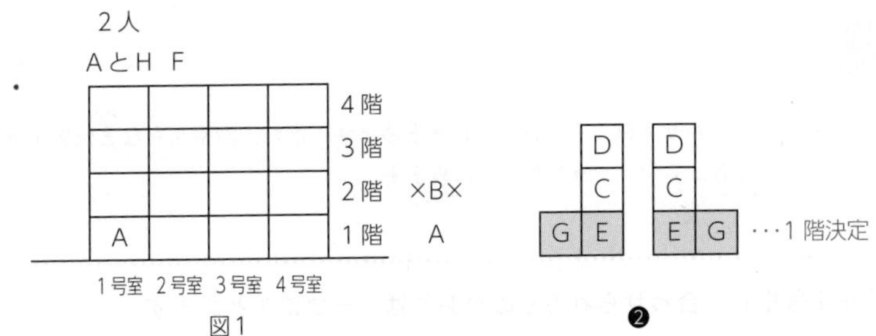

図1

「階に関する条件」と「号室に関する条件」を交互にチェックしながら埋めていきます。

１号室にはＡとＨしか入れないため、２階の１号室にＢやＣを当てはめることができません。よって、２階の「二つの空室、B、C」のうち、２階の１号室は空室に決まり、Ｂの両隣が空室となるよう当てはめ、残った４号室にＣが入ります。

Ｃが入ったことで、❷のまとまりの配置は図２のように決まります。

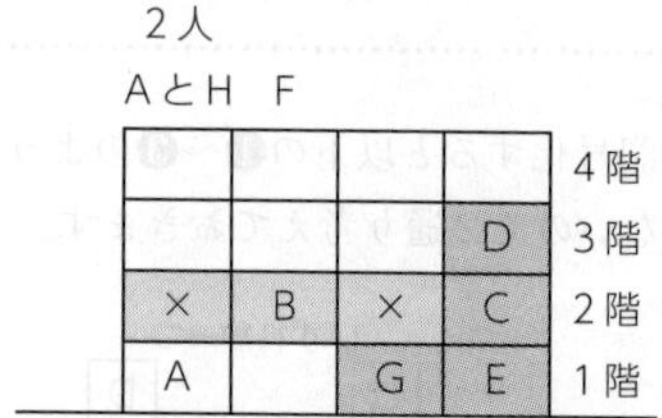

図2

ここで、「F、G、Ｈの３人はそれぞれ異なる階に住んでいる」ことより、「Ｈが４階でＦが３階」（図３）と、「Ｈが３階でＦが４階」（図４）の２通り考えられます。

AとH F

1号室	2号室	3号室	4号室	
H	×	×	×	4階
×	F	×	D	3階
×	B	×	C	2階
A	×	G	E	1階

図3

AとH F

1号室	2号室	3号室	4号室	
×	F	×	×	4階
H	×	×	D	3階
×	B	×	C	2階
A	×	G	E	1階

図4

図３、図４いずれにしてもＨの隣は必ず空室となるので、正解は❸となります。

問題2

正解 ❶

条件を記号化し、合わせられるものは一つにまとめます。また、階や左右など位置が確定できるものがあればそれからマンションに当てはめます。

条件を記号化し、合わせられるものがあれば、一つにまとめます。

記号化した条件のうち、ア〜オをまとめると図１、図２のようになります。

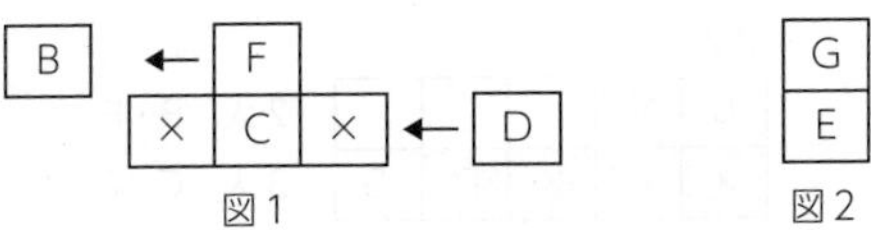

図1　図2

各階の人数についての条件があるので、「誰が何階に住んでいるのか」を押さえておきます。

それぞれの階の人数について考えておきます。

まず、全員で７人、１階と３階が２人ずつなので、２階は３人となります。

１階は「Ａとあと１人」が住んでいることになります。

まず、大きなまとまりである図１より、「誰が何階に住んでいるのか」について考えます。

「ＣとＤ」は同じ階なので、残り１人しか入れない１階には入れません。

また、「ＣとＤの階」の上にＢとＦがいるので、「ＣとＤ」は最上階の３階には入れません。よって、**消去法より、「ＣとＤ」は２階**に決まります。

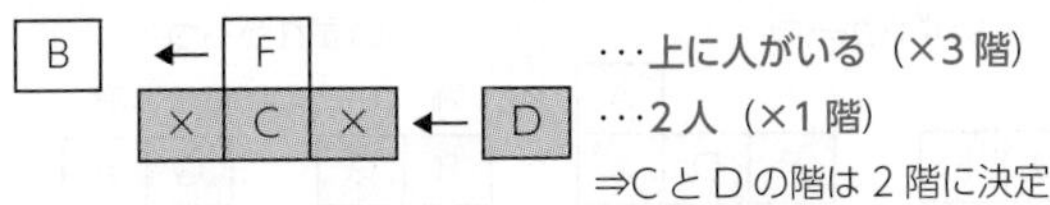

２階がＣとＤに決まると、図１より３階がＢとＦに決まります。また、１階にはＡがいます。あとは、１階と２階に１人ずつ入るので、図２よりＧが２階、Ｅが１階となります。条件オより、205号室がG、105号室がＥに決まります（図３）。

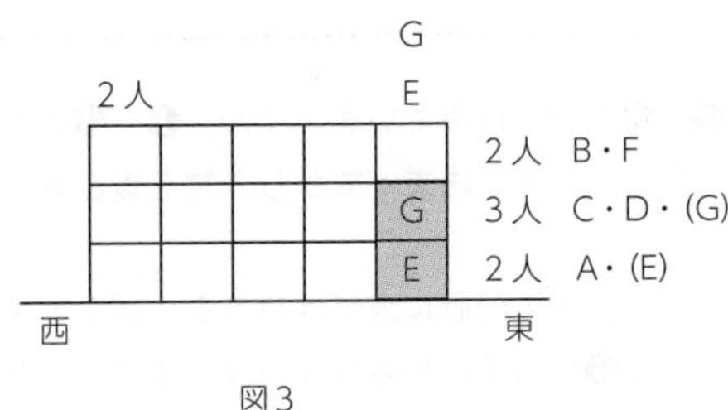

図3

図３に図１のまとまりを当てはめると、図４のようにしか入りません。

部屋番号の下一桁の数字が１の部屋には２人が住んでいるので、101号室には必ず誰かが住んでいることになります。１階でまだ部屋が決まっていないＡが101号室に入り、７人全員の部屋が決まります。

よって、正解は❶となります。

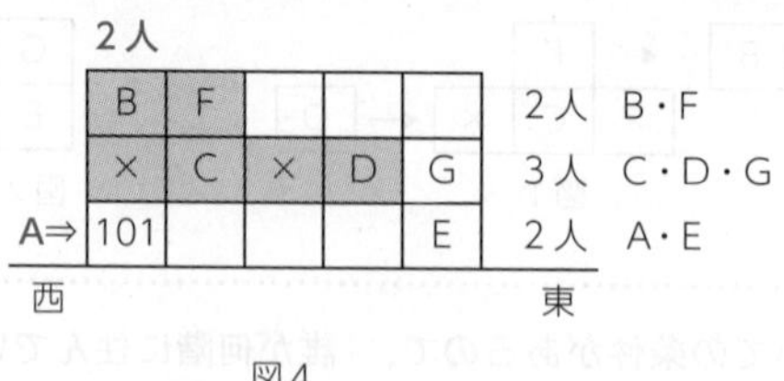

図4

問題3

正解 ❺

人数のヒントがない場合は、条件を記号化したまとまりのうち、人数が多い者から順に、次々に場合分けしながら当てはめていくとよいでしょう。

条件を記号化し、合わせられるものは一つにまとめます。

アとエの条件をまとめて❶、イを❷、ウを❸とします。

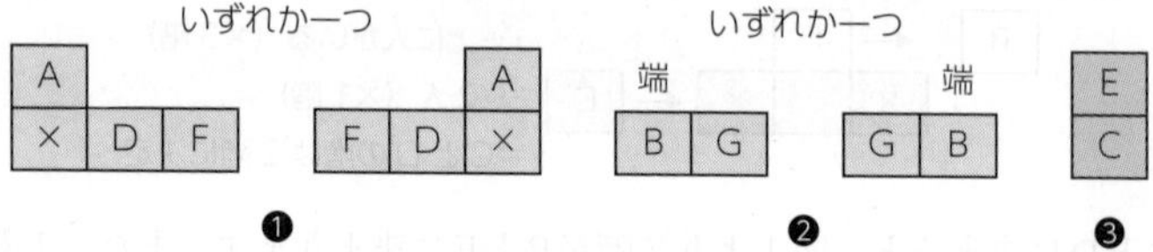

人数の多いまとまりから、場合分けをしながら当てはめていきます。

場合分けをしながら❶～❸を当てはめていきますが、❶～❸の形だけロッカーに当てはめていき、**❶～❸の入り方がすべて決まってから人物を書き入れる**と早く解くことができます。

最も人数の多い❶からロッカーの配置に当てはめると、図1～4の4通り考えられます。このとき、図1と図3は❸が当てはめられないので不適となります。

図2と図4の場合、❸の入り方はそれぞれ2通りあります。

ただし、❸を中央の列に入れると❷が入らずに不適となります。

最後にBが端になるように❷を当てはめると図5、図6のようになり、いずれの場合でも残ったHが⑤に当てはまります。よって、正解は❺となります。

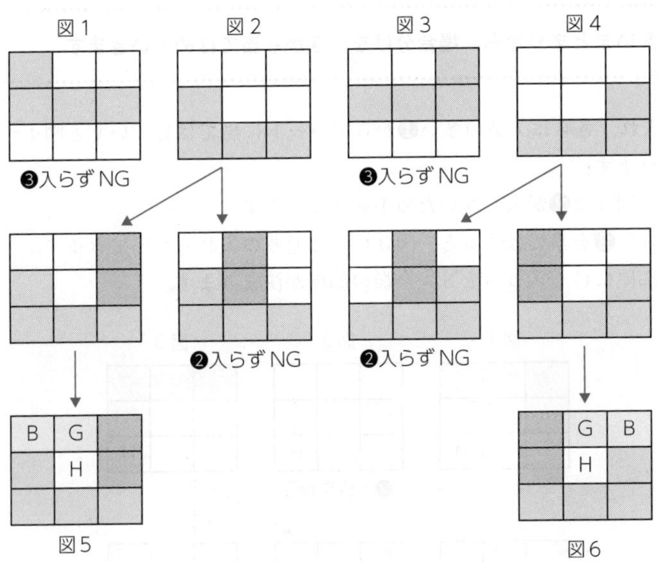

ここでアルファベットをすべて書き入れると、図7と図8の２通りが考えられます。

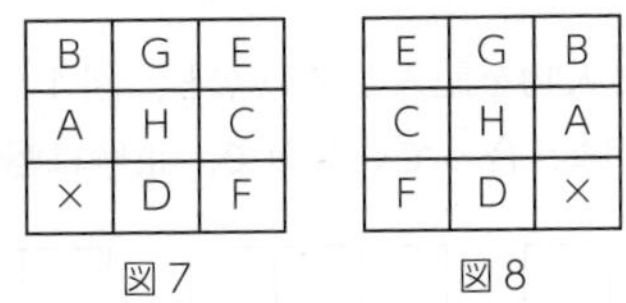

B	G	E
A	H	C
×	D	F

図7

E	G	B
C	H	A
F	D	×

図8

問題4

正解 ❷

条件から記号化された人物のまとまりを一つの「形」と捉え、パズルのピースのようにアパートに当てはめていきます。

条件を記号化し、合わせられるものは一つにまとめます。

条件アとエをまとめると、❶の２通りが考えられます。

また、９部屋中８人が住んでいるので空き部屋は１部屋です。その１部屋の情報を合わせて考えると、条件イとウより❷の２通りが考えられます。

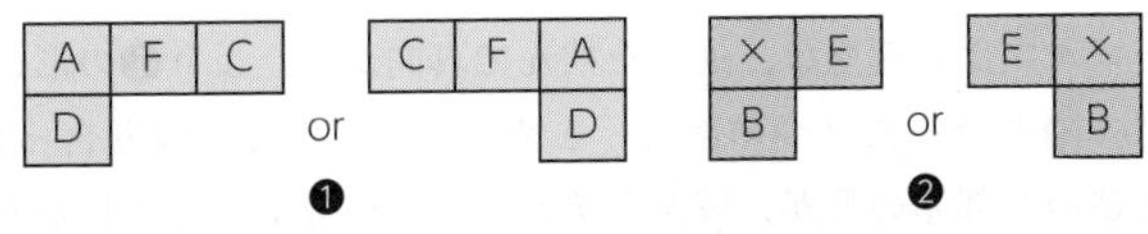

人数の多いまとまりから、場合分けをしながら当てはめていきます。

qにHを入れ、さらに人数の多い❶からアパートに当てはめていくと図１～図３の３通り考えられます。

このうち、図２は❷が入らないため不適となります。

図１と図３に❷を当てはめると、図３には２通りの入れ方が出てきます。

残った１部屋にGを入れると８人全員の部屋が決まります。

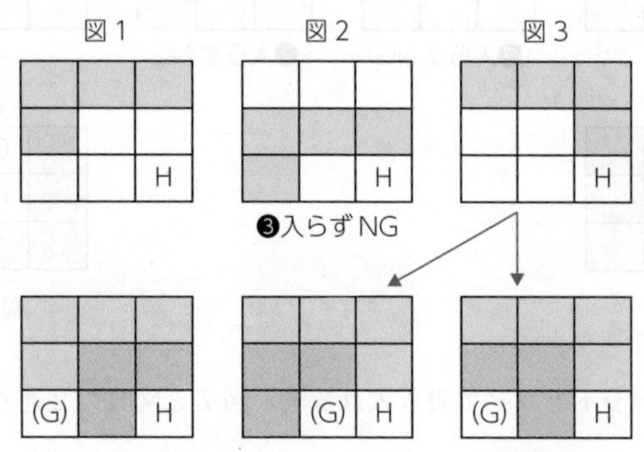

全員の配置が決まったので人物を記入していくと、図４～図６となります。

いずれにしても、BとGが隣り合っているので、正解は❷となります。

A	F	C
D	×	E
(G)	B	H

図4

C	F	A
×	E	D
B	(G)	H

図5

C	F	A
E	×	D
(G)	B	H

図6

問題5

正解 ❸

非常に情報の多い問題です。選択肢を見ると階数に関するものが多いので、まずはどの部室が何階であるかを調べていきます。

陸上部とテニス部は記号化すると同じ形になるので、「横並び二つの形」が２個あるというように、形で処理をしていきます。

ア「野球部とゴルフ部の部室は、通路を挟んで真向かい」より❶の形になります。

エ「陸上部は、隣り合った２つの部屋」とオ「テニス部は、隣り合った２つの部屋」より、❷の横並びの２部屋の形が、陸上とテニスで二つ分あることになります。

野
ゴ
❶

陸 陸　　テ テ
❷

「各部室が何階であるか」を問う選択肢が多いので、ひとまずどの階にどの部室があるのか当てはめていきます。

❷の、陸上部とテニス部の、横並びの２部屋の形を入れていきます。

３階にはバスケットボール部、１階にはサッカー部とラグビー部があるので、３階と１階に横並びの２部屋は一つまでしか入りません。

２階は全く決まっていないので、横並びの２部屋は二つまで入れることができます。

よって、横並びの２部屋が何階に入るかについては、図１～図４の４通りあります。

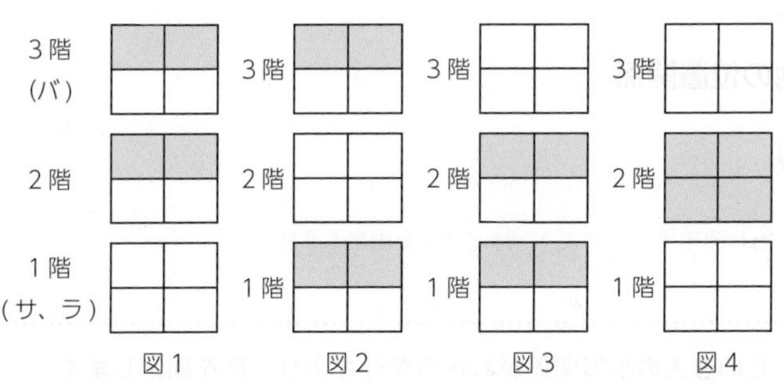

図1　図2　図3　図4

さらに、❶の形を各階に当てはめていきます。

図１～３は１通りずつ、図４は２通りの入れ方があります。

まずは、どの部室がどの階にあるのかを把握するために、ひとまず３階のいずれかの部屋にバスケ部、１階のいずれかの部屋にサッカー部とラグビー部を当てはめておきます。

すると、３部屋が残るので（図の○印）、そこに柔道部、剣道部、空手部を当てはめることになります。

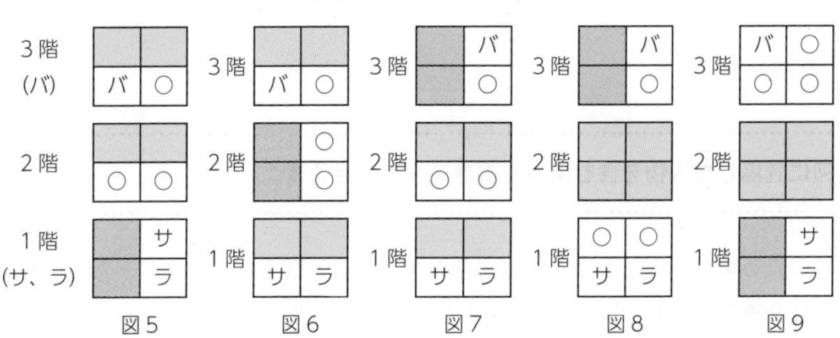

図5　図6　図7　図8　図9

図の○印に、柔道部と剣道部が別々の階になるように書き入れると、残った1部屋が空手部となります。

図9は、柔道部と剣道部を別の階にすることができずに不適となります。

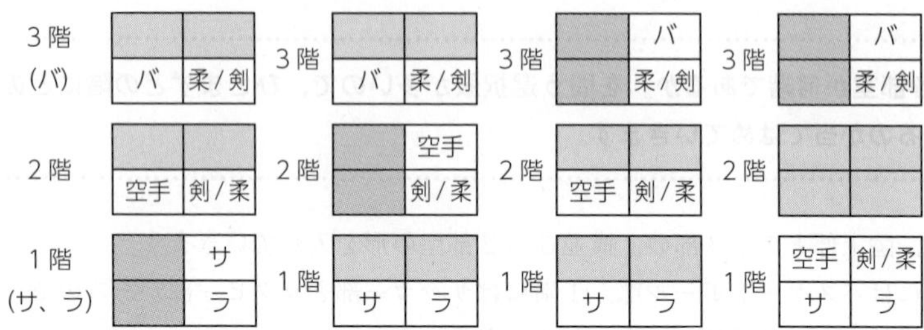

ここまでで、各部室が何階にあるかまでは場合分けをすることができました。

すべてのパターンにおいて、空手部は3階にはないため、正解は❸となります。

2　その他の位置関係

問題1　　正解 ❺

複数の人物に関連する条件より、特定の人を固定します。

D、B、Eの3人の位置関係がわかる条件オより、席を固定します。

問題文・選択肢ともに「手前と奥」、「右と左」の記載がないので、ひとまず「手前の左端」にDを固定し、その右隣にB、さらにその右隣にEを固定します。

仮にDを奥の右端に固定して解いたとしても、「北海道の正面の人物」には同じ人物が該当します。

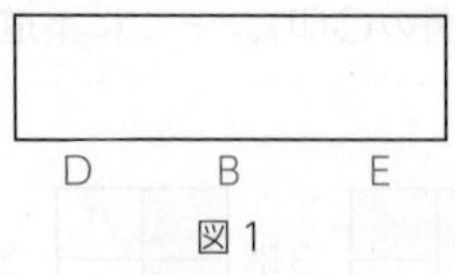

図1

図に登場した人物を含む条件を書き込んでいきます。

説明のため奥の席を①②③とすると条件エよりC＝③となります。また、条件ウよりBの正面の隣である①と③のいずれかが静岡出身となります。

しかし、条件クより、静岡出身の正面は愛知出身なので、③が静岡出身の場合、正面が東京出身のEであることと矛盾します。よって、静岡出身は①に決まり、正面のDが愛知出身に決まります。

残りの人物はAとFですが、Fは東京出身なので、①の静岡出身はAに決まり、残った②がFに決まります。

条件イより、Aの正面の隣のBが岐阜出身となり、残ったCが北海道出身に決まります。

よって、北海道出身の正面がEとなるので、正解は❺となります。

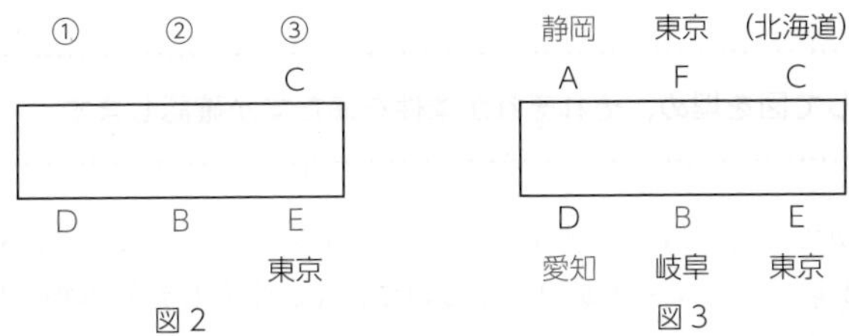

図2　図3

問題2 正解 ❶

条件の中に「子どもの隣は子どもではない」、「子どもはコーラとオレンジジュースを注文した」と、子どもに関する条件が多く出ています。まずは、誰が子どもで誰が大人かグループ分けをしておくと作業がしやすいでしょう。

子どもが隣り合って座れないことより、消去法でどの２人が子どもなのかすぐに特定できます。

子どもの隣に子どもは座れないため、「コーラやオレンジジュースを注文した人（＝子ども）」の隣の席に子どもが座ることはできません。よって、右隣がコーラを注文したBと、左隣がオレンジジュースを注文したCは大人に決定します。

さらに、Eは赤ワインを注文しているので大人です。

よって、残ったAとDの２人が子どもに決まります。

複数の条件に出てくるものをまとめ、特定の人を固定します。

「赤ワイン」が２回出てくるので、赤ワインを注文したEと、左隣の人が赤ワインを飲んだAから考えます。

このとき、より制限が強い子どものAを固定するとよいでしょう。Aは子どもなので両隣は必ず大人となり、Aの右隣は残った大人のBかCになります。

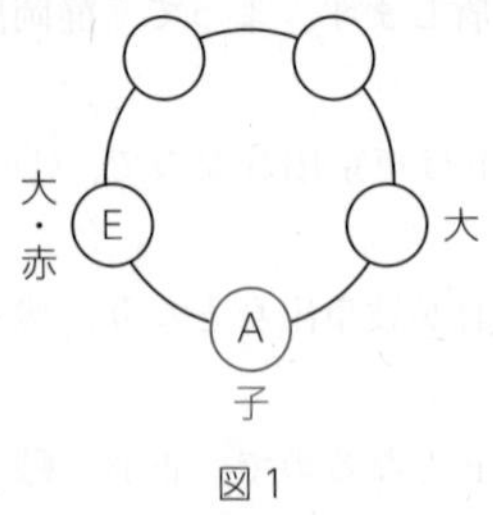

図１

場合分けをして図を埋め、それぞれが条件を満たすか確認します。

Ａは子どもなので、注文した飲み物はコーラかオレンジジュースです。Ｂの発言にコーラ、Ｃの発言にオレンジジュースが出てくるので、Ａが注文した飲み物で場合分けをし、それぞれＢやＣを書き込んでいきます。

❶　Ａがコーラを注文した場合

Ｂの右隣がコーラを注文したので、ＥとＢの席が重なってしまい不適です（図２）。

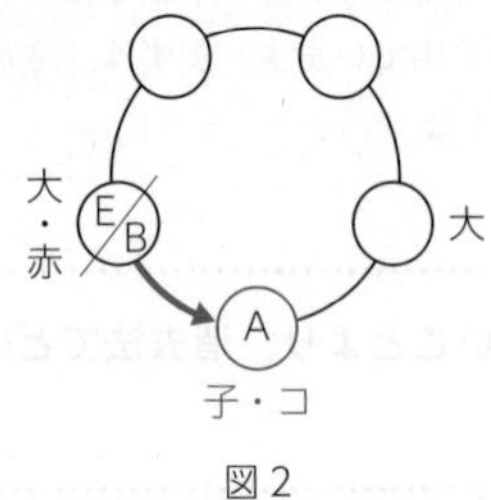

図２

❷　Ａがオレンジジュースを注文した場合

Ｃの左隣がオレンジジュースを注文したので、Ｃの席が図３のように決まります。

残った①と②の２席にＢとＤが座ることになりますが、Ｂの右隣がコーラを注文したので、Ｂは右隣が赤ワインを注文した①に座ることができません。よって、Ｂが②、Ｄが①に決まります。

Ｄの左隣が白ワインを注文したので、Ｂが白ワイン、残ったＣがビールを注文したことになります。

よって、Ａがオレンジジュース、Ｂが白ワインに決まるので、正解は❶となります。

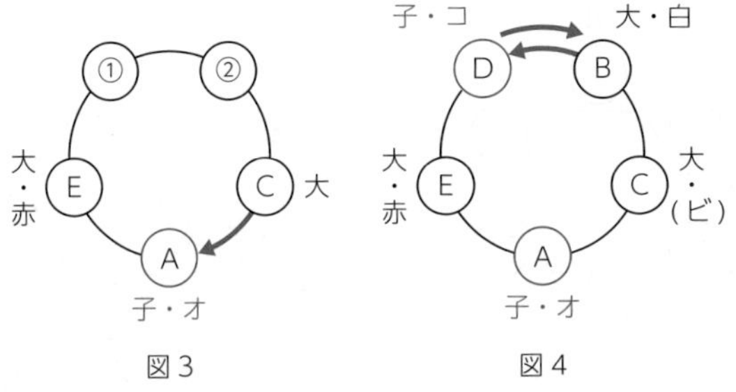

図3　　図4

問題3　　正解 ❷

「3人連続で座る席があるか」、「まだ委員が決定していない真向いの2席があるか」など複数の席について同時に考えなければならない条件が問題を解くカギになっています。

複数の条件に登場する人の席を固定します。

「Aは男子」、「Aの真向かいには図書委員」、「Dの右隣には、A」のように、Aは複数の条件に登場するので、まずAの席を図1のように固定します。

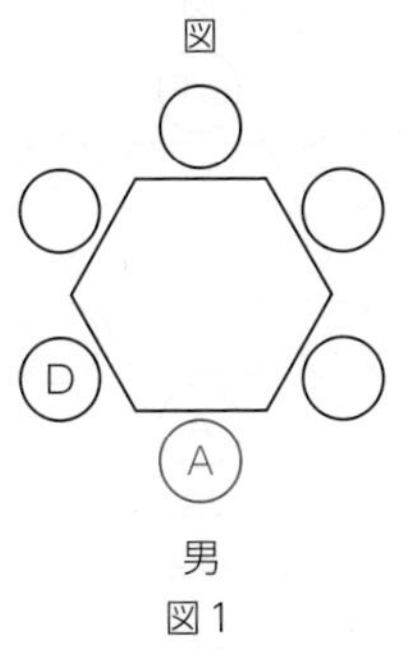

図1

すでに図に書かれている人物を含む条件に着目し、複数の位置が考えられるときは場合分けをします。

「Cの隣が図書委員」より、図書委員の隣にCを当てはめます。このとき2通りの席が考えられるので場合分けをします（図2、図3）。

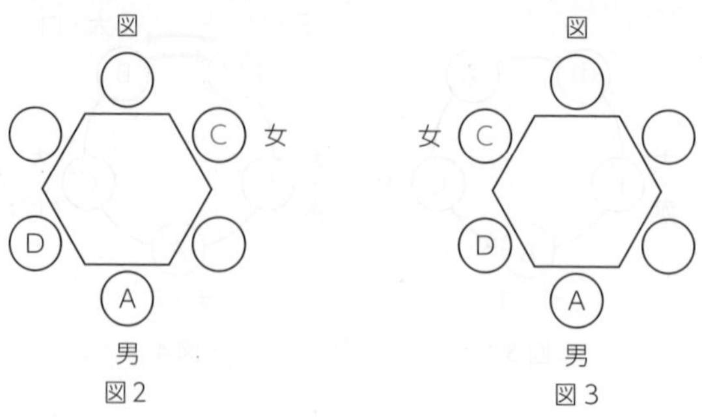

図2　　図3

残りの席のうち、「3人を連続して並べられるか」や「向かい合わせの席はあるか」などに着目して当てはめます。

二つ目の条件より「E，B（生），F」か、「F，B（生），E」のいずれかの順で並んでいることになります。**3人の人物が連続で当てはめられる**のは図3だけなので、図2は不適となります。

ひとまず、「E／F，B（生），F／E」として3人を当てはめると、場合分けの作業が少なくて済みます。

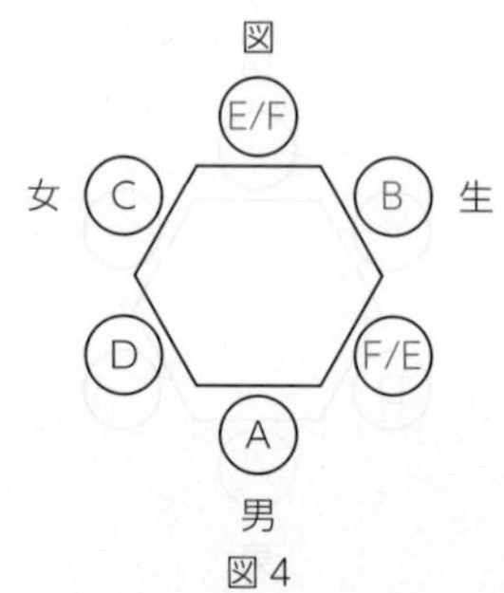

図4

さらに、「学級委員の真向かいに給食委員」より、**真向かいどうしでまだ委員が決定していない席**は図5の矢印が示す2席のみなので、真向かいどうしの席が決まります。

よって、Cは「学級委員か給食委員」となりますが、学級委員は男子なので、女子であるCは給食委員に決定し、Cの向かいの席が学級委員に決まります。

さらに、「環境委員の隣に学級委員」よりAが環境委員に決まり、残ったDが体育委員に決まります。

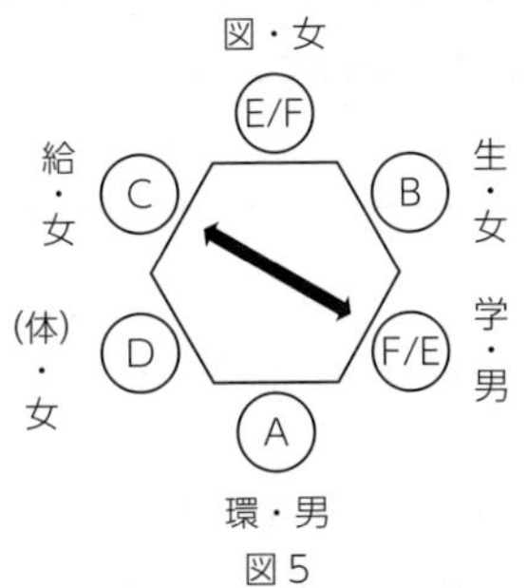

図5

図5より、Cは給食委員で、Cの右隣にDが座っているので、❷が正解となります。

問題4

正解 ❹

「Hは野菜ジュースを購入した」条件より、「名前と購入した飲み物の両方が空いている席」が一つだけあれば、そこに書き入れます。

「●●の4人が異なる飲み物を購入した」という条件が複数あるので、同じ飲み物を購入したのが誰なのかを考えます。

条件ウより、Aを⑤、Aの右隣の⑥にコーヒーを書き入れます。

また、条件アより、男女4人ずつがそれぞれ、コーヒー、オレンジジュース、野菜ジュース、緑茶を1本ずつ購入したので、8人全員で1種類につき2本ずつ購入したことになります。

また、条件アとイを合わせて考えると、性別・左右のボックス・窓側か通路側の一つでも同じ場合、同じ飲み物を購入していないので、三つの要素がすべて逆の人物が同じ飲み物を購入したことになります。

例えば、条件ウよりAの右隣の⑥（男性・左ボックス・通路側）がコーヒーなので、3要素が逆である「女性・右ボックス・窓側」の④もコーヒーとなります。

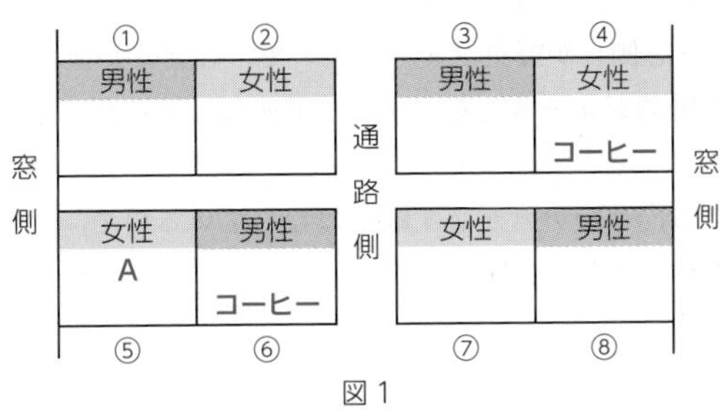

図1

図に「コーヒー」が書き込まれたので、「コーヒー」を含む条件があれば、次にその条件について考えます。

図にコーヒーが書かれているので、「コーヒー」を含む条件オに着目します。さらに条件オにはCについて書かれているので、同じくCに関して書かれている条件エと合わせて考えます。

条件エより、Cの向かいが女性なので、Cは男性とわかります。また、BとCは通路を挟んで隣り合っているので、(B＝②, C＝③)か、(B＝⑦、C＝⑥)となりますが、条件オより、Cがコーヒーを購入していないので、(B＝②, C＝③)に決まります。

すると、Cの向かいの⑦がオレンジジュースを購入したことになります。

⑦「女性・右ボックス・通路側」がオレンジジュースなので、３要素が逆の「男性・左ボックス・窓側」の①もオレンジジュースとなります。

女性の席は、②がB、⑤がAに決まりました。条件カより残り２人の女性はDとEで、条件キよりDはコーヒーを購入しているためD＝④となり、残ったEが⑦に決まります。

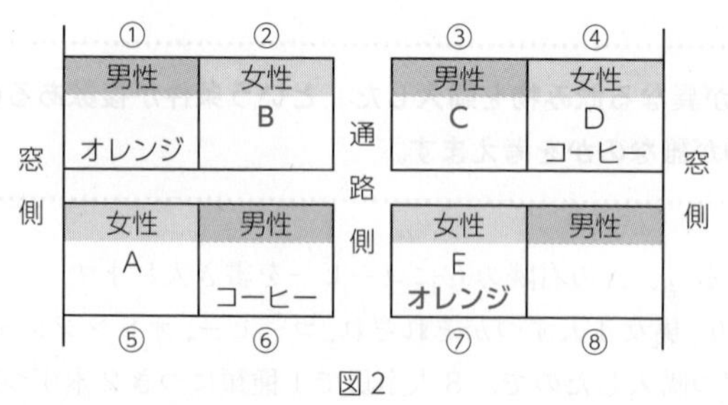

図２

「人物・男女・飲み物」など複数の要素があるため、「H・野菜ジュース」と二つの要素を含んだものが入れる場所は、次第に限られてきます。

条件キより「H・野菜ジュース」ですが、この段階で「名前と飲み物」の二つがまだ空いている席が⑧しか残っていないため、⑧が「H・野菜ジュース」に決まります。

「男性・右ボックス・窓側」が野菜ジュースなので、３要素が逆の「女性・左ボックス・通路側」である②が野菜ジュースとなります。最後に、残った③と⑤が緑茶に決まります。

オレンジジュースの向かいの席が必ず緑茶になっているので、正解は❹となります。

FとGが①であるか⑥であるかは不明です。

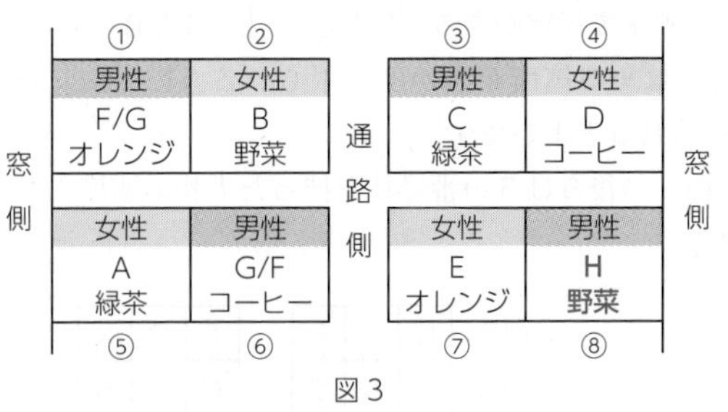

図3

問題5

正解 ❺

番号札の情報、座席の情報を別々にまとめておくと整理しやすいです。

座席の情報を記号化しまとめておきます。番号札の情報は、分けて別の場所に整理しておきます。

座席の情報として図1～図4、番号札の情報として図5があります。

Bの一つ前の席には、4の番号札を持ったHの次の番号札を持っている人が座っているので、Bの前に「5」と記入しておきます。

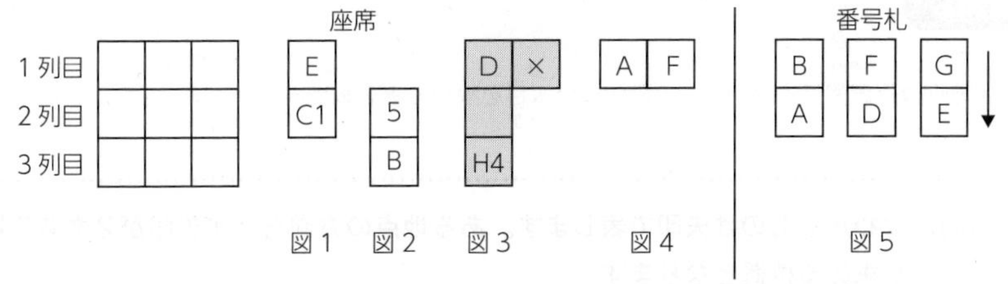

図1　図2　図3　図4　図5

このうち、図3を座席に当てはめると、図6と図7の2通りになります。

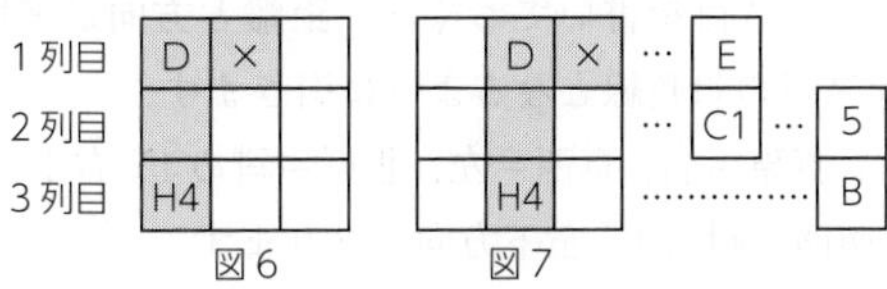

図6　図7

条件を記号化し、人数の多い記号から座席の配置に場合分けをしながら当てはめていきます。

さらに、列の位置まで指定がある「EとC1」と「5とB」を当てはめます。

このとき、当てはめる箇所が1か所に限られる「EとC1」を先に当てはめてから、次に「5とB」を入れるとよいです。

すると、空席の一つ後ろは5の番号札を持った人物の座席となるので、この時点で**正解は❺となります。**

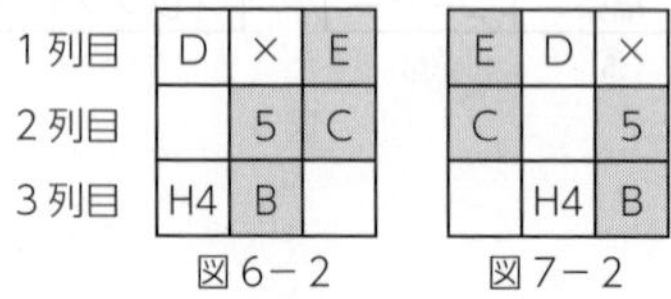

図6－2　図7－2

さらに、横二つ分の「AF」を当てはめますが、AとFが他の人物と重ならないようにすると、Fが5番と重なるように入れるしかありません。

よって、Fが5番の番号札となり、DはFの次の番号札なので6となります。残りの席にGが入ります。これ以上わかることはありません。

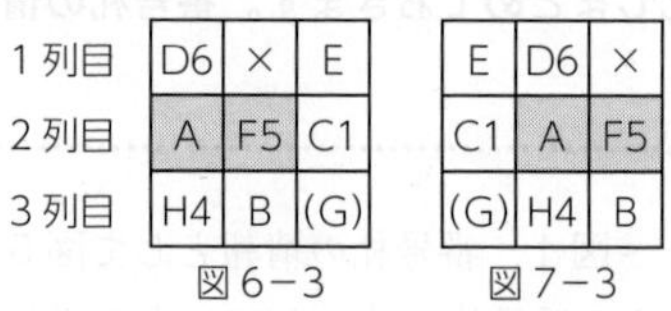

図6－3　図7－3

問題6

正解 ❺

各地点の位置関係について、方眼状にマス目を敷いてまとめてみます。

方向だけわかるものは矢印で表します。ある地点の方向を示す矢印が2本ある場合、交点が求める位置となります。

1目盛を1kmとするマス目を書いておくと、距離と方向が把握しやすくなります。北西・北東などは、マス目の対角線となるように引きます。

真北＝上、真南＝下、真東＝右、真西＝左、北東＝斜め45°右上、北西＝斜め45°左上、南東＝斜め45°右下、南西＝斜め45°左下方向になります。

条件アより、Aの8マス下にBを書き込みます。線分AB上に駅があるので、AからBの間に駅があることになります（AとBを結んだ線のうち、AからBの間を表しているのが線分、延長線も含めるのが直線になります）。

条件エより、Aの2マス左にEを書き入れます。

さらに、条件イより、Bから右方向に矢印を引き、この矢印の線上にCの家があることになります。

また、条件ウより、Dの家はCの家の１マス上にあるため、Cの矢印の１マス上にDの矢印を引きます（図１）。さらに、Dの家から北西方向にEの家があるので、Eから南東方向（斜め右下方向）にDの家があることになります。この２本の矢印の交点がDの家の位置に決まります。Cの家はDの家の１マス下となります。

Dの家から北西に進むと駅を通り、駅は線分AB上にあるので、駅の位置も図２のように決まります。

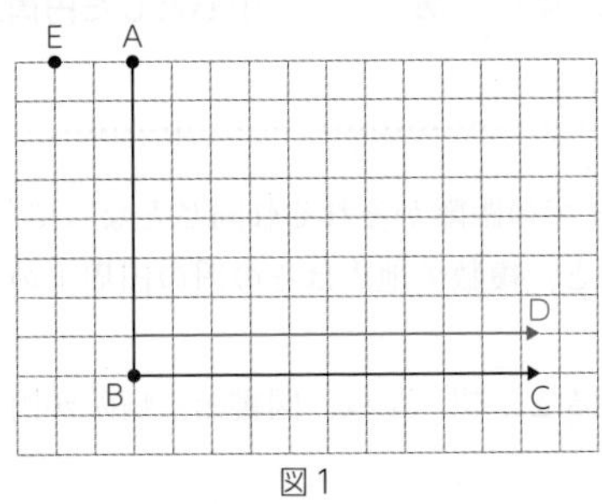

図１

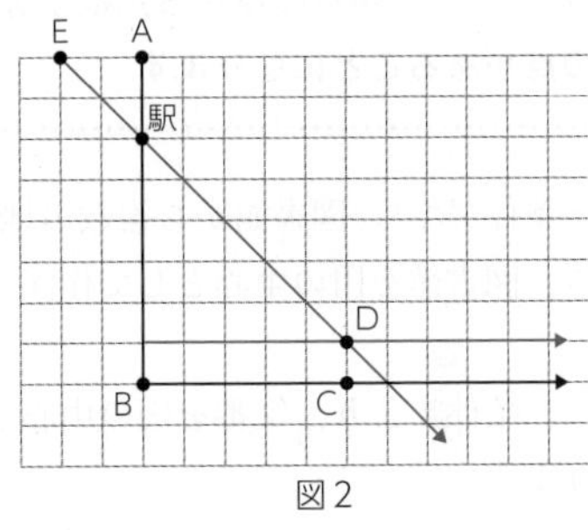

図２

残ったFの家の位置を確定させます。

Fの家は駅から東（右方向）、Dの家から北東（斜め右上45°方向）にあるのでそれぞれ矢印を引き、交点がFの家となります（図３）。

これですべての位置が決まり、**駅からFの家までの距離が10kmとなるので、正解は❺となります。**

他の選択肢の距離を調べると、駅からAの家までの距離が２km、駅からBの家までの距離が６kmとなります。

また、駅からCの家までの距離をxとすると、駅、Cの家、Bの家を頂点とする三角形について三平方の定理より$x^2=5^2+6^2$となり、$x=\sqrt{61}$となります。

駅からDまでの距離をyとすると、三平方の定理より$y^2=5^2+5^2$となり、$y=5\sqrt{2}$となります（図４）。

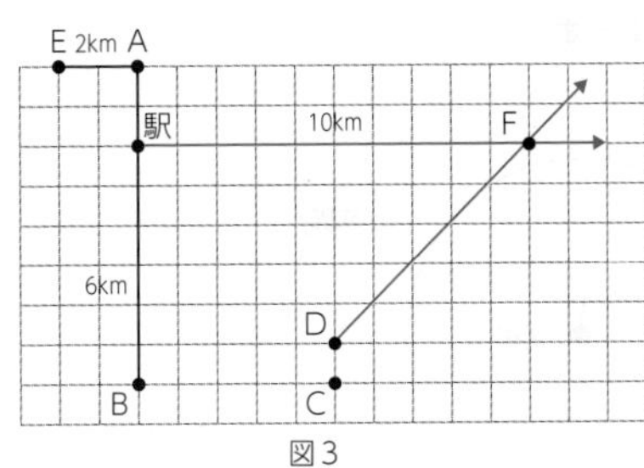

図３

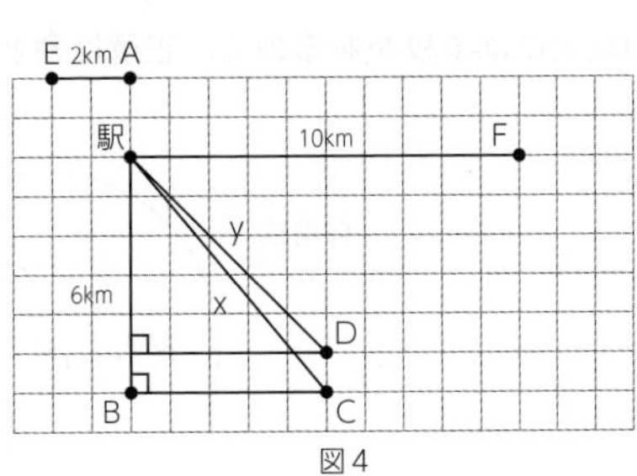

図４

第４章 位置関係

問題7

正解 ❶

「AからB、C、D、Eまでの距離が等しい」のように、ある点が複数の点から同じ距離にある場合、Aを中心とした円周上のいずれかの点にB～Eがあることになります。

「ある点」が、複数の点から距離が等しい場合、「ある点」を中心とした円周上に複数の点があることになります。

例えば条件アでは、図書館から複数の地点までの距離がそれぞれ同じとなっています。このとき、図書館を円の中心として作図すると、複数の地点はその円の円周上の点となります。

同様に、条件オより、交番を円の中心とすると、駅、学校、図書館、病院が円周上の点となります。

	円の中心	円周上の点
条件ア：円①	図書館	駅、学校、交番、体育館
条件オ：円②	交番	駅、学校、図書館、病院

お互いの円の中心がもう一つの円の円周上の点ならば、お互いの円の中心を通る二つの円を書きます。

図書館は「円①の中心」かつ「円②の円周上」、交番は「円②の中心」かつ「円①の円周上」にあるので、二つの円の円周がお互いの中心を通っていることがわかります。また、二つの円の半径は図書館から交番までの距離となるので、ともに等しい長さとなります。

また、どちらの円の円周上にも駅と学校があるので、**二つの円の交点に駅と学校があることになります。**

交番が図書館の真東、駅が最も南にあることから、次の図のようになります。よって、**駅の真北には学校があるので、正解は❶となります。**

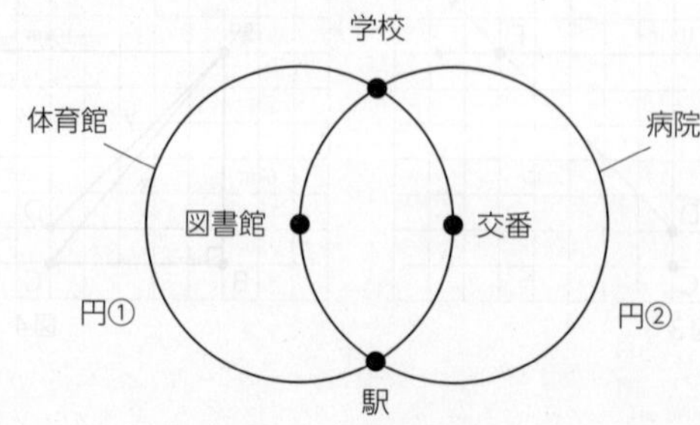

第5章　試　合

1　リーグ戦

問題1

正解 ❹

すでに２敗しているＡが１位になったということは、Ｂ～Ｆが２敗以上負けていることになります。また、Ａと勝敗が同じになった場合、直接対決でＡに負けたことになります。

２敗しているＡが１位なので、Ｂ～Ｆが何勝まで可能か考えておきます。

７試合終わった段階で最も勝ち試合数が多いＢが３勝０敗、Ａが０勝２敗ですが、最終的にはＡが１位となります。よって、最終的にＡとＢが３勝２敗で、直接対決でＡがＢに勝って１位になったことになります。

よって、ＡはＢ、Ｄ、Ｆに勝ち３勝し、ＢはＡとＥに負けて２敗したことになります。

ＤとＦは直接対決でＡに負けたので、仮に３勝しても１位になりません。よって、勝ち試合数は多くて３勝までとなります。また、ＣとＥは直接対決でＡに勝っているので、仮に３勝するとＡより上位となってしまい、Ａが１位ではなくなります。よって、ＣとＥの勝ち試合数は多くて２勝までとなります。

表1	A	B	C	D	E	F	勝敗
A		○	×	○	×	○	3勝2敗
B	×		○	○	×	○	3勝2敗
C	○	×				×	2勝以下
D	×	×			○		3勝以下
E	○	○		×			2勝以下
F	×	×	○				3勝以下
							15勝15敗

同じ勝ち数の人物どうしで、直接対決の結果を確認して順位を決定します。

Ｅは２勝までしかできませんが、すでにＡとＢに勝って２勝しているので、Ｃ、Ｄ、Ｆには負けたことになります。すると、ＣがＡとＥに勝ったことになります。Ｃは２勝までしかできないので、Ｂ、Ｄ、Ｆには負けたことになります。

最後にＤとＦの試合が残っていますが、いずれもここまで２勝しており、多くて３勝まで可能なので、どちらが勝っても矛盾を起こさず特定ができません。よって、ＤかＦのうち、勝ったほうが３勝２敗、負けたほうが２勝３敗となります。

２勝の可能性があるのはＣ～Ｆの４人ですが、このうちＥは、Ｃ、Ｄ、Ｆとの直接対決にすべて負けているため４人の中で順位が一番下となり、全体で最下位となります。よって、正解は❹となります。

表2	A	B	C	D	E	F	勝敗
A		○	×	○	×	○	3勝2敗
B	×		○	○	×	○	3勝2敗
C	○	×		×	○	×	2勝3敗
D	×	×	○		○	○／×	3勝2敗/2勝3敗
E	○	○	×	×		×	2勝3敗
F	×	×	○	×／○	○		2勝3敗/3勝2敗
							15勝15敗

問題2

正解 ❷

「同じ勝敗数の人がいなかった」ことより、勝敗の６パターンをすべて書き出しておくと検討しやすくなります。

全勝や全敗の人から考えると勝敗を特定しやすくなります。

６人の総当たり戦で引き分けがなく、同じ勝敗の人がいなかったことより、５勝０敗～０勝５敗まで６通りの勝敗があり、それぞれにＡ～Ｆが１人ずつ当てはまることになります。

勝敗表に勝ち負けの○と×を入れ、途中経過の勝敗を（　）で表すと表１のようになります。このとき、５勝０敗や０勝５敗のように、一度も負けていない人や、一度も勝っていない人から検討すると考えやすいです。

まず、途中までの勝敗を見ると、Ｅ以外は全員１敗、もしくは２敗しています。よって、全勝の５勝０敗に当てはまるのはＥのみです。同様に、全敗の０勝５敗に当てはまるのはまだ１勝もしていないＡだけです。よって、Ｅが５勝０敗、Ａが０勝５敗に決まります。

表1	A	B	C	D	E	F	勝敗
A				×			(0勝1敗)
B			×				(1勝1敗)
C		○				○	(2勝2敗)
D	○						(1勝1敗)
E							(2勝0敗)
F			×				(1勝1敗)

勝敗	順位	人物
5勝0敗	1位	E
4勝1敗	2位	
3勝2敗	3位	
2勝3敗	4位	
1勝4敗	5位	
0勝5敗	6位	A

次に、できるだけ勝ち数もしくは負け数が多い人について考えます。

Eが5勝0敗、Aが0勝5敗なので、勝敗表に○と×を書き込みます。すると、BとFに×が2個入ります。また、Cは途中経過より2敗しているので、1敗になり得るのはDだけです。よって、Dが4勝1敗に決まります。

表2	A	B	C	D	E	F	勝敗
A		×	×	×	×	×	0勝5敗
B	○		×		×		(1勝1敗)
C	○	○			×	○	(2勝2敗)
D	○				×		(1勝1敗)
E	○	○	○	○		○	5勝0敗
F	○		×		×		(1勝1敗)

勝敗	順位	人物
5勝0敗	1位	E
4勝1敗	2位	D
3勝2敗	3位	
2勝3敗	4位	
1勝4敗	5位	
0勝5敗	6位	A

Dの4勝1敗を勝敗表に書き入れると、Cが3勝2敗に決まります。ここで、最後にBとFの対戦が残り、勝ったほうが2勝3敗、負けたほうが1勝4敗となりますが、どちらが2勝3敗でどちらが1勝4敗かまでは特定できません。

表3	A	B	C	D	E	F	勝敗
A		×	×	×	×	×	0勝5敗
B	○		×	×	×	○/×	2勝3敗/1勝4敗
C	○	○		×	×	○	3勝2敗
D	○	○	○		×	○	4勝1敗
E	○	○	○	○		○	5勝0敗
F	○	×/○	×	×	×		1勝4敗/2勝3敗

勝敗	順位	
5勝0敗	1位	E
4勝1敗	2位	D
3勝2敗	3位	C
2勝3敗	4位	B/F
1勝4敗	5位	F/B
0勝5敗	6位	A

よって、3位がCに決まったので、正解は❷となります。

問題3

正解 ❷

総当たり戦で対戦の日程が決まっている場合は、勝敗表に日を書き込んでいくと考えやすいです。表を埋める途中で正解が出ることがあるので、選択肢の対戦日程を確認しながら表を埋めていくとよいでしょう。

対戦した日を勝敗表に書き込み、最も表に多く書かれた数に着目します。

ア「AとCの対戦は、1日目に行われた」より、A対C、C対Aの2か所のマスに「1」を書き込みます。同様にイ～エの条件より、それぞれの対戦が何日目であるかを表に書き込みます。

A～Fは1日目から5日目まで毎日異なるチームと対戦をしていたので、それぞれの縦と横の列には１～５の数字が一つずつ入ることになります。

ここで表に最も多く記載された「４」に注目すると、縦の列にも横の列にも「４」が書かれていないマスは、表１の色つき部分のみとなります。よって、ＥとＦが４日目に対戦したことが決まります。

表1	A	B	C	D	E	F
A			1	4		
B			4			2
C	1	4				
D	4				3	
E				3		
F		2				

縦の列と横の列に同じ数が入らないように埋めていきます。

次に「１」に着目してみます（１以外の数でも構いません）。

Ａ対Ｃが１日目なので、ＡやＣと対戦した日が未定で、列にまだ「１」が書かれていないＥやＦに着目します。

Ｅの横の列において、空白のマスのうち、縦の列にまだ「１」が書かれていないのはアのみです。よって、ＥはＢと１日目に対戦したことが決まり、Ｅ対Ｂのアと、Ｂ対Ｅのイの２か所に「１」を書き込みます。

これで１日目はＡとＣ、ＢとＥが対戦したことが決まり、残ったＤとＦが１日目に対戦したことになります。よって、ウとエにも「１」を書き込みます。

この時点でＢ対Ｅの対戦が１日目に決まるので、正解は❷となります。

表2	A	B	C	D	E	F
A			1	4		
B			4		イ	2
C	1	4				
D	4				3	エ
E		ア		3		4
F		2		ウ	4	

縦の列と横の列に１～５の数が一つずつ入るように残りを埋めていきます。

正解は出ましたが、さらに、表を完成させておきます。

まず、縦や横の列で空白のマスが少ないものに着目します。例えばＢの縦の列で空白のマスはオとカの２マスで、まだ書かれていない数は「３」と「５」です。カのマスの横の列にすでに「3」が書かれているので、カに「3」は書けず、オのマスが「3」に、カのマスが「5」に決まります。A対Bの対戦が3日目に決まったので、B対Aのキのマスにも「3」を、D対Bの対戦が5日目に決まったので、B対Dのクのマスにも「5」を書き入れます。3日目はAとB、DとEが対戦したことが決まったので、残ったCとFが3日目に対戦したことになります。

このような作業を繰り返すと表4のようになり、すべての試合の日程が決まります。

表3	A	B	C	D	E	F
A		オ	1	4		
B	キ		4	ク	1	2
C	1	4				
D	4	カ			3	1
E		1		3		4
F		2		1	4	

表4	A	B	C	D	E	F
A		3	1	4	2	5
B	3		4	5	1	2
C	1	4		2	5	3
D	4	5	2		3	1
E	2	1	5	3		4
F	5	2	3	1	4	

第5章 試合

問題4

正解 ❹

まず、勝ち点より、考えられる勝敗を洗い出しておきます。

Aは勝ち点が8点なので、勝ち試合数、負け試合数、引き分け試合数を考えておきます。5人の総当たり戦なので、1人4試合することになります。1勝で3点、2勝で6点となり、3勝では9点となって8点を上回るので2勝以下となります。

0勝では、残り4試合すべて引き分けても4点となり8点に届かないので不適です。

1勝では、残り3試合すべて引き分けても、1勝の3点と、3分の1（点）×3＝3（点）を合わせても6点となり、8点に届かないので不適です。

2勝では、残り2試合引き分けると、2勝の3（点）×2＝6（点）と、2分の1（点）×2＝2（点）を合わせて8点となるので成立します。

よって、Aは2勝0敗2分に決まります。

同様に、勝ち数で場合分けをして検討すると、条件イより、Bは勝ち点が3点なので、1勝3敗0分、もしくは、0勝1敗3分となります。

また、条件ウより、Cは勝ち点が9点なので、3勝1敗0分に決まります。

3試合引き分けより、誰が誰と引き分けたのか考えます。

ここで、Bの勝敗によって2通りに場合分けをして考えます。

❶ Bが１勝３敗０分の場合

Aが２試合引き分け、BとCが１試合も引き分けていないので、３試合の引き分けは、A対D、A対E、D対Eに決まります。

Aは２勝０敗２分なので、DとEと引き分け、BとCに勝ったことになります。

Cの１敗がAとの対戦に決まったので、残りの試合はすべて勝ったことになります。

BはAとCに負けたことまでは決まりますが、残ったDとEのどちらに勝ちどちらに負けて１勝３敗０分になったかは確定しません。

よって、対戦表は表１、表２の２通りとなります。

表1	A	B	C	D	E	勝－敗－分
A		○	○	△	△	2－0－2
B	×		×	○	×	1－3－0
C	×	○		○	○	3－1－0
D	△	×	×		△	0－2－2
E	△	○	×	△		1－1－2
						7－7－6

表2	A	B	C	D	E	勝－敗－分
A		○	○	△	△	2－0－2
B	×		×	×	○	1－3－0
C	×	○		○	○	3－1－0
D	△	○	×		△	1－1－2
E	△	×	×	△		0－2－2
						7－7－6

❷ Bが０勝１敗３分の場合

Cは引き分けていないので、Bの３試合の引き分け試合の相手はC以外のA、D、Eに決まります。

引き分けの３試合はA対B、B対D、B対Eとなりますが、Aが２試合引き分けていることと矛盾するため不適となります。

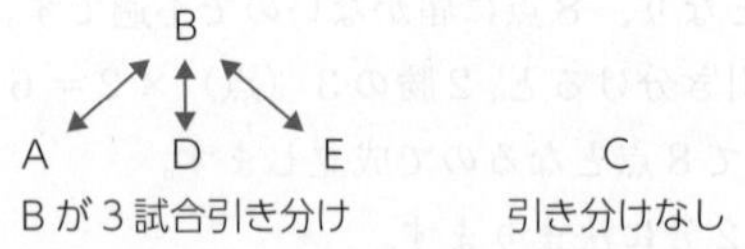

よって、表１、表２より、正解は❹となります。

2 トーナメント戦

問題１　　正解 ❷

優勝と準優勝それぞれ１チーム、２回戦敗退１チーム、１回戦敗退４チームがどのチームであるか先に検討しておくと、トーナメント戦の図に当てはめる作業がしやすくなります。

あらかじめ、優勝、準優勝、準決勝（2回戦）敗退のチームを調べておくと作業がしやすくなります。

今回のトーナメントでは、優勝が１チーム、準優勝が１チーム、２回戦敗退が２チーム、１回戦敗退が４チームとなります。

条件ア、ウ、エより、H、B、Aは１回戦敗退のチームに決まります。また、条件イより、２回だけ戦っているDは２回戦敗退に決まり、また、条件エより、Fが２回戦で敗退していることがわかります。

さらに、条件アよりEは２回戦で勝っているので決勝戦に進み、優勝か準優勝となります（図１）。

優勝	（どちらかE）			
準優勝	（どちらかE）			
2回戦敗退	D	F		
1回戦敗退	H	B	A	

図1

Eが優勝の場合、CとGは残った準優勝か１回戦敗退となります（図２）。

Eが準優勝の場合、CはEに負けているので優勝はあり得ず、１回戦敗退に決まります。最後に残りのGを記入すると図３のようになります。

優勝	E			
準優勝	C/G			
2回戦敗退	D	F		
1回戦敗退	H	B	A	G/C

図2

優勝	G			
準優勝	E			
2回戦敗退	D	F		
1回戦敗退	H	B	A	C

図3

どのチームもすべて1回戦から戦う場合、トーナメント表に勝敗を書き込んでおきます。

今回のトーナメント戦のように、どのチームもすべて１回戦から戦う場合、仮に、①が優勝、⑤が準優勝、③と⑦が２回戦敗退として先に勝敗を書き込んでおくと考えやすくなります。

条件ウより、１回戦でBに勝ったチームは準優勝の⑤となり、B＝⑥に決まります。

条件エより、１回戦でAに勝ったチームは２回戦でFに勝っているので、優勝か準優勝となります。準優勝は１回戦でBに勝ったチームに決まっているので、１回戦でAに勝ったチームは優勝の①となり、A＝②、F＝③に決まります。

２回戦敗退の２チームのうち、残った⑦はDに決まります（図４）。

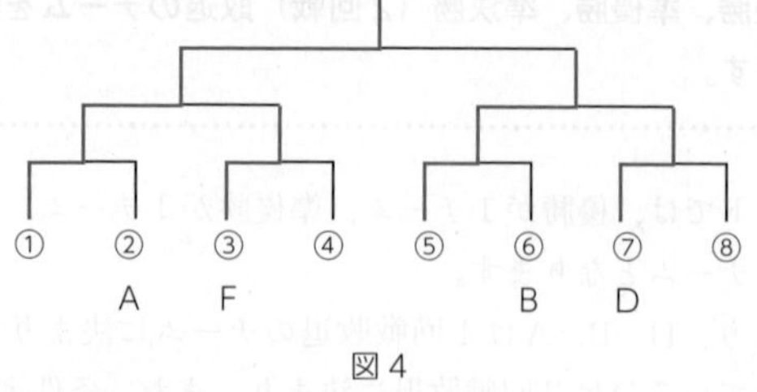

図4

次に、Eが優勝か準優勝で場合分けをしていきます。

❶ Eが優勝の場合

E＝①となり、Eに負けたチームは②、③、⑤に決まります。②＝A、③＝Fより、Eに負けたCは残った⑤となります。

条件アより、２回戦でEに負けたチームが１回戦でHに勝っているので、H＝④に決まります。残ったG＝⑧となり、すべての勝敗が決定します（図５）。

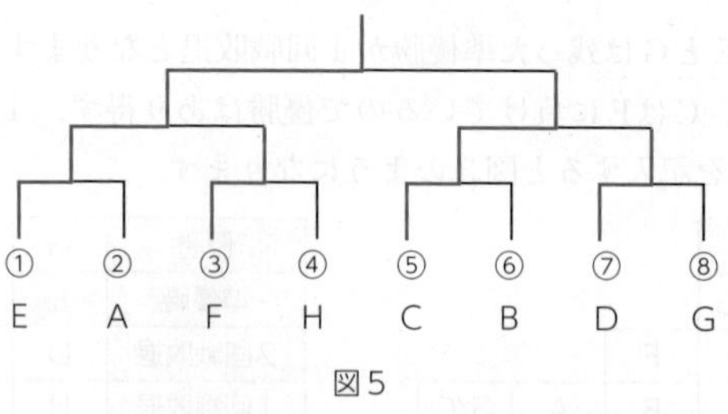

図5

❷ Eが準優勝の場合

E＝⑤に入れると、Eに負けたチームは⑥、⑦となります。条件オよりCはEに負けましたが、⑥と⑦はBとDに決まっているので、Cが入る位置がなくなり不適となります（図６）。

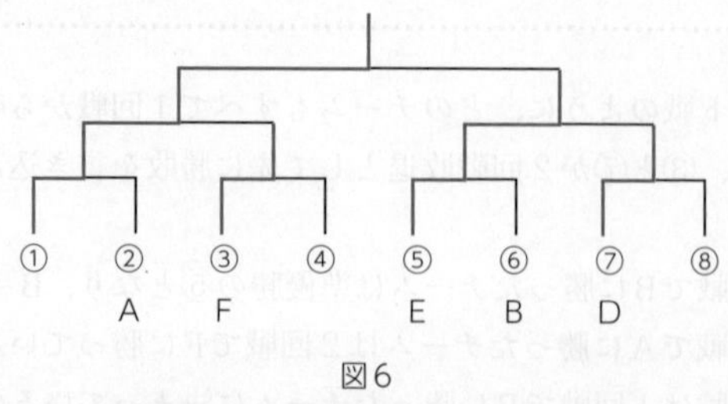

図6

よって、図５より、正解は❷となります。

問題2 正解 ❸

条件にEとFが多く出てくるので、その2チームが対戦する条件を押さえておくとよいでしょう。

EとFの対戦が、1回戦、2回戦、決勝戦のうち、いつ行われたかを考えます。

E対Fの対戦が1回戦の場合、EかFのどちらか一方が1回戦敗退となり、その後でE対BないしF対Gの対戦のいずれか一方ができなくなります。

よって、**EとFの対戦は「決勝戦」か「2回戦」**となります。

EとFの対戦が2回戦の場合は、どちらか一方が決勝に進出することになります。

以上より、**決勝戦は「E対F」か、「(EかFのどちらか一方) 対 (いずれかのチーム)」**になります。

全パターンのトーナメント表を書かなくても、いくつかの例を挙げてみて、消去法で一つに絞れれば、それが正解となります。

❶× Aが決勝で戦う場合、その相手はEかFとなります。Aは初戦と2回戦に勝ち、決勝でEかFと戦うことになるので、Cに負けることはありません。よって、条件アの「AはCに負けた」を満たせず誤りとなります。

❷× Bが決勝戦に進んだ場合、条件イより決勝戦でBがEに負けたことになります。EとFの対戦は2回戦となり、FとGの対戦は1回戦に決まるので誤りとなります。一例として図1のようになります。

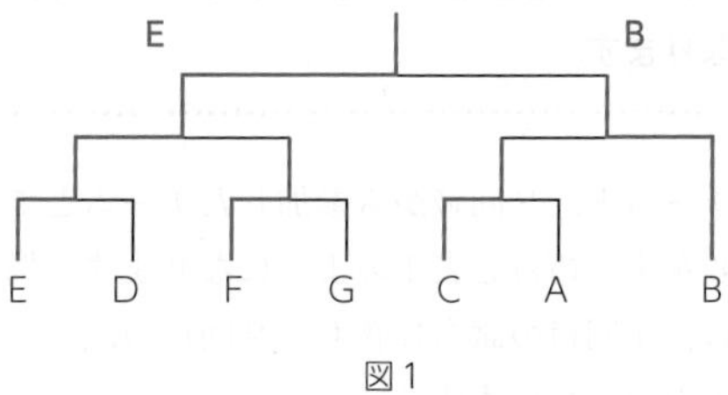

図1

❸○ Dが決勝で戦う場合、その相手はEかFとなります。1回戦でEがBに勝ち、FがGに勝って、2回戦でEとFが対戦し、どちらか一方が決勝に勝ち上がってきたことになります。決勝以外の戦いは同じブロックとなるので、左ブロックがE、B、F、Gの4チームとなり、右ブロックは残ったA、C、Dとなります。右ブロックでAはCに負け、Dが決勝に上がるには、1回戦でCがAに勝ち、2回戦でDがCに勝って決勝に進むしかありません。よって、CとDは必ず対戦しま

す。一例として図２のようになります。

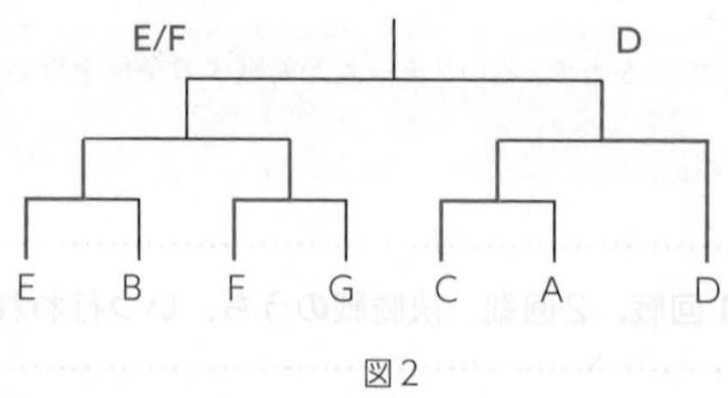

図2

❹×　　ＥとＦの対戦は２回戦か決勝戦となり、１回戦で戦うことはありません。

❺×　　Ｇが決勝戦に進んだ場合、決勝戦でＦに負けたことになります。ＥとＦの対戦は２回戦、ＥとＢの対戦は１回戦に決まります。Ｂは１回戦でＥに負けて敗退するのでＤと戦うことはあり得ず誤りとなります。一例として図３のようになります。

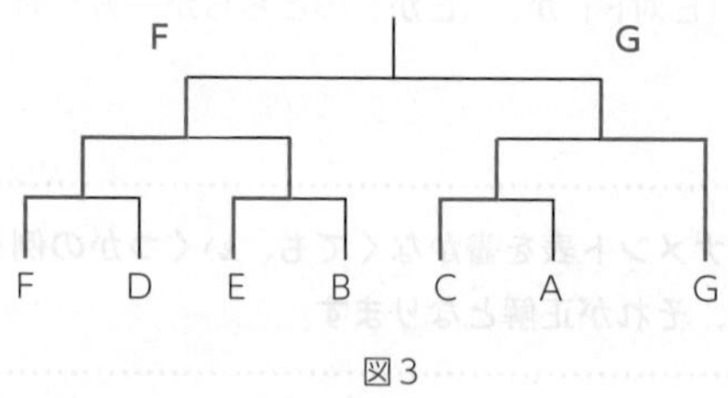

図3

問題３　　　　　　　　　　　　　　　　　　　　　　　　　　　　　　正解 ❹

試合数や勝敗などの条件より、２回戦から参加した２チームが何位になり得るか先に検討しておくとよいでしょう。

１回戦から参加したチーム・２回戦から参加したチームで勝ち負けをまとめておくと作業がしやすくなります。

１回戦から参加したチームと、２回戦から参加したチームとで、○を勝ち、×を負けとして優勝～６位の勝敗をまとめると表１のようになります。例えば１回戦から参加して４位になったチームは、１回目の試合に勝ち、２回目の試合に負け、３回目の３位決定戦の試合に負けたことを表しています。

表1	優勝	準優勝	3位	4位	5位	6位
1回戦から参加	○○○	○○×	○×○	○××	×○	××
2回戦から参加	○○	○×	×○	××	－	－

条件アとイより、準優勝したチームと３位のチームは１回だけ試合に勝ったので「２回戦から参加したチーム」に決まります。「２回戦から参加したチーム」は２チームだけなので、その他はすべて１回戦から参加したチームとなります。

表2	優勝	準優勝	3位	4位	5位	6位
1回戦から参加	○○○			○××	×○	××
2回戦から参加		○×	×○			

一例として以下のようなトーナメント表となります。

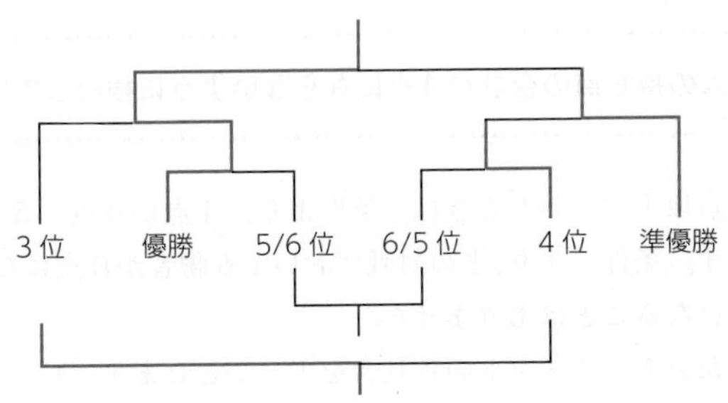

トーナメント表に該当するチーム名を書き込んでいきます。

条件オより、Fが3回目の試合に負けており、表2より3回目の試合で負けたのは4位のチームのみなので、Fが4位に決まります。

各試合を図のように㋐～㋖とします。㋐、㋑、㋒、㋖の試合はどちらか一方が「1回戦から参加したチーム」で、もう一方が「2回戦から参加したチーム」なので、試合数が互いに異なり、「ともに2回目の試合」にはなりません。また、㋓と㋔の試合は「ともに1回目の試合」となります。

よって、㋕の試合のみが「ともに2回目の試合」となり、これがA対Eの試合に決まります（どちらがAかEかについては未確定)。

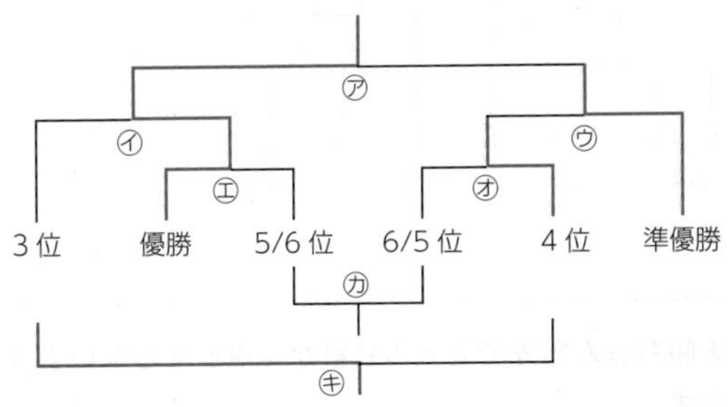

残りは①②③の3か所で、そこにB、C、Dの3人が当てはまることになります。このうち、①と②、②と③は対戦しており、①と③は対戦していません。よって、対戦していなかったBとCは①もしくは③に決まります。残ったDが②で優勝に決まり、正解は❹となります。

なお、3位と準優勝、5位と6位は確定しません。

問題4 正解 ❸

持ち点の候補となる点数を書き込んでおき、条件よりあり得ない持ち点を消去しながら各持ち点を求めていきます。

条件より、２人の持ち点の合計が４点にならないように検討していきます。

２人の合計が４点以上になったときは、条件より、４点が０点、５点が１点、６点が２点に変換されます。条件アより、どの対戦においても勝者が０点にならなかったので、２人の合計が４点になることはありません。

ここで、説明のためトーナメントの各試合を①～⑦とします。

各人の最初の持ち点が１～３点で、G＞Hなので、(G, H)＝(2, 1)、(3, 1)、(3, 2) のいずれかとなります。２人の合計が４点になることはないので、(G, H)＝(3, 1) は不適となります。また、(G, H)＝(3, 2) のときは、合計５点が１点に変換され、次に⑤でFの３点と合わせると４点となってしまうので不適となります。よって、消去法より (G, H)＝(2, 1) の計３点に決まり、⑤で３点とFの３点を合わせて合計６点となるので、６点が２点に変換されます。

また、AとGが同じ持ち点なので、Aの最初の持ち点が２点に決まります。

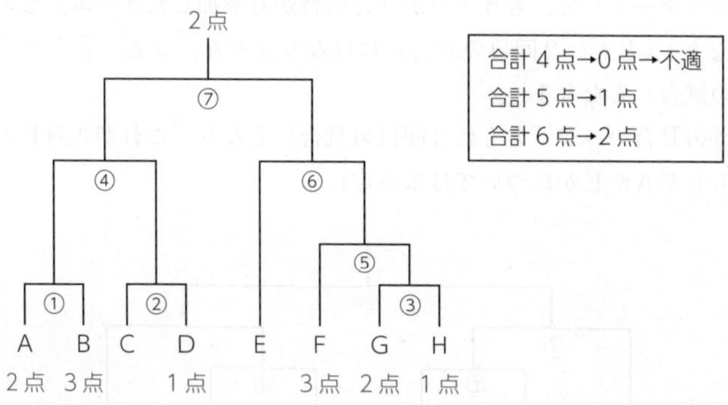

トーナメントを勝ち進んだ先で２人の合計が４点とならないよう、各自の持ち点を特定していきます。

次に、Aの２点とBの３点の合計５点より、①は１点に変換されます。

Cの最初の持ち点は、②でDの１点との合計が４点にならないよう、１点か２点が考えられます。ここでCが２点の場合、Dの１点と合わせて②が３点となり、①の１点と合わせて４点となるので不適となります。よって、Cの最初の持ち点は１点に決まります。

①が１点、②が1＋1＝2（点）なので、①と②を合わせて④が３点となります。

⑦で優勝者が２点、④が３点なので、④と⑥を合わせて６点となり、それを変換して⑦の優勝者が２点ということになります。よって、⑥が３点に決まります。

⑤が２点、⑥が３点なので、Ｅの最初の持ち点が１点に決まります。

これで全員の最初の持ち点が判明し、正解は❸となります。

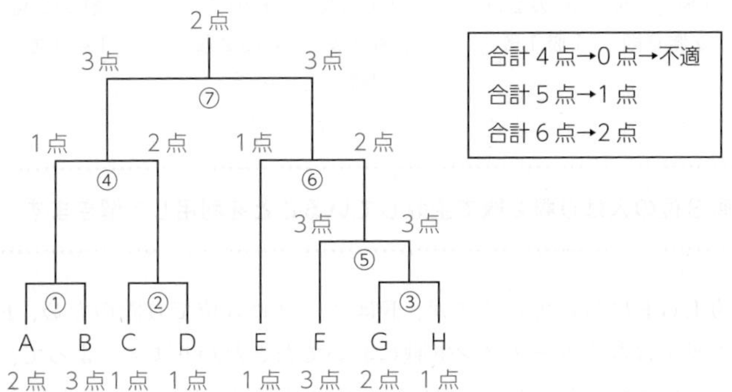

問題５ 正解 ❹

トーナメント戦では１敗か０敗以外あり得ないのが問題を解くカギになります。

リーグ戦は全員２試合ですが、トーナメント戦はリーグ戦の順位、また試合結果によって試合数が異なってきます。

リーグ戦は１～３位の順位がついているので、１位が２勝０敗、２位が１勝１敗、３位が０勝２敗となります（３人全員が１勝１敗の場合、順位が決まらないため妥当ではありません）。

条件アより、優勝者は３勝２敗で合計５試合しています。リーグ戦の２試合と合わせて５試合するには、トーナメント戦で３試合戦ったことになります。トーナメント戦を３試合戦って優勝すると３勝０敗なので、合計で３勝２敗するには、リーグ戦３位で２敗したことになります。リーグ戦の３位の人は、トーナメント表の中央に左右ブロックより１人ずついますが、仮に左ブロックの「①組の３位」の人が優勝したとします。

条件オよりＦは１勝３敗ですが、トーナメント戦では１敗より多く負けることはありません。よって、Ｆの３敗のうち２敗はリーグ戦で、１敗はトーナメント戦に決まります。よってＦはリーグ戦では０勝２敗で３位、トーナメント戦では１勝１敗に決まります。リーグ戦の「①組の３位」はトーナメント戦の優勝者としているのでＦに該当しないため、Ｆはリーグ戦で「②組の３位」に決まります。またＦはトーナメント戦で１勝１敗なので、トーナメント戦の勝敗は下図のように決まります。

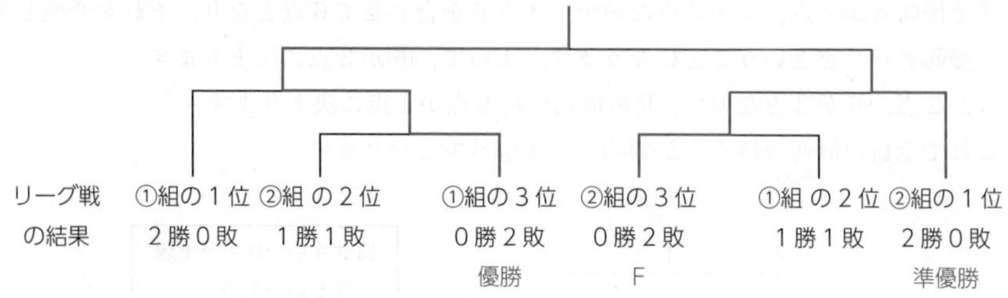

リーグ戦3位の人は0勝2敗で全敗していることを利用して解きます。

条件エよりEはFに負けていますが、Fはリーグ戦3位で0勝のため、EがFに負けたのはリーグ戦ではなくトーナメント戦においてだとわかります。よって、トーナメント戦の図より、Fにトーナメント戦で負けたEは「①組の2位」に決まります。

さらに、EはBにも負けていますが、トーナメント戦で2人に負けることはないので、EがBに負けたのはリーグ戦となります。Eはリーグ戦で「①組の2位」なので、BがEにリーグ戦で勝っていることより、Bは「①組の1位」に決まります。

また、条件イより、AとBの対戦成績が1勝1敗なので、AとBはトーナメント戦とリーグ戦で1回ずつ戦ったことになり、Aはリーグ戦でBと同じ①組となります。①組で残っているのは3位だけなので、Aは「①組の3位」に決まります。

さらに条件ウより、あとCとDが残り、いずれかが「②組の2位」、もう一方が「②組の1位」となります。「②組の2位」と「②組の1位」はトーナメント戦で戦うことはないので、条件ウよりCがDに負ける試合はリーグ戦しかありません。したがって同じリーグ戦②組のうち、1位がD、2位がCとなり、Dが準優勝に決まります。

よって正解は❹となります。

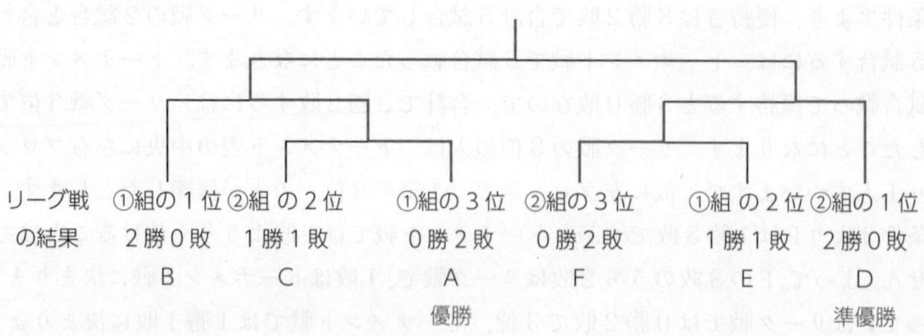

問題６　　正解❸

nチームでトーナメント戦をする際の試合数は、$(n-1)$ 試合

nチームで総当たりのリーグ戦をする際の試合数は、${}_nC_2=\frac{n\times(n-1)}{2\times1}$試合

トーナメント戦とリーグ戦の試合数の公式を押さえておきます。

トーナメント戦では、１試合につき１チームずつ負けていくので、全部でnチームいれば、優勝した１チーム以外の $(n-1)$ チームが負けることになります。負けたチームの数だけ試合があったことになるので、nチームでトーナメント戦をする際の試合数は、$(n-1)$ 試合となります。

総当たりのリーグ戦では、nチームのうち２チームずつ選んで試合をすることになります。よって、nチームで総当たりのリーグ戦をする際の試合数は、${}_nC_2=\frac{n\times(n-1)}{2\times1}$試合となります。

試合数の公式に当てはめて式を作ります。

サッカーのチーム数をnとすると、トーナメント戦をする際の試合数は、$(n-1)$ 試合、総当たりのリーグ戦をする際の試合数は、${}_nC_2=\frac{n\times(n-1)}{2\times1}$試合となります。

リーグ戦の試合数は、トーナメント戦の試合数の１００倍なので、

$$\frac{n\times(n-1)}{2\times1}=(n-1)\times100$$

となります。

両辺を２倍して整理すると、$n(n-1)=200(n-1)$ となります。両辺を $(n-1)$ で割ると、$n=200$（チーム）となり、正解は❸となります。

補足

計算をするときに0で割ってはならないため、両辺を (n－1) で割るときには、(n－1) が0でないかどうかの確認が必要です。

今回は複数のチームと書かれているのでn≠1より、(n－1) ≠0となります。

第5章 試合

2　集合とベン図

問題1　　正解 ❸

A、B、Cを購読しているそれぞれの合計人数がわかっているので、合計人数の式を三つ作り、その三つの式を合わせて一つの式にすると扱いやすい式になります。

ベン図に数値を書き込み、数値が不明なところには文字を当てはめます。

与えられた人数をベン図に書き込み、その他の箇所にa～dの記号を入れると以下のようになります。

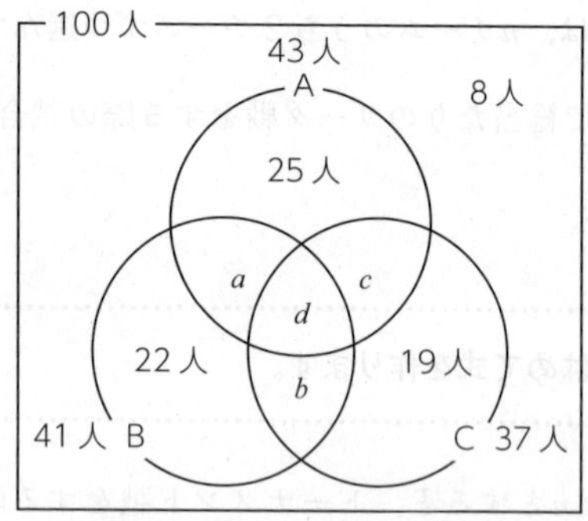

各円の合計人数や、条件より式を立てます。

Aの合計人数：$25+a+c+d=43$より、$a+c+d=18$（…①）
Bの合計人数：$22+a+b+d=41$より、$a+b+d=19$（…②）
Cの合計人数：$19+b+c+d=37$より、$b+c+d=18$（…③）
全員の人数　：$25+22+19+a+b+c+d+8=100$より、$a+b+c+d=26$（…④）

同じ記号が多い2式の差を取ると、各記号の値が求めやすくなります。

④－①より、

$$\begin{array}{rrrrl} a+ & b+ & c+ & d= & 26 \\ -)\ a & & +c+ & d= & 18 \\ \hline & b & & = & 8 \end{array}$$

④−②より、

$$\begin{array}{rl} & a + b + c + d = 26 \\ -) & a + b \quad\;\; + d = 19 \\ \hline & \qquad\;\; c \qquad = 7 \end{array}$$

$b=8$、$c=7$を③に代入して、$8+7+d=18$より、$d=3$となります。

$c=7$、$d=3$を①に代入して、$a+7+3=18$より、$a=8$となります。

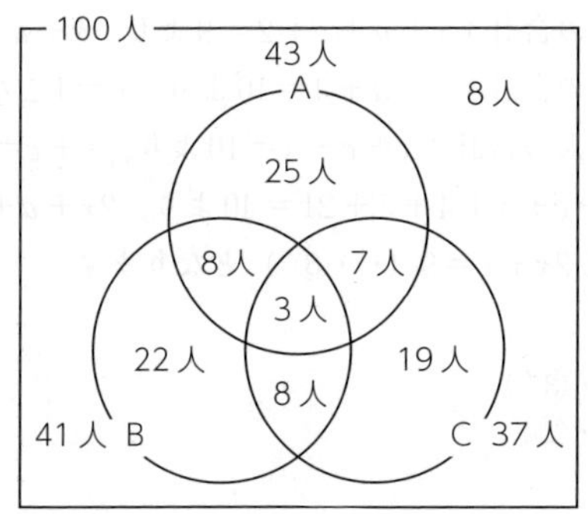

よって、BとCの両方を購読しているのは、3＋8＝11人となるので、正解は❸となります。

問題2 正解 ❶

イヌだけ、メダカだけを飼っている人が同数なので、ベン図の該当する箇所に同じ記号を入れておきます。

ベン図に数値を書き込み、数値が不明なところには文字を当てはめます。

イヌだけを飼っている人数＝メダカだけを飼っている人数＝x（人）とします。人数が不明の範囲にa～cの記号を当てはめると、以下のようになります。

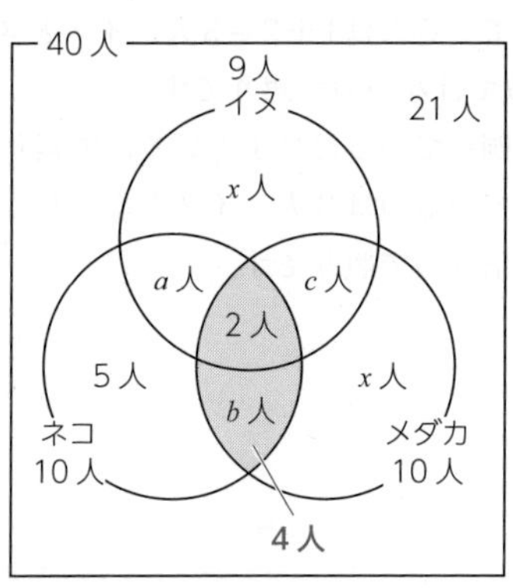

各円の合計人数や、条件より式を立てます。

イヌ、ネコ、メダカを飼っている合計人数と、全員の人数より式を立てます。このとき、ベン図の色付き部分より、$2+b=4$となり、$b=2$となります。

イヌを飼っている人の合計：$x+a+c+2=9$より、$x+a+c=7$（…①）
ネコを飼っている人の合計：$5+a+4=10$より、$a=1$となります。
メダカを飼っている人の合計：$x+c+4=10$より、$x+c=6$（…②）
全員の合計：$x+a+c+x+4+5+21=40$より、$2x+a+c=10$（…③）
$a=1$を③に代入すると$2x+c=9$（…③′）となります。
③′－②より、

$$\begin{array}{rl} 2x+c=9 & (\cdots③') \\ -)\ \underline{x+c=6} & (\cdots②) \\ x\quad=3 & \end{array}$$

②に$x=3$を代入して、$c=3$となります。

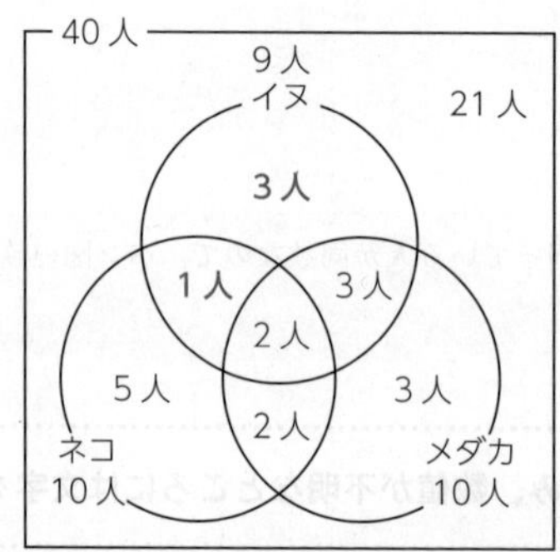

❶○　イヌを飼っていてメダカを飼っていない人は3＋1＝4人となります。
❷×　イヌとネコを飼っている人は1＋2＝3人となるので誤りです。
❸×　イヌとネコを飼っている人は1＋2＝3人、イヌとメダカを飼っている人は2＋3＝5人であり、同数ではないので誤りです。
❹×　イヌとネコだけを飼っているのは1人いるので誤りです。
❺×　メダカだけを飼っているのは3人、イヌとネコだけを飼っているのは1人であり、2倍ではなく3倍なので誤りです。

問題3 　　　　　　　　　　　　　　　　　　　　正解 ❶

類似する複数の式は合計して扱いやすい式にすることを考えます。また、共通する文字が多い２式は差を取って文字を減らすことで扱いやすい式にすることを考えます。

5:4:3:2のように比を示された場合、5x（人）、4x（人）、3x（人）、2x（人）としてベン図に人数を書き入れます。

A社だけから内定を受けた者＝$5x$(人)、B社だけから内定を受けた者＝$4x$(人)、C社だけから内定を受けた者＝$3x$(人)、3社すべてから内定を受けた者＝$2x$(人) とおきます。

その他の範囲にa～dの記号を書き込みます。

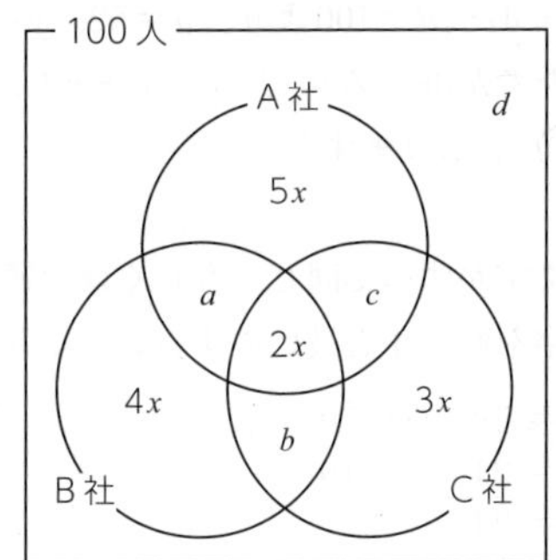

「A社とB社の２社から内定を受けた者」と「A社とB社の２社のみから内定を受けた者」のベン図の違いに気をつけておきます。

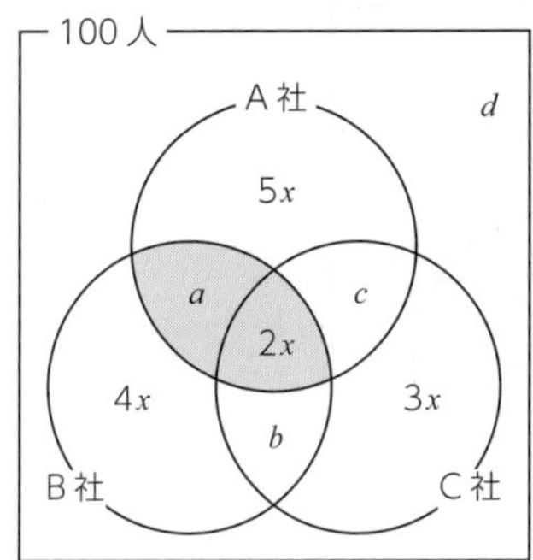

A社とB社の２社から内定を受けた

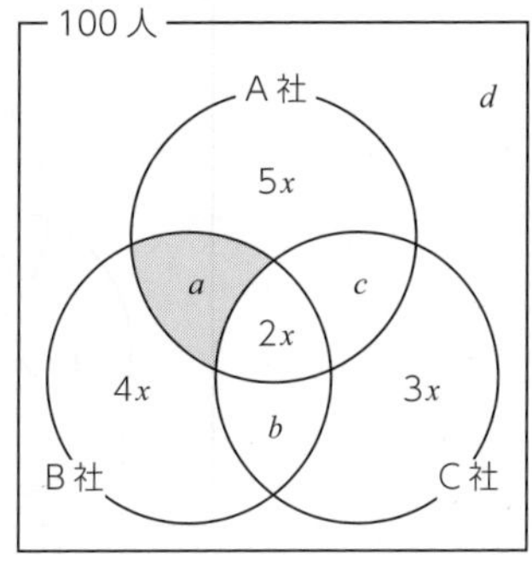

A社とB社の２社**のみ**から内定を受けた

A社とB社の２社から内定を受けた者：$a+2x=9$（…①）

A社とC社の２社から内定を受けた者：$c+2x=9$（…②）

B社とC社の２社から内定を受けた者：$b+2x=6$（…③）

①、②、③のように類似している複数の式は、３式すべてを足して一つの式にすると扱いやすい式になります。①＋②＋③より、$a+b+c+6x=24$（…④）となります。

「１社以上から内定を受けた人数」＋「いずれの会社からも内定を受けていない人数」＝すべての人数となります。

１社以上から内定を受けた人数をyとすると、いずれの会社からも内定を受けていない人数がdであること、全員で100人であることより$y+d=100$（…⑤）、条件ウより$y=d-4$（…⑥）となります。

⑥を⑤に代入すると、$(d-4)+d=100$より、$d=52$、$y=48$となります。

１社以上から内定を受けた者が48人なので、$a+b+c+5x+4x+3x+2x=48$より、$a+b+c+14x=48$（…⑦）となります。

④、⑦のように共通する文字がすべて同じ、もしくは共通する文字が多い場合、２式の差を取ってできるだけ文字を減らすと扱いやすい式になります。⑦－④より、

$$\begin{array}{rl} & a+b+c+14x=48\ (\cdots ⑦) \\ -) & \underline{a+b+c+\ \ 6x=24\ (\cdots ④)} \\ & \qquad\qquad 8x=24 \end{array}$$

$8x=24$より、$x=3$となり、これを①、②、③に代入すると、$a=3$、$b=0$、$c=3$となります。$x=3$、$d=52$、$a=3$、$b=0$、$c=3$をベン図に書き込むと以下のようになります。

A社から内定を受けた者が15＋3＋6＋3＝27人となり、正解は❶となります。

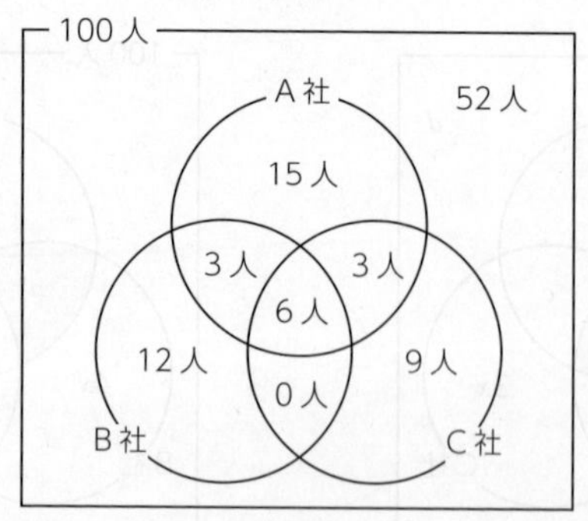

問題4

正解 ❺

例えば「チワワは犬だ」という命題があれば、チワワが内側、犬が外側の円になります。「AならばCだ」の命題をベン図で表すと、Aが内側、Cが外側の円になります。

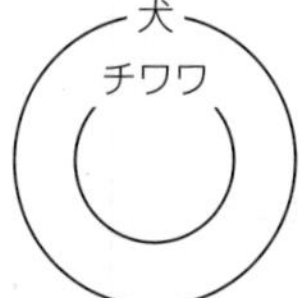

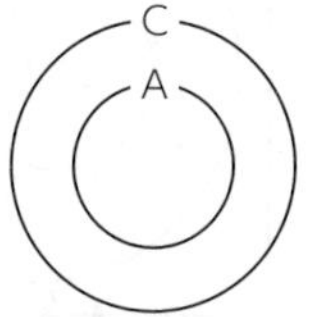

条件アやイのような命題を含む集合の問題の場合、命題をベン図で表してから人数を記入すると早く解くことができます。

イ「A社から内定を受けた学生はC社からも内定を受けた」より、C社の円の内側にA社の円を入れます。さらに、ア「A社から内定を受けた学生はB社から内定を受けていない」より、A社の円とB社の円が重ならないように三つの円で表します。

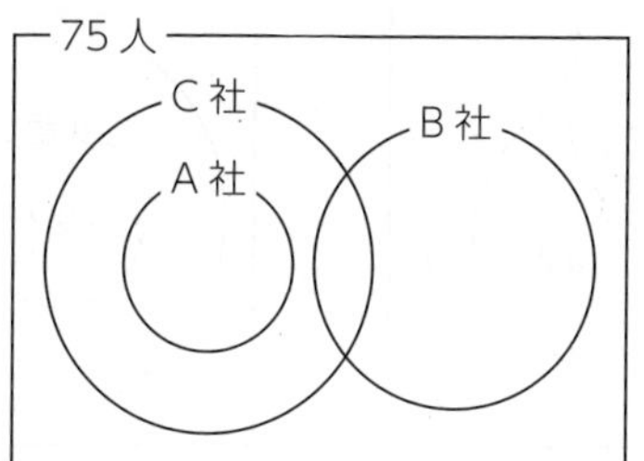

人数がわかるところには数値を、わからないところには記号を入れ、全員の人数や条件の人数から式を立てます。

B社、C社のいずれからも内定を受けていない学生が15人なので、B社とC社の円の外側に15人を書き入れます。

A社から内定を受けていない学生は45人なので、逆にA社から内定を受けた学生は75－45＝30人となります。残りの範囲にa～cを書き込みます。

B社から内定を受けたのが20人なので$b+c=20$（…①）となります。

全員が75人なので、$a+b+c+30+15=75$（…②）となり、これに①を代入すると、$a=10$となります。

A社、B社のいずれの会社からも内定を受けていない学生は、A社の円とB社の円の外側の部分の合計となるので、$a+15=10+15=25$（人）となり、正解は❺となります。

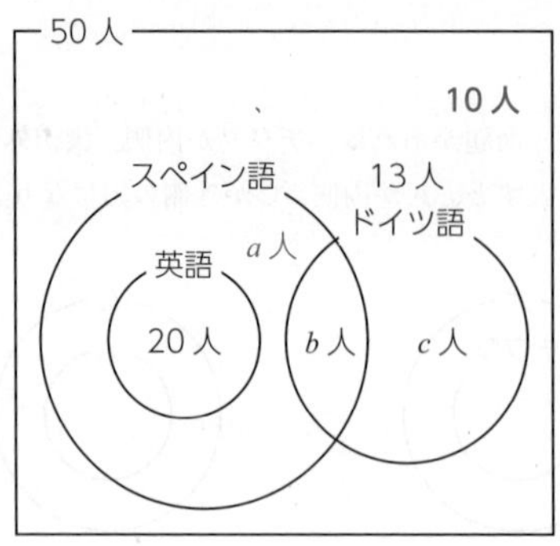

問題5

正解 ❶

3集合のベン図は左図でも答えが出ますが、右図のように命題とベン図の関係を用いて書くと人数を書き込む場所を少なくできます。

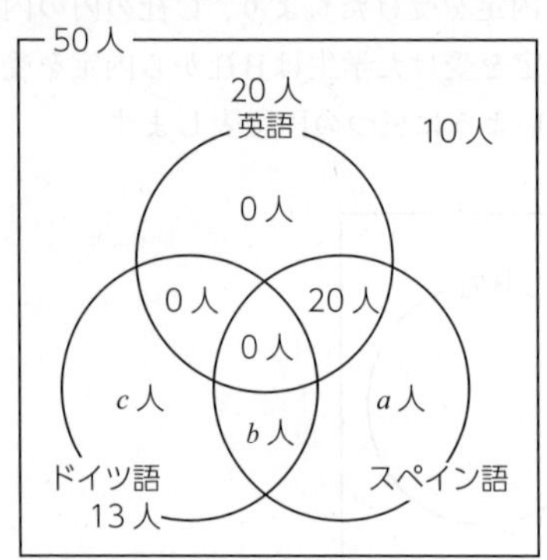

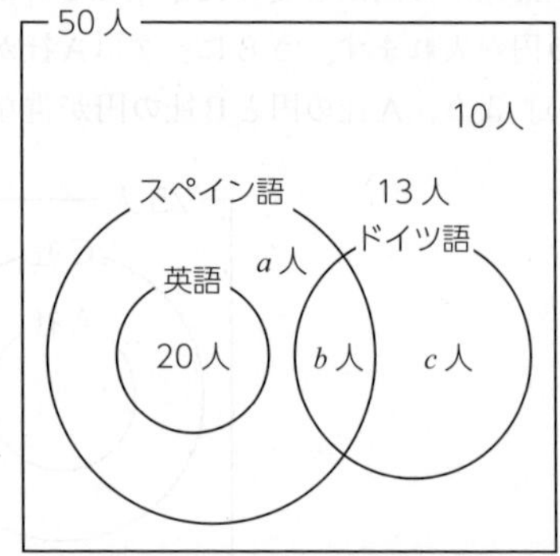

条件に「○○は△△だ」、「××は□□でない」といった命題を含む集合の問題では、それらの命題をベン図で表してから人数を書き込むと早く解けます。

「英語ができる人は、スペイン語もできる」をベン図で表すと図1のようになります。

「英語ができる人は、ドイツ語はできない」ので、図3のように英語の円とドイツ語の円が重ならないように三つの円で表します。

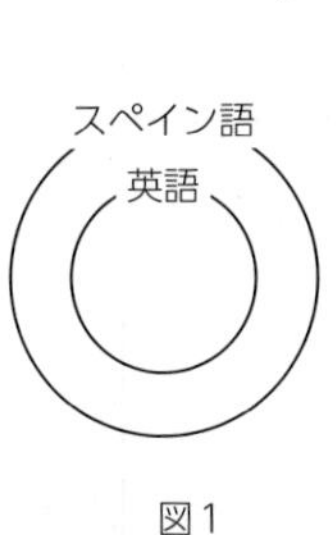

図1

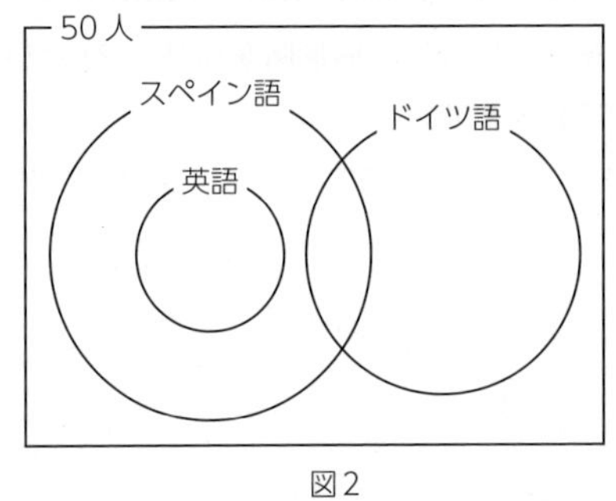

図2

(英語ができる人数)=(全員の人数)−(英語ができない人数) となります。

英語ができない人が30人なので、逆に英語ができる人は50－30＝20(人)となります。

スペイン語もドイツ語もできないのは10人なので、スペイン語とドイツ語の円の外側に10人を書き入れ、さらに、残りの範囲にa〜cを書き込みます。

ドイツ語ができるのが13人なので$b+c=13$(…①)となります。

全員が50人なので、$a+b+c+20+10=50$(…②)となり、これに①を代入すると、$a=7$となります。

英語もドイツ語もできない人は、英語の円とドイツ語の円の外側の部分の合計となるので$10+a=10+7=17$人となります。よって、正解は❶となります。

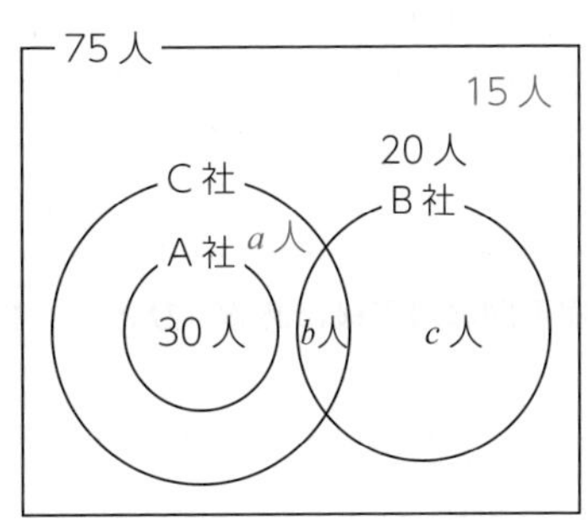

3 集合と樹形図

問題1

正解 ❸

集合の要素のうち、「男／女」、「ホーム／アウェー」、「仲間と来た／ひとりで来た」のように二つでワンセットになっているものが多い場合、樹形図を使うと解きやすいです。

3要素を3段に分けて樹形図を作り、2段目もしくは3段目の合計は右端の欄外に記入しておきます。

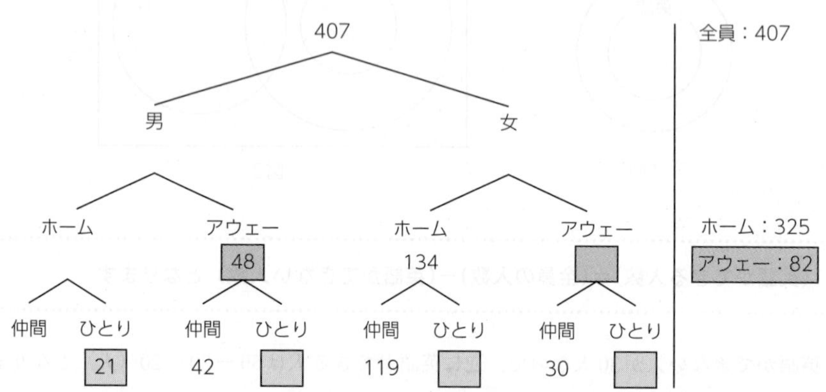

ホームチームを「ホーム」、アウェーチームを「アウェー」、仲間と来たことを「仲間」、ひとりで来たことを「ひとり」とします。

「女性・ホーム」が134人で、「男性・アウェー」はそれより86人少ないので、134－86＝48（人）になります。

「男性・ホーム・ひとり」が21人で、「女性・アウェー・仲間」はそれより9人多いので、21＋9＝30（人）となります。

「女性・ホーム・仲間」が119人で、「男性・アウェー・仲間」はそれより77人少ないので、119－77＝42（人）となります。

また、全員で407人、「ホーム」が325人なので、「アウェー」は407－325＝82（人）となります。

「ひとり」の人数は、樹形図の最下段にある「ひとり」を含む4か所をすべて合計すると求められます。

「男性・アウェー」が48人、「男性・アウェー・仲間」が42人なので、「男性・アウェー・ひとり」は、48－42＝6（人）となります。

「女性・ホーム」が134人、「女性・ホーム・仲間」が119人なので、「女性・ホーム・ひとり」は、134－119＝15（人）となります。

アウェーの合計が82人、「男性・アウェー」が48人なので、「女性・アウェー」は82－48＝34人となります。さらに、「女性・アウェー・仲間」が30人なので、「女性・アウェー・ひとり」は34－30＝4（人）となります。

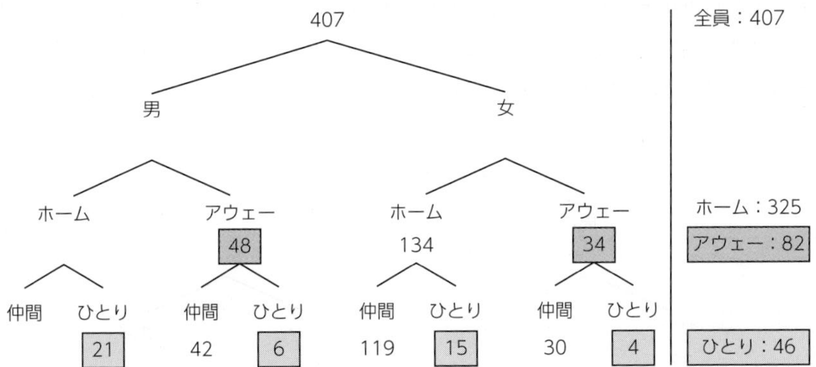

よって、「ひとり」の合計は21＋6＋15＋4＝46（人）となるので、正解は❸となります。

補足

今回は1段目を「男／女」、2段目を「ホーム／アウェー」、3段目を「仲間と来た／ひとりで来た」としましたが、1段目を「ホーム／アウェー」にするなど別の割当てにしても同様に解くことができます。

第6章 集合

問題2 正解 ❶

「男／女」のように二つでワンセットになっている集合がある場合、樹形図が視覚的に把握しやすくなります（ベン図でも解くことはできます）。

複数に分かれた人数があれば、つなげて合計人数を書き込んでおきます。

プールを「プ」、サウナを「サ」、利用したを○、利用しなかったを×で表します。

サウナを利用し、かつ、プールも利用した女性会員の人数を求めるので、「女・サ○・プ○」にa人と書き、このaの値を求めていきます。

サウナを利用した男性会員「男・サ○」に32人を書き込みます。また、「男・プ○」が17人ですが、「男・プ○」は「男・サ○・プ○」と「男・サ×・プ○」の2か所にあるのでその二つをまとめて17人と書き込みます。

サウナだけを利用した女性会員「女・サ○・プ×」、プールだけを利用した女性会員「女・サ×・プ○」の合計が23人なので、まとめて23人を書き込みます。

プールだけ利用した男性会員「男・サ×・プ○」の人数をb人とすると、サウナを利用し、かつ、プールも利用した男性会員「男・サ○・プ○」はb人より3人少ないので（b－3）人を書き入れます。

サウナを利用せず、かつ、プールも利用しなかった会員は「男・サ×・プ×」と、「女・サ×・プ×」の二つを合わせたものなので、その二つをまとめて30人と書き入れます。

説明のため、「男・サ○・プ×」にはc人と入れておきます。

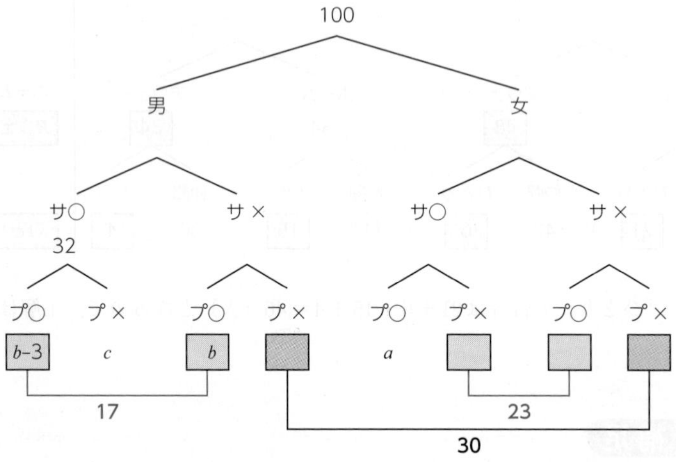

$(b-3)+b=17$より、$b=10$となります。

「男・サ○」が32人なので、$(b-3)+c=32$に、$b=10$を代入して解くと、$c=25$となります。

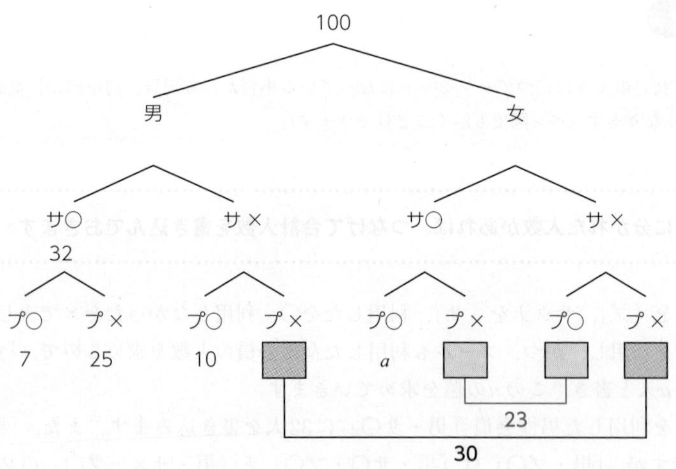

全員で100人なので、最下段をすべて合わせると100人になります。

よって、$7+25+10+30+a+23=100$となります。

これを解いて$a=5$より、正解は❶となります。

4　集合と線分図

正解 ❷

選択肢のうち、「少なくとも〇人いる」は計算でも求めることができます。

「少なくとも〇人いる」などの選択肢は、最少人数を求めて正誤を確認します。

まず、❶～❸の「少なくとも〇人いる」から考えていきます。全体の50人から何も習っていない6人を除いた44人を線分図の左右の端として該当する最少人数を求めていきます。

❶×　**50人の過半数は26人**なので、ピアノと水泳の二つを習っている児童の最少人数が25人以下ならば誤りの選択肢となります。

まず、ピアノと水泳の二つを習っている児童をできるだけ少なくするために、線分図の「何か習っている44人」の左右の端からピアノの39人と水泳の30人を書き込むと、**39＋30－44＝25（人）が重なります**。よって、ピアノと水泳の二つを習っている児童が過半数未満の25人である場合も考えられるので、全体の過半数を占めていると確実にいえません。

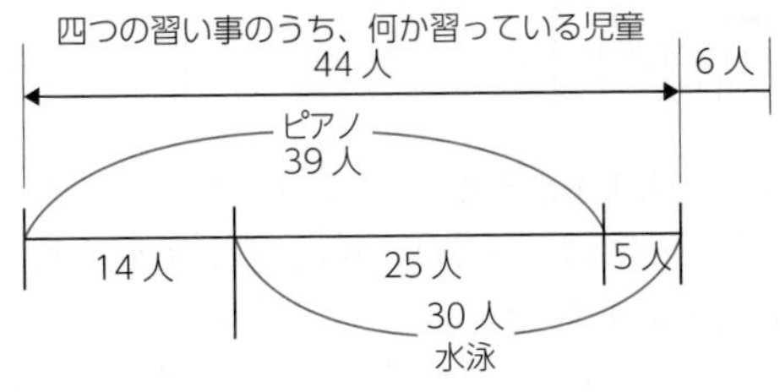

❷〇　ピアノ・水泳・そろばんの三つを習っている児童の最少人数が3人以上であれば、三つを習っている児童が少なくとも3人いることになります。❶と同様に、ピアノと水泳の二つを習っている最少人数は②より25人となります。三つ習っている人数が少なくなるように、そろばんの22人はできるだけ②以外に入れます。①と③を合わせると14＋5＝19（人）なので、22人のうち3人は①と③に入りきらずに②に入れることになります。よって、ピアノと水泳とそろばんの三つを習っている児童の最少人数が3人となるので、三つを習っている児童は少なくとも3人いることがわかります。

第6章 集合

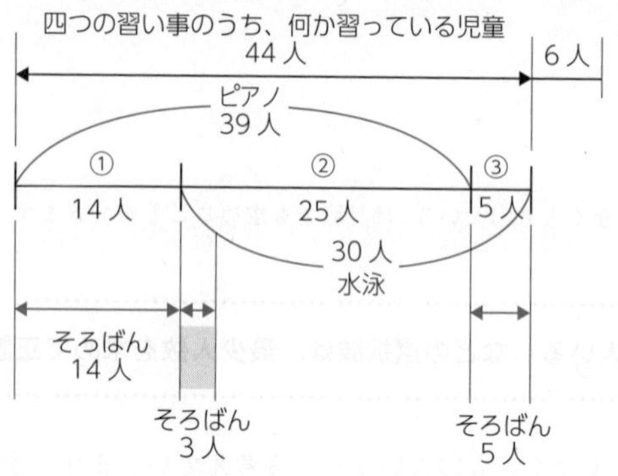

❸× ❷と同様に考え、パソコンの11人はできるだけピアノと水泳の二つを習っている②以外に書き込みます。すると、①の14人にパソコンの11人がすべて入りきってしまうので、ピアノと水泳とパソコンの三つを習っている児童が1人もいない場合が考えられます。よって、少なくとも1人いるとは確実にいえなくなります。

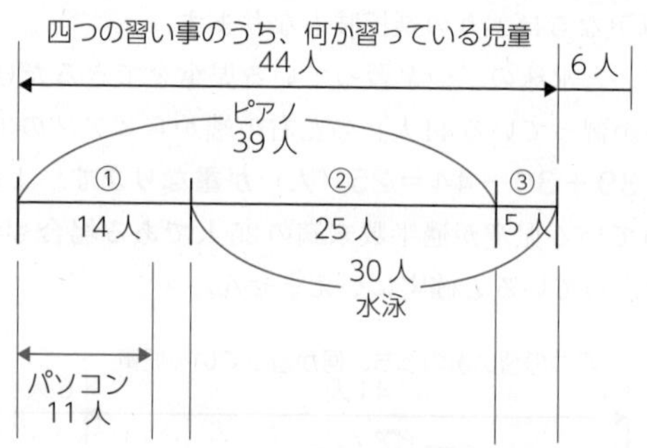

なお、計算で最少人数を求めると以下のようになります。

❶ ピアノ、水泳、そろばんの各習い事の総数を求めます。

39＋30＋22＝91（…①）

❷ 「何か習っている児童」44人全員が、二つを習っている場合の習い事の合計数を求めます。

44×2＝88（…②）

❸ ①−②＝91−88＝3となり、全員が二つを習っても、総数の91に3足りません。よって、さらに3人がもう一つずつ習い事をし、少なくとも3人が三つの習い事をしていることになります。

「少なくともどちらか一つを習っている」とする選択肢は、「どちらも習っていない人が1人でもいる」線分図が示せれば誤りとわかります。

❹× 選択肢は「パソコンを習っている11人は全員、ピアノか水泳を習っている」

という意味なので、「パソコンを習っている者のうち、ピアノも水泳も習っていない者」が1人でもいれば誤りといえます。よって、パソコンがピアノや水泳と重ならないように、パソコンを線分図の左端から、ピアノと水泳を右端から書き入れます。すると、パソコンの11人のうち、色つき部分の5人はピアノも水泳も習っていないので確実にいえません。

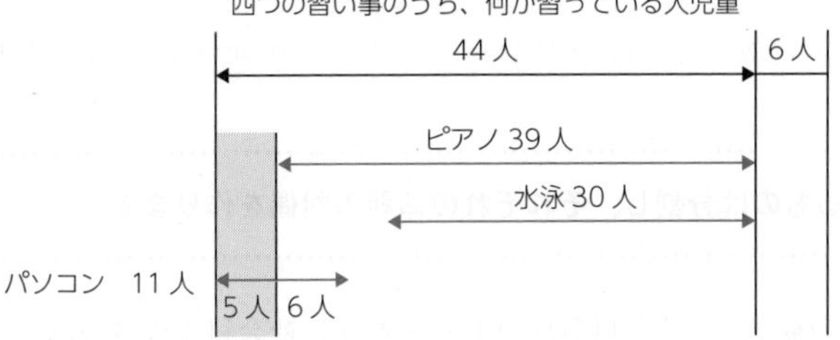

なお、計算で最少人数を求めると以下のようになります。

❶ ピアノ、水泳、そろばんの各習い事の総数を求めます。

39＋30＋11＝80（…①）

❷ 「何か習っている児童」44人全員が、二つを習っている場合の習い事の合計数を求めます。

44×2＝88（…②）

❸ ②＞①より、44人全員が二つを習っていれば、習い事の総数80を上回ってしまいます。よって、三つを習っている児童が1人もいなくても総数に足り、三つを習っている児童が0人である場合も考えられることがわかります。

「～な者はいない」とする選択肢は、該当者が1人でも存在するような線分図が描ければ誤りとわかります。

❺× 「四つを習っている児童はいない」としているので、四つを習っている児童が1人でもいるような線分図が描ければ確実にいえなくなります。

例えば下の線分図のように、四つを習っている児童が6人いる場合も考えられるので、確実にいえません。

四つの習い事のうち、何か習っている児童
44人
6人
ピアノ39人
水泳30人
そろばん22人
パソコン11人
5人 6人
6人が四つ習っている

第6章 集合

第7章　命　題

1　命題の基本

問題1　　正解 ❶

「A∨B→C」は、「A→CとB→C」の二つに分割できます。「A→C∧D」は、「A→CとA→D」の二つに分割できます。「CもDも」は「C∧D（CかつD）」となります。

分割できるものは分割し、それぞれの命題の対偶を作ります。

条件アの結論部分に「社会科も理科も」とあり、社会科と理科の両方が好きであることがわかります。これを論理式にすると「国語→社会科∧理科」となり、結論部分に「∧（かつ）」があるので分割すると、以下のようになります。

国語→社会科
国語→理科

分割したものを含め、アとイの対偶を取ります。

	命題	対偶
ア	国語→社会科　…① 国語→理科　…②	$\overline{\text{社会科}}$→$\overline{\text{国語}}$　…④ $\overline{\text{理科}}$→$\overline{\text{国語}}$　…⑤
イ	$\overline{\text{算数}}$→$\overline{\text{社会科}}$　…③	社会科→算数　…⑥

選択肢の命題を三段論法で作れるかどうか調べます。

❶○　①と⑥を三段論法でつなぐと、国語→社会科→算数となり、国語が好きな児童は,算数も好きと確実にいえます。

❷×　①～⑥のうち、結論部分が$\overline{\text{算数}}$のものがないので不明となります。

❸×　①～⑥のうち、結論部分が国語のものがないので不明となります。

❹×　①～⑥のうち、仮定部分が理科や$\overline{\text{国語}}$のものがないので、不明となります。

❺×　①～⑥のうち、仮定部分が算数のものがないので不明となります。

問題2　　正解 ❶

結論部分に「∧（かつ）」があるものは分割できます。

分割できるものは分割し、それぞれの命題の対偶を作ります。

Cを論理式で表すと、「$\overline{\text{コーヒー}}$→紅茶∧オレンジジュース」となります。
結論部分に「∧」があるので分割すると、以下のようになります。

$\overline{\text{コーヒー}}$→紅茶
$\overline{\text{コーヒー}}$→オレンジジュース

分割したものを含め、A～Dの対偶を取ります。

	命題	対偶
A	ウーロン茶→オレンジジュース …①	$\overline{\text{オレンジジュース}}$→$\overline{\text{ウーロン茶}}$ …⑥
B	紅茶→ウーロン茶 …②	$\overline{\text{ウーロン茶}}$→$\overline{\text{紅茶}}$ …⑦
C	$\overline{\text{コーヒー}}$→紅茶 …③ $\overline{\text{コーヒー}}$→オレンジジュース …④	$\overline{\text{紅茶}}$→コーヒー …⑧ $\overline{\text{オレンジジュース}}$→コーヒー …⑨
D	緑茶→$\overline{\text{コーヒー}}$ …⑤	コーヒー→$\overline{\text{緑茶}}$ …⑩

選択肢の命題を三段論法で作れるかどうか調べます。

❶○　⑦、⑧、⑩の順に三段論法でつなげると、$\overline{\text{ウーロン茶}}$→$\overline{\text{紅茶}}$→コーヒー→$\overline{\text{緑茶}}$となり、「ウーロン茶が好きでない生徒は、緑茶が好きでない」ことが確実にいえます。

❷×　⑨より、「オレンジジュースが好きでない生徒は、コーヒーが好きだ」とわかるので、誤りとなります。

❸×　②から①に三段論法でつなぐと、紅茶→ウーロン茶→オレンジジュースとなり、「紅茶が好きな生徒はオレンジジュースが好き」とわかるので誤りとなります。

❹×　③から②に三段論法でつなぐと、$\overline{\text{コーヒー}}$→紅茶→ウーロン茶となり、「コーヒーが好きでない生徒は、ウーロン茶が好き」とわかるので誤りとなります。

❺×　⑤から③に三段論法でつなぐと、緑茶→$\overline{\text{コーヒー}}$→紅茶となり、「緑茶が好きな生徒は、紅茶が好き」とわかるので誤りとなります。

問題3　　正解 ❸

「A∨B→C（AかBならば､Cだ）」は､「A→CとB→C」の二つに分割でき､「A→C∧D（AならばＣもＤもだ）」は、「A→CとA→D」の二つに分割できます。

分割できるものは分割し、それぞれの命題の対偶を取ります。

Ⅱを論理式で表すと、「おむつ替え∨添い寝→食事の補助」となります。
仮定部分に「∨」があるので分割すると、以下のようになります。

{ おむつ替え→食事の補助
　添い寝→食事の補助

Ⅲを論理式で表すと、「入浴→おむつ替え∧添い寝」となります。
結論部分に「∧」があるので分割すると、以下のようになります。

{ 入浴→おむつ替え
　入浴→添い寝

それぞれ、分割したものを含めて対偶を取ると以下のようになります。

	命題	対偶
Ⅰ	$\overline{\text{入浴}}$→$\overline{\text{遊び}}$　…①	遊び→入浴　…⑦
Ⅱ	おむつ替え→食事の補助　…②	$\overline{\text{食事の補助}}$→$\overline{\text{おむつ替え}}$　…⑧
	添い寝→食事の補助　…③	$\overline{\text{食事の補助}}$→$\overline{\text{添い寝}}$　…⑨
Ⅲ	入浴→おむつ替え　…④	$\overline{\text{おむつ替え}}$→$\overline{\text{入浴}}$　…⑩
	入浴→添い寝　…⑤	$\overline{\text{添い寝}}$→$\overline{\text{入浴}}$　…⑪
Ⅳ	$\overline{\text{食事の補助}}$→$\overline{\text{送迎}}$　…⑥	送迎→食事の補助　…⑫

選択肢の命題を三段論法で作れるかどうか調べます。

❶✕　⑦より「遊び→入浴」となり、仮定部分が「入浴」なのが④と⑤なのでそれぞれ三段論法でつなげると、⑦、④、②より「遊び→入浴→おむつ替え→食事の補助」と、⑦、⑤、③より「遊び→入浴→添い寝→食事の補助」となりますが、①～⑫のうち仮定部分が「食事の補助」であるものがないので、これ以上のことがわからず不明となります。

❷✕　⑫より、「送迎→食事の補助」となりますが、①～⑫のうち仮定部分が「食事の補助」であるものがないので、これ以上のことがわからず不明となります。

❸○　⑩と①を三段論法でつなげると、$\overline{\text{おむつ替え}}$→$\overline{\text{入浴}}$→$\overline{\text{遊び}}$となり、「おむつ替えの経験がない父親は、遊びの経験がない」ことが確実にいえます。

❹✕　①～⑫のうち仮定部分が「食事の補助」であるものがないので不明となります。

❺✕　①より「$\overline{\text{入浴}}$→$\overline{\text{遊び}}$」となりますが、①～⑫のうち仮定部分が「$\overline{\text{遊び}}$」であるものがないので、これ以上のことがわからず不明となります。

問題4　　正解 ❶

①「A→B∨C」と「A→$\overline{\text{B}}$」の二つの命題があるとき、「A→C」が成り立ちます。②「A→B∨C」と「D→$\overline{\text{B}}$」の二つの命題があるとき、「A∧D→C」が成り立ちます。

まず、「A∨B→C」と、「D→E∧F」の形の命題があれば分割し、それぞれの対偶を作ります。

「第１問を正解した」ことを「第１問」、「第１問を間違えた」ことを「$\overline{\text{第１問}}$」と表します。

条件アを論理式で表すと「第１問∨第４問→$\overline{\text{第３問}}$」となり、これを分割すると、「第１問→$\overline{\text{第３問}}$」と、「第4問→$\overline{\text{第３問}}$」となります。

分割した条件ア、ウの対偶を取ると、以下のようになります。

	命題	対偶
ア	第１問→$\overline{\text{第３問}}$　…① 第４問→$\overline{\text{第３問}}$　…②	第３問→$\overline{\text{第１問}}$　…④ 第３問→$\overline{\text{第４問}}$　…⑤
ウ	第４問→$\overline{\text{第５問}}$　…③	第５問→$\overline{\text{第４問}}$　…⑥

条件イは分割できないので、$\overline{\text{第２問}}$→第３問∨第４問（…⑦）となります。

選択肢の命題の仮定部分が「$\overline{\text{第２問}}$かつ第５問」になっている場合、仮定部分が「$\overline{\text{第２問}}$」である命題と、仮定部分が「第５問」である命題の二つを合わせて考えます。

❶○　選択肢の命題の仮定部分が「第２問を間違え、第５問に正解し」とあるので、⑦の「$\overline{\text{第２問}}$→第３問∨第４問」と、⑥の「第５問→$\overline{\text{第４問}}$」を合わせて考えます。

第２問を間違えた者は、⑦より第３問、第４問のどちらか一つ、もしくは両方とも正解したので、下記の❶～❸のいずれかとなります。

第２問を間違えた場合

	❶	❷	❸
第3問	○	○	×
第4問	○	×	○

ここで、さらに第５問を正解したとすると、⑥より第４問は不正解だったことになります。❶～❸のうち、第４問が不正解なのは❷のみなので、第３問は正解

となります。よって、「第２問を間違え、第５問に正解した者は、第３問に正解した」といえます。

❷× ⑥より、第５問→$\overline{\text{第４問}}$まではわかりますが、①～⑦のうち、仮定部分に「$\overline{\text{第４問}}$」を持つものがないのでこれ以上は不明となります。

❸× ①～⑦のうち、仮定部分に「$\overline{\text{第１問}}$」や「$\overline{\text{第４問}}$」を持つものがないので不明となります。

❹× ④、⑤より、第３問→$\overline{\text{第１問}}$、第３問→$\overline{\text{第４問}}$まではわかりますが、①～⑦のうち、仮定部分に$\overline{\text{第１問}}$や$\overline{\text{第４問}}$を持つものがないので、これ以上のことは不明となります。

❺× ①～⑦のうち、仮定部分に「$\overline{\text{第３問}}$」や「$\overline{\text{第４問}}$」を持つものがないので不明となります。

問題5

正解 ❶

条件ア、イと、もう一つの命題（選択肢のいずれか）の三つの命題を用いて三段論法より、「優勝経験者→毎日練習」を導きます。

命題を論理式で表します。

ア：優勝経験者→睡眠

イ：家族にテニス選手→毎日練習

結論として導きたい命題の「仮定部分」と「結論部分」に注目し、三段論法でつなげるために必要な命題を考えます。

導きたい命題の仮定と結論は、以下のようになります。

仮定　結論

「優勝経験者」→「毎日練習」

条件アの仮定部分が「優勝経験者」、条件イの結論部分が「毎日練習」なので、条件ア、イの命題の間をつなげる命題が、新たに必要になります。

すでにわかっている命題と命題の間に新たな命題を三段論法でつなぎます。

導きたい命題の仮定部分は「優勝経験者」、結論部分は「毎日練習」なので、条件ア、イの命題の間に新たな命題を入れて三段論法でつなげると、以下のようになります。

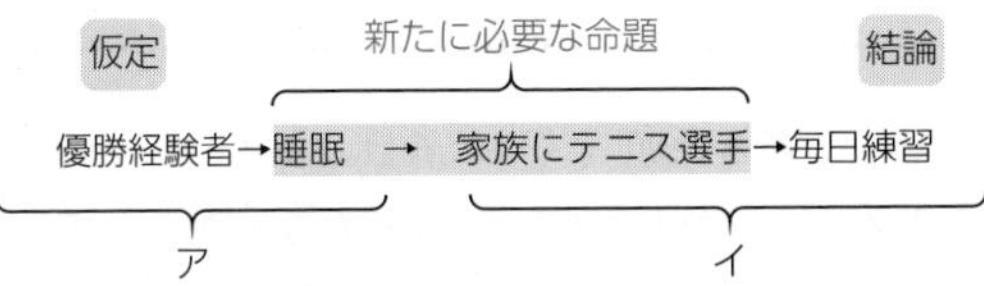

よって、「睡眠 → 家族にテニス選手」が新たに必要な命題となりますが、選択肢に該当するものがないので、「睡眠 → 家族にテニス選手」の対偶を検討します。

対偶は、「$\overline{\text{家族にテニス選手}}$→$\overline{\text{睡眠}}$」なので、正解は❶となります。

問題6

正解 ❺

「気温が28度以上にならないとアイスクリームが売れない」を論理式で表すと、「気温が28度以上でない→アイスクリームが売れない」となります。

命題を記号化して対偶を取ります。

命題を記号化すると、以下のようになります。

〇気温が28度以上→かき氷が売れる（･･･①）

〇ビールが売れる→不快指数が80以上（･･･②）

〇**気温が28度以上でない**→アイスクリームが売れない（･･･③）

①〜③の対偶を取ると以下のようになります。

〇かき氷が売れない→気温が28度以上でない（･･･④）

〇不快指数が80以上でない→**ビールが売れない**（･･･⑤）

〇アイスクリームが売れる→気温が28度以上（･･･⑥）

導きたい命題の仮定部分、もしくは結論部分を含むものが①〜⑥にないか調べます。

導きたい命題は「気温が28度以上でない→ビールが売れない」なので、**仮定部分が「気温が28度以上でない」**、**結論部分が「ビールが売れない」**となります。

①〜⑥のうち、❶仮定部分が「気温が28度以上でない」であるもの、❷結論部分が「ビールが売れない」であるものの二つに着目します。

導きたい命題の仮定部分と、選択肢の命題をつなげて、導きたい命題を作ります。

❶仮定部分が「気温が28度以上でない」である命題（③）に着目します。

③の「気温が28度以上でない→アイスクリームが売れない」と、新たな命題として「アイスクリームが売れない→ビールが売れない」を三段論法でつなげると、導きたい命題である、「気温が28度以上でない→ビールが売れない」を作ることができます。

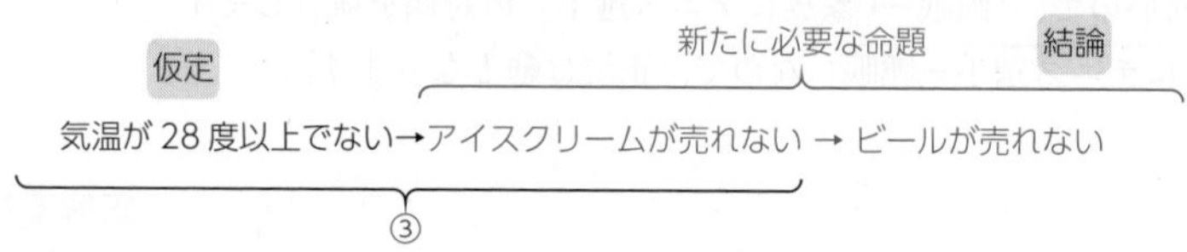

新たに必要な命題は、「アイスクリームが売れない→ビールが売れない」ですが、それに該当する選択肢がありません。そこで、その対偶を取ると、「ビールが売れる→アイスクリームが売れる」ですが、それに該当する選択肢もありません。

結論として導きたい命題の「結論部分」に注目し、三段論法でつなげるために必要な命題を考えます。

❷結論部分が「ビールが売れない」である命題（⑤）に着目します。

新たな命題として「気温が28度以上でない→不快指数が80以上でない」と、⑤の「不快指数が80以上でない→ビールが売れない」を三段論法でつなげると、導きたい命題である、「気温が28度以上でない→ビールが売れない」を作ることができます。

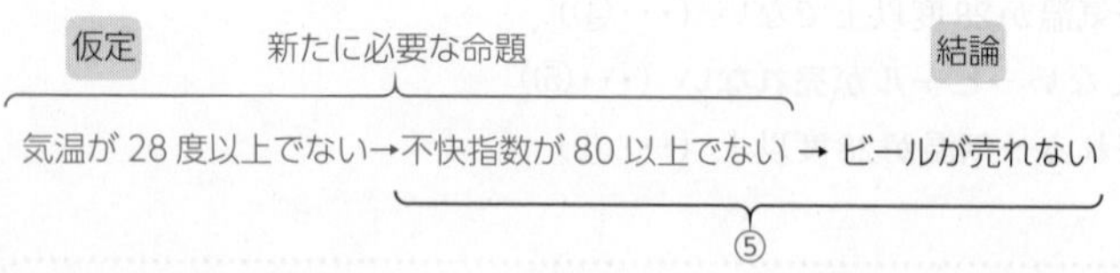

新たに必要な命題は、「気温が28度以上でない→不快指数が80以上でない」なので、正解は❺となります。

2　命題とベン図

問題1　　　　正解 ❸

「魚料理を好む人がいる」のように、「～な人がいる」という表現がある場合、ベン図を使うと処理がしやすくなります。

「A→B」の命題をベン図で表すときは、Aの円をBの円の内側に入れます。

一つ目の命題の「肉料理→果物」より、果物の円の内側に肉料理の円を入れます。
二つ目の命題の「魚料理→野菜」より、野菜の円の内側に魚料理の円を入れます。

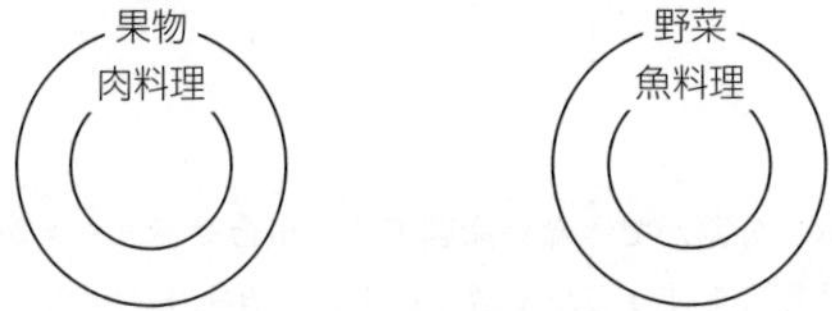

「Aな人の中には、Bな人もいる」とあれば、Aの円とBの円を交え、重なった範囲に「AとBな人が必ず存在する」ことになります。

三つ目の命題の「肉料理を好み，かつ魚料理を好む人がいる」より、肉料理と魚料理の円を重ねます。そうして重なった①に必ず誰かがいることになります。それ以外の②～⑨に誰かがいるかどうかは不明となります。

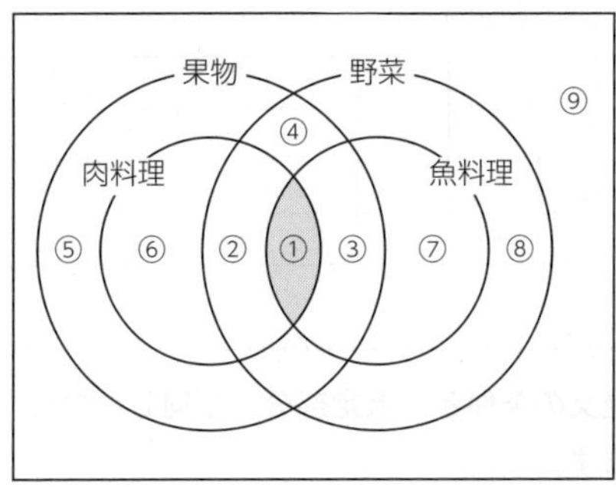

❶×　「肉料理を好み、かつ魚料理を好む」のは①になりますが、そこは野菜と果物両方の円の内側にあるので、野菜および果物の両方を好むことになるため、野菜および果物のいずれも好まない人はいないことになります。

❷×　「果物と野菜の円が重なっており」、「肉料理と魚料理のどちらか１つだけの円

第7章　命題

と重なっている」のは②と③になりますが、②や③に該当する人物がいるかどうかは不明です。

❸○　「野菜と果物のいずれか一方だけを好む」人は⑤〜⑧になりますが、そこには「肉料理と魚料理の両方を好む人はいない」ことがわかります。

❹×　「肉料理又は魚料理のいずれか一方だけを好む人」は②、③、⑥、⑦ですが、例えば②や③のように野菜と果物の両方を好む人がいる可能性もあるので、いずれか一方だけを好むとは確実にいえません。

❺×　「肉料理及び魚料理のいずれも好まない人」は、④、⑤、⑧、⑨ですが、例えば④のように野菜と果物の両方を好む人がいる可能性もあるので、少なくとも一方を好まないとは確実にいえません。

3　命題と分類表

問題1　　正解 ❶

条件ウの$\overline{A}\to\overline{B}\vee\overline{C}$は、分割ができない命題です。組合せパターンが少なく、分割できない命題がある問題では、分類表を使うと早く解くことができます。

3要素がそれぞれ2通りずつある場合は全8パターンしかないので、複雑な命題を含む場合、分類表を用いると早く解けます。

A、B、Cそれぞれに投票「する／しない」の２通りずつあるので、A～Cに投票する組合せは全部で2×2×2＝8（通り）とパターン数が少ないです。このようなときには、全パターンを書き出し、該当しないものを消去し、残ったものを見ながら選択肢を確認すると早く解くことができます。

	①	②	③	④	⑤	⑥	⑦	⑧
A	○	○	○	×	○	×	×	×
B	○	○	×	○	×	○	×	×
C	○	×	○	○	×	×	○	×

①～⑧の中で、問題文の条件と「仮定部分」が同じなのに「結論部分」が異なっているものを消去します。

条件ア「Aに投票した人は、Bに投票しなかった」より、仮定部分である「Aに投票した」が同じなのに結論部分が「Bに投票した」と異なっているもの、すなわち「Aに投票して、Bにも投票した」①と②を消去します。

条件イ「Cに投票した人は、Aに投票しなかった」より、「Cに投票して、Aにも投票した」③を消去します。

条件ウの結論部分は「BかCの少なくとも一方には投票しなかった」ですが（下図の色つき部分）、この結論部分の否定は、「BとCの両方に投票した」になります。よって、「Aに投票しなかった人は、BかCの少なくとも一方には投票しなかった」より、「Aに投票せず、BとCの両方に投票した」④を消去します。

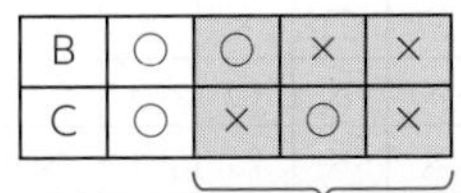

B	○	○	×	×
C	○	×	○	×

BとCの少なくとも一方に投票しなかった

	①	②	③	④	⑤	⑥	⑦	⑧
A	○	○	○	×	○	×	×	×
B	○	○	×	○	×	○	×	×
C	○	×	○	○	×	×	○	×

表に残ったものは、「あり得た」組合せであり、「必ず存在した」組合せではないことに注意して、選択肢を確認します。

❶○　残った⑤～⑧のすべてに二つ以上の○がないので、二つ以上の名前を記入した人がいなかったことになります。

❷×　⑧が残っているので、白紙で投票した人がいた可能性があります。

❸×　①が消えているので、A、B、Cすべての名前を記入した人はいません。

❹×　⑥と⑧が残っているので、「Aに投票しなかったが、Cにも投票しなかった人」がいた可能性があります。

❺×　⑥が残っているので、Bに投票したがCに投票しなかった人がいた可能性があります。

問題2

正解 ❸

（出勤をする／しない）が等しいので、「A＝C」とひとまとめにしてしまえば、「A＝C」、B、D、Eの４人の（出勤する／しない）の組合せとなり、全部で16パターンとなります。二つ目の条件が複雑で、かつ全パターン数が少ないので分類表を使うと早く解けます。

全16パターンを書き出し、①～⑯の中で、問題文の条件と「仮定部分」が同じなのに「結論部分」が異なっているものを消去します。

出勤していることを○印、していないことを×印とします。二つ目の条件よりＡとＣは一つにまとめて考えると、(ＡとＣ)、Ｂ、Ｄ、Ｅの４人に対してそれぞれ「○・×」の２通りずつあるので、2×2×2×2＝16通りとなります。ＡとＣを「○８個・×８個」の繰り返し、Ｂを「○４個・×４個」の繰り返し、Ｃを「○２個・×２個」の繰り返し、Ｄを「○×１個ずつ」の繰り返しとして表を埋めると作成しやすいでしょう。

	①	②	③	④	⑤	⑥	⑦	⑧	⑨	⑩	⑪	⑫	⑬	⑭	⑮	⑯
A・C	○	○	○	○	○	○	○	○	×	×	×	×	×	×	×	×
B	○	○	○	○	×	×	×	×	○	○	○	○	×	×	×	×
D	○	○	×	×	○	○	×	×	○	○	×	×	○	○	×	×
E	○	×	○	×	○	×	○	×	○	×	○	×	○	×	○	×

一つ目の条件「Ａが出勤していないときは、Ｂは出勤している」より、「Ａが出勤していないときに、Ｂが出勤していない」⑬～⑯を消去します。

三つ目の条件「Ｃが出勤しているときは、Ｄも出勤している」より、「Ｃが出勤しているときに、Ｄが出勤していない」③、④、⑦、⑧を消去します。

四つ目の条件「Ｅが出勤しているときは、Ａは出勤していない」より、「Ｅが出勤しているときに、Ａが出勤している」①、③、⑤、⑦を消去します。これで②、⑥、⑨～⑫が残り、これらの組合せであった可能性があります。

	①	②	③	④	⑤	⑥	⑦	⑧	⑨	⑩	⑪	⑫	⑬	⑭	⑮	⑯
A・C	○	○	○	○	○	○	○	○	×	×	×	×	×	×	×	×
B	○	○	○	○	×	×	×	×	○	○	○	○	×	×	×	×
D	○	○	×	×	○	○	×	×	○	○	×	×	○	○	×	×
E	○	×	○	×	○	×	○	×	○	×	○	×	○	×	○	×

表に残ったものは、「あり得た」組合せであり、「必ず存在した」組合せではないことに注意して、選択肢を確認します。

❶×　②、⑥が、Ａが出勤しているのにＥが出勤していないので誤りとなります。

❷×　⑪と⑫が、ＡもＤも出勤していないので誤りとなります。

❸○　①～⑯のうち、残ったものすべてにおいて、ＢかＤのどちらかは必ず出勤をしているので、正しい選択肢となります。

❹×　⑥が、Ｃが出勤しているのにＢが出勤していないので誤りとなります。

❺×　⑪が、Ｅが出勤しているのにＤが出勤していないので誤りとなります。

今回は16パターンとややパターン数が多いので、条件に従って必要な印のみ書き入れるようにすると、表が①～⑥の６通りのみで済みます（別解１）。

二つ目の条件より、AとCは出勤している（○印）と出勤していない（×印）が同じなので、一つにまとめておきます。

一つ目の条件より、Aが出勤していなければBは出勤しています。よってAが×印のときにはBに○印を書き入れます。「Aが出勤していない」場合のBについては述べられていますが、「Aが出勤している」場合のBについては不明です。よって、Aが○印の場合は、Bが○印の場合と×印の場合の両方を書き入れておきます（表１）。

同様に、三つ目の条件より、Cが○印のときにはDも○印を書き入れます。Cが×印の場合のDについては不明なので、Dが○印の場合と×印の場合の両方を書き入れておきます（表２）。

表1			
AとC	○	○	×
B	○	×	○
D			
E			

表2				
AとC	○	○	×	×
B	○	×	○	○
D	○	○	○	×
E				

表にはAについては印が書き込まれていますが、Eについては書き込まれていません。よって、四つ目の条件の対偶を取り、仮定部分にAが来るようにすると考えやすいです。

対偶を取ると、「Aが出勤しているときは、Eが出勤していない」となり、Aが○印のところにはEに×印を書き入れます。Aが×印の場合のEについては不明なので、Eが○印の場合と×印の場合の両方を書き入れておきます（表３）。

表3	①	②	③	④	⑤	⑥
AとC	○	○	×	×	×	×
B	○	×	○	○	○	○
D	○	○	○	○	×	×
E	×	×	○	×	○	×

これで表は完成です。①～⑥のすべてにおいて、BかDに○印がついているので、正解は❸となります。

AとCがともに出勤しているか、していないかのいずれかなので、場合分けをして考えます（別解２）。

❶　AとCが出勤しているとき

三つ目の条件より、Cが出勤していると、Dも出勤しています。

❷　AとCが出勤していないとき

一つ目の条件より、Aが出勤していないと、Bが出勤しています。

❶、❷より、AとCが出勤していればDが出勤しており、AとCが出勤していなけれ

ばBが出勤しているので、BとDは必ずどちらかが出勤していることになり、正解は❸となります。

第8章　発言推理

1　発言の基本

問題1　正解 ❷

矛盾する発言をした2人は、どちらかが「正しい発言」、もう一方が「誤った発言」をしています。

「△が正しい」／「▲が誤っている」との発言が複数あるので、正しい発言をするグループと、誤った発言をするグループの二つに分けていきます。

A～Eの５人を「正直者（正しい発言をする）グループ」と「嘘つき（誤った発言をする）グループ」の二つに分けます。

まず、５人を二つのグループに分け、その後「正しい発言をするのが２人」という人数の条件により、どちらが「正直者グループ」か決めると、早く解くことができます。

矛盾する発言をする２人は、別のグループに入れます。

A「CとDは知り合いどうしである」と、D「私は、Cとは面識がない」は矛盾する発言なので、AとDは一方が正直者、もう一方は嘘つきとなります。よって、AとDを別のグループに入れます。

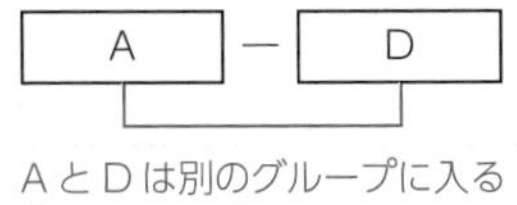

AとDは別のグループに入る

誰かについて「正しい」と言えば同じグループ、「誤り」と言えば別のグループに入れます。

Cが「Aの言っていることは正しい」と言っているので、AとCを同じグループに入れます。

また、Eが「Dの発言は誤っている」と言っているので、EとDを別のグループに入れます。

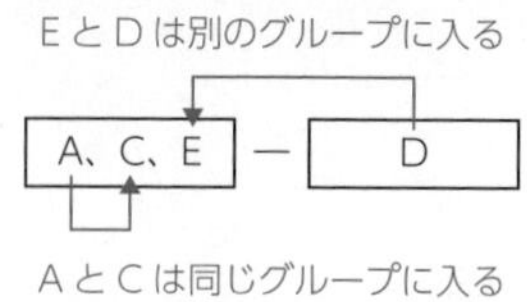

どちらが「正しい」グループか、人数などの条件で決めます。

条件より「**正しい発言は２人だけ**」なので、A、C、Eの３人が入っているグループは、「正直者グループ」にはなり得ません。よって、Dが入っているグループが正直者グループとなります。残ったBが「正直者グループ」に入り、正しい発言をしたのはBとDの２人となります。

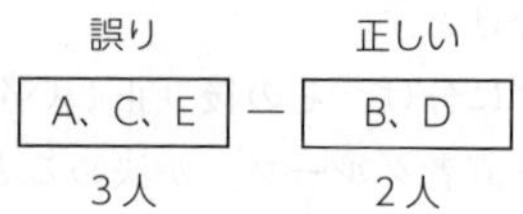

よって、正解は❷になります。

問題２ 　正解 ❶

一つの発言において「A、Cの発言は･･･」のように、複数の人物が言及されるものがあるときは、「正直者グループ」と「嘘つきグループ」を２セット用意し、場合分けをしていくとよいでしょう。

「いずれかの人物は（正しい／誤っている）」などの発言に注目し、その発言をした人物と、発言の中で登場した人物をグループ分けしていきます。

A「Cの発言は誤りである」
D「A、Cの発言はいずれも誤りである」
G「E、Fの発言のうち少なくともいずれかは正しい」
など、「いずれかの人物の発言が（正しい／誤っている）」としている発言に着目します。

別グループになった２人について「２人とも正しい」、「２人とも誤り」とする発言は必ず誤りとなります。

A「Cの発言は**誤り**」より、AとCは常に「正しい」と「誤り」が逆になり、「Aが正しく、Cが誤り」と、「Cが正しく、Aが誤り」の２通りが考えられます。すると、「A、Cの発言はいずれも誤り」と発言している**Dは必ず誤り**となります。

正しい		誤り		正しい		誤り
A	―	C、D	or	C	―	A、D

正しい発言をしたのは２人であり、そのうちAかCのいずれか１人が正しいので、**正しい発言をしたのは残り１人**になります。

「E、Fの発言のうち少なくともいずれかは正しい」は、「EもFも正しい」と「EかFのうちどちらか１人が正しい」の２通りを指します。

Gの発言より、EとFの発言の真偽は以下のようになります。

❶ Gが正しいとき

①EもFも正しい

②Eは正しく、Fは誤り

③Eは誤りで、Fが正しい

Gが正しいときは①〜③のいずれかとなりますが、いずれにせよ、E、F、Gのうち２人以上が正しくなります。すでにAかCのうち１人が正しいので、合わせて３人以上が正しくなり、正しい人数が２人である条件に反します。よって、Gの発言は正しくないことになります。

❷ Gが誤りのとき

Gが誤りのときはEもFも誤りとなります。

すでに、(AかCのうち１人）とDの２人が誤りで、さらにG、E、Fの３人が誤りとなり、誤りの発言をした５人が決定します。これ以上誤りの発言をした人はいないので、残ったBが正しいことになります。よって、正しい発言をしたのは「AとB」もしくは「BとC」となり、**この時点で正解は❶**となります。

正しい		誤り		正しい		誤り
A、(B)	―	C、D、E、F、G	or	(B)、C	―	A、D、E、F、G

BとCが正しい場合、B「サッカー場にいた４人はラーメンが好きではない」と、C「(サッカー場にいた）Aはラーメンが好きである」が矛盾を起こすため不適になります。

第8章 発言推理

問題3　　正解 ❹

選択肢を利用して表を作り、ア～オの記述の正誤をまとめると早く解けます。

ア～オの記述ごとに、各選択肢が正しいか嘘かを確認していきます。

まず、選択肢ごとにA～Cについて長男、次男、三男が誰かを書き込んでおきます。

アの記述では、「長男＝A」なので、❶と❷が正しく、❸～❺が嘘となります。

イの記述では、「長男≠B」なので、「長男＝B」である❸と❹が嘘となり、その他の選択肢は正しくなります。

選択肢	長男	次男	三男	ア	イ	ウ	エ	オ	正しい数
❶	A	B	C	正	正				
❷	A	C	B	正	正				
❸	B	A	C	嘘	嘘				
❹	B	C	A	嘘	嘘				
❺	C	A	B	嘘	正				

ア～オの記述が正しいか嘘かを書き込んだら、どの選択肢の場合に正しい記述が一つになるかを確認します。

以下、同様にウ～オの発言も確認していきます。

それぞれの選択肢ごとにア～オのうち正しい記述がいくつあるか数えると、❹のみが正しい記述の数が1個となるので、❹が正解となります。

選択肢	長男	次男	三男	ア	イ	ウ	エ	オ	正しい数
❶	A	B	C	正	正	嘘	正	嘘	3
❷	A	C	B	正	正	嘘	嘘	正	3
❸	B	A	C	嘘	嘘	正	正	嘘	2
❹	B	C	A	嘘	嘘	嘘	嘘	正	1
❺	C	A	B	嘘	正	正	正	正	4

問題4　　正解 ❺

選択肢ごとに、すべてを正直に答える人、前半と後半のどちらかが正しい人、すべてが偽りの人が1人ずつであるかを調べると早く解くことができます。

選択肢ごとに、発言の前半と後半の真偽を調べていきます。

例えば❶の「Aがオーストラリアに、Bがアメリカに行った」場合、残ったCがインドに行ったことになります。

このように、選択肢ごとにA～Cの旅行先をまとめておきます。

選択肢ごとのA～Cの旅行先が決定したら、次にA～Cの前半と後半の発言の真偽を調べていきます。このとき、選択肢ごとに横に記入していくより、「Aの前半の発言の真偽について❶～❺を検討する」のように、縦の列に「正／偽」を記入していくと作業がしやすいです。

例えばAの前半の発言は、「アメリカに行ったのはB」なので、❶と❹が正しく、残りは偽りとなります。

選択肢	旅行先			発言					
	A	B	C	A		B		C	
				前半	後半	前半	後半	前半	後半
❶	オーストラリア	アメリカ	インド	正					
❷	アメリカ	インド	オーストラリア	偽					
❸	インド	オーストラリア	アメリカ	偽					
❹	インド	アメリカ	オーストラリア	正					
❺	アメリカ	オーストラリア	インド	偽					

前半と後半の発言が、「両方とも正しい人」、「片方だけ正しい人」、「両方偽りの人」の3通りある選択肢を調べます。

すべてを記入すると以下のようになります。

選択肢	旅行先			発言					
	A	B	C	A		B		C	
				前半	後半	前半	後半	前半	後半
❶	オーストラリア	アメリカ	インド	正	正	偽	正	正	偽
❷	アメリカ	インド	オーストラリア	偽	偽	正	偽	偽	正
❸	インド	オーストラリア	アメリカ	偽	偽	偽	偽	偽	偽
❹	インド	アメリカ	オーストラリア	正	偽	偽	偽	偽	偽
❺	アメリカ	オーストラリア	インド	偽	正	正	正	偽	偽

❺のみが、「前半と後半の両方とも正しい」(B)、「前半と後半の片方だけ正しい」(A)、「前半と後半の両方とも偽り」(C) の3通りすべてあるため、❺が正解となります。

問題5 　　正解 ❷

ある人物の発言を「前半が事実で、後半が事実でない」と、「前半が事実でなく、後半が事実」の２通りに場合分けをして解きます。

どの人物で場合分けをしてもよいですが、同じ内容の発言をしているところに注目すると、早く解くことができます。

発言を記号化し、同じ記号が複数あるところで正誤の場合分けをします。

すべての発言を記号化すると、下のようになります。

前半と後半のどちらか一方が事実なので、**ある人物の発言について「前半が事実で、後半が事実でない」と、「前半が事実でなく、後半が事実」の２通りに場合分け**をします。

例えば「Bサッカー」が２か所に出てくるので、「Bサッカー」が、「事実である（○印）」と「事実でない（×印）」の２通りで場合分けをすると早く解けます。

発言	前半	後半
A	Aサッカー	Cパイロット
B	Bサッカー	D医師
C	Cパイロット	Bサッカー
D	D医師	Eパティシエ
E	Eパティシエ	A弁護士

○印になるものが決まれば、それをもとに×印になるものを探します。

❶「Bサッカー」が事実であるとき

「Bの前半の発言」と「Cの後半の発言」が○印なので、もう一方の発言である「Bの後半の発言」と「Cの前半の発言」は×印になります。

ここで、「Cの発言の前半」である「Cパイロット」が×印となるので、同じ「Cパイロット」である「Aの後半の発言」も×印となります。

すると、Aのもう一方の発言である「Aの前半の発言」が○印となります。ここで、「Aサッカー」が○印、「Bサッカー」も○印となってしまい、「夢の職業が同じ児童はいない」という条件に反してしまうため、不適となります。

発言	正誤	前半	後半	正誤
A	○	Aサッカー	Cパイロット	×
B	○	Bサッカー	D医師	×
C	×	Cパイロット	Bサッカー	○
D		D医師	Eパティシエ	
E		Eパティシエ	A弁護士	

❷「Bサッカー」が事実ではないとき

「Bの前半の発言」と「Cの後半の発言」が×印なので、もう一方の発言である「Bの後半の発言」と「Cの前半の発言」は○印になります。

ここで、「Cの前半の発言」である「Cパイロット」が○印となるので、同じ「Cパイロット」である「Aの後半の発言」も○印となります。すると、もう一方の発言である「Aの前半の発言」の「Aサッカー」が×印となります。

また、Bの後半の発言の「D医師」が○印なので、Dの前半の発言の「D医師」も○印になります。ここで、Dのもう一方の発言である「Eパティシエ」は×印になります。

さらに、Eの前半の発言の「Eパティシエ」も×印になるので、Eのもう一方の発言である「A弁護士」が○印になります。

発言	正誤	前半	後半	正誤
A	×	Aサッカー	Cパイロット	○
B	×	Bサッカー	D医師	○
C	○	Cパイロット	Bサッカー	×
D	○	D医師	Eパティシエ	×
E	×	Eパティシエ	A弁護士	○

以上より、Aは弁護士、Cはパイロット、Dは医師に決まり、残った職業はサッカー選手とパティシエになります。まだ職業が決まっていないBとEのうち、Dの後半の発言が誤りであることからEはパティシエではないことがわかり、サッカー選手に決まります。したがって残ったBがパティシエに決まります。

よって、正解は❷となります。

第8章 発言推理

問題6

正解 ❹

「Aの次（直後）にBが到着した」ことが正しい場合、「Aの次（直後）にB以外の人物が到着した」、「Bの前（直前）にA以外の人物が到着した」の両方が誤りとなります。

発言を記号化し、同じ記号が複数あるところで正誤の場合分けをします。

すべての発言を記号化すると、下のようになります。

前半と後半のどちらか一方が事実なので、ある人物の発言について**「前半が事実で、**

後半が事実でない」と、**「前半が事実でなく、後半が事実」**の２通りに場合分けをします。

このとき、どの人物の発言で場合分けをしてもいいのですが、同じ記号が複数あれば、その発言で場合分けをすると早く解くことができます。

今回は、「EB」が２か所に出てくるので、「EBが事実」（＝○印）と「EBが事実ではない」（＝×印）の２通りで場合分けをします。

発言	前半	後半
A	DA	EC
B	EB	A最後
C	BC	DE
D	D最後	EB
E	AE	CA

「事実であるもの」（＝○印）が決まれば、それに矛盾するものを探します。

❶ 「EB」が事実であるとき

「EB」が○印なので、もう一方の発言は×印になります。

発言	正誤	前半	後半	正誤
A		DA	EC	
B	○	EB	A最後	×
C		BC	DE	
D	×	D最後	EB	○
E		AE	CA	

「EB」が○印なので、以下の２通りが×印になります。

Eの直後はBなので「E■」の■の部分に**B以外の人物がきているものは**×印
Bの直前はEなので「▲B」の▲の部分に**E以外の人物がきているものは**×印

よって、Aの発言の後半「EC」が、「Eの次にB以外の人物」であるため×印になり、Aの前半の発言が○印になります。

発言	正誤	前半	後半	正誤
A	○	DA	EC	×
B	○	EB	A最後	×
C		BC	DE	
D	×	D最後	EB	○
E		AE	CA	

「DA」が○印なので、以下の２通りが×印になります。

Dの直後はAなので「D■」の■の部分に**A以外の人物がきているものは**×印
Aの直前はDなので「▲A」の▲の部分に**D以外の人物がきているものは**×印

よって、Cの発言の後半「DE」が「Dの直後がA以外の人物」であるため×印になり、Cの前半の発言が○印になります。また、Eの発言の後半「CA」が「Aの直前がD以外の人物」であるため×印になり、Eの前半の発言が○印になります。

発言	正誤	前半	後半	正誤
A	○	DA	EC	×
B	○	EB	A最後	×
C	○	BC	DE	×
D	×	D最後	EB	○
E	○	AE	CA	×

以上ですべての正誤が決まり、○印のものだけを抜き出すと、「DA」、「EB」、「BC」、「AE」となります。「DA」と「AE」をつなげると「DAE」、さらに「EB」をつなげて「DAEB」、さらに「BC」をつなげて、「DAEBC」と順番が決まります。

❷「EB」が事実でないとき

発言	正誤	前半	後半	正誤
A		DA	EC	
B	×	EB	A最後	○
C		BC	DE	
D	○	D最後	EB	×
E		AE	CA	

「EB」が×印のとき、もう一方の発言が○印となりますが、条件より同着はないため、「Aが最後」と、「Dが最後」の二つがともに成り立たないので不適となります。

よって、順番は「DAEBC」となるので、正解は❹となります。

問題7

正解 ❷

「Aが当選したとき」、「Bが当選したとき」･･･と、5人について場合分けをして、A～Eの発言の真偽を調べていきます。

当選したのが1人なので、当選と仮定した人物を縦に、各人物の発言の真偽を横に書き込む表を作ります。

○印を「正しい発言」、×印を「嘘の発言」として表に書き込んでいきます。

縦の列は、それぞれ「当選したと仮定した人物」です。

例えば最も上の段には、仮にAが当選したとすると、A～Eの発言が正しくなるか嘘になるかを書き込んでいきます。

実際に表に○印と×印を書き込むときには、それぞれの発言の縦の列ごとに作業するとスムーズです。

まず、Aが発言した縦の列に○印と×印を入れます。

「当選したのはBかCのどちらかだ」というAの発言から、「Bが当選した」場合と「Cが当選した」場合にAの発言が正しくなります。よって、上から２段目の「Bが当選」と３段目の「Cが当選」の２か所に○印を、残りに×印を書き込みます。

	発言					○の数
当選者	A	B	C	D	E	
Aが当選	×					
Bが当選	○					
Cが当選	○					
Dが当選	×					
Eが当選	×					

全員の発言の真偽を○印と×印で書き込み、誰が当選したときに正しいことを言っている人物が３人になるか調べます。

同様に、各発言者の発言の真偽を○印と×印で書き込むと表のようになります。

Dの発言は「私（＝D）とCは当選していない」なので、Dの発言の縦の列には、CとDが当選している上から３段目と４段目に×印を入れ、他のマスには○印を入れます。

「本当のことを言っている人物が３人」なので、各人物が当選したときに本当のことを言っている人数を数えます。

Bが当選したときのみ、横の列に書かれている○印の合計が３になっているので、当選したのはBに決まります。

よって、正解は❷となります。

	発言					○の数
当選者	A	B	C	D	E	
Aが当選	×	○	×	○	×	2
Bが当選	○	×	×	○	○	3
Cが当選	○	○	×	×	×	2
Dが当選	×	×	○	×	○	2
Eが当選	×	×	○	○	×	2

問題8

正解 ❶

それぞれが犯人であると仮定し、各自の発言の真偽を調べます。４人が本当のことを話していればその人物が犯人の可能性があります。

犯人が１人なので、犯人と仮定した人物を縦に、各人物の発言の真偽を横に書き込む表を作ります。

「私は犯人ではない」というＡの発言より、Ａの発言の縦の列は、「Ａが犯人」である場合に×印、Ａ以外の人物が犯人のときに○印を書き込みます。

また、Ｂの「犯人はＦである」という発言より、Ｂの発言の縦の列で「Ｆが犯人」のマスに○印、それ以外に×印を書き込みます。

同様にＤ、Ｅ、Ｆの発言の「本当／嘘」を書き込んでいくと、下のようになります。

	発言						○の数
犯人	A	B	C	D	E	F	
Aが犯人	×	×		○	○	○	
Bが犯人	○	×		×	×	○	
Cが犯人	○	×		×	○	×	
Dが犯人	○	×		×	○	○	
Eが犯人	○	×		×	○	○	
Fが犯人	○	○		×	○	○	

Ｃ「Ｅは本当のことを話している」より、ＣとＥの縦の列の○印と×印の並び順がすべて等しくなります。

Ｃ「Ｅは本当のことを話している」より、表のＣの縦の列に、Ｅの縦の列と全く同じ○印と×印を書き込みます。

	発言						○の数
犯人	A	B	C	D	E	F	
Aが犯人	×	×	○	○	○	○	**4人**
Bが犯人	○	×	×	×	×	○	2人
Cが犯人	○	×	○	×	○	×	3人
Dが犯人	○	×	○	×	○	○	**4人**
Eが犯人	○	×	○	×	○	○	**4人**
Fが犯人	○	○	○	×	○	○	5人

すべての○印と×印を書き込んだら、それぞれの人物が犯人の場合、何人が本当のことを言っているのか数えます。

それぞれの横の列にある○印の数を合計すると、A、D、Eが犯人と仮定したときに本当のことを言った人物が４人となります。

よって、A、D、Eが犯人になり得るので、正解は❶となります。

□が「△は本当のことを話している」と発言すれば、表の□と△の縦列における○印と×印の並びは等しくなります。

■が「▲は嘘をついている」と発言すれば、表の■と▲の縦列における○印と×印の並びは逆になります。

2　その他の発言推理

問題１　　正解 ❸

同じ色は最大で３人までなので、同じ色の人数の組合せを考えておきます。

「同じ色の帽子をかぶっている人は最大３人」という条件より、まずは「すぐに自分の帽子の色がわかる状況」を考えます。

７人、同じ色は最大３人、赤青白の３色であることを考えると、同じ色の人数の組合せは「１人－３人－３人」、「２人－２人－３人」のいずれかになります。

まず、同じ色の人数が「１人－３人－３人」である場合について考えます。

例えばA～Gの７人が以下のように、「白１人、赤３人、青３人」だとします。

このとき、唯一の白であるAが他の６人を見ると、赤が３人、青が３人いるので、もう赤と青は残っていないことがわかります。よって、Aは「自分は白だ」とすぐにわかります。

これは、「初め誰もわからず、手を挙げなかった」ことに反するので、同じ色の人数の組合せが「１人－３人－３人」となることはあり得ないということになります。

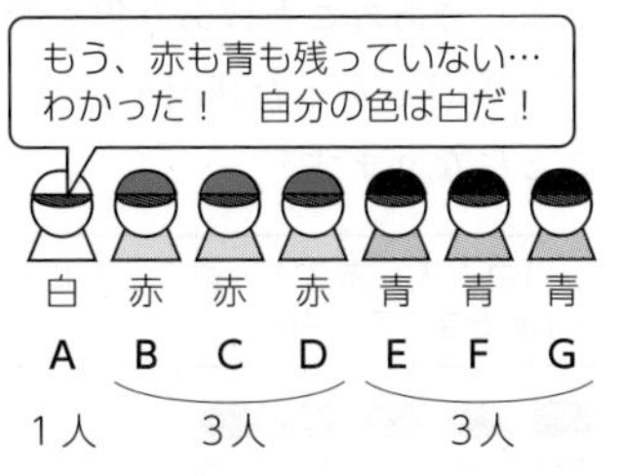
もう、赤も青も残っていない…
わかった！　自分の色は白だ！
白 赤 赤 赤 青 青 青
A B C D E F G
1人 3人 3人

「誰もわからないという状況を踏まえた」＝「同じ色の人数の組合せが、『1人－3人－3人』となることはあり得ないとわかった」ことになります。

以上より、同じ色の人数の組合せは、「2人－2人－3人」に決まります。

このとき、自分と同じ色の人数が「2人」側である場合と、「3人」側である場合について考えていきます。

ここで、仮にA～Gの7人の帽子の色が「白白赤赤青青青」だとします。

自分と同じ色が「2人」側、すなわち、自分の色が白、もしくは赤の場合、他の6人の同じ色の人数の組合せは「**1人－2人－3人**」に見えます。

自分と同じ色が「3人」側、すなわち、自分の色が青の場合、他の6人の同じ色の人数の組合せは「**2人－2人－2人**」に見えます。

この2通りについて、「自分の色がわかるかどうか」について考えていきます。

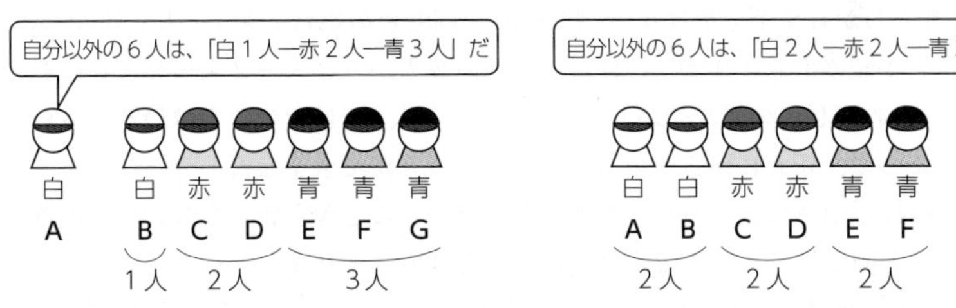
自分以外の6人は、「白1人—赤2人—青3人」だ
白 白 赤 赤 青 青 青
A B C D E F G
1人 2人 3人
自分以外の6人は、「白2人—赤2人—青2人」だ
白 白 赤 赤 青 青 青
A B C D E F G
2人 2人 2人

自分以外の6人について、同じ色の人数の組合せが「1人－2人－3人」である場合について考えます。

Aから見て、B～Gの6人は「白1人ー赤2人ー青3人」になっています。

青はもう残っていないので、Aは赤か白になります。

ここで、仮にAが赤ならば、7人の色は「白1人ー赤3人ー青3人」となりますが、「1人ー3人ー3人」になることはあり得ません。もしAが赤ならば、唯一の白であるBが「自分は白だ」とすぐに手を挙げるはずです。しかし、実際には、始めは誰もわからず

第8章 発言推理

手を挙げなかったので、「Aが赤」であることはあり得ません。

よって、Aは誰もわからず手を挙げなかった状況を見て、自分が赤でないことを知り、「自分は白だ」と手を挙げることになります。

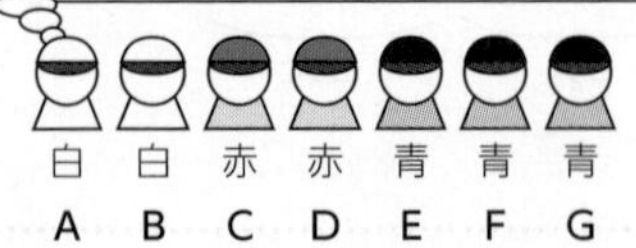
自分が赤だと、「白１人ー赤３人ー青３人」になってしまう。
だから、自分は赤でなくて「白だ」
白 白 赤 赤 青 青 青
A B C D E F G

このように、**自分から見て同じ色の人数が「1人－2人－3人」となっていれば、「最初に誰も手を挙げないことから判断して、自分の色がわかる」**ことになります。

上の例では、**A～Dの4人が該当し、Aと同じタイミングで手を挙げる**ことになります。

自分以外の6人について、同じ色の人数の組合せが「2人－2人－2人」である場合について考えます。

Gから見て、A～Fの６人は「白２人ー赤２人ー青２人」になっています。

どの色も最大人数の３人に至っていないので、この時点でGは自分の色が何色か絞り込むことができません。

「始めは誰もわからず手を挙げない」状況から、同じ色の組合せが「１人－３人－３人」ではないことが読み取れますが、Gは自分以外の６人が「２人－２人－２人」に見えているので、7人の同じ色の組合せが「１人－３人－３人」ではないことは最初からわかっています。よって、新たに何らかのヒントを得ることができません。

よって、Gは「始めに誰もわからず手を挙げない」ことから新たなヒントを得ることができず、Aと同じタイミングで手を挙げることはできません。

以上より、手を挙げることができたのは「**2人－2人－3人**」の色分けのうち、「**2人**」側である合計４人なので、正解は❸となります。

問題２

正解 ❷

誤りが一つの場合、二つ以上の条件と矛盾する条件が誤りとなります。

二つの条件と矛盾をするものを探します。

（先に到着した）→（後に到着した）でア～エを表すと以下のようになります。このうち、赤字で表した部分が矛盾を起こしています。

ア：E→A→D

イ：D→C→A

ウ：B→D→E

エ：C→E→A

アはA→Dとしていますが、イはD→C→Aより、D→Aとなっています。

また、アはE→A→DよりE→Dとしていますが、ウはD→Eとなっています。

よって、アは、イとウの二つと矛盾を起こしています。

アが正しいと、イとウの二つが誤りとなってしまい、誤りが一つという条件に反します。よって、アが誤りに決まります。

条件を組み合わせて順番を決めます。

アが誤りに決まり、イ～エは正しくなるので、順番を決めていきます。

ウのB→D→Eに、エのE→Aを合わせると、B→D→E→Aになります。

イとエより、D→C、C→Eとなるので、CはDより後でEより先になります。

よって、これらをまとめると、B→D→C→E→Aとなり、２番目に到着したのはDなので、正解は❷となります。

問題３　　正解 ❹

「A（仮定）ならば、B（結論）である」は、「A（仮定）なのに、B（結論）でない」ときのみ嘘になります。

C「Dは空箱である」より、CとDはどちらか一方が空箱（嘘つき）になります。

「空箱＝事実に反する、「空箱でない＝事実と整合」より、各ラベルを言い換えておきます。

A「C又はDは嘘つきである」

B「Aが嘘つきであるならば、Cも嘘つきである」

C「Dは嘘つきである」

D「A及びBは嘘つきである」

E「Dが嘘つきであるならば、Eは正直者だ」

まずは、ラベルの記述内容が単純なものから考えると作業がしやすくなります。今回は、Dのことだけ書かれているCのラベルが最も単純なので、そこから考えていきます。

Cが正直者であるときDは嘘つきとなり（図1）、Cが嘘つきであるときDは正直者となる（図2）ので、CとDはどちらか一方だけが嘘つきとなります。

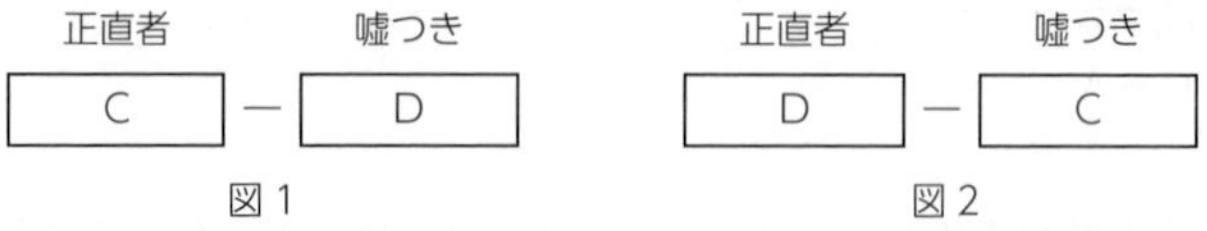

図1　　図2

すると、Aの「C又はDが嘘つき」は、図1、図2のどちらの場合にも正しくなるので、Aは正直者（空箱でない）となります。

「○○であるならば」の記述があれば、「仮定部分」と「結論部分」に注目しながら、真偽を考えます。

Bの「Aが嘘つきであるならば、Cは嘘つきである」は「仮定部分」が「Aが嘘つき」で、「結論部分」が「Cが嘘つき」となります。

Bの記述が嘘になるのは、「仮定部分」が同じで、「結論部分」が異なるときのみです。「仮定部分」が異なっていれば、正しい記述になります。

したがって、Bの記述が嘘になるのは、**「Aが嘘つきであるのに、Cが嘘つきではない」**ときのみです。

	仮定部分	結論部分
Bの記述	Aが嘘つき	Cが嘘つき
嘘	Aが嘘つき	Cが嘘つきでない
正しい	Aが嘘つき	Cが嘘つき
正しい	Aが嘘つきでない	Cが嘘つき
正しい	Aが嘘つきでない	Cが嘘つきでない

今回、Aは常に正しいので、Bの記述の「仮定部分」である「Aが嘘つき」とは異なっています。よって、Bは正しくなります。CとDはどちらか一方が嘘つきなので、A～Dのグループ分けは、図3と図4のいずれかとなります。

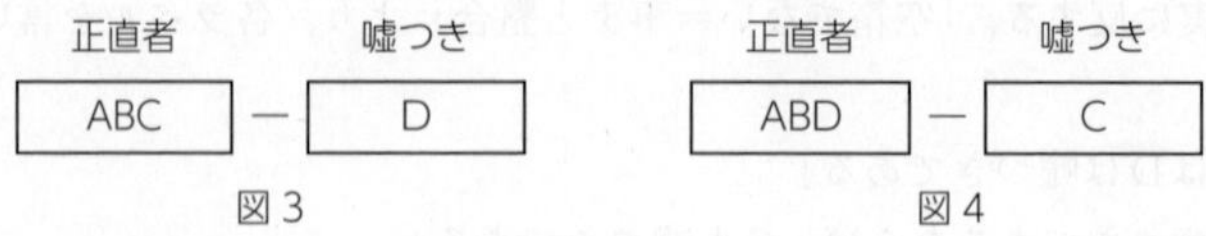

図3　　図4

例えば「合格したならば、焼き肉をおごってあげる」という記述があれば、「仮定部分」が「合格する」で、「結論部分」が「焼き肉をおごる」になります。

この記述が嘘になるのは「合格したのに、焼き肉をおごってあげない」ときのみです。「仮定部分」が「不合格だった」場合、不合格の場合には何の約束もしていないため、結論として焼き肉をおごっても、おごらなくても、嘘をついたことにはなりません。

A～Dの、「正直者／嘘つき」のグループ分けができたので、AからDについて述べている記述について考えます。

AとBは、図3と図4ともに正直者のグループにいるので、Dの「A及びBは嘘つきである」は必ず嘘となります。

よって、Dが正直者のグループにいる図4は不適となります。

この時点で、消去法で図3となり、Dは確実に嘘つき（空箱）になるので、正解は❹となります。

Eの記述は「仮定部分」と「結論部分」に分かれているので、Eが正直者か嘘つきかで場合分けをしながら考えます。

最後に、Eについて考えます。

Eの記述は「仮定部分」が「Dが嘘つき」で、「結論部分」が「Eは正直者」となります。図3よりDは嘘つきなので、仮定部分である「Dが嘘つき」は常に正しくなります。

よって仮定部分は常に正しくなるので、Eは常に「E（＝自分）は正直者」と記述していることになります。

「自分は正直者」と記述した場合、実際に自分が正直者ならば記述内容と矛盾なく成立し、自分が嘘つきならば記述内容が嘘になるので「自分は正直者ではない（＝嘘つき）」となり、矛盾なく成立します。

このようにどちらも矛盾なく成立するので、Eの記述が嘘か正しいかは判明しません。

Xが「私は正直者だ」と発言したとき、この発言はXが正直者でも嘘つきでも成立するので、これ単独ではXが正直者か嘘つきか判明させられません。

Yが「私は嘘つきだ」と発言したとき、この発言はYが正直者でも嘘つきでも成立しないので、この発言自体が成り立ちません。

第9章　暗　号

1 暗　号

問題1　　正解 ❹

暗号文が、二つの記号で平文の１文字に対応しているときは、まず「母音＋子音」になっていないか調べてみましょう。

平文の文字数と暗号文の単位数が同じならばそのまま、異なるときは平文の表記を違うものに変えてみます。

平文「カエデ」が３文字で暗号文の「大文字と小文字」が３単位、平文「フユヅタ」が４文字で暗号文の「大文字と小文字」が４単位に対応しているので、平文の片仮名表記のまま暗号文に対応していると考えてよさそうです。

母音と子音に分けて規則性を考えてみます。

ア行の「エ」がAd、カ行の「カ」がBj、タ行の「タ」がDt、ハ行の「フ」がFb、ヤ行の「ユ」がHlなので、ア行～ワ行がそれぞれ大文字のＡ～Ｉに対応していると予想されます。また、濁音の「デ」や「ヅ」が*Dq*、*Dr*なので、斜体が濁音を表していると予想できます。

ア	カ	サ	タ	ナ	ハ	マ	ヤ	ラ	ワ
A	B	C	D	E	F	G	H	I	J

ここで、「H*n*G*eCk*B*hIo*」を見ると、「ヤ行、マ行、ザ行、カ行、ラ行」とわかるので、この時点で**該当する選択肢が「ヤマザクラ」しかなく、正解は❹となります。**

正解はわかりましたが、暗号をすべて解明してみましょう。あいうえおの母音と、アカサタナ･･･の子音で50音表を作り、わかっている暗号を書き入れると以下のようになります。

	ア	カ	サ	タ	ナ	ハ	マ	ヤ	ラ	ワ
	A	B	C	D	E	F	G	H	I	J
あ		j		t						
い										
う				r		b		l		
え	d			q						
お										

dがア行の上から4段目にあるので、ア行は上から順にa、b、c、d、eとなると予想されます。アルファベットの10番目のjが「カ行あ段」にあること、またタ行に着目すると、下図の矢印のようにアルファベットを当てはめているのではないかと予想できます。

	ア	カ	サ	タ	ナ	ハ	マ	ヤ	ラ	ワ
	A	B	C	D	E	F	G	H	I	J
あ	*a*	*j*	*k*	*t*	*u*	*d*	*e*	*n*	*o*	*x*
い	*b*	*i*	*l*	*s*	*v*	*c*	*f*	*m*	*p*	*w*
う	*c*	*h*	*m*	*r*	*w*	*b*	*g*	*l*	*q*	*v*
え	*d*	*g*	*n*	*q*	*x*	*a*	*h*	*k*	*r*	*u*
お	*e*	*f*	*o*	*p*	*y*	*z*	*i*	*j*	*s*	*t*

問題2　　正解 ❷

平文の文字数と暗号文の単位数が一致しないので、平文の表記をローマ字、英語などに変更し、文字数の一致するものを探します。

平文の文字数と暗号文の単位数が同じならばそのまま、異なるときは平文の表記を違うものに変えてみます。

空（そら）に対応する暗号文が「ＨＰＢ」の３文字、平文の「そら」は平仮名２文字なので、別の表記で「そら」を表してみます。ローマ字の「ＳＯＲＡ」が４文字、英語の「ＳＫＹ」が３文字なので、英語表記にすると文字数がそろいます。また、「くうき」を英語表記すると「ＡＩＲ」で、暗号の「ＺＲＩ」と文字数がそろいます。

アルファベットの並びから、暗号の規則性を推測します。

暗号文と平文の文字を対応させてアルファベット順に整理すると、以下のようになります。

平文	A	B	C	D	E	F	G	H	I	J	K	L	M	N	O	P	Q	R	S	T	U	V	W	X	Y	Z
暗号文	Z								R		P							I	H						B	

暗号文の「ＩＨ」がアルファベット順と逆の並び順になっていること、暗号がZから始まり、最後から２番目にBがあることなどから、平文のアルファベットと暗号文のアルファベットは逆順になっていることがわかります。

第9章　暗号

平文	A	B	C	D	E	F	G	H	I	J	K	L	M	N	O	P	Q	R	S	T	U	V	W	X	Y	Z
暗号文	Z	Y	X	W	V	U	T	S	R	Q	P	O	N	M	L	K	J	I	H	G	F	E	D	C	B	A

よって、暗号「ＤＺＧＶＩ」が表すものは、「ＷＡＴＥＲ」＝「水」なので、正解は❷となります。

問題3

正解 ❹

アルファベット順ではじめのほうにあるＪＡＰＡＮのＡ（１番目）とＨＥＬＬＯのＥ（５番目）がともに左から２番目にあり、暗号文の左から２番目が「06」であることを合わせて、暗号化の法則を考えてみます。

まず、平文の文字数と暗号の単位数を比べます。次に、平文のアルファベットに同じ文字があれば、暗号文にも同じ数字が現われているか比べます。

平文の「ＪＡＰＡＮ」は５文字、暗号の「18　06　02　13　03」も５単位なので、平文のアルファベットと暗号の数字がそれぞれ一つずつ対応していると推測できます。

また、「ＪＡＰＡＮ」にＡが２回出てきますが、暗号の「18　06　02　13　03」には同じ数字が出てきません。

よって、Ａ＝01、Ｂ＝02･･･のように、アルファベットをそれぞれ数字化するだけの暗号ではなく、途中に計算が挟まったり、何らかの処理が必要だったりする複雑な暗号である可能性があります。

平文のアルファベットと暗号の数字の対応表を作り、暗号化の法則を考えます。

それぞれのアルファベットが前から何番目かをまとめると、以下のようになります。

A	B	C	D	E	F	G	H	I	J	K	L	M
01	02	03	04	05	06	07	08	09	10	11	12	13
N	O	P	Q	R	S	T	U	V	W	X	Y	Z
14	15	16	17	18	19	20	21	22	23	24	25	26

平文のＪＡＰＡＮとキーワードのＨＥＬＬＯを数値化して並べると以下のようになります。

平文	J	A	P	A	N
	10	01	16	01	14
キーワード	H	E	L	L	O
	08	05	12	12	15
暗号文	18	06	02	13	03

左から１番目、２番目、４番目は、「平文の数字」＋「キーワードの数字」＝「暗号文の数字」となっています。

左から３番目と５番目は、合計の数が28、29ですが、暗号が02、03となり一致しません。アルファベットが全部で26個であることを考えると、数字の合計が26を超えると、また「01」から数え直すルールになっていると推測されます。

以上の推測をもとに「ＴＯＫＹＯ」とキーワードの「ＨＥＬＬＯ」の合計を求め、合計が26を超えたときには26を引いて暗号化すると「02　20　23　11　04」になります。よって、正解は❹となります。

平文	T	O	K	Y	O
	20	15	11	25	15
キーワード	H	E	L	L	O
	08	05	12	12	15
合計	28	20	23	37	30
暗号文	02	20	23	11	04

問題４

正解❶

暗号文に使われている数字が13まで、アルファベットが26個であることから暗号の数字とアルファベットの関連性を予測します。

まず、平文の文字数と暗号文の単位数を比べます。

暗号文が10単位であるのに対して、平文の「かぶとむし」は５文字なので、平文を別の方法で表現してみます。

ローマ字表記では「ＫＡＢＵＴＯＭＵＳＩ」10文字もしくは「ＫＡＢＵＴＯＭＵＳＨＩ」11文字、英語表記では「ＢＥＥＴＬＥ」６文字なので、ローマ字表記10文字で表したものを暗号文に変換したものと推測されます。

平文のアルファベットと暗号文の数字の対応表を作り、暗号化の法則を考えます。

Ａの暗号（○▼13）に、13という数字が使われています。13は、例示の暗号文で使われている最大の数でもあります。

アルファベットは全部で26文字あり、13はその半分になります。このことから、アルファベット26文字を半分ずつ２段に分けていると推測できます。

また、アルファベットの始めのほうにあるＡとＢには○が、後ろのほうにあるＳ、Ｔ、Ｕには□が使われていることから、アルファベットの前半13文字には○、後半13文字には□を使って表していると推測できます。

ここで、「ＫＡＢＵＴＯＭＵＳＩ」の暗号をアルファベットの２段に分けると以下のようになります。

A	B	C	D	E	F	G	H	I	J	K	L	M
○▼13	○△2							○▼5		○△11		○△13
N	O	P	Q	R	S	T	U	V	W	X	Y	Z
	□▼12				□△6	□▼7	□△8 □▼6					

この表より、暗号の最初の記号○と□は、○が１番目から13番目（Ａ～Ｍ）のアルファベット、□が14番目から26番目（Ｎ～Ｚ）のアルファベットを示すための記号だと確認できました。

Ｕには２通りの暗号が使われていますが、Ｕは２段目の左から８番目、もしくは右から６番目の位置にいます。Ｕの暗号に「△8」と「▼6」が使われていることから、△が左から何番目か、▼が右から何番目かを表していると推測できます。

「そら」を暗号化し、該当するものが選択肢にあるか探します。

そら「ＳＯＲＡ」を暗号化すると、それぞれ２通りずつの暗号が考えられます。

Ｓ：（□△6、□▼8）
Ｏ：（□△2、□▼12）
Ｒ：（□△5、□▼9）
Ａ：（○△1、○▼13）

これに該当する選択肢を探すと、❶の「□▼8　□△2　□△5　○▼13」となります。

問題5

正解❹

暗号文が0～4の5種類の数字だけで構成されているので、5進法の可能性を考えてみます。

まず、平文の文字数と暗号文の数字の数を比べます。

暗号文が5単位で、平文は3文字で一致しないので、平文を別の方法で表現してみます。

「アタゴ」はローマ字表記が「ＡＴＡＧＯ」で5文字、「オトワ」はローマ字表記が「ＯＴＯＷＡ」で5文字なので、ローマ字表記を暗号文に変換したものと推測されます。

平文のアルファベットと暗号文の数字で対応表を作り、暗号化の法則を考えます。

「ＡＴＡＧＯ」が「000, 034, 000, 011, 024」、「ＯＴＯＷＡ」が「024, 034, 024, 042, 000」なので、平文のアルファベットと暗号文の数字を表に当てはめると以下のようになります。

A	B	C	D	E	F	G	H	I	J	K	L	M
000						011						
N	O	P	Q	R	S	T	U	V	W	X	Y	Z
	024					034			042			

0～4の5種類しか数字が使われていないので、5進法の暗号である可能性があります。

5進法では、各位の数が5になると、次の位に繰り上がります。

000、001、002、003、004と続き、004の次は005ではなく、位が一つ繰り上がって010となります。さらに010、011、012、013、014と続き、014の次は015ではなく020となります。すべての数字を記入すると、表のとおりとなります。

A	B	C	D	E	F	G	H	I	J	K	L	M
000	001	002	003	004	010	011	012	013	014	020	021	022
N	O	P	Q	R	S	T	U	V	W	X	Y	Z
023	024	030	031	032	033	034	040	041	042	043	044	100

「スミダ」（ＳＵＭＩＤＡ）をこの表に従って暗号化すると、「033, 040, 022, 013, 003, 000」となるので、正解は❹となります。

第10章　操作手順

1　操作手順の基本

問題1

正解 ❶

200枚の硬貨を、天秤の左の皿もしくは右の皿に載せるグループ、皿に載せないグループの３グループに分けます。天秤が傾けば上がったほうに、釣り合えば皿に載せなかったグループに偽物の軽い硬貨があることになります。

できるだけ硬貨を３等分になるようにグループ分けします。

まず、200枚の硬貨を天秤の左の皿、右の皿に載せるグループ、皿に載せないグループの３グループに、できるだけ等分します。このとき、天秤の左右の皿には同じ枚数が載るようにします。偽物の硬貨は軽いので、天秤がどちらかに傾けば皿が上がったほうに偽物が含まれていることになります。また、天秤が釣り合えば、皿に載せなかったグループに偽物が含まれていることになります。

３等分するときに３で割り切れず、皿に載せなかったグループの枚数が天秤の皿に載せた枚数と異なる場合があります。その場合、どのような場合でも確実に見つけられる回数を最少回数としなければいけませんから、**枚数が多いグループに偽物があった場合**で検討します。例えば１回目は、200枚を「67枚、67枚、66枚」に分けますが、このうち枚数の多い67枚のほうを２回目の天秤の操作に回します。

以下、同様に作業を行うと下図のように５回で見つけることができ、正解は❶となります。

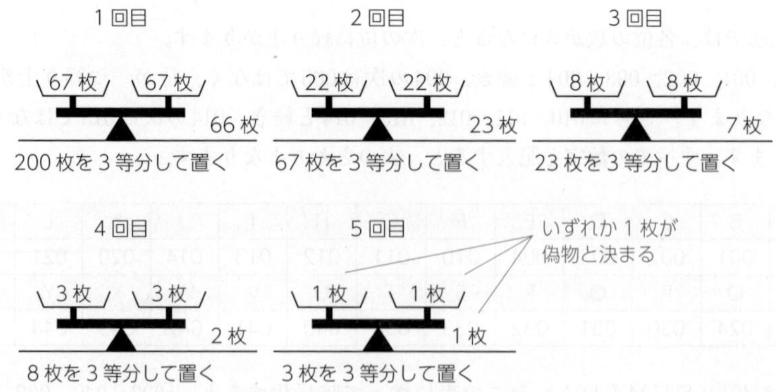

1枚だけ軽い偽物コインがある場合、法則を使えば簡単に求めることもできます（別解）。

下の表から天秤を使う回数を求めることができます。

200枚は「82～243枚」の範囲に当たるので、天秤を使う回数は5回となります。

全体の量	天秤の回数
1～ 3 (＝3^1) 枚	1回
4～ 9 (＝3^2) 枚	2回
10～27 (＝3^3) 枚	3回
28～81 (＝3^4) 枚	4回
82～243 (＝3^5) 枚	5回

問題2

正解 ❸

「重さの異なる1枚のコイン」は、他のコインより重いか軽いかが不明なので注意が必要です。天秤が傾いたときに、「他より軽いから皿の上がったほうにある」場合と、「他より重いから皿の下がったほうにある」場合の2通り考えられます。

重さの異なるコイン（偽物）が入っているC1～C5の5枚を、天秤の左右と「天秤以外の場所」の3カ所にできるだけ等分にして置きます。

1回目で天秤がどちらかに下がらなかったので、他とは重さの異なる偽物は「A1～A4」、「B1～B4」の中にはなく、「C1～C5」のいずれかにあることがわかります。

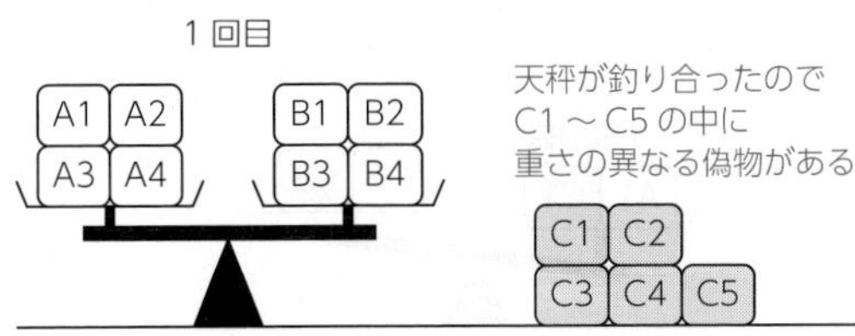

偽物が紛れているC1～C5を、「天秤の左もしくは右の皿に載せるグループ」、「皿に載せずにおくグループ」の3グループに分けると、天秤が傾けば天秤の左右のいずれかのコイン、釣り合えば皿に載せなかったコインの中に重さの異なる偽物があることまで絞り込むことができます。よって、2回目ではC1～C5のコインが3グループに分けられて、それぞれ「1枚、2枚、2枚」の組合せで置かれている❷と❸を、最初に検討してみます。

第10章 操作手順

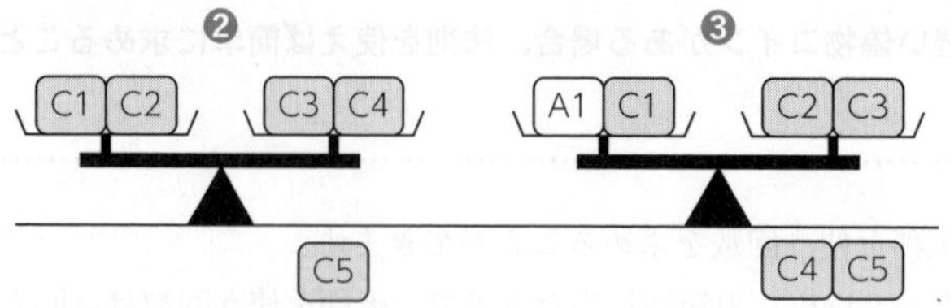

「重さの異なる偽物」が他のコインより重いのか軽いのか不明なので、天秤が傾いた場合、「皿が上がったほうに偽物がある」のか、「皿が下がったほうに偽物がある」のか特定できません。

❶　❷の場合

例えばC1とC2側が下がったとき、「C1とC2のどちらかが重い偽物」と、「C3とC4のどちらかが軽い偽物」の２通りが考えられます。３回目にC1とC2を天秤の左右に、４回目にC3とC4を天秤の左右に置けば偽物を確実に特定できますが、特定に４回かかってしまうので不適となります。

❷　❸の場合

天秤の「A1とC1」側が下がる、上がる、天秤が釣り合うの３通りについて考えます。また、「A1が偽物ではない」ことは１回目の操作でわかっています。

（ⅰ）「A1とC1」側が下がるとき

「C1が重い偽物」か「C2とC3のどちらかが軽い偽物」のいずれかとなります。

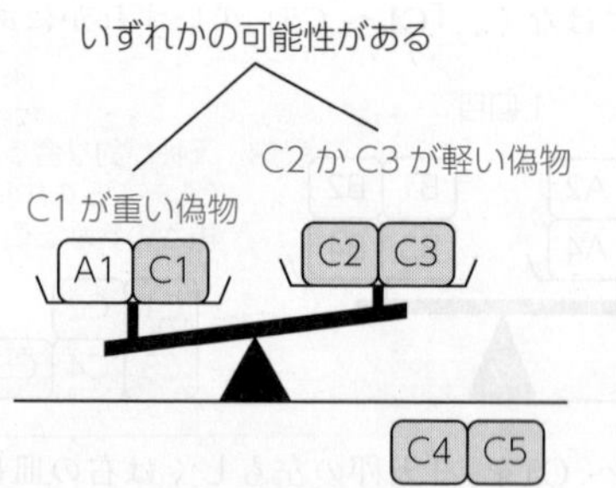

３回目に、軽い偽物の可能性があるC2とC3を天秤にかけ、釣り合えばC1が重い偽物、天秤のどちらかが上がれば皿が上がったほうが軽い偽物となり、確実に特定できます。

●釣り合うとき

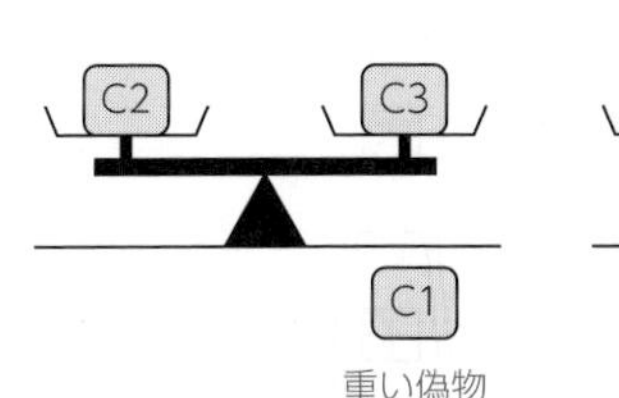

●C3が上がるとき

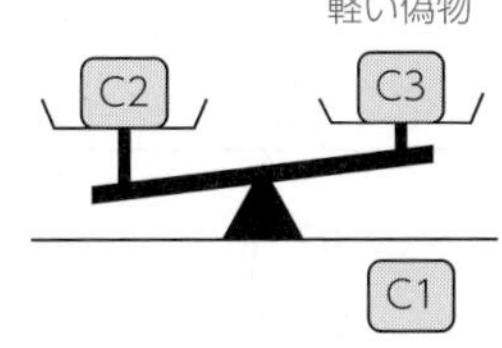

●C2が上がるとき

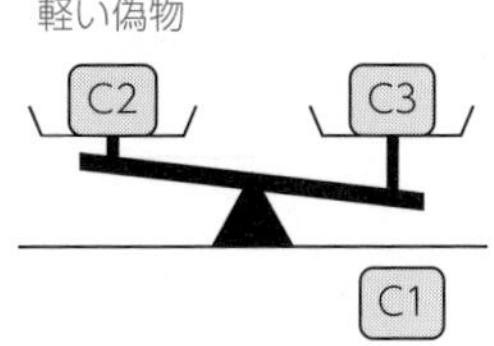

（ii）A1とC1が上がるとき

「C1が軽い偽物」か「C2とC3のどちらかが重い偽物」のいずれかとなります。

3回目にC2とC3を天秤にかけ、釣り合えばC1が軽い偽物、天秤のどちらかが下がれば、皿が下がったほうが重い偽物となり、確実に特定できます。

（iii）天秤が釣り合うとき

皿に載せなかったC4とC5のうちいずれかが重さの異なる偽物となります。3回目は、偽物ではないとわかっているコイン1枚と、C4とC5のうちいずれか1枚を天秤の皿に載せます。

例えばA1とC4を天秤の皿に載せると、天秤が傾けばA1は偽物ではないのでC4が偽物と特定でき、天秤が釣り合えばC5が偽物と特定できます。

いずれの場合においても3回で確実に偽物を見つけられるので、正解は❸となります。

問題3

正解 ❸

ボートに1人でしか乗れない大人を対岸に渡すのに何回ボートを操作しなければならないかを考えます。大人がボートに乗って渡るときには、あらかじめ対岸に渡っていた子どもがボートをもとの岸に戻すことになります。

ボートに1人しか乗れない大人を1人運ぶのに何回かかるか調べます。

最初に大人を1人でボートに乗せると、ゴール地点に渡った後で大人がボートに乗って帰ってくることになるので、ゴール地点に誰も残せずボートに乗った意味がなくなります。よって、この大人をゴール地点に渡すには、大人がゴール地点に渡った後でボートをスタート地点に戻す人が必要です。

1回目：子どもが2人でボートに乗り、ゴール地点に渡ります。

2回目：ゴール地点に子ども1人を残し、もう1人の子どもがボートを戻します。

3回目：大人が１人でボートに乗ってゴール地点に渡ります。

4回目：子どもが１人でボートをスタート地点に戻します。

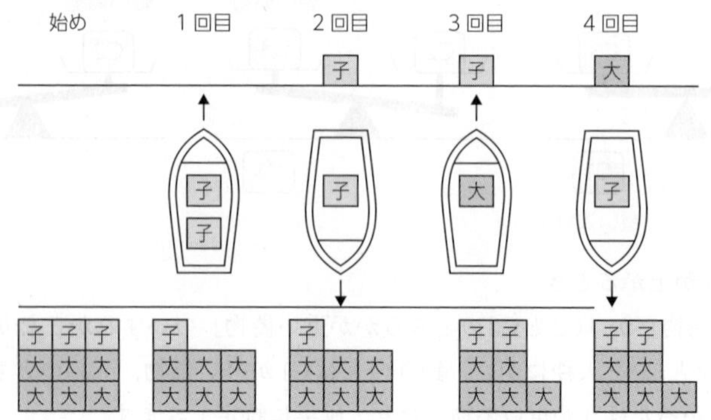

よって、４回で、大人を１人ゴール地点に渡し、子ども３人がスタート地点に戻ることになります。

大人１人を運ぶ回数と大人の人数から、大人全員を渡す回数を求めます。

４回で大人が１人ゴール地点に渡るので、６人の大人を渡すのに４×６＝24回かかります。24回目終了時点で、子ども３人がスタート地点にいるので、25回目に子どもが２人でゴール地点に渡り、26回目に子どもが１人でボートをスタート地点に戻し、27回目に子ども２人でゴール地点に渡ると、全員がゴール地点に渡ったことになります。よって、正解は❸となります。

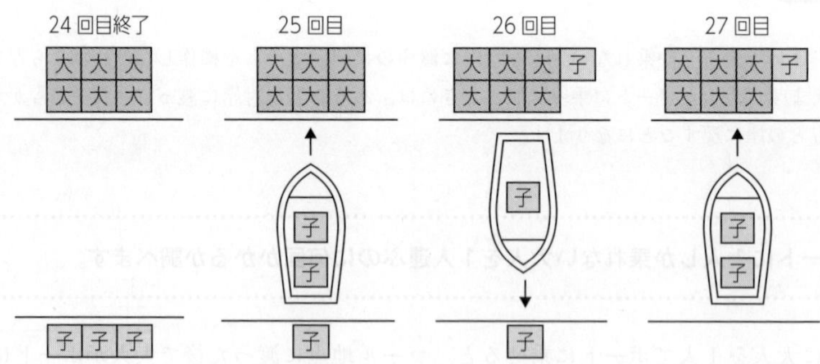

問題4

正解❺

最後の１個の小球を取ると負けるので、最後から２番目の小球を取って次に相手に最後の小球を取らせる方法を考えます。

Ｂが取った個数に応じて、Ａが２人の合計が常に同じ個数になるように小球を取っていきます。

１回につき、１個以上５個以下の小球を取るので、(取る小球の最大個数)＋(取る小球の最小個数)＝5＋1＝6（個）より、Ｂの取った小球の個数に応じて、Ａは常に２人の合計が6個になるように調整することができます。

B	5	4	3	2	1
A	1	2	3	4	5
合計	6	6	6	6	6

相手に最後の１個を取らせたいので、全体の個数＝(Ａが先手で取る個数)＋(6の倍数の個数)＋１個　となるように、Ａが先手で取る個数を計算します。

最後の１個を取れば負けるので、Ａは最後から２番目である**23個目**の小球を取ればよいことになります。また、Ａは、Ｂの取った小球の個数と合わせて**6個**になるように調整することができます。

よって、23÷6の余りである５個をＡが最初に取れば、(6の倍数＋1）個の小球が残ることになります。

最初にＡが５個の小球を取り、その後はＢの取った小球の数に応じて合計６個になるようにＡが調整して小球を取ります。それを繰り返すと、Ａが23個目の小球を取り、次に24個目の小球をＢに取らせて、Ａが必ず勝つことができます。

よって、最初にＡが取る小球の個数は５個なので、正解は❺となります。

Ａが５個　Ｂ と Ａ 合わせて６個　Ｂ と Ａ 合わせて６個　Ｂ と Ａ 合わせて６個

A A A A A → B B B B A A → B A A A A A → B B B B B A → B

５個　６（個）×3＝18（個）　１個

2 その他の操作手順

問題1 　　正解 ❶

「８ℓずつに分ける」と条件にあるので、９Ｌの桶に８Ｌの油が満たされただけでは足りず、樽と９Ｌの桶に油が８Ｌずつ入っている状況が求められていることに注意します。

9Lの桶が空かどうかで手順を考えます。

最少回数を求める問題なので、操作が重複しないように油を移す順を決めておきます。まずは「樽⇒９Ｌの桶⇒７Ｌの桶⇒樽」の順に油を循環させることを考えます。

また、９Ｌの桶に油が入っているかどうかで、手順を以下のように決めておきます。

①９Ｌの桶が空の場合「樽 ⇒９Ｌの桶」に油を移す。

②９Ｌの桶に油が入ってる場合「９Ｌの桶 ⇒７Ｌの桶」に油を移す。

③ただし、９Ｌの桶に油が入っていても７Ｌの樽が満タンの場合は「９Ｌの桶⇒７Ｌの桶」の手順が踏めないので、「７Ｌの桶⇒樽」と油を移す。

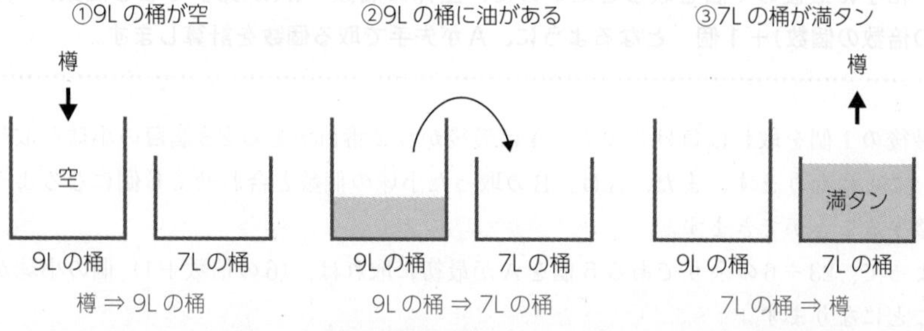

回数	始め	1回	2回	3回	4回	5回	6回	7回	8回	9回	10回	11回	12回	13回	14回	15回
樽	16	7	7	14	14	5	5	12	12	3	3	10	10	1	1	8
9Lの桶	0	9	2	2	0	9	4	4	0	9	6	6	0	9	8	8
7Lの桶	0	0	7	0	2	2	7	0	4	4	7	0	6	6	7	0

表より、15回目に８Ｌずつに油を分けることができるので、この段階で、正解は❶となります。

ちなみに、「樽⇒７Ｌの桶」で手順を考えると、16回となります。

回数	始め	1回	2回	3回	4回	5回	6回	7回	8回	9回	10回	11回	12回	13回	14回	15回	16回
樽	16	9	9	2	2	11	11	4	4	13	13	6	6	15	15	8	8
7Lの容器	0	7	0	7	5	5	0	7	3	3	0	7	1	1	0	7	0
9Lの容器	0	0	7	7	9	0	5	5	9	0	3	3	9	0	1	1	8

問題2　　正解 ❹

「ハノイの塔」の問題は、公式を使えば簡単に解くことができます。実際にどのように動かすのかも合わせて覚えておきましょう。

まずは、円盤２枚の移動に何回かかるか調べます。

❶　円盤２枚の場合

小さい円盤をＡからＢに、大きい円盤をＡからＣに、小さい円盤をＢからＣに移して大きい円盤の上に乗せると、３回で移動が完了します。これで、**「２枚の円盤を他の柱に移動させるには３回かかる」**ことがわかりました。これを利用して、３枚の場合について考えます。

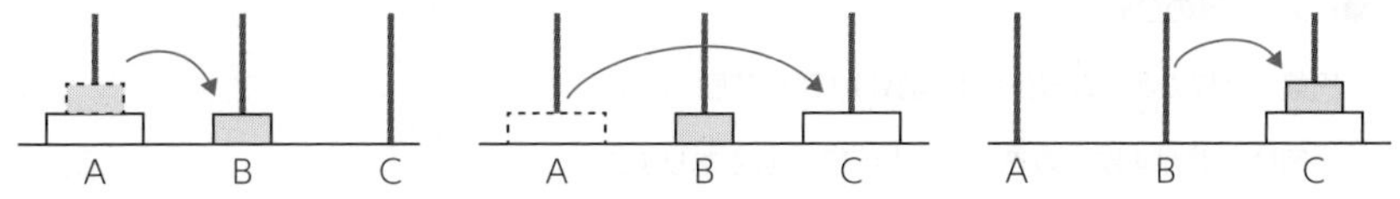

３枚の場合は、「上の円盤２枚を別の柱に移動させる」には３回かかることを利用し、円盤２枚を移動する操作手順を省略しながら考えると作業が楽に済みます。

❷　円盤３枚の場合

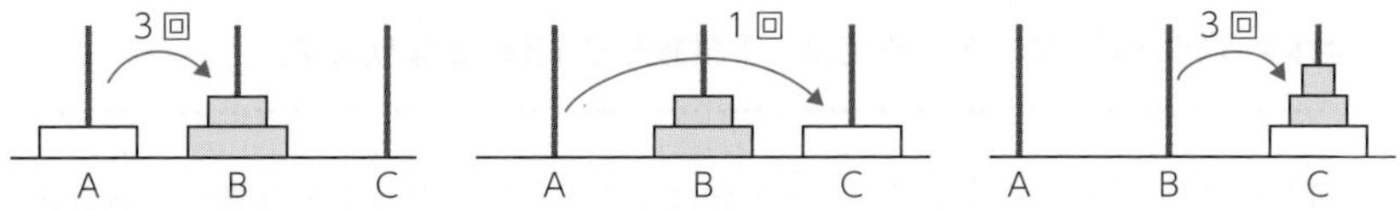

「２枚の円盤を別の柱に移す」操作の回数は、❶より３回とわかっています。

３枚のうち「上の２枚」をＡからＢに移すのに３回、３枚目をＣに移すのに１回、最後に「上の２枚」をＢからＣに移すのに３回かかります。

よって、３＋１＋３＝7回かかることになります。

円盤４枚の場合は、「上の３枚を別の柱に移動させる」には7回かかることを利用します。

❸　円盤４枚の場合

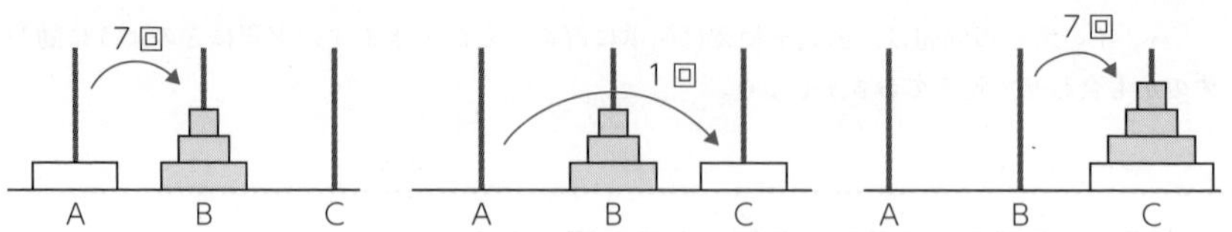

「３枚の円盤を別の柱に移す」操作の回数は、❷から７回とわかっています。

４枚のうち「上の３枚」をＡからＢに移すのに７回、４枚目をＣに移すのに１回、最後に「上の３枚」をＢからＣに移すのに７回かかります。

よって、７＋１＋７＝15回かかることになるので、正解は❹となります。

●ハノイの塔の公式

円盤が n 枚のときの最少移動回数は (2^n-1) 回

今回は円盤が４枚なので、$2^4-1=15$ (回) となります。

問題３　　正解 ❷

４等分する場合、それぞれ何枚ずつの組になるのかをまず考え、その組ごとにラベルを付けてから移動させると把握しやすくなります。

全体を４組の等分にする操作では、１組あたり13枚となります。

「４等分にする」操作があるので、４等分にすると何枚になるかを計算しておきます。52÷４＝13より、４等分にすると１組13枚になります。

下から７枚を取って一番上に重ね、その次に全体を４組に等分すると、下にあった７枚、最初に上にあった６枚で合わせて13枚となり、その下の13枚３組をそれぞれ①〜③とします。

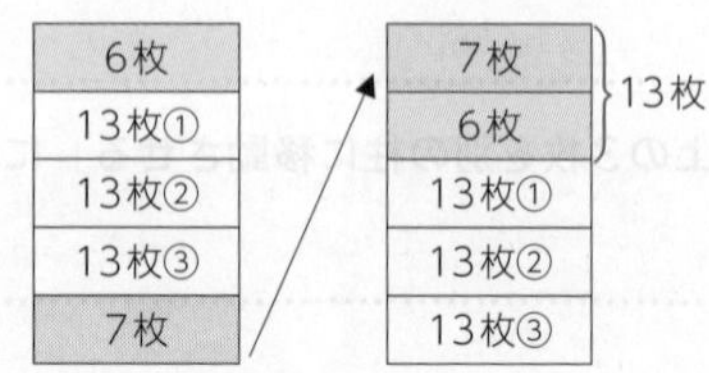

指示に従って、13枚の組を移動させていきます。

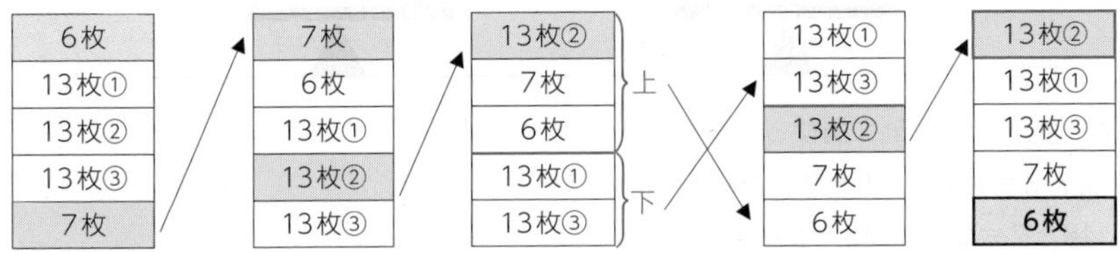

下から７枚を一番上に重ね、上から「７枚と６枚の13枚」、13枚①、13枚②、13枚③とし、４等分します。次に、上から３組目の「13枚②」を一番上に重ねます。さらに、「13枚②と７枚と６枚」と、「13枚①と13枚③」の２等分にします。

ここで上下を入れ替え、再び全体を「13枚①」、「13枚③」、「13枚②」、「７枚と６枚」の４組に等分します。下から２組目は「13枚②」なので、それを一番上に重ねます。

最終的に一番下にあるのは、最初に一番上にあった６枚となります。

この上から６枚のうち、下から３枚目がスペードのエースなので、上から数えると４枚目となります。よって、正解は❷となります。

問題４

正解 ❺

おもりを複数使う場合、天秤の左右にどのようにおもりを置くかで場合分けして考えます。

２個のおもりで計れる小麦粉の重さは、おもりの和を使う場合と差を使う場合の２通りあります。

❶　おもりが１個のときに計れる小麦粉の重さ

2g、6g、18gの３通りです。

❷　おもりが２個のときに計れる小麦粉の重さ

２個のおもりの組合せは、「２ｇと６ｇ」、「２ｇと18g」、「６ｇと18g」の３通りあります。

天秤の同じ皿に２個のおもりを乗せれば、おもりの重さの和の分だけ小麦粉の重さを計れ、左右別々の皿に２個のおもりを乗せれば、おもりの重さの差の分だけ小麦粉の重さが計れます。

例えば２ｇと６ｇの場合では、６＋２＝8（g）と、６－２＝4（g）の２通りの小麦粉の重さが計れます。

第10章 操作手順

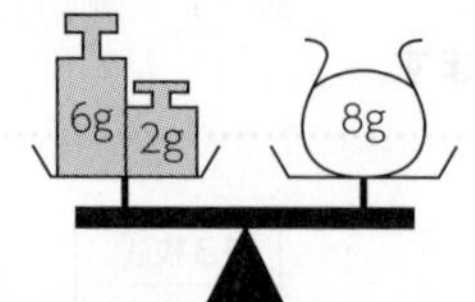

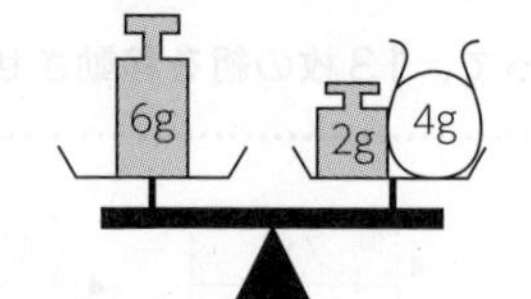

よって、おもりを２個使った場合

6＋2＝8(g)　6－2＝4(g)

18＋2＝20(g)　18－2＝16(g)

18＋6＝24(g)　18－6＝12(g)

の、６通りの重さを計ることができます。

３個のおもりで計れる小麦粉の重さは、３個のおもりのうちどれとどれを同じ皿に乗せるかという組合せの分だけパターン数があります。

❸　おもりが３個のときに計れる小麦粉の重さ

18gのおもりと同じ皿に乗せるおもりは足し算で、別の皿に乗せるおもりは引き算で計算すると、以下の４通りの小麦粉の重さが計れます。

18＋6＋2＝26(g)　18－6＋2＝14(g)

18＋6－2＝22(g)　18－6－2＝10(g)

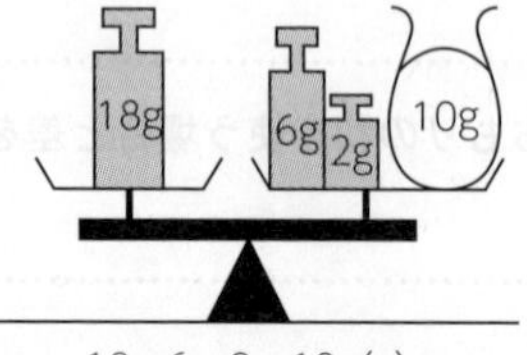

18−6−2=10 (g)

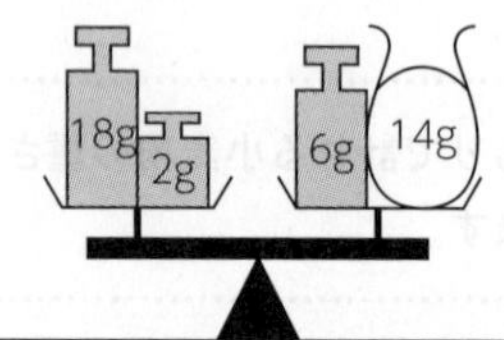

18−6+2=14 (g)

❶、❷、❸で重複する重さがないためすべて合計すると、3＋6＋4＝13通りの重さを計れるので、正解は❺となります。